圖1 新幾內亞高地巴里恩河谷的丹尼族男人。

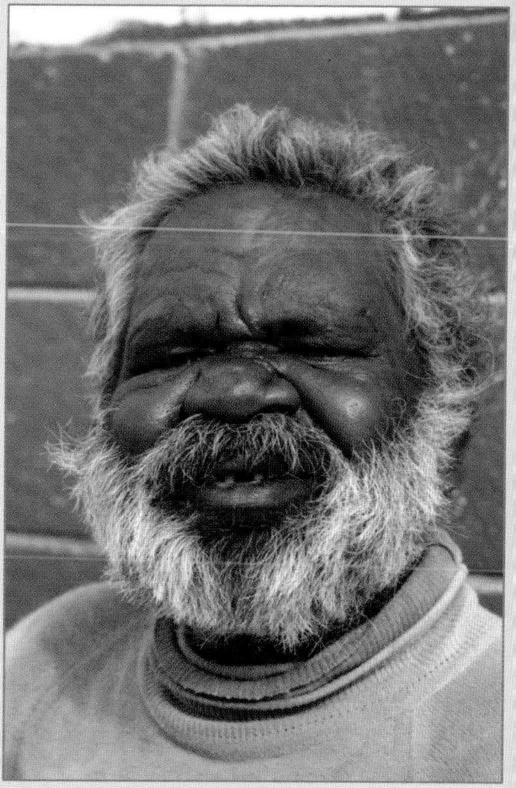

圖2 澳洲原住民。

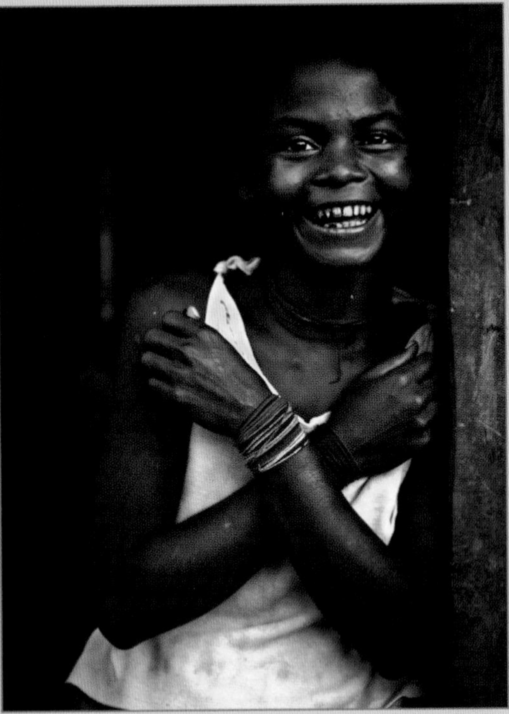

圖3 菲律賓呂宋島森林中的埃塔族女人。

圖4 孟加拉灣的安達曼島民。

圖5 坦尚尼亞的哈札人。

圖6 非洲喀拉哈里沙漠的昆族獵人。

圖7 蘇丹努爾族女人。

圖8 非洲赤道森林阿卡匹格米族父子。

圖9 阿拉斯加伊努特女人。

圖10 巴拉圭森林中的亞契印第安男人。

圖11 巴西亞馬遜雨林皮拉哈印第安夫妻及其幼子。

圖12 委內瑞拉森林中的雅諾馬莫印第安女孩。

圖13 在傳統社群邊境：一個丹尼族守衛在新幾內亞高地巴里恩河谷的守望塔頂端駐守。

圖14 現代國家邊境：美國與墨西哥邊境的美國海關邊境巡邏瞭望塔，上有遙控攝影機。

圖15 傳統社群的爭端調解會議。在一個烏干達村落發生爭端的雙方人馬彼此都熟識，大家聚在一起商討解決之道，以彌補傷痕，日後和平共處。

圖16 現代的爭端解決之道。在一個美國法院現場，被告律師（左）和刑事檢察官（右）在法官（中）面前激辯。被告、受害者及受害者的家屬在犯罪事件發生之前素不相識，官司落幕之後也不會再見面（參看第二章）。

圖17　傳統社群孩子的玩具：莫三比克男孩知道車軸等汽車零件的原理，自己或父母會設計、製造玩具車輛。這樣的玩具深具教育意義。

圖18　現代工業社會的玩具：一個美國女孩在玩具堆中玩耍。每一樣玩具都是由廠商製造、在商店販賣的成品，不像傳統社群孩子的玩具是自己設計、製作的。

圖19　傳統社群孩子的自主性：一個普美印第安（Pume）小男孩拿著一把長長的尖刀在玩耍。很多傳統社群都允許孩子自己做決定，即使是危險的事也不會制止。大多數現代社會的父母則不會允許孩子這麼做（參看第五章）。

圖20　傳統社群的兒童玩具：一個阿卡匹格米族的小寶寶頭上戴著一個玩具竹籃，和成人載運東西的竹籃很像。

圖21 一個哈札老祖母背著孫子到森林中採集。傳統社群的老人會幫忙照顧幼兒、生產食物，因此對社群有很大的貢獻。

圖22　一個普美印第安老人正在做箭矢。不少傳統社群中的老人製造工具、武器、籃子、陶罐的技藝高超，因此是社群之寶。

圖23　在中國推出的可口可樂廣告。美國崇尚青春、貶損老人的作風也傳到中國，即使挑選廣告模特兒也喜歡用年輕人。其實，老人和年輕人都會喝可樂，但我們曾幾何時看過老人出現在可樂廣告？（參看第六章）

圖24　老人照顧、服務機構的廣告。老人極少出現在飲料、服飾或新車廣告，卻常出現在養老院、關節炎藥品和成人紙尿布的廣告中（參看第六章）。

圖25　這可是古代宗教？一萬五千年前，克羅馬儂人已經會縫製衣服、發明新工具，也在拉斯科（Lascaux）的洞穴岩壁上留下許多栩栩如生、色彩鮮豔的動物和人物圖像。現代遊客藉著燭火的光欣賞這些壁畫，內心無不充滿宗教的敬畏之情（參看第九章）。

圖26　丹尼族在新幾內亞高地的巴里恩河谷舉行盛宴。傳統社群其實很少大吃大喝，他們吃的東西不易使人肥胖（像丹尼族吃的甘藷所含脂肪很少），因此偶爾吃得多並不會變得過度肥胖或是得糖尿病（參看第十一章）。

圖27 現代人的大吃大喝。美國人和其他富裕的現代國家人民每天都吃得過多（吃的食物約是一日所需的三倍），而且多半是高脂食物（如圖中的炸雞），所以會變得過度肥胖，最後罹患糖尿病（參看第十一章）。

圖28 音樂之父巴哈也是糖尿病患者？從巴哈的肖像畫看來，他臉頰豐腴、手指粗肥，加上晚年字跡變得潦草、視力模糊，都符合糖尿病的病徵（參看第十一章）。

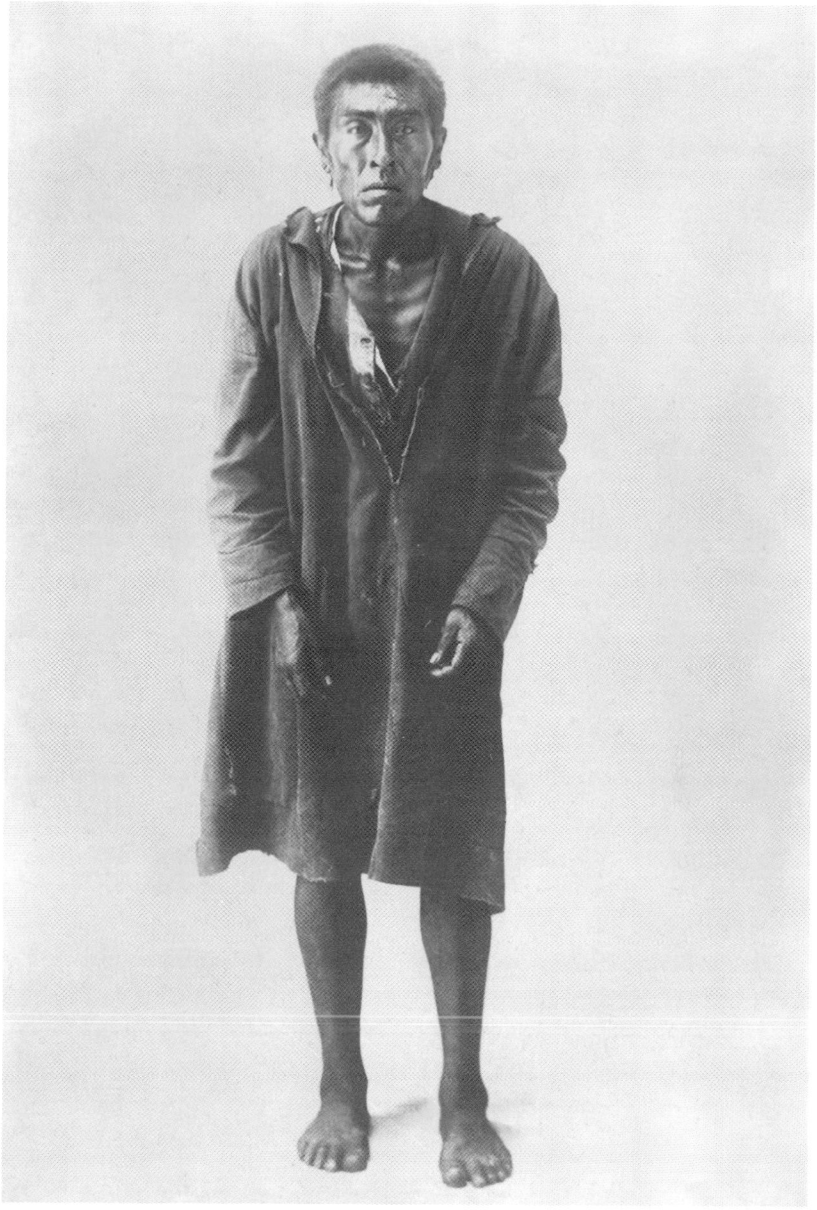

圖29　最後一個雅希印第安人：伊席。一八五三年到一八七〇年間加州淘金熱使得歐洲人紛紛來到雅希族定居的加州拉森山。結果，雅希族幾乎全數慘遭殺害，伊席和家人逃到山上才得以保住一命。最後他的家人也死了，只剩他一人，直到一九一一年八月二十九日才重返文明之地（參看第十章）。

圖30　新幾內亞高地人與歐洲人的第一次接觸。這張照片拍攝於一九三三年，圖中的歐洲人是澳洲人麥可・雷（參看第一章）。

圖31　第一次接觸：新幾內亞高地人第一次見到歐洲人驚恐不已而嚎啕大哭。照片攝於一九三三年麥可．雷在新幾內亞高地的探險之旅（參看第一章）。

圖32　傳統社群的交易。新幾內亞商人搭乘獨木舟，載了一船的貨物造訪鄰近社群以進行交易（參看第一章）。

圖33 現代交易：專業的店員在商店中販賣商品給顧客並收取政府發行的法定貨幣（參看第一章）。

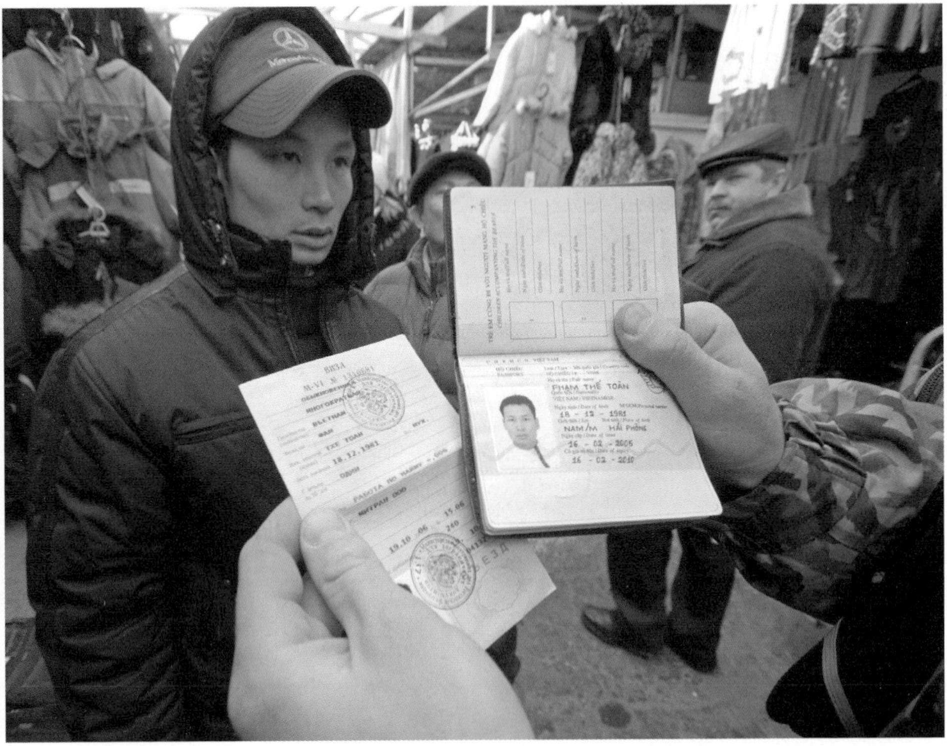

圖34　國與國的邊境：一個中國商人在俄羅斯與中國邊境拿出護照和簽證供俄國官員檢查（參看序曲）。

圖35 加州婦女艾莉．聶斯勒因其子參加基督徒夏令營時，疑似遭到營隊輔導員杜萊弗性侵而開槍將此輔導員擊斃。儘管每一個做父母的人都能理解艾莉．聶斯勒的憤怒，然而如果每一個人都像她一樣尋求私法正義，很快就會陷入政府崩解的混亂狀態（參看第二章）。

圖36　傳統部落戰爭：新幾內亞高地巴里恩河谷的丹尼部落拿著長矛面對面交戰。交戰雙方大都互相認識。單日死傷最多的一日是在一九六六年六月四日，丹尼族的北部聯盟奪走南部聯盟一百二十五條人命，約佔南部聯盟人口總數的五%。

圖37 現代戰爭：一九四五年八月六日廣島慘遭原子彈轟炸。投彈的美國士兵並不認識受害人，也沒看到受害者的臉。當時在廣島慘死的日本人多達十萬人，是為現代戰爭傷亡最慘重的一日，死亡人數佔當時日本人口總數的〇．一%。雖然現代戰爭絕對死亡人數比較多，但以地區人口的標準來看，傳統部落戰爭死亡人數佔該地人口比例高，因此更為慘烈（參看第三章）。

圖38 傳統社群幫忙照顧孩子的人總是與孩子肌膚接觸，讓孩子直立，看著前方，和照顧者面向同一個方向。見圖中普美印第安女孩抱著弟弟的樣子（參看第五章）。

圖39 現代的褓母或媽媽則常把嬰兒放在嬰兒車上。寶寶平躺，面向後方（參看第五章）。

圖40＆41 老而彌堅：作曲家理查．史特勞斯（左）與威爾第（下）在晚年仍將自己的才華發揮的淋漓盡致，寫出最偉大的作品。史特勞斯的《最後四首歌》是他在八十四歲完成的作品。這是史特勞斯最後的作品，也是經典之作，而威爾第則在七十四歲創作《奧泰羅》、八十歲完成《福斯塔夫》。

圖42　傳統生活的危險：一個巴西男人爬到樹上摘阿薩伊果（又稱巴西莓）。從樹上掉下來或是被倒下來的樹壓到，都是傳統部落生活會面臨的重大危險（參看第八章）。

圖43　傳統生活的危險：一隻巨鱷在印尼吃了好幾個人後被捕獲、殺死。野生動物是很多傳統部落生活會面臨的重大危險（參看第八章）。

圖44　現代生活的危險：車禍是現代生活常會面臨的重大危險（參看第八章）。

圖45　風險管理：二〇〇八年至二〇〇九年金融海嘯席捲全球之時，哈佛捐贈基金因投資失利，導致大筆虧損。如果哈佛大學的基金經理人也能像安地斯農夫或新幾內亞人那樣謹慎，採取分散策略，損失就不會如此慘重（參看第八章）。

圖46 水巫術：利用魔法探杖探測地下水源。占卜者走到有人欲開挖水井之地，從叉狀樹枝的旋轉判斷地下水源的位置。控制實驗證實利用水巫術占卜者成功的機率和胡亂猜測沒什麼不同，因此水巫術只是一種迷信。但是人在結果難以預料之時，總會藉由這類迷信或儀式來尋求答案（參看第九章）。

圖47 瀕絕的語言：在阿拉斯加最後一個會說伊雅克語的老婆婆蘇菲・布羅金已於二〇〇八年一月過世，之後再也沒有人會說伊雅克語（參看第十章）。

關於

next

這個系列，希望提醒兩點：

1. 當我們埋首一角，汲汲於清理過去的包袱之際，
不要忽略世界正在如何變形，如何遠離我們而去。
2. 當我們自行其是，卻慌亂於前所未見的難題和變動
之際，不要忘記別人已經發展出的規則與答案。

我們希望這個系列有助於面對未來。
我們也希望這個系列有助於整理過去。

昨日世界

THE WORLD UNTIL YESTERDAY

WHAT CAN WE LEARN FROM TRADITIONAL SOCIETIES?

人類大歷史三部曲之最終曲

找回文明新命脈

賈德・戴蒙 著

廖月娟 譯

好評推薦

在十九世紀，達爾文的三部曲《物種起源》、《人類源流》以及《人與動物的表情》改變我們對自然和人類史的了解。一個世紀之後，我們則可從戴蒙的三部曲《槍炮、病菌與鋼鐵》、《大崩壞》與這本《昨日世界》來了解人類大歷史。他在終部曲《昨日世界》不只講述自然和人類史，而且為我們剖析人類社會的命運。戴蒙就是我們這個時代的達爾文，《昨日世界》是改變時代的巨著，告訴我們如何解決人類社會急迫的問題，給我們面對未來的希望。

——薛莫（Michael Shermer），《科學人》（*Scientific American*）專欄作家

《昨日世界》是另一本令人眼界大開，令人入迷的巨著。作者不但是作家、思想家、科學家，也是了不起的人。本書不但包含個人回憶錄，也揭開傳統社群的面紗，讓我們看看可從他們身上學到什麼。本書字裡行間散發令人無法抗拒的魅力。

——艾克曼（Diane Ackerman）

《感官之旅》（*A Natural History of the Senses*）作者

本書是戴蒙最具個人色彩的一本著作，可與《槍炮、病菌與鋼鐵》連成一氣來讀。戴蒙幾十年來在新幾內亞進行深入的田野調查研究，當地的傳統社群豐富了他的人類史觀。他的描述生動有趣，曾接觸狩獵──採集文化的人讀來必然心有戚戚焉。《昨日世界》是一大成功之作。

──埃力克（Paul R. Ehrlich），《人類的演化：基因、文化與人類的未來》（*Human Natures : Genes, Cultures, and the Human Prospect*）作者

戴蒙企圖心雄偉、博學多聞，以百科全書式的寫法，從人類學、社會學、語言學、生理學、營養學和演化生物學等角度來剖析人類社會。戴蒙可說是文藝復興人，是認真的學者、具有綜合資料和理論的長才，也是大膽的通才。

──《芝加哥論壇報》（*Chicago Tribune*）

閱讀本書有如一趟難得的知性之旅，讓我們得以一窺傳統社群的知識與經驗。作者在新幾內亞鄉間與傳統社群相處四十幾個年頭。這樣深入的田野調查與周詳的文獻回顧，才得以照見今日社會的問題。

──惠立特（Barry Hewlett），人類學家

本書帶我們窺視一個即將失落的世界。

──《經濟學人》（*Economist*）

既抒情，又令人心有戚戚……戴蒙的傳統社群研究讓我們看到，現代生活不過是人類漫長生活史的一個小片段……本書是一位學者畢生經驗、心血的結晶，讀了之後必會讓人有深刻的收穫。

——《出版家週刊》（*Publishers Weekly*）

戴蒙揀選傳統社群進行調查，筆法從容而不自滿，見識廣博而不浮誇……真實描繪出傳統社群的各種面貌，供我們學習、參考。

——《科克斯書評》（*Kirkus*）

戴蒙在這本絕妙好書教我們用新的觀點看過去和現代的生活，進而展望未來。

——《書單》（*Booklist*）

戴蒙再次在本書展現驚人的知識廣度，細節描述嚴謹，加上感人的個人故事。

——《克利夫蘭公論報》（*Cleveland Plain Dealer*）

《昨日世界》是本引人入勝、價值匪淺的巨著，讓人思索我們可從傳統社群學到什麼，或許也可貢獻我們的經驗給他們。

——《基督教科學箴言報》（*Christian Science Monitor*）

戴蒙以誠實、智慧之眼來看新幾內亞高地社群，告訴我們如何以那些傳統社群為借鏡來審視自己的文化與文明。

——康納（Melvin Konner），《纏結的翅膀與童年的演化》（*The Tangled Wing and The Evolution of Childhood*）作者

戴蒙使我們得以用新的眼光來看人類的本性和自身的歷史。

——《獨立報》（*Independent*）

引人入勝的傳統社群生活面面觀。

——《星期日電訊報》（*Sunday Telegraph*）

戴蒙是我們這個時代最有意思、最令人注目的作家……他分析的範圍廣博，加上一生的研究心得，使本書特別令人折服。

——《星期日郵報》（*The Mail on Sunday*）

【導讀】

今昔相比的九大教訓

蕭新煌

戴蒙的這本《昨日世界》，一如前兩本大著《槍炮、病菌與鋼鐵》和《大崩壞》，又是一本書寫和論述人類大歷史命運的好書。

《大崩壞》憂心忡忡警告今天的人類要做「明天成敗興亡的抉擇」，這本《昨日世界》卻是苦口婆心提醒今天的人類要向「昨天的傳統社會學習的生存之道」。毫無疑問，前書是以相當悲觀的態度看明天，但這本卻未必全然是以浪漫的心情看昨日，有的是掩不住對時光歲月的傷感，而更多的是充實而嚴肅的追憶，以及跨世教訓的提煉。

本書藉新幾內亞高地的傳統部落社會生活來勾勒戴蒙所謂的「傳統社會」，因為他說「他們依然保存我們祖先在幾萬年前的生活型態」。不過他也洞悉地告訴讀者，即使是這些存活下來的傳統社會，也難逃一個全球化的宿命——肥胖。他更警告，新幾內亞七十五年來的轉變放在人類演化的六百萬年漫漫長河中，猶如昨日一瞬。也就是說，任何現存的傳統社會都可以讓我們窺見我們的昨天，而戴蒙想在本書引導讀者去窺見「過去」的，卻是他精挑細選的九大社會議題或生活方式。在我讀來，這何嘗不就是本書要當代讀者去向過去老祖宗請教和借鏡的九大教訓？

我陸續讀完這九大今昔社會生活（其實是太平洋部落vs.西方工業社會）對照之後，無異是走了一趟時空隧道。我雖沒有今不如昔的傷感，但卻真的有人類的歷史記憶實在太短太淺之嘆；結果是把當代社會秩序和生活步調視為理所當然，根本沒想過要變，或是找尋與今天不同的人類經驗！

這九個今昔對比的人類經驗大轉變分別是：

一、過去的人流動有限，人際關係也有限，不是親友、敵人，就是陌生人；家鄉就是一個人的世界。但現在的人流動大，行動自由不受限，世界之大無遠弗屆，對遙遠的地方或許有膚淺的知識，但對自己的家鄉卻反而陌生，沒什麼感情，甚至有漂泊浮萍之疏離感。這樣就是人類的進步嗎？

二、過去的人處理人與人的爭端，似乎不在於爭大是大非、誰對誰錯；而是馬上想到往後如何繼續和平相處；因此都可以談妥補償的條件。現在的人有了警察、司法、律師介入之後，反而把爭吵的兩造輸贏列為首位，也似乎心知肚明在官司之後，對方已如仇人。這種今昔處置爭端之別，似乎也給了我們一些想像空間。

三、過去的人並不是就都很和平，暴力戰爭也時有所見，人與人、部落與部落之間冤冤相報，不斷殺戮之惡性循環更是常事。他們甚至熱衷復仇和戰勝，認為戰事有理。現代的人時時譴責仇恨、殺戮；戰爭一打完，戰事死了一大堆人卻馬上要大家忘了這場戰爭。一再地壓抑「不平」和「復仇」人性的後果，是「創傷症候群」在士兵身上一再發生。如果現代一般人持續過這種「假裝復仇情緒不存在」的生活，而野心政客和獨裁國家卻時時想發動侵略，欺壓和平的鄰近國家，則是非對錯又怎麼說呢？

四、今昔人類社會都一樣，都有較動物更長的襁褓育嬰期，因此養兒育女之道是跨世人類的大事。傳統社會生、養、教孩子的方式比現代人更多樣，其背後文化特色也比當代更豐富。但毫無疑問的是往昔的幼兒與父母雙親肌膚接觸都比現代人多，也更親近、穩定。當年他們的下一代似乎也都比較穩定，也少見所謂「不良少年」和「反社會的憤青」，這是不是說明了一些值得現代父母借鏡之處？

五、昔日的老人似乎獲得比較多的尊敬和照顧，但也有老人會因部落社群糧食長期匱乏和有限，而遭到遺棄甚至自行或在他人協助下自殺。但過去的老人，他們的經驗和長處都受到更多重視。現代老人可以活得更老，所以老人更多，但也可能因此而變得更寂寞，與後代更疏離和孤立，也被社會認為是沒有用的。看來今昔老人都面臨著表面不同、骨子裡卻一樣的「苦衷」。

六、也許從某個角度來說，傳統社會的人比現代人多一些神經質的傾向，對很多可能有危險的事都會神經兮兮地提早預防，甚至直覺地相信不幸或想到的事若會發生，就一定會發生。相對地，現代人卻往往喪失了對危險、緊急事件、災難的應變心思和能力，甚至對「風險」不想、不說、不預防。但這樣就能避掉當代社會已迫切面臨的天災、人禍、環境及氣候變遷的風險嗎？對風險的遲鈍和逃避恐怕才是現代社會的最大危機，不是嗎？

七、戰後有一個非常流行的「世俗化」理論來說明傳統與現代的差別之一，就在於人類對宗教力量的依賴的降低和超越。戴蒙研究的村落可說是一個宗教主宰一切、解釋一切和保護一切的典型社會。隨著宗教在過去幾百年來部分功能的退化、式微或轉讓，今後的宗教對現代人的功能恐怕又會再經歷一些變化。但「消除焦慮」和「慰藉人心」，甚至找尋生死的意義，恐怕仍會繼續存在於人類社會，甚至再起。就這點，我也抱持同樣看法。

八、過去百年，人類社會文化變遷的危機之一就是母語（言）的消失，一部分肇因就是強勢族群和國家在語言政策上有意的打壓。傳統小型語言群體多具有多語能力，現代人反而愈來愈傾向於單一語言的使用，預測不到一百年，世界上九五%的語言會滅絕。這對人類認知能力的下降，恐會造成不可估計的影響。這恐怕又是另一種當代人類發展的不幸。

九、人類沒變的宿命，除生、老之外，就是病、死。傳統部落的人和現代工業社會的人的一個差別就在病死的原因上，當代人常死於現代文明病（如糖尿病、高血壓、中風和癌症）；傳統社會的人則多死於傳染病。就像戴蒙在書的一開始就語帶感傷地說，新幾內亞人現在也看得到胖子，而難逃糖尿病和中風之害。這種現代人的健康殺手現在也不放過部落的人。但所有受現代化洗禮的人類，已有改變生活型態以避免現代文明病的準備了嗎？

我認為戴蒙透過這本書最想表達的倒不是要讀者集體發揮「世風日下」的感嘆，也不是要大家浪漫地去憧憬傳統的美好，而是要更批判地看待現代生活和更理性地去跟傳統生活比較，揚棄百年來一再鄙視傳統一切的心態，看看能從傳統學到什麼，然後透過現代人類的集體智慧、社會改革和創新去建構一個更良善的明天。

（本文作者為中央研究院社會學研究所所長）

導讀

發思古之幽情

王道還

本書旨在描繪農業、文明誕生以前的人類生活。書名「昨日世界」是隱喻，因為最後一次冰期之後，也就是一萬五千年前，人類文明史才逐漸萌芽；而在人類六百萬年演化史的襯托下，文明的開展的確「恍如昨日」。

話說人與黑猩猩源自同一共祖，六百萬年前才分別走上不同的演化道路。這一結論已有豐富的化石與基因組證據支持，可以做為孟子「人之所以異於禽獸者幾希」的腳注。然而「幾希」（無幾；沒有多少）也者，強調的是「人畢竟異於禽獸」。儒家肯定人有價值自覺，並主張以自覺心創造人文世界、建立人間秩序。演化生物學者卻不疑處有疑，想追究這一人文自覺的來歷。

因為長相與我們一樣的現代智人（*Homo sapiens sapiens*），早在四萬年前就出現了。可是直到一萬五千年前，人仍然不過是一種大型哺乳動物罷了。相對於漫長的「自然史」，人類的「文明史」實在太短淺了。人類在洪荒中演化，如何能創造文明？我們對於文明的種種不滿，是否源自草昧時代淬鍊出的習性？人的「本性」究竟是什麼？

這些問題在人類學的脈絡中，更令人好奇與困擾。我們現代智人是地球上唯一遍布全球的物種，每個人類社群都可視為一個人文實驗，結果是教人目迷五色的生物多樣性（如膚色）與人文多樣性（如語言、文化、宗教、社會結構等）。最讓人不解的是，只有極少數社群創造了文明（農業、城市、文字的綜合體），只有一個社群發明科學：文字，五千三百年前出現於兩河流域；科學更晚，誕生於古希臘黃金時代（西元前第五、第四世紀；相當於中國戰國時代）。論天下大勢，文明與科學是例外。二十世紀初，仍有少數社群與世相忘，生活在石器時代。

十八、十九世紀的西方學者，透過文明開化的進步史觀看待世界各地的「原始社會」，當他們是歷史孑遺。現代人類學者則將他們各自視為一個整體，從內（宇宙觀）、外（適應環境）尋繹理解的角度。至於為何只有極少數人類社會創造文明、發明科學，反而少有人探討。

本書作者戴蒙是生物學家。在類型上，本書比較接近二十世紀之前的民族誌傳統，而不是現代人類學。那是因為戴蒙的科學生涯相當獨特，本書可說是他的科學事業的副產品。原來戴蒙的博士論文，研究的是膽囊生理學。後來，他因而受聘為醫學院生理學教授。但是他因緣時會，一九六一年完成論文後到新幾內亞研究鳥類生態學。一九七九年，戴蒙甚至以鳥類生態學的成就當選美國國家科學院院士。在科研高度職業化、專業化的時代，戴蒙是一個異數。而他以新幾內亞為主要的田野研究基地，讓他接觸到了人類多樣性——人類學的主題。

戴蒙以自己與新幾內亞原住民接觸的經驗為主，其他人類學者的研究為輔，為我們刻畫了他眼中的「昨日世界」。但是讀者必須留意，現在世界各地的原住民是否可以代表一萬五千年以前的人？人類學者仍在辯論。有些學者指出，原住民主要生活在文明社會的邊緣，是他們遭受文明族群壓迫的結果，他們也必須適應與文明族群的互動。因此，他們的生活方式與我們的祖先未必相似。

就以本書探討的第一個主題為例吧，狩獵—採集社會是否常發生戰爭？根據二〇一三年七月一個芬蘭研究團隊發表的報告，「傳統」社群並不常發動戰爭。研究人員蒐集到的統計數字顯示：那些社會中，致命衝突案例有三分之二發生於社群之內，而不是社群之間；超過一半只涉及一名凶手與一名受害者；大部分都出於私人恩怨（情殺或仇殺），而不是什麼「民族大義」。就情理論，傳統社群規模不大，必須與其他社群通婚，鄰近社群發生大規模戰爭的可能性本來就不高。當然，這篇研究報告不會成為解答這一問題的定論，因為芬蘭團隊蒐集到的資料都來自「現代」傳統社群，而不是一萬五千年前的傳統社群。

其實，本書是戴蒙對正在消逝的生活方式的憑弔；他以生動的文字與我們分享了他的感動與感想。如刻意追究「真」，不免忽略善與美。須知「文明及其不滿」是永恆的人文課題，有時藉著文字、理念，想像的翅膀才能載著我們憑虛蹈空、超越自在。

（本文作者為生物人類學者）

昨日世界

找回文明新命脈

目錄

第三部　兒童與老人

第四部　危險與應變

第五部　宗教信仰、語言和健康

序曲　機場一隅

二〇〇六年四月三十日，上午七點。我在機場入境大廳，在擁擠的人群中緊握行李推車把手，準備搭乘今天早上的第一班飛機。這個場景我再熟悉不過了：幾百個旅客，有人拉著行李箱，有人扛著箱子，有人背著背包，有人抱著小孩，在長長的報到櫃台前排成一條條長龍。身穿航空公司制服的地勤人員站在櫃台後面看著電腦螢幕。人群中夾雜著一些穿制服的人，如機師、空服員、行李安檢員等。我還看到兩個警察站在人群中，看來頗為醒目——也許他們站在這裡只是要讓人知道這裡有警察。安檢員用X光機檢查行李，航空公司地勤人員在托運的行李貼上標籤，行李搬運工則忙著把行李放在輸送帶上，希望所有的行李都能正確無誤地送往飛機貨艙。報到櫃台的正對面是一排商店，賣報紙和速食。我還看到牆上的時鐘、公用電話、自動提款機、通往上一個樓層的手扶梯。當然，從航廈的窗戶望過去，可以看到飛機在跑道上列隊。

櫃台地勤人員盯著電腦螢幕，敲打鍵盤，時而從刷卡終端機列印信用卡簽單。排隊的人站在等候線的後方，有的在開玩笑，有的耐心等候，有的等得不耐煩，有的則跟朋友打招呼。輪到我的時候，我遞出我的飛行旅程表給一個我未曾謀面的櫃台人員。我想，自此之後我或許也不會再遇見她。她給我一張登機證，讓我得以飛到幾百公里外的一個地方——我不曾去過那裡，也不認識任何一個住在那裡的人，但他們應該能容忍我，讓我踏上他們的土地。

對來自美國、歐洲或亞洲的旅客而言，儘管他們曾到過相似的場景，但這個機場給他們的印象特別新鮮而且強烈，除了我和一些外國觀光客，這個大廳裡的人清一色是新幾內亞人。外國人還會注意到機場櫃台插的國旗不是星條旗，而是巴布亞新幾內亞的國旗——上有紅、金、黑三色，左下的黑色三角形有南十字星，右上的紅色三角形則有隻金色的天堂鳥。航空公司的標幟也看不到美國航空或英國航空，而是新幾內亞航空（Air Niugini）；機場螢幕顯示的目的地也頗有異國風情，如瓦佩納曼達（Wapenamanda）、哥羅卡（Goroka）、奇高瑞（Kikori）、孔迪亞瓦（Kundiawa）、韋瓦克（Wewak）。

這個機場是在巴布亞新幾內亞首都莫爾茲比港（Port Moresby）。對新幾內亞的歷史有點認識的人都不免為眼前看到的這一幕所震懾、感動。我初次來到巴布亞新幾內亞是在一九六四年，那時這裡仍是澳大利亞統治的領地。舊地重遊，我不免想起澳大利亞人在一九三一年「發現」新幾內亞高地之時拍攝下來的照片——約有一百萬個新幾內亞村民在這個祕境過著石器時代的生活。那些高地人幾千年來一直與世隔絕，初次見到歐洲人，不由得以驚恐的目光盯著這些外地來的人（圖30、31）。二〇〇六年，我在莫爾茲比港機場，當地人的臉龐一張張映入我的眼簾——旅客、櫃台人員和機師等——我發覺這些人的臉孔和那些老照片上的臉很像。我身旁的人當然不是照片中的人，但那五官和照片中的人就像同一個模子刻出來的。我想，這些人或許是那些高地人的孩子或孫子。

二〇〇六年我在莫爾茲比港看到的那一幕已深深印在我腦海中，與一九三一年澳大利亞人拍的「第一次接觸」，最明顯的差異就是服裝。七十幾年前，新幾內亞高地上的居民身上幾乎光溜溜的，頂多圍著草裙、在肩上背著網袋或是插了鳥羽頭飾。但二〇〇六年的新幾內亞人穿著打扮就跟西方人沒什麼兩樣，穿著襯衫、褲子、裙子、短褲，有的頭戴棒球帽。不過是一、兩代的光景，新幾內亞高地人已走出石器時代來到現代機場大廳，學會寫字、使用電腦，甚至會開飛機。這些人當中有些或許是他們部落裡最早學會識字、寫字的人。我在機場從一對祖孫的身影瞥見這樣的代溝：年輕的那個穿著機師制服，牽著老人的手。年輕人解釋說，那個老人是他爺爺，今天是他第一次搭飛機。白髮蒼蒼的老爺爺一副不知所措的樣子，神情正如一九三一年拍的那些照片中的人。

但熟悉新幾內亞歷史的人，稍稍觀察一下，不只是發現一九三一年的人穿草裙、二〇〇六年的人穿著已像西方人，還能看出更大的差異。一九三一年的新幾內亞社會缺的不只是工廠大量生產的衣服，也沒有任何西方科技產品，如時鐘、手機、信用卡、電扶梯和飛機等。更根本的是，在一九三一年，新幾內亞高地人沒有書寫系統、金屬、金錢、學校，也沒有中央集權的政府。要不是我們近年親眼目睹新幾內亞的蛻變，我們或許無法相信一個沒有文字書寫的石器時代社會，如何在短短的三十年間脫胎換骨，躋身科技昌明的現代社會？

如果你熟悉新幾內亞的歷史，又有敏銳的觀察力，就會注意到二〇〇六年在首都機場所見與一九三一年澳大利亞人拍的新幾內亞高地還有其他差異。在二〇〇六年的場景中，老人看起來比較多，但很少來自新幾內亞高地的傳統社群。第一次來到新幾內亞的西方人，站在機場大廳，乍看之下，會認為那些新幾內亞人是「純種族群」，每一個人都是捲髮、皮膚黝黑（圖1、13、26、30、31、32）。其實，他們是「混合族群」，擁有不同的臉孔特徵：來自南方海岸的低地族大都是高個子，鬍子稀疏，臉形比較狹長；高地人則很多是矮個子，鬍子茂密，臉形較寬；小島島民和北方海岸低地族臉孔特徵則有點像亞洲人。在一九三一年，你不可能同時遇見高地居民和來自南北海岸的低地族。在那個時代，只有同一種族的人會聚集在一起。如果你是語言學家，在新幾內亞首都的機場豎起耳朵聽當地人說話，應該可以辨識幾十種語言，各屬不同的語族：有些是聲調語言，也就是字音會有一定的高低起伏，如華語，有些屬南島語族，有簡單的音節和子音，還有一些語言則是非聲調語言，如巴布亞語❶。如果你在一九三一年碰到一群新幾內亞人，也許可聽到幾種語言，但不會像現在，一群人齊聚於一堂，用幾十種語言嘰哩呱啦。二〇〇六年在新幾內亞首都機場報到櫃台，最多人使用的語言是英語和托克皮欽語（Tok Pisin，又稱新美拉尼西亞語，也就是混雜當地語言的非正統英語）。很多旅客都用這兩種語言交談。但在一九三一年的新幾內亞高地，每一個區域裡的人只說當地的語言。

你還可從一九三一年和二〇〇六年這兩個場景發現一個微妙的差異。在二〇〇六年，有些新幾內亞人體態和一般美國人很像，也就是挺著啤酒肚的大胖子。但在七十五年前拍攝的照片裡，你可看不到任何一個胖子：每個新幾內亞人都很精瘦，肌肉線條鮮明（圖30）。如果我有機會和那些機場旅客的醫師談談，再參考現代新幾內亞的公共衛生統計數字，就可得知當地罹患糖尿病的人口有增多的趨勢，多半是肥胖引起的，近年來高血壓、心臟疾病、中風和癌症的病例也有不少，但在三十年前的新幾內亞，這些都是前所未聞的。

另一個差異看在西方現代人的眼裡或許根本沒什麼。二〇〇六年聚集在新幾內亞首都機場大廳那群人大都未曾見過彼此，但這些陌生人不會一見面就打起來。這在一九三一年的新幾內亞高地是無法想像的事。當地人看到陌生人都會提高警覺，認為他們是危險人物，因此可能會把那些人殺掉。

【譯注】

❶由於新幾內亞島群山隔絕將原住民切割成許多小群體，幾乎一半以上的巴布亞語各只有數百名的使用者。新幾內亞共有一千多種語言，分屬數十個語族，是全世界語言密度最高的地方。

是的，在二〇〇六年的機場大廳雖然有兩個警察在場維持秩序，群眾一般都很自制，也很放鬆，認為陌生人不會攻擊他們。他們了解自己身在法治社會，如果出現口角或演變成暴力事件，警察和士兵都將蜂擁而至。但在一九三一年，警察和政府還沒出現。機場大廳的旅客可以飛到瓦佩納曼達或巴布亞新幾內亞任何一個地區，不需要任何通行證，就像現代西方世界的人一樣自由，但是以前可不是這樣子。在一九三一年，任何生於哥羅卡的新幾內亞人都不得到一百七十二公里以外的瓦佩納曼達。如果你是哥羅卡人，想要往西到瓦佩納曼達，只要一離開家，在十幾公里之內就可能被當成陌生人被殺掉了。然而，我卻飛了一萬一千二百多公里，從洛杉磯飛到莫爾茲比港——單單這趟旅程已比一個傳統新幾內亞高地人一輩子能走的路要多上幾百倍。

總而言之，從這些差異可見，新幾內亞高地這七十五年來的轉變等於是世界其他地區幾千年來的發展。對個人而言，他們所感受到的變化甚至更快。我在新幾內亞的朋友告訴我，我見到他們的十年前，他們還在打造石斧，參加傳統部落戰爭。到了今天，上述提到的現代科技，他們已經習以為常，如金屬、書寫、機器、飛機、警察、政府等。他們知道現在胖子很多，遇見陌生人不會害怕，也知道其他族群的存在。但就人類史而言，這些現代人類社會的特徵是新近才出現的。在過去六百萬年，自從人類和黑猩猩的祖先分道揚鑣，各自踏上自己的演化之路，人類社會大抵沒有鐵等東西。直到一萬一千年前，這些現代社會的特徵才在世界的某些地區開始萌芽。

因此，如果我們把新幾內亞這七十五年來的發展放在人類演化的六百萬年漫漫長河中，從某些層面來看，新幾內亞❶猶如一個窗口，讓我們得以窺見人類社會的昨天。世界其他地區雖然也有這樣的轉變，但很早就開始了，而且非常緩慢。不管如何，「緩慢」一詞是相對的：即使是在最早出現這些轉變的地區，由於不到一萬一千年，與六百萬年相比，還是短如一瞬。基本上，人類社會近來已經出現非常深刻而且快速的轉變。

為何研究傳統社群？

為什麼「傳統社群」具有吸引人的魔力？❷其中一個原因就是令人好奇。從某些層面來看，傳統社群的人對我們而言似乎很熟悉，也很容易了解，但從其他層面來看，卻和我們大不相同，宛如是另一個世界的人那樣難以理解。一九六四年，我初次踏上新幾內亞，那年我才二十六歲。新幾內亞人的樣貌叫我瞪大眼睛：他們看起來完全不像美國人，不但說的語言不同，穿著和行為也大異其趣。但在接下來的數十年，我不斷回到這個地方，前後約有數十次之多，每次停留一到五個月左右，至今我已走遍新幾內亞及其鄰近島嶼。我和當地人成為朋友，原來的新奇之感也漸漸消失。我們常常天南地北地閒聊、說笑，對孩子的教養、性、食物、運動等話題都很感興趣，我們的種種情緒也會互相感染，如憤怒、恐懼、悲傷、輕鬆或狂喜。即使是他們的語言，也沒我原本想像得那麼陌生、困難。如果我們熟悉的主要語族是主題曲，他們的語言則是變奏。雖然我在新幾內亞最先學到的第一種語言佛爾語（Fore）和印歐語族無關，字彙也和我熟悉的語言完全不同，但佛爾語的動詞型態和德語很像，雙名詞像斯洛文尼亞語，後置詞像芬蘭語，表達遠近的三個指示副詞——這裡、近處的那裡、遠處的那裡——則像拉丁語。

但我被這些相似點誤導。等我漸漸熟悉這裡時，我心想：「世界上的人基本上都一樣。」我後來才發現我錯了，我們其實有很多不一樣的地方。例如，我的新幾內亞友人計數東西，不是用手指一個個數，就是用畫的，不像西方人利用抽象的數字；他們擇偶的方式不同，對待父母和教養子女的方式也和我們不同，他們對危險的看法不同於我們，友誼的概念也和西方人不同。因此，傳統社群和西方社會既相似又有很多不同之處，這些異同就像萬花筒，讓西方人看得目眩神迷。

關注傳統社群的另一個原因，是他們依然保存我們祖先在幾萬年前的生活型態。今日社會有這樣的面貌都是長久以來的生活型態塑造出來的。直到一萬一千年，人類才從狩獵—採集生活轉為務農，最早的鐵製工具在七千年前才出現，而最早的國家和書寫系統則是在五千四百年前才誕生。翻開人類社會發展史來看，幾乎都停留在傳統社群的階段，只有到最近才變成現代社會。本書讀者吃的東西大部分是從商場買的農產品，用不著每日到野外狩獵、採集；使用的很多是金屬器具，很少是石頭、木頭或骨頭做的工具；國家、法庭、警察、軍方、閱讀、書寫等也都是現代社會生活不可或缺的。但這些都是最近才出現在人類社會的新東西，今天全世界仍有數十億人或多或少以傳統生活型態在過日子。

即使是在現代工業社會之中，依然可見傳統生活型態的影子。在第一世界的鄉間，很多紛爭還是利用傳統的、非正式的機制來解決，而不是上法庭訴訟。這是我在蒙大拿谷地觀察到的，每天夏天我總會和內人、小孩一起去那裡度假。大城市裡的幫派如有爭端，也不會叫警察來幫忙處理，而是利用協商、補償、恐嚇、打鬥等傳統手段。我的歐洲朋友有些是在一九五〇年代的歐洲小村子長大的，他們形容的童年就像新幾內亞村落裡的小孩過的生活：所有的村民都互相熟識，每一個人都知道其他人在做什麼，也會發表自己的意見，結婚對象都住在附近，終其一生都沒離開這個村子，只有在世界大戰那幾年，年輕人才離開家鄉到外地打仗。如果村子裡有人捲入紛爭，最後總是可以重修舊好，即使心中仍有不滿，也只能忍耐，因為你必須在此地終老。也就是說，昨日世界並非完全被今日的新世界取代，消失得無影無蹤。我們依然可在今日世界發現昨日的點點滴滴。這就是我們為何必須了解昨日世界。

讀者一路讀下去，將發現傳統社群的文化習俗比現代工業社會來得多元。從這些文化習俗種種的表現來看，現代社會的文化標準不但和傳統標準大不相同，而且傾向極端。例如，傳統社群與任何現代工業社會相較，有些傳統社群對待老年人非常殘酷，有的則比較懂得敬老尊賢，讓老年人安享天年。以這兩個極端而言，現代工業社會則傾向前者。然而心理學家研究人類的本質、尋找通則之時，取樣卻極其狹隘，失之偏頗。以二〇〇八年一篇發表在頂尖心理學期刊的研究報告為例，該報告研究的受試者有九六%來自西方工業國家（北美、歐洲、澳洲、紐西蘭和以色列），來自美國的就佔六八%，而其中的八成皆為修習心理學課程的大學部學生。這些學生何以能代表美國社會？正如學者亨利奇（Joseph Henrich）、海能（Steven Heine）與諾倫薩揚（Ara Norenzayan）所言，我們對人類心理學的了解大抵基於某一群的受試者。這些受試者共同的特徵就是：西方人（Western）、受過教育（educated）、來自工業國家（industrialized）、富有（rich），以及生活在民主社會（democratic）。這幾個特徵的英文首字母湊起來，就可組合成一個字，也就是WEIRD（怪異）。的確，從世界文化差異的標準來看，這群受試者實在是怪異的一群。在很多採樣來自全世界不同族群的文化現象研究中，這些受試者顯然是離群值。學者取樣研究的現象包括視知覺、公平、合作、處罰、生物觀點、空間感、分析、全面思考、道德觀、服從的動機、做選擇以及有關自己的概念。因此，如果我們要對所謂人類的本質有個概括的了解，我們必須大幅擴大我們的研究樣本，不能只侷限於美國心理系的大學生，才能了解傳統社群的全貌。

社會學家或許可從他們對傳統社群的研究，得到一些有學術價值的結論。至於其他所有的人則可從實用的觀點出發，向傳統社群學習。傳統社群代表建構人類社會的幾千種自然實驗。為了解決問題，傳統社群的人曾想出幾千種不同的辦法，和西方現代社會採取的解決之道大異其趣。我們將可發現，傳統社群的一些作法甚至讓我們嘖嘖稱奇，沒想到他們也有勝過第一世界之處。他們自有一套養育兒女和對待老人的辦法，知道如何保持健康、了解說話的藝術、也懂得享受餘暇、解決爭端。我們自詡為科技昌明的現代人，但我們的身體和我們的作法都變得大有問題，變得與環境格格不入。所謂見賢思齊，傳統社群有些地方或許值得我們學習，讓我們過得更健康、快樂。

然而我們也不能走極端，對過去抱著不切實際的幻想，希望回到單純的原始世界。傳統社群仍有許多層面是我們不樂見的，如殺嬰、殺害或拋棄老年人、可能時常面臨飢荒、天災頻傳和傳染病肆虐等。傳統社群的人常眼睜睜看著自己的孩子死去，不時提心吊膽害怕遭受攻擊。傳統社群有些作法的確值得我們學習，同時也提醒我們珍惜自己擁有的優點，不要以為理所當然而心生輕蔑。

國家

傳統社群的組織型態要比現代以國家／政府為主的社會來得多變。❸我們對傳統社群一些特徵覺得陌生，為了明瞭這些特徵，且讓我們從自己熟悉的國家特徵做為起點。

現代國家人口少則數十萬，一般都有幾百萬或幾千萬，像印度和中國這兩個人口最稠密的國家，人口更多達十億以上。人口最少的現代國家，如太平洋島國諾魯（Nauru）和吐瓦魯（Tuvalu），人口都超過一萬人。（梵蒂岡的人口只有一千人左右，也算一個主權國家，位於羅馬西北的高地上，以梵蒂岡古城牆做為國界。梵蒂岡居民所需完全仰賴進口。）在古代，國家人口數則是從幾萬人到數百萬人。我們可從龐大的人口數得知國家如何餵養這些人民，如何組織他們，以及這些國家如何存活。所有的國家主要是以食物生產（農業和畜牧業）來填飽老百姓的肚子，而非仰賴狩獵與採集。以作物栽種和在牧草地上畜牧做為生產手段，讓土地長滿作物，豢養許許多多的牲畜，人類社會就能獲得更多的食物；如果在森林狩獵、採集可食的植物，所得的食物則非常有限，無法養活龐大的人口。因此，狩獵—採集社會的人口總數不可能多到可以組成一個國家。在任何國家，以機械從事農作的人只佔人口的一小部分，現代國家更可能只有二%的人務農。其餘的人口都從事別的行業（如管理、製造或貿易），並不生產自己需要的食物，他們所需的糧食都由農民生產、供給。

由於國家人口龐大，大多數的人都不相識。即使是像吐瓦魯這種只有一萬人的小國，人民也不可能認識全國所有的人，至於人口多達十四億的中國更不用說了。因此，國家需要警察、法律、道德規範使境內人民不會因為陌生而經常捲入打鬥。由於在小型社會人人彼此認識，毋須設立警察、法律和道德規範對陌生人友好。

最後，一旦一個社會已發展到一萬人以上，如有重大決策，不可能把每一個人找來，讓大家坐著面對面商量，或者使人人都得以發表意見。人口數目龐大則需要領袖才能做決定，也需要管理者來執行決定，再由官僚來監督決策和法律的執行。或許有些讀者是無政府主義者，嚮往沒有國家或政府管制、自由自在的生活，然而這樣的夢是不切實際的：你必須尋找一個願意接納你的隊群或部落。由於隊群或部落裡的人都互相認識，便不需要國王、總統和官僚。

即使我們可以見到一些人口眾多、需要一般官僚治理的傳統社群，但國家的人口數目遠超過這樣的社會，而且需要具有不同專才的官僚各司其職。現代國家的人民往往覺得這些官僚令人生氣，但國家要運作，還是少不了這樣的人。一國的法令多如牛毛，加上人口眾多，只有一種官僚將無法監督所有法規的執行。國家需要的官僚包括稅務員、汽車檢驗員、警察、法官、餐廳衛生督察員等。然而國家的每一個行政機關都只有一種官僚，這些官僚有很多人，分屬於不同層級。以稅務機關為例，最基層的辦事員負責查核你的稅金申報，如果你和該辦事員發生爭執，則可向其主任申訴，主任的上面則是各分局或各州的局長。（其實，真正的架構要複雜得多，但為了簡明起見，這裡只列出最重要的。）卡夫卡在《城堡》（*The Castle*）這本小說，以哈布斯堡帝國的官僚為本，虛構一個錯綜複雜的官僚體系。小說中的主人翁為了和這些官僚打交道受盡各種刁難，還是不得其門而入。我在睡前讀這本書，總不免做惡夢，夢見自己和不可理喻的官僚纏鬥。所有的讀者想必也曾有這種不愉快的經驗。這就是我們生活在現代國家必須付出的代價：如果沒有官僚，國家機器也就無法運作。即使是烏托邦也少不了官僚。

關於國家，我們最熟悉的一個特徵就是不平等，以政治、經濟和社會地位而言，並非人人平等，即使是最講求平等的北歐民主政體也不例外。這也難怪，任何國家制定法律規章的政治領導人都是少數人，絕大多數的平民只能服從。人民的經濟角色也大不相同（如農民、工友、律師、政治人物、店員等），有一些人賺的錢就是比其他人來得多，有些人的社會地位也比較高。到目前為止，已有不少人試圖消除社會不平等，如馬克斯就揭櫫共產主義的理想，提倡生產與分配皆「各盡所能，各取所需」，但這些人還是無法消弭人類社會的不平等。

在農業興起、人類社會得以大量生產糧食之前（公元前九千年左右），國家是不存在的。只有糧食大量生產，能夠餵養龐大的人口，而且人口需要一個權力核心來治理，國家才漸漸生成。人類史上第一個國家大約在公元前三千四百年左右出現在肥沃月彎，在之後的一千年，國家也陸續出現在中國、墨西哥、安地斯山區、馬達加斯加等地區。到今天，展開世界地圖，你會發現除了南極，整個地球就像拼圖一樣，由大大小小的國家組成。即使是南極，目前也有七個國家對這個冰封萬年、杳無人跡的大陸提出主權要求。

傳統社群的型態

因此，在公元前三千四百年以前，在這個地球還看不到任何國家。直到最近，在世界上某些大範圍的地區也還有人不知國家為何物，只有簡單的政治體系，過著傳統社群的生活。傳統社群與我們熟悉的現代社會，這兩者的差別就是本書的主題。但我們要怎麼看傳統社群的各種不同樣貌？

雖然每一個人類社會都是獨一無二的，但我們還是可從一些跨文化的型態找出幾個通則。我們發現所有的人類社會至少有四個相關趨勢：人口數量、生計、政治集權以及社會的階層劃分。人口數量日益龐大、人口密度增加，就得有效率且大規模地生產糧食等必需品，才能應付人民所需。這意味農作物大都來自村子的農民，而不是游牧族群、獵人，也不是靠採集就夠了。現代國家則是以精密的灌溉系統、密集的人力與農業機具使每一畝田都得以生產更多的糧食。政治決策則愈傾向中央，由領導人來決定，不再是一小群狩獵—採集族群可以面對面討論的。傳統社群的狩獵—採集族群人人平等，沒有階層劃分，到了中央集權的大型現代社會，不平等的現象則變得非常顯著。

這些關聯性並不是固定不變的。以人口和規模相當的社會而言，就土地的集約利用、政治集權的程度和社會階層的劃分這幾方面，有的社會進展比較快，有些則比較慢。由於人類社會的型態有很多，每一個社會從人口、生計、政治與社會等趨勢來看，各有不同的表現，我們不得不用一個簡便的表示法。我們面對的問題正如發展心理學家討論個人的差異。儘管世界上每一個人都是獨一無二的，還是可以年齡做一些區分，如三歲大的孩子有很多地方都不同於二十四歲的人。但年齡是個不可分割的連續變化，並非可把「三歲大」劃分為一個階段，接下去就是「六歲大」。即使是同年齡的人也有很多不同的差異。為了應付這種複雜的情況，發展心理學家只好採用一些簡便的分類，把人分為「嬰兒」、「幼兒」、「兒童」、「青少年」、「青年」等。當然，這樣的分類是不完美的，但我們不得不採取這種權宜之計。

社會科學家也用類似的分類法來研究人類社會，但他們面對的情況更加複雜，因為社會的變遷是可逆的，不像年齡變化。農村居民可能因為乾旱改採狩獵—採集的生活型態，但一個四歲大的小孩絕不可能變回三歲。儘管大多數的發展心理學家認為人可依年齡大致區分為嬰兒／兒童／青少年／成人，社會科學家也用各種不同的分類來描述傳統社群，有些科學家還是不贊同使用任何分類法。在本書，有時我採用瑟維斯（Elman Service）的分類法，以人口數量、政治集權和社會階層的劃分將人類社會分成四大類，亦即隊群（band）、部落（tribe）、酋邦（chiefdom）和國家（state）。雖然這樣的分類至今已用了五十年以上，不斷有人提議用其他分類，但瑟維斯的分類簡單明瞭：他只分成四種，因此比較好記，如果多達七種，那就難記了，而且使用簡潔的單字，而非冗長的片語。但請記住，由於人類社會的複雜多變，我們不得不用這樣的分類法來討論。此後，我們就不再贅述這種分類法的問題。

最小、最簡單的傳統社群（也就是瑟維斯所說的「隊群」）只有幾十個人，成員屬於一個大家族或幾個有親緣關係的家族（如一對夫妻及其子女、父母、兄弟姊妹和堂／表兄弟姊妹）。大多數的狩獵—採集族群和一些在田地工作的農夫，一般以小群體住在人口稀少之地。隊群的成員數目很少，因此互相熟識，如果是大夥兒的事，都能面對面一起討論，毋需政治領袖，也沒有經濟分工。社會科學家也許會用平等和民主來描述這樣的隊群生活：成員之間沒有財富多寡之別（畢竟每一個人擁有的東西都很少），也沒有人享有比較大的政治權力，也許只有能力和個性有別，然而由於隊群有什麼都互相分享，那些差異也就算不上什麼。

如果我們從考古學的證據來判斷，從幾萬年前開始，特別是一萬一千年前，人類的社會組織或許都是這樣的隊群。歐洲人在世界各地擴展勢力，尤其是自哥倫布初次遠航（一四九二），才接觸歐洲人以外的族群，發現國家以外的社會型態。那時，在澳洲、極地、沒有農業的沙漠區、美洲叢林和撒哈拉沙漠以南的非洲地區，都可以看到隊群的足跡。本書將經常討論到這些隊群社會，包括非洲喀拉哈里沙漠的昆族（!Kung）、南美的亞契（Ache）和西里奧諾（Siriono）印第安人、孟加拉灣的安達曼島人（Andaman）、非洲赤道叢林的匹格米族（Pygmy）以及祕魯的馬奇根加族（Machiguenga）。上述除了馬奇根加族會種植作物，其他都過著狩獵—採集生活。

隊群再發展下去，成員多達數百人，就變成另一種比較複雜的社會型態（也就是瑟維斯所謂的「部落」）。在部落當中，每一個人還能認識其他所有的人，但這已是極限。例如我在就讀高中的時候，我們學校有二百個學生，每一個學生都說得出其他學生和老師的名字，但我太太就讀的高中有幾千個學生，那就不可能叫出所有人的名字。一個由幾百人組成的社會意謂其中有幾十個家庭，分屬幾個氏族，氏族之間會互相聯姻。由於部落人數比隊群來得多，需要更多的食物，才能養活所有的人，因此部落的人通常是農夫、牧人或者兼行農牧，但在自然資源特別豐足的環境之下，也可能以狩獵—採集過生活（如日本的原住民愛奴人和北美西北太平洋地區的印第安人）。部落通常定居於一地，住在田園、牧場或漁區附近的村落。然而中亞的游牧民族和其他部落民族則逐水草而居，也就是依季節變化遷移放牧。

從其他層面來看，部落和大型隊群依然有些相似之處——例如，每個人的地位大抵而言是平等的、沒有什麼經濟分工、政治領導力薄弱、沒有官僚組織，以及決策多採行面對面溝通。我曾在新幾內亞村落看過好幾百個人坐在地上一起開會，每個人都得以發表自己的意見，大家最後達成結論。有些部落有所謂的「大人物」，但他們並非強勢的領導人，只是靠說服和個性來使人信服，而非藉由權威使人臣服。例如本書第三章提到的，新幾內亞丹尼族（Dani）有個領導人叫古帖魯（Gutelu），族人表面上假裝服從古帖魯，最後還是和他唱反調，發動種族屠殺攻擊，破壞古帖魯及其政治盟友的關係。考古學家從某些地區的房舍和聚落遺跡發現部落組織至少可追溯到一萬三千年前。目前在新幾內亞和亞馬遜地區仍可看到原住民部落。本書討論的部落社會，包括阿拉斯加的伊努皮特人（Iñupiat）、南美的雅諾馬莫印第安人（Yanomamo）、阿富汗的吉爾吉斯人（Kirghiz）、新不列顛島（巴布亞新幾內亞俾斯麥群島的主要島嶼）的高隆族（Kaulong），和新幾內亞的丹尼族、達瑞比族（Daribi）與佛爾族。

部落組織變得複雜即更上一層成為酋邦，約多達數千人。由於人口眾多，可見經濟分工的雛型，糧食生產力高，也有儲存餘糧的能力，得以餵養不事農業生產的人口，如酋長及其親屬和官員。因此，酋邦人民已採定居的生活型態，居住在村莊和小村子中，有儲存糧食之所，大多數的人民都從事糧食生產（農業和畜牧），只有幾個可食植物和獵物特別多的地區，人民仍可以狩獵—採集維生，如佛羅里達的卡魯薩族（Calusa）和南加州海岸的丘馬什族（Chumash）。

在一個人數多達數千人的社會，一個人不可能認識所有的人，這幾千個人也不可能一起面對面開會。因此，酋長將面對兩個新的問題。相形之下，人數較少的隊群或部落領導人就沒有這樣的問題。首先，同一個酋邦裡的人必須想出一個得以互相辨識的辦法，以免被誤認為外來侵略者而慘遭打殺。因此，同樣的意識型態、政治和宗教的認同在酋邦中就成為辨識敵我的關鍵。這些思想通常來自地位崇高如神明的酋長。其次，酋長是大家公認的領導人，具有權威，有做決策以及運用武力的權力，而且必須想辦法保護酋邦的人民，讓他們不致於因為互不認識而自相殘殺。輔佐酋長的則是一般官員，沒有職責分工，即原始官僚（proto-bureaucrat），舉凡收稅、解決爭端及林林總總的行政事宜都在他們的職責之內，不像國家有稅吏、法官和餐廳衛生稽查官員等。（在科學文獻中，由酋長領導的傳統社群皆精準地稱之為「酋邦」，但本書和大多數的通俗文章還是稱之為「部落」，如北美印第安「部落」其實是指酋邦。）

酋邦在經濟上有一個創新的作法，也就是所謂的「重分配經濟」（redistributive economy）：人民不直接交易，而是貢獻糧食和勞力給酋長，再重新分配給為酋長服務的戰士、祭師和工匠等人。重分配也就是最早的稅收制度，政治組織才得以運作。有些貢品也會分配給人民。酋長有照顧人民的責任，饑荒時就會發放糧食給人民。此外，為酋長興建石碑和灌溉溝渠等工程的人民也可分配到食物。

除了這些政治和經濟的創新作法，還出現了一種前所未有的狀態，即社會的不平等。部落常會分成好幾個支系，但在酋邦之中，只有酋長及其家族在社會這個金字塔組織的頂端，酋長的地位是世襲的，社會底層則是平民和奴隸，在酋長和奴隸之間，可能還有八個階層之多（如玻里尼西亞的夏威夷原住民）。階級愈高者，分配到的糧食、房屋、華服和裝飾品就愈多。

我們可從考古學證據辨識酋邦，例如從石碑或是陪葬品和墳墓來辨認：有的墓穴陪葬品很多，有的則很少；有的墳墓很大，還有綠松石、獻祭的馬匹等奢侈品，有的很小、沒有裝飾。考古學家根據這些證據推論酋邦約興起於公元前五千五百年。在近代國家體制大興、掌控全球之前，酋邦遍布各地，包括玻里尼西亞、非洲撒哈拉以南大部分地區、北美東部和西南的肥沃地區、中美和南美（墨西哥與安地斯國家控制的地區除外）。本書討論的酋邦，包括在新幾內亞邁魯島（Mailu Island）和托洛布蘭島（Trobriand Island）上的人民以及北美卡魯薩和丘馬什印第安人。酋邦約從公元前三千四百年開始，由於人口壓力漸增，不得不藉由征服和併吞來取得更多的資源，於是演變成國家。國家通常包含不同的族群，經濟分工更細，有層層的官僚組織、常駐軍隊，也走向都市化。這種種改變使國家這種社會型態逐漸普遍，至今已席捲全球。

如果社會科學家能乘坐時光機器回到公元前九千年的世界，他們將會發現地球上都是狩獵—採集族群，過著隊群的生活，有些可能已成部落。這些遠古的居民沒有金屬工具、書寫系統，也沒有中央集團政府或經濟分工。然而，如果這些社會學家接著回到十五世紀考察，即歐洲人開始向外擴張之時，他們會發現整個澳洲大陸都是狩獵－採集族群，依然過著隊群或部落生活。但在這時，歐亞大陸、北非、印尼西部最大的一些島嶼、安地斯山大部分的地區，以及墨西哥、西非部分地區已分屬不同國家。在安地斯山區之外的南美洲、整個北美洲、新幾內亞、北極和太平洋島嶼則還有很多隊群、部落和酋邦。到了二十世紀，除了南極，全世界各個地區幾乎都是由國家控管。唯有新幾內亞和亞馬遜盆地仍有為數龐大、不識國家是為何物的化外之民。

由於人口數量增加、政治組織趨向複雜、加上精耕細作，人類社會逐漸由隊群發展為國家。除此之外，我們還可見到其他並行的趨勢，例如對金屬工具的倚賴漸增、科技的提升、經濟分工、書寫系統的發展、人與人之間的不平等，以及戰爭和宗教的改變（詳見本書第三、四、九章的討論）。請注意，人類社會從隊群發展到國家，這樣的發展不是直線的，也不是不可逆轉，也非所有的地區都是如此。以國家發展的趨勢而言，特別是人口漸增、中央集權、科技和武器的進步，這些都是國家得以征服傳統社群的主因。傳統社群的居民因此遭到奴役，甚至驅逐或滅絕。到了現代，隊群和部落只能退居到難以到達、落後的地區（如喀拉哈里沙漠的昆族、非洲赤道雨林區的匹格米族、亞馬遜盆地偏遠處的美洲原住民和新幾內亞的新幾內亞人）。

為何在哥倫布一四九二年橫越大西洋之時，在世界不同地區的人類社會型態有那麼大的差異？有些族群（特別是歐亞人〔Eurasians〕）在國家的政治體制下生活，已有書寫系統、金屬工具、精耕農業和常駐軍隊。相形之下，還有很多族群還看不到上述文明發展的里程碑，像澳洲原住民、昆族、非洲的匹格米族，這些人仍然和公元前九千年的老祖宗過著一樣原始的生活。我們如何解釋這種驚人的地理差異？

過去很多人認為這種地區差異反映出不同族群智能、體格與工作倫理的不同。現代還有不少人抱持這種看法。根據這種信念，歐洲人智能比較高、體格高大、認真進取，至於澳洲原住民、新幾內亞人和其他現代的隊群和部落則比較愚笨、原始，而且生性懶惰。其實，就上述的體質差異，目前尚無可供參考的證據。如果以現代的隊群和部落科技落後、政治組織簡單、生活方式原始，斷言這些族群智能低下、體格不良、性格低劣，可說是一種荒誕的循環論證。

反之，要解開現代世界社會型態差異之謎，我們必須從地理環境的差異著手。我們已知，糧食生產的進步（農牧業之興）促使人口增長，形成政治集權和社會分層。然而，野生動植物能被馴化，變成作物和家畜的物種實在不多。世界何其廣大，只有六個很小的地區擁有這些可被馴化的物種。這些地區的居民因而得以贏在起跑點，不但糧食生產拔得頭籌，有餘糧，人口逐漸擴張，科技進步，進而形成國家政府的體制。正如我在以前出版的《槍炮、病菌與鋼鐵》一書所論，這些差異可以解釋歐洲人的勢力為何得以擴張到全世界，也就是挾著住在肥沃月彎的地利，得以擁有最有價值且可以馴化的野生動植物，至於昆族和澳洲原住民則沒有這樣的優勢。目前仍活在傳統社群的居民，就體質而言其實與其他現代人無異，只是居住地區沒幾種可供馴化的動植物，否則也能過著現代化、舒適的生活。

研究途徑、原因探究與資料來源

我們在前面從人口總數、人口密度、獲取食物的方式和環境，有系統地討論傳統社群的差異。雖然我們可藉此發現幾個比較大的趨勢，如果我們以為可從物質條件來預測一個社會的情況，那就錯了。試以法、德兩國人民的文化和政治差異為例，顯然並非兩國地理環境的差異造成的。以全世界的環境變異的標準來看，這兩國環境的差異並不明顯。

學者曾採取幾種研究途徑來了解社會之間的差異。雖然每一種研究途徑都有助於了解某些差異，但難以用來解讀其他現象。第一種就是前面討論過的，以演化的角度來切入，研究不同人口數量和人口密度的社會之間的重要差異，以及人口數量和人口密度差不多的社會有何共同特點，或是推論一個社會在變大或變小之時會出現什麼樣的轉變（有時則是透過直接觀察得到結論）。還有一個研究途徑與演化研究相關，也就是用適應學派的角度切入，認為一個社會的某些特徵是不斷適應的結果，使社會在一定情況（如特殊的物質條件、地理和社會環境，以及特定人口總數和人口密度）之下，得以更有效能。像是人口總數超過幾千人的社會必須有領導人；另外，為了供養領導人，大型社會必須具有生產餘糧的能力。我們可從這種研究途徑歸納出一些結論，也可從生存條件和環境來解釋一個社會的變化。

第二種研究途徑和前述恰恰相反，亦即認為每一個社會都是獨一無二，有特殊的歷史，其文化信仰與作法大抵是獨立變數，不是受環境支配的結果。在無數的例子之中，我要提出的是高隆人的一個習俗。高隆族也是本書將討論到的一個族群。這個例子非常極端、令人震撼，而且完全和當地的物質條件沒有任何關聯。高隆族住在新幾內亞東邊的新不列顛島南部河流流域。這個地區共有幾十個小規模的原住民族群。以前，如果一個高隆人死了，遺孀就會把她的兄弟叫來，要他們將自己勒斃。因此，她不是被謀殺的，也不是族人強迫她去死。反之，這是耳濡目染的結果——所有的高隆族女人從小到大眼睜睜地看著女人在丈夫死後尾隨而去，一旦自己成了寡婦，也就自然而然跟著走上這條黃泉路。寡婦的弟兄儘管不忍，也得完成這項莊嚴的任務。如果寡婦沒有弟兄，則囑託其子成全此事。她就這樣認命地坐在地上，由家人將她勒斃。

沒有任何一個學者認為高隆族寡婦的殉夫有益於社會，此舉也無益於長遠的基因利益。研究自然環境的科學家也看不出高隆族寡婦殉夫對環境有何助益。她們的死並不會使新不列顛島的南部優於北部、東部或西部。除了與高隆族為鄰的森森族（Sengseng），不管在新不列顛島或新幾內亞，我都沒聽過其他族群實行這樣的習俗。似乎高隆族寡婦這麼做是一種獨特的歷史文化特質，只有在新不列顛島的那個區域才這麼做，原因已不可考，最後或許會因為社會間的天擇競爭而消除（例如，在新不列顛島其他不實行這種習俗的社會比高隆族具有優勢），然而這種令人不解的作法還是流傳了很長一段時間，直到一九五七年之後與外界有了接觸，才在壓力之下廢除這樣的習俗。熟悉其他社會的人都可以想得出來諸如此類的習俗，只是不像高隆族寡婦殉夫那麼極端。這樣的特質對社會沒有明顯的利益，甚至可能傷害社會，而且顯然不是當地環境造成的。

另一個了解社會差異的途徑，是辨識分布範圍廣闊的文化信念或作法。某種文化信念或作法在一地流傳久遠，但是顯然與當地環境無關。我們熟悉的例子包括幾乎處處可見的一神教，和歐洲的非聲調語言。與之對照的則是信仰多神教的地區，還有像中國及東南亞地區的聲調語言。雖然我們對每一個地區宗教和語言的根源和發展已有相當的認識，我仍不解為何聲調語言在歐洲這樣的環境無法流行，也不知為何中國和東南亞不是適合一神教發展的沃土。到目前為止，我還找不到令人信服的答案。宗教、語言與其他文化信念及作法的傳播，可能透過兩種途徑。一是在往外擴張的同時，把文化帶過去，如歐洲人在美洲和澳洲殖民，不但使歐語外傳，也在當地建立歐洲式的社會。另一則是一地的人主動採納其他地區的文化信念和作法：如現代日本人穿西裝或美國人吃壽司，但西方人並未統治過日本，美國也不曾淪為日本的殖民地。

此外，有關問題的剖析，本書會不斷出現兩種解釋，一種是近因，另一種則是遠因。且讓我們想像下面的情境，以了解這兩種原因的區別：有對結縭二十年的夫妻因婚姻瀕臨破裂而求助於心理治療師。治療師問道：「你們既然結婚二十年了，為何突然想離婚？」做丈夫的說：「都是她害的！她拿起一個很重的玻璃瓶痛擊我的臉。我怎麼能跟這種女人一起生活？」做太太的承認她出手打人，這是兩人婚姻破裂的「原因」（亦即「近因」）。然而治療師知道無風不起浪，如果婚姻美滿，應該很少會出現這樣的暴力攻擊事件，於是探詢更深一層的原因。做太太的說：「他一再外遇，我忍無可忍，才拿起玻璃瓶打他。他的外遇就是我們婚姻破裂『真正的原因』（亦即「遠因」）。」做丈夫的承認他的確有外遇，但治療師想知道，為什麼他會去找其他女人。如果一個男人婚姻幸福，應該不會想要出軌。做夫夫的說了：「我老婆是個冷淡、自私的女人。我和任何正常的男人一樣需要愛情與慰藉——她不能給我，我只好去找其他女人了。這就是我們婚姻破裂最根本的原因。」

如果這對夫妻接受長期的治療，治療師則會深入探究做太太的成長經過，看是什麼原因導致她變成一個冷淡、自私的人（如丈夫的指控為真）。但就治療師已經知道的情況，大多數的因果關係包含多個原因鏈，環環相扣，有些是近因，有些則是遠因。我們將在本書碰到很多這樣的原因鏈。例如，部落戰爭（參看第四章）的近因或許是一個部落的某甲從另一個部落的某乙那裡偷了一條豬。但某甲說，這條豬是某乙欠他的（某乙的表哥向某甲的父親買豬，豬到手了，卻沒付錢）。至於部落戰爭的遠因則是旱災、資源匱乏和人口壓力，兩個部落都沒有足夠的豬隻得以餵飽族人。

以上就是學者研究人類社會差異的幾個比較普遍的途徑。至於學者如何得知傳統社群的情況，一般而言我們的資料來源約可分為四大類，每一類都有其優缺點。第一種方式是本書最重要的資料來源，也就是由受過訓練的社會科學家或生物科學家深入傳統社群探訪，或和當地的人共同生活，以研究某一個主題。然而科學家如果要進入這樣的社會，必須等到當地的原住民族群已被某一個國家征服或控制之後，也就是已受「安撫教化」，才得以前往，或是該傳統社群因外來傳染病的傳入，人數變得很少，不會攻擊外人。主要是這樣的社會因遭外國或傳染病的入侵，已和過去的情況大不相同。

第二種方式來自採訪當地不識字的住民，利用口述歷史重建幾個世代之前的社會樣貌，爬梳傳統社群在現代的改變。第三種方式和利用口述歷史重建的目的相同，希望建構傳統社群在現代科學家造訪前的原始面目，然而作法不同，也就是透過探險家、商人、政府派駐到當地的巡邏官和通曉當地語言的傳教士等人的描述，來了解西方人和傳統社群初次接觸的情況。雖然這些描述或史料可能雜亂無章，數量不多，也不如科學家的田野調查報告那樣嚴謹，好處是這些描述呈現的是部落社會的原始面目，而非西方勢力入侵後的樣子。最後，如果要研究沒有書寫系統、也未與西方觀察者接觸過的古老社會，那就只有一個方式，也就是透過考古挖掘。我們可藉此重建一個未與現代社會接觸或受其影響的文化——缺點是無法探究一些細節（如人名或動機），也不一定能從考古遺址出土的文物推論出當時社會的情況。

如果讀者（特別是學者）希望更進一步了解傳統社群的資料來源，可參考書末延伸閱讀的討論。

一本主題宏大的小書

本書主題希望涵蓋人類文化所有的層面，以及近一萬一千年在地球上出現的所有族群。然而，鑑於主題龐大，如要面面俱到，此書厚度恐將厚達二千三百九十七頁——這麼厚的書大概沒有人想讀。因此，我只能挑選一些主題和社會來討論，以利閱讀。我希望能刺激讀者對本書沒觸及的主題和社會產生好奇，進而閱讀其他傑作（請參看延伸閱讀提供的書目）。

至於本書主題，我選擇了九個，分十一個章節進行討論，希望能從各種不同的角度來了解傳統社群。其中有兩個主題——面對危險與養兒育女之道——我們可參考傳統社群的作法，運用在自己的生活之中。我曾深入傳統社群，與當地人一起生活，就這兩個層面而言，我個人的生活方式和決定已深受那些傳統社群的影響。

另外三個主題——如何對待老年人、語言與多種語言的使用，以及有益健康的生活方式——傳統社群也有一些可供我們借鏡的地方，不但可供個人參考，更是我們的社會在制定政策之時可供取法的對象。至於和平解決爭端這個主題，比起個人，對社會整體而言應該更有參考價值。就書中探討的主題而言，我們必須了解一件事：學習或採用另一個社會的作法並不簡單。例如，你很欣賞某個傳統社群養兒育女的作法，因此打算採用這一套來帶自己的孩子，你將發現在現代社會這個環境之下可說困難重重。

至於宗教，我想沒有任何人或社會因為本書的討論（第九章）而信仰某個部落的宗教。然而，我想大多數的人在一生中的某個階段都曾思索宗教的問題。凡是正在思索這個問題的讀者，應該有興趣了解在人類史上宗教對不同社會的意義。最後，我們可從戰爭那兩個章節了解傳統社群的作法，進而明瞭國家這種政治體制帶給我們的益處。（這個主題其實非常複雜，請勿因為廣島原爆事件或壕溝戰而大動肝火，也別對戰爭抱著成見，認為國家戰爭不可能有任何「益處」。）

當然，本書難免遺漏許多對人類社會研究而言非常重要的主題，如藝術、認知、合作行為、烹飪、舞蹈、兩性關係、親屬體系、語言對知覺和思考的影響（如薩皮爾—沃爾夫假設〔Sapir-Whorf Hypothesis〕）❷、文學、婚姻、音樂、性行為等。我必須再度說明，本書實難呈現人類社會的全貌，只能選擇幾個主題來論述。至於其他主題，請參看其他專書的討論。

至於本書所討論的社會，同樣因篇幅有限，無法納入全世界的小型傳統社群。我決定把重點放在以小型農業或狩獵—採集營生的隊群或部落，而非酋邦或早期的國家，因為以前的社會與我們的現代社會差距較大，對比鮮明，我們也能從中學到比較多的東西。我在書中引用的例子多來自幾十個傳統社群（見圖1-12）。我希望讀者能從這些例子和描述建構出一個完整而細微的圖像，以了解一個社會的不同層面如何並容，如養兒育女之道、如何對待老年人、如何面對危險和解決爭端等。

有些讀者也許會覺得本書的例子偏重新幾內亞及鄰近的太平洋島嶼。這是因為這個區域是我最熟知的，我花最多的時間研究這個地方。另一個原因是新幾內亞呈現的人類文化極其多采多姿。全世界約有七千種語言，新幾內亞即有一千種語言。在這裡看得到最多的傳統社群，即使到了現代，這些社群依然不受國家政府的管控，直到最近才受到這種現代政體的影響。新幾內亞人仍過著原始、傳統的生活，如狩獵─採集、航海、在低地製造西谷米或在高地種植作物，社群人數少則幾十人，最多則可達二十萬人。不管如何，本書也會深入討論其他學者對各大陸人類社會的觀察。

本書已儘可能精簡，以免注解、參考資料過多，書價昂貴，讓本來有興趣的讀者打退堂鼓。本書的參考資料一律按照章節整理，置於延伸閱讀。全書和序曲的參考書目與資料附在書末，第一章至第十一章及尾聲的部分則可在網路上查詢（參看：http://www.jareddiamondbooks.com）。即使延伸閱讀的篇幅已比大多數讀者想看的要來得多，仍不算是完整的書目。我所列出的是比較新的資料，以供有興趣的讀者參考，另外一些則是不看可惜的經典之作。

【譯注】

❷薩皮爾─沃爾夫假設：由語言人類學家薩皮爾（Edward Sapir）與沃爾夫（Benjamin Whorf）提出的關於人類語言的假說，認為使用不同語言的族群其實是活在不同的世界之中，因為不同的語言會形成不同的世界觀。

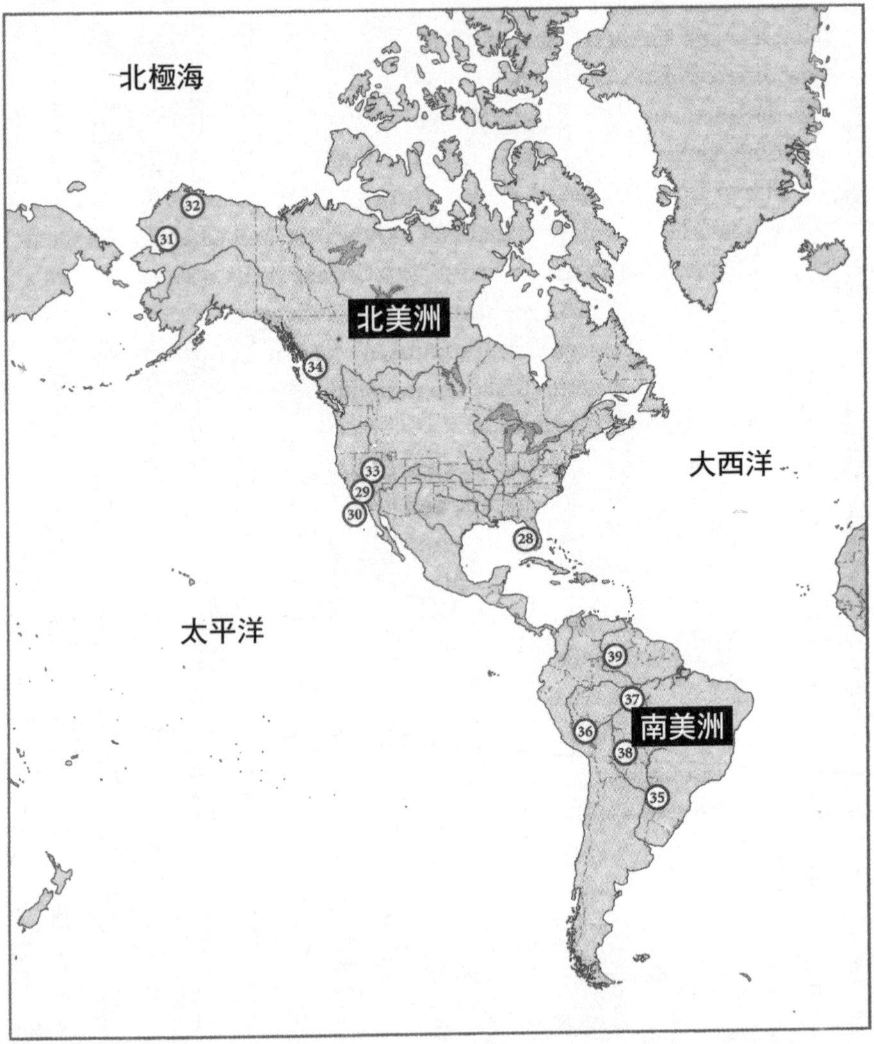

歐亞大陸　18＝ 埃塔族 19＝愛奴族 20＝安達曼島人 21＝吉爾吉斯人 22＝恩加納桑族

非洲　23＝哈札人 24＝昆族 25＝努爾人 26＝匹格米族，又名穆布堤族 27＝圖爾卡納族

北美洲　28＝卡魯薩族 29＝加州內陸地區的丘馬什族 30＝南加州海岸的丘馬什族 31＝伊努皮特人 32＝阿拉斯加北坡的伊努特人 33＝大盆地的休休尼族 34＝西北海岸區的印第安人

南美洲　35＝亞契族 36＝馬奇根加族 37＝皮拉哈族 38＝西里奧諾族 39＝雅諾馬莫族

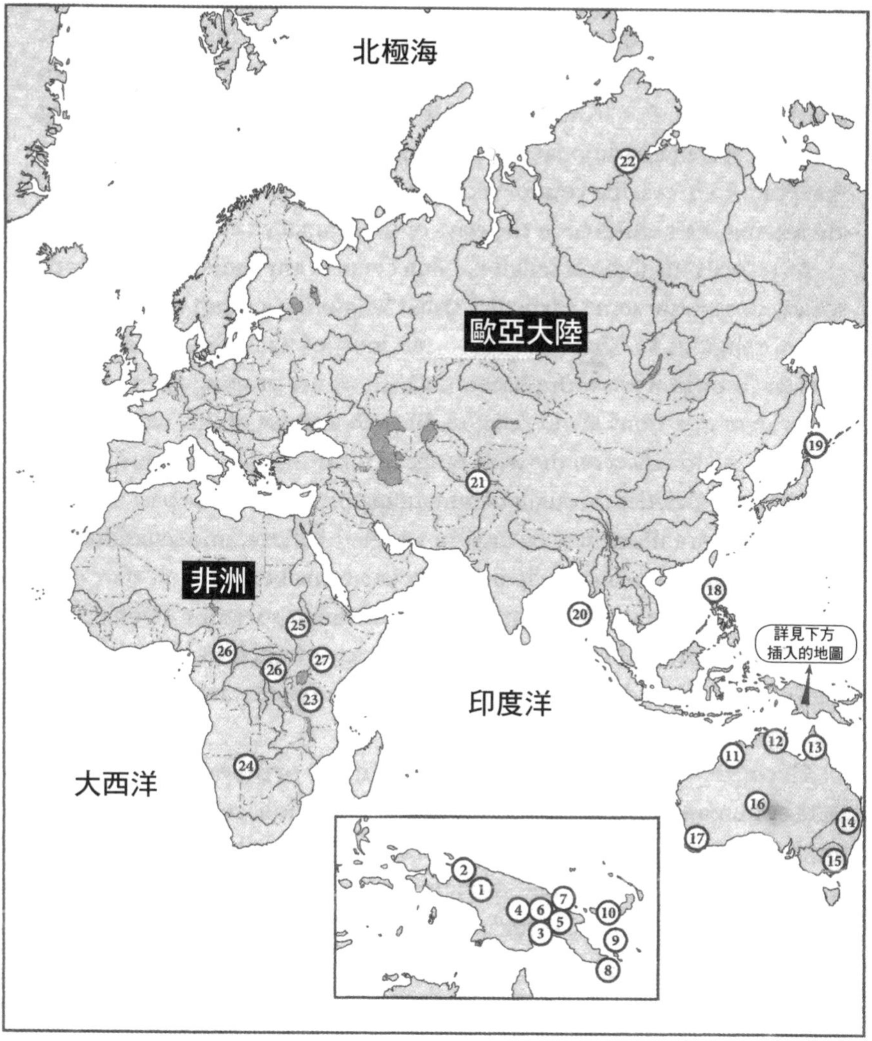

序圖 本書常討論到的三十九個傳統社群。

新幾內亞 及其鄰近島嶼	1＝丹尼族 2＝法玉族 3＝達瑞比族 4＝恩加族 5＝佛爾族 6＝贊巴加馬林族 7＝希尼宏族 8＝邁魯島民 9＝托洛布蘭島民 10＝高隆族
澳洲	11＝納日因族 12＝雍古族 13＝沙灘族 14＝尤瓦里亞族 15＝庫耐族 16＝皮詹加加拉族 17＝威爾族與明諾族

本書概覽

本書共分五部，包含十一個章節和尾聲。第一部只有第一章。我在這一章為後面章節的發展架設舞台，解釋傳統社群如何劃分地盤——像現代國家訂定清楚的界線，互不侵犯，或是採取比較有彈性、互惠的作法，如相鄰的社群基於某種目的讓對方使用自己的土地。不管如何，傳統社群的人並沒有到任何一個地方的自由。他們見到的人可分為三種：一種是親友，另一種是敵人，這兩種人都是他們認識或可辨識的人，第三種則是不認識的陌生人（這種人很可能被視為敵人）。一般而言，傳統社群的人只知道自己的家鄉，對遙遠的地方一無所知。

第二部包含三個論述如何解決爭端的章節。在沒有中央政治及司法機關的管制下，傳統小型社群只能用兩種方式來解決爭端，與現代社會相比，一種方法較為和平，另一種則較為暴力。我在第二章以一個新幾內亞的孩子意外遭到巴士撞死的事件做為例子來解說。孩子的父母和肇事司機及其同事在幾天之內即達成和解，談妥補償的條件。這種補償的目的並非斷定誰是誰非，而是使小型社群的人得以和平相處，畢竟日後大家還會不斷碰面。與傳統社群這種解決爭端的方法相較，現代社會的法律審理過程費時，原告和被告雙方有如仇人，日後也不會再碰面，訴訟的目的則是決定誰是誰非，而不是為了修補社群的人際關係。此外，國家有自己的利益考量，不一定和受害者休戚與共。雖然對國家而言，司法體系是必要的，傳統社群解決爭端的某些作法或許值得我們借鏡。

如果小型社群的爭端無法和平解決，由於沒有司法的干預，可能演變成暴力事件或戰爭。在沒有強勢政治人物的領導之下，加上每一個人都可動武，為了復仇，冤冤相報，最後就會陷入不斷殺戮的惡性循環。我將在簡短的第三章中，以新幾內亞高地西部丹尼族之間的爭鬥，來說明傳統社群的戰爭。在比較長的第四章則描述世界各地傳統社群的戰事，以了解他們的衝突和廝殺是否符合「戰爭」的定義，並探討為何傳統社群交戰死亡率會出奇地高，他們的戰爭和國家的戰爭又有什麼不同，以及為什麼某些族群特別好戰。

本書第三部有兩章，討論的是人生的兩端：童年（第五章）與老年（第六章）。傳統社群養兒育女的方式非常多元，比起現代社會，有的更為嚴厲，有的則更放任。然而，我們可從調查研究傳統社群發現有幾個主題經常出現。無可諱言，傳統社群有些作法令人毛骨悚然，但是有些還是讓讀者讚賞，讓人思索是否有可能學習他們的作法。

至於對待老年人的作法（第六章），有些傳統社群特別是居無定所或是生存環境嚴酷的，在不得已之下，被迫拋棄老人或把他們殺害。然而，還有一些傳統社群的老人甚至比大多數西方社會的老人過得更好。會有這樣的差別有幾個因素，包括環境條件、老年人是否有權力、是否能發揮長處，以及社會的價值觀和規則。在現代社會，由於人類平均壽命大大增長、老人對社會的用處減少，老人的悲劇日增。這方面也許我們可向一些傳統社群學習，看如何讓我們的老年人過得更好、更有尊嚴。

第四部包含兩個章節，討論的是危險和反應。一開始（第七章），我先描述我在新幾內亞三度陷入險境的經過。當地的朋友教我如何面對這樣的危險。我很欣賞這些傳統社群面對危險的態度，並稱之為「有益的神經質」。傳統社群認為很多小事或小小的徵兆雖然不見得會帶來大災難，但在人的一生也許會出現幾千次，如果不予理會，最後還是可能會有很大的傷害，甚至會因此送命。他們認為很多「事故」不是隨機出現，也不是運氣不好才會碰上，而是事出必有因，因此我們必須隨時提高警覺。第八章描述的是傳統社群會碰到的幾種危險，以及他們因應的方式。與傳統社群相較，現代社會的人對危險的感知和反應都不夠理性。

最後的第五部則有三個章節，分別論及有關人類生活的三個主題，亦即宗教、語言多樣性和健康。第九章討論的是宗教這種獨特的人類現象。這章會緊接在第七、八兩章討論危險的章節之後，是因為危險也許和宗教的源起有關。宗教信仰非常普遍，幾乎可見於每一個人類社群，這意味宗教可滿足人類所需的某些功能。然而，隨著人類社會的演化，宗教的功能也有了改變。我們不禁好奇，在未來的幾十年，宗教有哪些功能可能會變得最強大。

語言（第十章）也是人類獨有的能力。所謂人異於禽獸者幾希，語言就是其中之一。以大多數小型狩獵—採集社群而言，一種語言平均使用人數只有數百人到幾千人，在這種社群之中，其實有不少人經常使用兩種或多種語言。現代美國人常認為多種語言會阻礙兒童語言學習並使移民不易同化，因而不鼓勵多種語言的學習。然而，根據最近的研究，學習多種語言的人對畢生的認知功能是有助益的。不管如何，從今日的語言發展趨勢來看，語言消失的速度很快，不到一百年，世界上九五％的語言將滅絕或死亡。這個結果是好是壞，就像多語主義一樣有許多爭議：雖然不少人贊成這個世界只剩幾種普及的語言，仍然有一些人指出語言多樣性可為社會和個人帶來好處。

最後一章（第十一章）討論的主題與今天的每一個人息息相關。現代社會的居民常見死因不是傳染病，而是糖尿病、高血壓、中風、心肌梗塞、癌症等。反之，傳統社群的人以前則很少得到這些病症，甚至沒聽過這些疾病。直到近一、二十年，傳統社群受到西方社會生活型態的影響，才開始得到這些病症。顯然，西方社會生活型態具有導致這些疾病的風險因子，如果我們設法減少這些風險因子，也許比較不會死於上述常見於現代社會的疾病。我將以高血壓和第二型糖尿病為例。對傳統社群的生活型態而言，這兩種疾病的基因也許是有好處的，然而對過著西方社會生活型態的人卻可能變成健康的殺手。基於這樣的事實，很多人決心調整生活型態，因此能延年益壽、提高生活品質。如果我們死於這樣的疾病，其實是我們自找的。

本書從位於新幾內亞的莫爾茲比港機場出發，在尾聲回到洛杉磯機場。我在新幾內亞待了幾個月，直到飛機降落在洛杉磯機場，我的心還在新幾內亞，之後才慢慢回過神來，知道自己回到家了。儘管洛杉磯和新幾內亞叢林有著天壤之別，昨日世界的種種並未消失，仍在我們的身體、我們的社會看到。人類社會的大轉變起於一萬一千年前，但就新幾內亞人口最稠密的地區而言，在幾十年前才開始有了改變，至於新幾內亞和亞馬遜盆地少數仍未與外界接觸的蠻荒之地，則和遠古一樣，幾乎沒有任何改變。對我們這些在現代社會成長、生活的人來說，總把今日便利、舒適的生活型態視為理所當然，即使有機會到傳統社群生活的地區旅行，也只是走馬看花，除了一些刻板印象，難以看出傳統社群與現代社會的根本差異。為了了解這些差異，我在書中列舉一些朋友的體驗。這些人有的是美國人、有的則是新幾內亞人或非洲人，他們在傳統社群成長，直到青少年或成年之後才到西方社會定居。我的朋友梅格·泰勒（Dame Meg Taylor）夫人就是這樣的一個人。她在巴布亞新幾內亞的高地長大，因身為新幾內亞駐美大使和世界銀行副總裁在美國待了很多年。

我們可從傳統社群的生活看到人類幾千年來自然實驗的痕跡。這些實驗都是不可能重複的。我們無法將今天的社會重新設計，幾十年後再來觀察有什麼樣的結果。我們只能觀察已經實驗過的社群，並學習他們的經驗。當然傳統社群不見得樣樣都可做我們的模範，看到不好的地方，也許我們該慶幸我們的社會沒有這樣的缺點。至於讓我們羨慕的地方，我們也許可以好好想想如何仿效。例如西方社會公共衛生進步、免於傳染病威脅則是我們可引以為傲的，但就爭端的解決、兒童教養、如何對待老年人、對危險的警覺和多種語言的使用等方面，傳統社群都有值得我們學習之處。

傳統社群的生活方式常教我有大開眼界之感。我希望藉由本書與各位讀者分享這種感動。除了感動，各位也可以想想，他們既然做得到，我們不妨也來試試看，說不定個人或是整個社會都能獲益。

【原注】

❶這裡說的「新幾內亞」也許不夠明確。本書所說的「新幾內亞」是指新幾內亞島，即僅次於格陵蘭的世界第二大島，在赤道附近，澳洲的北邊。我提到的「新幾內亞人」則是這個島上的原住民。這個島因為在十九世紀被歐洲各國瓜分，因此分裂成東西兩半。東半部包括許多鄰近的小島，是為巴布亞新幾內亞獨立國，原本東北是德國的殖民地，東南是英國殖民地，後來由澳大利亞託管，一九七五年獨立。澳大利亞人稱前德國殖民地為新幾內亞，而英國殖民地為巴布亞。新幾內亞島的西半部本來是荷蘭東印度群島的一部分，一九六九年起，成為印尼的一省（舊名伊利安嘉亞省〔Irian Jaya〕，後改名為巴布亞省）。我在新幾內亞島的田野調查工作，則一半在島東，一半在島西，並無偏重任一邊。

❷本書所謂的「傳統社群」或「小型社群」是指從古至今，人口密度稀疏的社會，人口總數只有數十人到數千人，以狩獵—採集或農牧為生。他們的生活型態因與大型的西方工業社會接觸而受到影響。其實，直到今天，這樣的傳統社群依然存在，然而因與西方接觸而產生了一些轉變，因此也可稱之為「轉型社群」，儘管如此，這樣的社群仍然保留過去小型社群的許多特徵。我在本書以傳統小型社群與西方社會來做對照。後者就是大型的西方工業化社會，由政府統治、管理。本書大多數的讀者應該都是來自這樣的社會。我稱之為「西方」是因這些社會的重要特徵（如工業革命和公共衛生）都源於十八、十九世紀的西歐，就此擴展到海外各國，其他國家因而得以躋身工業國家之林。

❸這裡所謂的國家從政治的角度來看，指由中央集團政府治理的大型社會。

第一部

劃分地盤

第一章 朋友、敵人、陌生人、商人

邊界

今天很多國家的人民都享有旅行的自由，幾乎可在地球的任何一個地方遨遊。如果是在自己的國家之內，當然沒有限制，即使要跨越國界，進入另一個國家，也不必事先通報，只要拿出護照給海關檢查就行了（圖34），頂多必須在出發前申請簽證，進入之後就可暢行無阻。一般在路上行走或是走進公共的土地都毋須提出申請，有些國家甚至允許你進入私人土地。例如在瑞典，土地所有人可禁止外人進入他的田地和花園，卻不得阻止別人進入他的林地。每天，我們可能遇見幾千個陌生人而習以為常。不管是自由旅行或是遇見陌生人，對我們而言都是理所當然的，然而這些只是現代社會才有的現象，對過去的人類世界而言簡直是天方夜譚。直到今天，依然還有一些社群與世隔絕，活在自己的小天地之中。我將在本章以我自己深入新幾內亞一個山間村落的經歷，來說明在傳統社群的土地上出入的情況。我希望藉由這些描述設立一個舞台，讓讀者了解傳統社群的各種層面，如戰爭與和平、兒童與老人的生活，以及這個社群的人會面臨什麼樣的危險等。這些層面我會在本書其他章節深入探討。

我來到這個山村是因為要調查研究附近山上的鳥類。村子南邊有座巍然聳立的高山。我到達這個村子的第二天，幾個村民即志願當我的嚮導，帶我沿著步道走上山脊的頂端。我將在那裡選定一個營地，在那裡進行觀察和調查。我們從村子出發沿著步道一路爬上去，經過一個菜園即進入高聳入雲的原始林區。我們在陡峭的步道上走了一個半小時左右，就在山稜線的正下方，發現一個小小的、雜草叢生的園圃，當中有一個廢棄的小屋。再往上，步道即向左右兩頭延伸成為T字形。往右的步道還算好走，可沿著稜線繼續前進。

我往右走了幾百公尺，瞥見稜線北邊有個營地，與我朋友住的山村同一個方向。另一個方向，也就是稜線南邊，坡度較緩，那裡也有一片高聳的森林，當中有條溪流，水聲潺潺。我心想，能在這麼一個風景絕美、出入方便的高海拔之處紮營真是太棒了。我不但有機會看到高山的鳥類，附近還有水源讓我飲水、煮東西吃、洗衣服和洗澡。第二天，我隨即告訴我的同伴，我打算在北邊那個營地住個幾晚，並找兩個人陪我。他們不但可幫我照顧營地，還可以充當我的鳥類顧問。

我的朋友一邊聽我說，一邊點點頭，但是一聽到我要找兩個人作陪就猛搖頭。他們說，那裡很危險，如果我要在那裡紮營，只有兩個人根本不夠，非得找一堆人當保鑣不可，還要帶著武器。這麼大的陣仗要如何賞鳥？人多口雜，鳥兒不被嚇跑才怪。我問，這裡的森林看起來既美麗又寧靜，哪有什麼危險？

朋友立刻答道：住在山稜南邊的都是壞人，那些人就是「河族」，是我們「山族」的敵人。河族的人雖然不會公然用武器殺人，但常下毒或用巫術殺害山族的人。山族有個年輕人的曾祖父，在離村子不遠的自家園圃裡睡覺，就遭到河族的人用暗箭殺害。與我交談的這些朋友中最年長的一個還記得這件事。他說，當時他只是個孩子，親眼看到那個年輕人的曾祖父被人抬回村子，身上還插著箭，村子裡的人圍著死者哭嚎。至今，他仍無法忘懷那種恐懼。

我問，我們有「權利」在山稜上紮營嗎？山族的朋友告訴我，山稜線是山族與河族的自然界線，他們的土地在稜線以北，而河族則在稜線以南。儘管如此，河族的人宣稱稜線以北有一些土地是他們的。他們問我，是否還記得在稜線正下方有個廢棄的小屋和雜草叢生的園圃？他們說，小屋和園圃都屬於河族的人，藉以宣示土地的所有權。

過去我在新幾內亞經過部落邊界曾遭遇過一些麻煩，我想，我最好聽朋友的忠告。儘管我認為此地安全無虞，山族的朋友不可能讓我在沒有多人保護之下在山稜上紮營。他們認為至少要有十二個人陪我，我則說七個就夠了。最後，我們在七個和十二個之間「妥協」。營地架設好之後，我數了一下，營地共有二十個壯漢，每個人都帶著弓箭，還有一些女人來幫忙煮飯、取水和撿柴薪。此外，他們還警告我，千萬不可沿著和緩的山坡，走進稜線南邊那片森林。那森林雖美，卻是河族人的地盤，只要踏入一步，被他們逮到，就會有很大、很大的麻煩，即使只是賞鳥也一樣。像山族的女人也不會到南坡取水，因為此舉不只是入侵敵人的地盤，還涉及竊取對方寶貴的資源。如果真這麼做，一定要賠償對方的損失，不然他們一定不會善罷干休。因此，山族的女人每天都得走回自己的村子取水，扛著二十公升的水，往上爬五百公尺左右，才能到達我們的營地。

我在營地度過的第二個早上就碰到了一個令人膽顫心驚的事件，我因而領教了山族和河族間土地關係的複雜，不是井水不犯河水那麼簡單。山族的一個朋友陪我到T型步道，沿著稜線往左，清理雜草叢生的舊步道。我的朋友似乎一點都不擔心。我想，我們只要不走到另一邊，即使被河族的人發現，應該也不打緊。但我們突然聽到從南邊傳來的人聲。糟了！是河族的人！如果他們繼續往上走，步上稜線，走到T型步道，看到剛清理過的痕跡，就會發現我們的蹤跡。他們或許會以為我們圖謀不軌，想要侵入他們的地盤，接下來必然會採取行動對付我們。

我滿心焦急，仔細聽他們的腳步聲，想要估算他們走到哪裡。他們的確往稜線的方向前進，現在走到T型步道了。他們眼尖得很，絕不會沒注意到步道剛剛清理過。他們會追過來嗎？我發覺他們的聲音愈來愈大，我的耳朵傳來自己咚咚咚的心跳聲。此時，他們的聲音變小了。他們打算往南走，回到自己的村子嗎？不對，他們繼續往北走，往山族的村子前進！我實在不敢相信在我眼前上演的這一幕。河族的人想要入侵山族人的家園嗎？我細聽，發現這群河族人似乎只有兩、三個人，而且都是大嗓門。如果是偷襲，他們應該不會這樣大聲嚷嚷。

我的山族朋友說，別擔心，不會有事的。他說，我們山族的人同意河族的人從步道經過我們的村子到海岸邊做買賣，再回去他們的村子。他們只能利用步道通行，不得在我們的地盤獵食或砍柴火。再說，有兩個河族男人娶山族女人為妻，從此在山族的村子落腳。因此，河族和山族並非真的水火不容，只是互不侵犯。有些事是可以做的，有些則不行，雙方已有共識，然而還是免不了有些紛爭（如稜線附近那個廢棄小屋和園圃的所有權之爭）。

我們平靜地過了兩天，沒再聽到河族人接近的聲音。到現在為止，我沒見過任何一個河族人，不知道他們長什麼樣子、穿什麼衣服。但他們的村子很近，有一次我聽到他們在南方水邊打鼓的聲音，同時我也可以聽到山族的人從北方水域傳來的喊叫聲。我和我的嚮導一起走回營地。我們開玩笑說，如果我們逮到河族的人入侵要如何給他們好看。我們沿著步道前進，轉了個彎，正要進入營地，我的嚮導突然閉嘴，舉起手來摀住自己的嘴巴，在我耳邊說悄悄話：「噓！河族的人來了！」

進入我們的營地後，我們發現幾個山族的朋友正在和六個陌生人說話：三男二女，還有一個小孩。原來他們就是讓我害怕的河族人！但他們不像我所想像的怪獸，充滿危險。他們就像一般新幾內亞人，與我的山族朋友沒什麼兩樣。河族女人和那個孩子看起來很和善。那三個河族男人雖然攜弓帶箭（山族男人未嘗不是如此），但身穿T恤，如果要作戰，不會穿這樣的衣服吧。我的山族友人和這些河族人似乎相談甚歡，沒有劍拔弩張之勢。這群河族人因為要到山族的海岸邊，路過此地，於是上門拜訪，也許是要讓山族的人放心，他們只是路過，沒有任何不良企圖，請我們不要攻擊他們。

對山族的人而言，河族的拜訪顯然只是兩族複雜關係的一部分。這樣的關係包含各種行為：極少有突襲、殺戮的事件；以毒藥或巫術致人於死之類的傳聞則很多；給予對方做某些事情的權利（如允許對方通過自己的地盤，也接受對方的拜訪），有些則是禁忌（例如在對方土地上採集食物、砍柴火或取水）；雙方也還有一些紛爭（如前述小屋和園圃的所有權），有時可能演變成暴力衝突；謀殺和通婚的事例皆有，但一樣罕見。在我看來，這兩族的外表沒有差別，他們說的語言不同，但屬於同一個語族，也能聽得懂對方說的話，然而常以邪惡、鄙視的說法來形容對方，視對方為最可怕的敵人。

井水不犯河水

理論上來說，相鄰傳統社群的空間關係可能有多種結果。最極端的兩種情況，一是有明顯邊界，無可共用，互不侵擾，另一則是沒有任何可以辨識的邊界，任何人都可自由進出，其他則介於兩者之間。也許沒有任何一個社群屬於上述兩種極端，但有些則接近第一種。例如前面描述的我的山族朋友，他們與河族有清楚的界線，會時時巡邏，提防對方入侵、獨佔自己地盤上的資源，但允許外人通行，偶爾也可見到異族通婚之例。

其他類似上述極端的社群包括新幾內亞西部高地巴里恩河谷（Baliem Valley）的丹尼族（圖1）、阿拉斯加西北部的伊努皮特人（或伊努特人）❶、日本北部的愛奴族、澳洲西北安恆地區（Arnhem Land）的雍古族（Yolngu）、加州歐文斯河谷（Owens Valley）的休休尼（Shoshone）印第安人，以及巴西、委內瑞拉的雅諾馬莫印第安人。例如，丹尼族在自己的園圃灌溉、種植作物，園圃四周則是荒蕪的土地。每一個丹尼部落都會在園圃邊緣興建一座高達九公尺的守望塔。塔上有一個平台（圖13），可讓人坐下。族人輪流爬上守望塔當守衛，同伴則坐在塔下保護守望塔和守衛。守衛居高臨下，很容易看出是否有人偷偷接近，必要時出其不意予以痛擊。

另外如阿拉斯加的伊努皮特人（圖9），約有十群，每一群都有自己的地盤。如果有人在沒得到允許之下侵入另一群人的土地，除非證明自己是對方的親戚，不然都會被殺死。會侵入另一群人的土地最常見的原因有兩個，一是為了捕獵馴鹿，不知不覺闖入別人的土地，另一則是在冰架（ice shelf，靠沿海的冰床部分或海灣結冰處；或譯冰棚）上追獵海豹，冰架斷裂成冰山在海上飄移。儘管冰山最後得以飄回岸邊，有可能踏上另一群人的土地，還是難逃一死。在我們看來，伊努皮特人似乎野蠻、冷血：獵人在冰架上捕捉海豹已經很危險了，不幸冰架斷裂，可能溺死或落海，好不容易才隨著斷裂

【原注】

❶北極地區的美洲原住民稱自己為伊努特人，本書亦採用這種稱呼。比較通俗的名稱則是愛斯基摩人（Eskimo）。

的冰山飄流回岸邊，沒有任何入侵他人土地的企圖，最後還是慘遭殺害。這就是伊努皮特人的生存法則。然而，伊努皮特人並非絕對排外，偶爾也會允許外人進入自己的土地，如參加夏季貿易展，或在事前申請通行以造訪或攻擊另一群人。

我們從一些邊界嚴明到近乎極端的例子（如我的新幾內亞山族友人、丹尼族和伊努皮特人）中，發現了解到四個條件：首先，要捍衛地盤，人口必須夠多、夠密集，才有人專門負責在邊界巡邏，其他的人則不必一邊覓食，一邊注意是否有外人闖入。第二，社群必須居住在有生產力、穩定且可預測的環境中，擁有大多數、生活所需的資源，因此可自給自足，不假外求。第三，在社群擁有的土地上必須有寶貴、固定的資源，使他們過著富足的生活，這樣的土地才值得他們誓死捍衛，如肥沃的園圃或果林、漁獲量可觀的漁滬[1]，或是住民花費心力營建、維護的灌溉溝渠。最後，社群成員必須無大變動，除了少數通婚的特例（通常是未婚年輕女性嫁到外地），與鄰近社群不相往來。

前述嚴密捍衛地盤的社群都符合上面的四個條件。以我的新幾內亞山族友人為例，他們的園圃一年到頭都可長出作物，他們也養豬，加上森林資源，因此生活所需不虞匱乏。雖然清理林地和種菜很辛苦，但對丹尼族而言，挖掘、維護灌溉溝渠也不是易事。北美的伊努皮特人和日本的愛奴人因著地利之便，擁有豐富的海洋資源，如海水魚、海豹、鯨魚、海鳥、淡水魚、水鳥，也可在內陸捕獵哺乳動物。澳洲西北安恆地區雍古族人口稠密，也是海陸通吃，佔有珍貴的海岸和內陸資源。在加州歐文斯河谷，以狩獵—採集為生的休休尼印第安人有足夠的水源可以灌溉土地，因此有很多可食的野草種子，吃不完的松子還可儲藏起來，可餵養很多人口，人口密度相當可觀。食物、松林和灌溉系統等於是休休尼印第安人的命脈，他們人數亦多，可派專人守護自己的地盤。又如南美的雅諾馬莫印第安人，他們種了很多富含蛋白質的桃實椰子（*Bactris gasipaes*）和大蕉（*Musa sapientum L.*）。這些果樹是他們的主食，當然會努力保護。

在人口數量龐大、人口密集的地區，如丹尼族和蘇丹的努爾族（Nuer），不只會細分出好幾個社群，還有階層之分（分為三個或者更多的階層）。這種土地、人與政治控制的階級組織，其實與現代國家的社會頗為相似，始自個人的房舍，再上去就是城市、郡縣、州，乃至政府。以努爾族為例（圖7），他們的土地約有七萬七千平方公里，人口總數則是二十萬人左右，分為若干個部落，每一個部落少則七千人，最多可達四萬二千人，依大小又可再細分為三種次部落，每一次部落各有五十到七百人，相距八到三十二公里。一般而言，愈小、階層愈低的部落，比較不會因為爭地盤而與其他部落發生衝突。即使有任何爭端，雙方親戚與朋友都希望事件趕快和平落幕，最好不要干戈相向。例如，努爾族常欺負鄰近的丁卡族（Dinka），經常侵入丁卡族的地盤，燒殺劫掠，搶走丁卡族的財物、牲畜、殺死丁卡族的男人，就連婦孺都不放過，沒殺死的則帶回家當俘虜。但努爾族對同族的人就客氣多了，極少搶奪同族其他部落的牛或殺害同族男人，不會綁架同族的女人和孩子，更不會殺害他們。

無排他性的土地使用

與邊界嚴明相反的另一個極端則是幾乎無排他性。一個情況是人口稀少，當地住民無法抽出人力

【譯注】

1 漁滬（fishing weir）：沿著海岸建造的石牆，魚隨潮汐進來，退潮時則困在漁滬之內。

專門負責巡邏邊界，會發現入侵的人通常是在做其他事情時碰巧看到的。例如一個社群如果只包含一個家庭，則只有一個成年男人，這個男人必須養家活口，不可能一整天都坐在守望塔上監視，看四面八方有何動靜。第二個情況則是當地環境屬邊緣之地，資源稀少且無可預測、無生產力、又多變化，住民因此必須定期到其他社群的土地尋找資源。第三，如果一地資源貧乏，就不值得誓死捍衛，即使遭到攻擊，大不了拱手讓人，到另一個地方重起爐灶。最後，如果社群成員流動性高，常會到其他社群居住之地，也不容易擁有固定邊界。反之，如果一個社群的成員有半數是外來的，也沒有必要把外來的人都趕出去。

然而，在這些情況之下，並非完全沒有土地劃分，不是每一個人都可為所欲為。每一個社群還是會在一個核心區域生活，只是沒有明顯的邊界，離核心地帶愈遠，就愈難判斷土地的所有人是誰。此外，相鄰的兩個社群允許彼此的成員進入自己的土地，甚至願意在旱季或荒年與其他社群分享食物和水。只要你有需要，就可踏入鄰居的土地，因此雙方的關係基本上是互惠、互利的。

我們可以在喀拉哈里沙漠奈奈區（Nyae Nyae）生活的昆族人（圖6）為例，來看無排他性的土地。科學家在一九五〇年代研究這個狩獵—採集族群，發現共有十九個隊群，每一隊群各有八到四十二個人，也有自己的「領土」，即昆族語中的「諾爾（n!ore）」，大小約是二百六十至六百五十平方公里。然而，「諾爾」間的邊界並不清楚。人類學家與當地嚮導從一個營地走到下一個之時，即使是當地人也無法確認邊界，只要離開「諾爾」核心區域，就不知自己究竟在哪一個隊群的土地上，甚至各有各的意見。當地沒有守望塔、稜線步道等以劃分「諾爾」的邊界。

昆族因生存需要加上必須分享資源，他們的土地並無排他性。由於喀拉哈里沙漠水十分稀少，所有的隊群必須待在水坑附近，才不會渴死。然而，每年降雨變化不可預測，到了乾季，很多水坑都乾涸了。在研究期間，只有兩個水坑一直有水，另外三個雖然一年到頭通常都有水，然而有幾年乾旱特別嚴重，則一樣沒水；還有五個在旱季偶爾有水；另外五十個則只在多雨的時節有水，其他時候都是乾的。因此，在旱季，約有二百個來自不同隊群的人會聚集在一直都有水的水坑附近，此舉當然是主人允許的。若其他「諾爾」擁有豐富的資源，也會和水坑的主人分享。由於水源必須共享，昆族人的土地也就不會排外。如果他們獨佔某一處水源，有朝一日，水源枯竭，即使獨佔也沒有用。反之，某些植物因為季節的關係盛產，如果佔為己有，把其他人都趕走也沒有多大意義，畢竟產量極大，光是自己人也吃不完，像曼傑提樹堅果盛產時期則可做為居民主食，其他如野豆或甜瓜也一樣。

在奈奈區，任何一個隊群、任何人不只可在自己隊群的土地範圍內打獵，也可跑到其他隊群的地盤追捕獵物。如果你在其他隊群的土地上捕獵了一頭動物，要是碰到其他隊群的人，就該把一些肉分給他們。然而，如果是遠方的隊群則沒有這樣的權利。一般而言，相鄰的昆族隊群可到對方土地取水、採集核果、豆子和甜瓜等，然而還是必須先得到主人同意，而且允許主人日後到自己土地造訪，以做為回報。若是不先得到主人的允許，擅自動手，就可能會引發爭端。來自遠方的隊群更必須小心，不可輕舉妄動，同時要有分寸，注意在一地停留的時間不可過久，而且人數不可過多。如果沒有任何親族或婚姻關係，則無法進入另一隊群的「諾爾」。因此，即使是無排他性的土地也不是任何人都可自由來去。

使用土地與資源的權力不管是否有排他性都涉及所有權的概念。以昆族隊群的「諾爾」而言，誰才是擁有者？答案：該隊群的「卡烏西」（k'ausi），即大老組成的核心團體或是當地最古老家族出身的長老。但是隊群成員流動性很高，每天都有變動，族人常到其他諾爾拜訪親友、在旱季去有水坑的諾爾，或是去其他地方找尋盛產的果實，不會永遠在一地停留。又如男子婚後，可能帶著家裡的老老小小（如老父、老母或前妻生的子女）跟著老婆的隊群一起過日子。也許再過十年，老婆生了幾個孩子，這一家人又會遷移到別處。因此，昆族有很多人住在外地的時間反而更長。每年，平均有一三％的人會永遠遷移到他地，而有三五％的人則分住在二地或三地。在這種情況之下，一個隊群總有一部分的人是外地來的，他們不是壞人，而是本地人的姻親，就像我的新幾內亞山族友人。由於那些外地人可能是你的手足、表親、孩子或是你年老的雙親，你不可能獨佔本地資源，不分享給他們。

以無排他性的領土而言，另一個有趣的例子是北美大盆地的休休尼印第安人。他們與歐文斯河谷的休休尼族人屬於同一個語族，但後者卻不與外地人分享土地和資源。會有這樣的差異，完全是環境造成的。歐文斯河谷水源充沛，適合灌溉，有防禦價值，至於大盆地則是枯槁、乾燥的沙漠，冬天嚴寒，資源稀少而且不可預期，幾乎沒有多餘的食物可以儲存。大盆地人口密度約每四十一平方公里才有一人，當地的印第安人家庭平時各自生活，到了冬天，則五到十個家庭會聚集在有泉水和松林的地方，以松子為食。如果要捕獵羚羊和兔子，甚至可能十五個家庭一起行動。這裡的地盤雖然沒有清楚劃分，但每一個家庭各有各的松林，外人要入內採摘松子，必須經過主人的同意，否則就會慘遭石頭猛攻，只得落荒而逃。其他植物和動物資源的分享則比較有彈性。

最後，祕魯馬奇根加族和玻利維亞熱帶雨林區的西里奧諾族（Siriono）幾乎不劃分地盤，也不在土地上巡邏。人類學家研究這兩個族群之時，馬奇根加族住在人煙稀少的地方，以種菜維生。人口單薄的原因可能是歐洲人帶來的傳染病，農作物收成不佳，或者歐洲人為了奪取豐富的橡膠資源殺害當地的原住民。馬奇根加族會隨著季節四處遷移，以找尋野生食物。他們施行刀耕火種的原始農業，幾年後土壤肥力下降，產量減少，又得轉往別處，不會為土地而戰。馬奇根加族沒有劃分地盤的措施：理論上來說，所有的資源，包括森林和河流都屬於馬奇根加所有的族人。實際上，幾個家庭組成的隊群自成一體，和其他家庭保持若干距離。人類學家霍姆伯格（Allan Holmberg）研究的西里奧諾印第安人則以狩獵—採集維生，偶爾也施行農業，過著六十到八十人組成的隊群生活，並沒有刻意佔領某一個地盤。然而，如果一個隊群在狩獵時經過另一個隊群打獵的路徑則會避開。大家都遵守這個互相規避的原則。

因此，傳統社群的土地劃分方式各有不同，從界線分明、嚴禁外人進入到幾乎毫無設限的都有，有的則是互相保持距離、互不侵犯。然而，沒有任何一個傳統社群像現在歐美國家的人民可在美國或歐盟國家之內自由進出，或是到其他許許多多的國家，只要在邊境出示有效護照和簽證給海關官員檢查即可。（當然，自從二〇〇一年九月十一日紐約世界貿易中心遭到恐怖攻擊之後，美國對外國來的陌生人比較提高警覺，旅客不像過去那麼自由，不但機場安全檢查變得嚴格，並擬定保密禁飛名單，阻止嫌疑恐怖份子登機。）有人認為現代社會人民在各國之間通行的權利和限制，其實和傳統社群有點相像，只是升級到更高的層次。傳統社群的成員一般只有幾百人，只要有親友在另一個社群，而且得到親友的許可，就可前往對方居住的地方。但我們的社會動輒有幾千萬人，甚至幾億人，除了在自己的國家之內可自由居住、旅行，如果要到外國，則須經過「友邦」的許可，以正式取得的護照和簽證做為通行證。在此，「關係」的定義，不像傳統社會是個人與個人之間的關係，而是提高到國與國的層次。

朋友、敵人、陌生人

行動限制使得小型社群分為三種人：朋友、敵人與陌生人。「朋友」是指與你同屬一個隊群的人或同一個村子的人，也包括友好的鄰近隊群或鄰村居民。「敵人」則是與你的隊群交惡的鄰近隊群或鄰村居民。不管是敵是友，你大概曉得他們是誰，也知道他們的長相，因為你聽過他們的名字、曾經面對面交涉要求賠償、曾合作過，或是與你同一隊群的人與對方隊群通婚。例如，新幾內亞有兩個河族男人就娶了山族女人，婚後則一起住在山族人的村子裡。

最後一種則是「陌生人」，通常是指來自遠方的隊群，你的隊群幾乎未曾接觸過的人。小型社群的人極少或從未與陌生人相遇，因為你只要踏入一個陌生之地，沒有人認識你，也沒有人與你有任何親戚關係，你可能被視為危險人物而遭到殺害。即使你在自己的地盤看到陌生人，你則必須假設這個人有不良企圖，才會冒著生命危險前來這個陌生之地，也許是想伺機劫掠、殺害你的隊群，或是來這裡捕獵、偷竊，也有可能是要綁架你們隊群裡的女人。

如果你在一個為數幾百人的小型社群，你應該知道每一個人的名字、臉孔和成員之間的關係（父子、夫妻或收養關係等），以及你和其他人的關係。然而，如果你把友好的鄰近隊群加入「朋友」之列，你的朋友可能多達上千人。你或許聽過很多人的名字但不曾見過他們。因此，你要是從自己隊群的核心活動範圍離開，一個人走到隊群地盤邊緣，就可能碰到不認識的人。要是對方有好幾個人，而你只有一個人，那就三十六計，走為上策；反之對方落單，你和好幾個親友在一起，人多勢眾，對方則會落荒而逃。如果是在一對一的情形下，你們倆大老遠地互瞄一眼，發現勢均力敵（兩邊都是成年男子，而非一邊是男人，另一邊是婦人或小孩），雙方還是摸摸鼻子溜走了，避免正面交鋒。但如果你走到一個角落，突然碰到一個人，這時要逃已經來不及了，你該怎麼辦？一種可能是雙方都坐下來，然後報上自己和親友的名字，看雙方是否有任何關係。如果有共同的親友，就可確認彼此的關係，用不著互相攻擊。然而，如果談了幾個小時，依然沒有結果，你不可能說道：「很高興見到你，再見。」然後轉身離去。這時，你或他，又或者兩人必須懷疑對方是入侵者，有不良企圖，於是可能開始追逐或打鬥。

在奈奈區中央昆族的方言中，通常以「*jũ/wãsi*」來稱彼此，「*jũ*」是指「人」，「*si*」代表複數字尾，而「*wã*」則意謂「真正的、良善的、誠實的、乾淨的、無害的」。由於奈奈區的昆族人往來頻繁，十九個隊群加起來上千人，都彼此相識，因此都是「*jũ/wãsi*」。和「*jũ/wãsi*」相反的則是「*jũ/dole*」（「*dole*」意指「壞的、陌生的、有害的」），所有的白人、班圖黑人都是「*jũ/dole*」。即使同屬昆族，說同一種方言，但住在遠處，與他們沒有親友關係，也是「*jũ/dole*」。昆族就像其他小型社群一樣，對陌生人深懷戒心。平時，他們碰到的每一個昆族人幾乎都可確認親友關係，如果碰到一個陌生的昆族人，雙方詳述所有親友的名字之後，最後仍發現毫無交集，你就該把那個陌生人驅離或殺死。

例如，人類學家馬歇爾（Lorna Marshall）拜託一個名叫阿高的昆族人幫他去奈奈區北邊不遠的卡敦（Khadum）辦事。阿高沒去過卡敦，其實在奈奈區幾乎沒有幾個昆族人去過那裡。卡敦的昆族人一開始叫阿高「*jũ/dole*」，對他很冷淡，認為他可能會帶來麻煩。阿高隨即表示，卡敦有一個人和他父親同名，還有一個人的兄弟也叫阿高，跟他自己的名字一樣。卡敦的昆族人於是對阿高說：「原來你是阿高（指我們的阿高）的『*!gun!a*』（親戚）。」阿高這才被當地人接受，和他們一同坐在營火旁吃飯。

巴拉圭的亞契印第安人對人也有類似的分類（圖10）。歐洲人與亞契族和平接觸之時，亞契族約有七百人，過著隊群生活，每一隊群約有十五到七十人。有幾個隊群關係特別親密，這樣的團體約有四群，成員總數最少為三十人，最多則有五百五十人左右。他們稱同一群的人為「*irondy*」（意為「我們的人」或「我們的弟兄」），其他群的人則為「*irolla*」（也就是指「不是我們的人」）。

至於現代大型社會中的人民，不但可在自己的國家自由旅行，足跡甚至可達世界各個角落。只要有緣就是朋友，並非我們隸屬的團體要有關係才能有友好的情誼。有些畢生的好友可能是從小和我們一起長大的朋友或是老同學，然而有些則是我們在旅途碰到的人。若是彼此相吸，志同道合，就能結為好友，與雙方所屬的團體是否結盟無關。在我的概念中，友誼就是這麼自然，直到我在新幾內亞研究多年之後，才發現那只是我一廂情願的想法。新幾內亞傳統小型社群對友誼的看法和西方人大異其趣。

話說我在新幾內亞認識一個叫雅布的朋友。他住的那個村子在中央高地，村民一直過著傳統生活型態，直到十年前部落戰爭結束，才接受地方政府的管轄。我在西南高地營區進行鳥類研究時，就請雅布擔任我的助理。每隔幾天，那裡有個來自英國的教師吉姆就會來找我們串門子。雅布和吉姆一拍即合，每每聊到忘了時間，常一起開玩笑，並述說過去的點點滴滴。兩人顯然已成莫逆之交。吉姆任教的學校在中央高地，離雅布的村子只有幾十公里。我們完成在西南高地的研究，雅布準備搭機到吉姆住的那個城鎮，然後步行回家。吉姆來向我們告別之時，邀請雅布順道去他住的地方。在我看來，這似乎再自然不過。

幾天後，吉姆就離開了。我問雅布，他會不會順道去拜訪吉姆。雅布聽了這個建議，不但驚訝，還有點生氣，認為去看吉姆只是浪費時間。當時，我們是用新幾內亞的通用語托克皮欽語（Tok Pisin）交談。雅布說：「去找他？為什麼？如果他要我為他工作，並且願意付錢，那我就去。但他哪有什麼工作可以給我做？我才不會『為了友情』（*bilong pren nating*）去拜訪他！」雅布的反應讓我非常驚訝。我這才知道傳統社群有些觀念與作法和西方人截然不同。

當然，傳統小型社群裡的人也有自己的好惡，特別喜歡跟某些人在一起，離某些人遠遠的。然而，當傳統小型社群變大或是受到外界的影響，他們的觀念也會改變，包括對友誼的看法。儘管如此，我們還是可以從吉姆的邀請和雅布的反應，看出大型社會與小型社群對友誼的觀念，的確有相當的差異。表面上看來，雅布對歐洲人的反應和對新幾內亞人有所不同，但這其實牽涉到更深層的文化差異。有位熟悉西方社會和新幾內亞傳統社會的友人向我解釋說：「我們新幾內亞人不會無事不登三寶殿，我們去拜訪別人都是有目的的。如果你在路上碰到某人，跟這個人相處了一個禮拜，並不代表你們已經成了朋友。」反之，在西方的大型社會中，我們經常跑到別的地方，友誼多建立在人與人之間的連結，至於傳統社會的人際關係則大抵建立在親屬關係、婚姻和地緣之上。

以大型、階級化的社會而言，幾十億人共同生活在同一個王國或國家之中，常會碰到陌生人，然而並不會因此而有性命之危。例如，每次我走過加大校園，或是在洛杉磯的街道上漫步，總是可能碰到幾百個我未曾見過、以後也不會再碰面的人，儘管我們沒有任何的血緣關係，也非姻親，我並不會因此害怕或面臨危險。小型社群人數多到某一個程度，對陌生人的態度便會有所轉變。以蘇丹的努爾人為例，其人口總數約是二十萬人，從村落到部落分成各個階層。顯然，沒有任何一個努爾人認識其他十九萬九千九百九十九人。他們的政治組織勢力薄弱：村長只是象徵性的首領，沒有實權（參看

第二章的描述），然而正如人類學家伊凡斯—普里查德（E. E. Evans-Pritchard）所言：「若是兩個努爾人相遇，不管他們打從哪裡來，即使雙方是未曾謀面的陌生人，都能立即建立友好的關係。只要同是努爾人，說同樣的語言，有相同的價值觀，能夠溝通，都是朋友。然而如果碰上丁卡人或席魯克人（Shilluk），由於非我族類，態度就大不相同。他們不但瞧不起異族人，萬一狹路相逢，總會準備廝殺一番。」

因此，與其他小型社群相較，努爾人對陌生人沒有敵意，甚至可能表現出友善的態度，但前提是必須同是努爾人。如果是非努爾人的陌生人（如丁卡人），將會受到努爾人的攻擊或鄙視。反之，擁有市場經濟的大型社會則對陌生人比較禮遇，因為他們可能是商業夥伴、顧客、供應商或雇主。

第一次接觸

傳統小型社群對世界的認識完全來自當地，因此把世界劃分為朋友、鄰近的族群、鄰近的敵人，以及遠方的陌生人。他們只熟知自己的核心區域或地盤，只有因為互惠關係與鄰近地區的人有來往，視野才能擴展到鄰近的地區（第一層），然而還是無法認識更遠的地方（第二層）。萬一和第一層的人交惡，也就無法跨越第一層到第二層。有時，你和第一層的友好，但他們與第二層的人為敵，你同樣到不了第二層。

就算你在和平時期進入鄰人的地盤（第一層），也可能有危險。你也許不知道你的鄰居正和你的盟友交戰，也把你當成敵人。你在鄰近地區的主人或親戚可能不願保護你，或無力援助你。例如人類學家黑德（Karl Heider）、布洛克胡伊瑟（Jan Broekhuijse）和麥提森（Peter Matthiessen）曾描述一九六一年八月二十五日發生於新幾內亞西部高地巴里恩河谷的一個事件。那裡的丹尼族分成好幾十個聯盟，其中的古帖魯聯盟（Gutelu）和維達亞（Widaia）聯盟為了達更（Dugum）一帶的土地爭戰不休。附近還有一個阿蘇克—巴雷克（Asuk-Balek）聯盟則是從古帖魯分支出去的，這個聯盟的人放棄原來的土地，戰後藏身於巴里恩河谷，以求活命。與維達亞聯盟友好的四個阿蘇克—巴雷克人前往古帖魯的一個小村名叫阿布羅帕克（Abulopak），因為這四人中有兩人的親戚住在這個村子。但這幾個阿蘇克—巴雷克人不知道維達亞人最近殺了兩個古帖魯人，而古帖魯人因為此仇未報而懷恨在心。當時的情勢可謂劍拔弩張，一觸即發。

那幾個阿蘇克—巴雷克人傻傻地來到阿布羅帕克村，沒想到自己會捲入這樣的風波，殊不知因為他們是維達亞的盟友，正好成為古帖魯人復仇的目標——即使無法殺掉維達亞人，找阿蘇克—巴雷克人下手，或多或少也算出了一口氣。那兩個親戚在阿布羅帕克村的阿蘇克—巴雷克人逃過一死，但是另外兩個則遭到攻擊。有一個幸運脫逃，另一個則躲在一棟小屋樓上睡覺的房間，結果被拖出來用箭射傷。阿布羅帕克村的古帖魯人因此歡欣鼓舞，沿著一條泥濘的小路把那個快斷氣的阿蘇克—巴雷克人拖到他們跳舞的地方。阿布羅帕克村民那晚圍著死屍狂舞，最後把屍體丟到灌溉溝渠內，使之沉沒，再用草葉覆蓋起來。翌日早晨，他們才允許那兩個逃過死劫的阿蘇克—巴雷克人把屍體抬回去。這個事件顯示傳統社群如果遠行必須小心謹慎到近乎偏執的地步。我將在第七章深入探討這點。

在人口密度高、環境穩定的地區，當地社群旅行的範圍比較小，而在人口稀疏、環境變動大的地區，當地社群旅行的範圍則比較大。新幾內亞高地由於人口密集、環境穩定，對地理環境的認識則限於當地。然而，如果是像新幾內亞低地區或匹格米族居住的非洲雨林區這樣人口密度低、但環境穩定的地區，居民旅行的範圍和對地理環境的認識都比較廣大。若是人口稀少，環境變動又大，旅行範圍以及對地理環境的認識則又更加廣大（如沙漠區和北極內陸區）。例如，安達曼群島的島民只知三十公里內的安達曼部落。對達更的丹尼族而言，他們所知的世界完全侷限於巴里恩河谷。他們只要站在山頂，就可把這個世界納入眼底。然而，他們活動的範圍也只限於河谷的一部分，剩下的部分則是其他部落的地盤，除非找死，否則不得越雷池一步。曾經有人拿一張列了七十個地名的清單問匹格米族的人，他們知道幾個地方。結果，在三十三公里之內的地方，他們只知半數，在六十七公里之內的地方，他們則只知道其中的四分之一。其實，這種情況就像五、六〇年代的英國。那時，很多英國鄉下人終其一生幾乎都待在自己的村子，或許只有參加第一次或第二次世界大戰的人才會踏上外國的土地。

因此，傳統小型社群認識的世界不出鄰近第一層或第二層之地。例如，在人口稠密的新幾內亞山地，儘管與海洋的距離只有八十到一百九十公里，沒有人看過海或聽過海浪的聲音。新幾內亞高地居民雖然曾透過交易取得貝殼，在歐洲人上岸之後，也曾得到寶貴的鐵斧，但是貝殼也好，斧頭也好，都是透過很多次的交易，經過很多人的手，輾轉從海岸傳到高地。就像小孩排成一列玩打電話的遊戲，第一個跟第二個說悄悄話，依次傳下去，最後一個小孩聽到的，已和第一個孩子說的完全不同。貝殼和斧頭也是，儘管已經傳到高地，相關的環境知識已在傳遞的過程中喪失了。

因此，很多傳統小型社會的居民都有如井底之蛙，以為自己生活的範圍就是全世界，直到所謂「第一次接觸」，也就是與來自歐洲的殖民者、探險家、商人和傳教士等接觸，他們才知道外面還有一個更大的世界。直到今天，未曾與外界接觸過的原始住民非常稀少，只有在新幾內亞和南美熱帶地區的邊陲地帶才看得到。但是這些原始住民至少可從頭頂上飛過的飛機，或從鄰近已和外界接觸過的部族得知外面還有一個世界。（所謂的「接觸」，我是指原始住民和來自遠方的外人接觸，如歐洲人和印尼人。當然，上述未曾與外人接觸的族群，幾千年以來，都曾經與其他新幾內亞人或南美印第安人接觸過，並非未曾與人接觸。）例如，一九九〇年代，我在新幾內亞的西部山區做研究，接待我的主人幾十年前就曾與荷蘭人接觸過。他告訴我，他們北邊有一個部落則未曾與外人接觸過，亦即未曾見過傳教士等歐洲人。（如果傳教士想要探訪一個陌生的地方，通常會從該地已與外人接觸過的鄰近族群挑選一人做為使者，代為詢問是否歡迎傳教士的來訪。如未經詢問，也未告知即貿然前去，等於自尋死路。）然而，那些山地住民即使未曾與外人接觸過，應該從已經和外界接觸過的鄰近部族得知歐洲人和印尼人。此外，我在新幾內亞的西部山區曾看過飛機從我頭頂上飛過，那些未與外人接觸過的住民多年來也該看過不少次這樣的景象。因此，至今仍未與外界接觸過的原始住民應該知道外面還有一個世界。

自從歐洲人在公元一四九二年開始向外擴張，到飛機飛過新幾內亞上空，情況已有很大的改變。史上原始部族與歐洲人最大規模的第一次接觸，發生在二十世紀三〇年代至五〇年代的新幾內亞高地地區。那時，不只澳洲與荷蘭政府和軍方派遣偵察人員來到這裡，還有淘金客以及來此做生態考察的研究人員。這群西方人在此「發現」龐大的原始族群，為數約有一百萬人。儘管四百年前歐洲人已踏上新幾內亞的海岸，那些高山住民仍對外面的世界一無所知，反之，歐洲人也不知新幾內亞高山地區別有洞天。直到一九三〇年代，歐洲人經由陸路與河流在新幾內亞高山地區探勘，與當地人有了第一次接觸，當地人才親眼看到歐洲人的模樣。自一九三〇年代開始，飛越新幾內亞高地上空的飛機愈來愈多，高地居民也才知道外面有一個他們不知道的新世界。例如，一九三八年六月二十三日，一架飛機飛過新幾內亞的高山地區。這趟飛行是紐約美國自然歷史博物館（American Museum of Natural History）與荷蘭殖民政府共同合作的探勘計畫，以探察新幾內亞的動植物。帶領這支探險隊的是石油大亨亞奇博德（Richard Archbold），他也是這個計畫的金主。亞奇博德及其隊友本來以為新幾內亞山區皆是鬱鬱蔥蔥的叢林，地形險惡，不宜人居，沒想到發現其中有一片空曠、平坦的谷地，人頭鑽動，預估約有十萬人在此定居，還有棋盤狀的灌溉溝渠，遠遠望去有如人口稠密的荷蘭村莊。

我們可從下面精采的三本專書窺見這歷史性的一刻。第一本是康納利（Bob Connolly）與安德森（Robin Anderson）合著的《第一次接觸》（*First Contact*）。作者描述第一批歐洲人麥可・雷（Michael Leahy）、麥可・德懷爾（Michael Dwyer）與丹尼爾・雷（Daniel Leahy）在一九三〇年至三五年間在新幾內亞東部高山谷地的淘金之旅。（其實，歐洲傳教士在二〇年代的足跡已至高地東部邊緣。）第二本書則是麥可・雷自己寫的《一九三〇年至一九三五年新幾內亞高地的探險之旅》（*Explorations into Highland New Guinea, 1930–1935*）。最後一本則是甘米奇（Bill Gammage）的《天行者》（*The Sky Travelers*）。作者在書中描述泰勒（Jim Taylor）與布雷克（John Black）領軍的澳洲探險隊在一九三八年和三九年在新幾內亞高地西部的探察。這些歐洲探險家都拍了不少照片，麥可・雷還拍攝了幾段影片。照片捕捉了新幾內亞人驚恐不已的表情，可見這第一次接觸帶給他們的震撼不是任何文字可以形容的。（見圖30、31）。

第一本與第三本書記錄了第一次接觸時雙方的印象。這兩本書的作者都在一九八〇年代訪問歷經第一次接觸的新幾內亞人。儘管那已是五十年前的事，那些新幾內亞老人一想起當年的事件仍有歷歷在目之感，就像老一輩的美國人永遠忘不了現代美國史最傷痛的三大慘案：一九四一年十二月七日日本偷襲珍珠港；一九六三年十一月二十二日，甘迺迪總統遇刺身亡，以及發生在二〇〇一年九月十一日的紐約世貿中心恐怖攻擊事件。那些在兒時看到麥可．雷和德懷爾等白人的新幾內亞人到了八〇年代已經六十多歲了，回憶當年的事件可是清晰如昨。有一個新幾內亞人如此描述：「這兩個人（指旁邊兩個人）現在已經老了，但那時他們年紀還小，還沒結婚，甚至還沒長鬍子。我們看到白人來了……我嚇壞了，腦子一片空白，不住地哭泣。我爸爸抓住我的手，拉我到草叢裡躲起來。後來，才站起來，偷看那些白人……白人走了之後，我們坐下來談論此事。我們沒去過遠方，不知道這個世界有白皮膚的人。這個山區就是我們世界的全部，我們以為這裡只有我們，沒有別人。我們相信，一個人死後，皮膚會變成白的，跨越世界的邊緣，去另一個地方，也就是死者的國度。最後我們的結論是：『啊，那些人不屬於這個世界。他們一定是死掉之後回來看我們的親戚，才會變成白皮膚，還是別殺他們吧。』」

新幾內亞高地人初次見到歐洲人時，企圖把這些長相怪異的陌生人納入他們的世界觀中。新幾內亞人問自己的問題包括：他們是人嗎？為什麼來到這裡？他們的目的是什麼？新幾內亞人常常把白人當作「天行者」，就像新幾內亞人一樣，本來是以天空為家的人，也像新幾內亞人一樣會互相交易、做愛或作戰，只是他們是不朽的——可能是祖靈，或是偶爾化身為人的天神，變成白皮膚或紅皮膚降臨到世間。在第一次接觸之時，新幾內亞人仔細觀察歐洲人的行為，以及他們遺留在營地的東西，找尋證據，以判定他們到底是人、是神，還是鬼。新幾內亞人發現了兩件事，終於相信那些歐洲人是人：一是他們留在營地茅坑的糞便，看起來就跟一般人（即新幾內亞人）的大便一樣；另一是根據獻給歐洲人洩慾的新幾內亞少女所云，歐洲男人的性器與新幾內亞男人無異，性交的方式也差不多。

貿易與商人

鄰近社群之間的關係除了捍衛疆界、分享資源、刀戈相向，就是互通有無了，也就是交易買賣。我在新幾內亞東北維蒂亞茲海峽（Vitiaz Strait）上的十六個島嶼進行鳥類調查研究時，當地傳統社群交易之複雜讓我眼界大開。這些小島大都為森林覆蓋，上面只有幾個村落。村落上的房子相隔約有幾公尺，面向寬廣的公共空間。但是，我踏上一個名叫瑪拉（Malai）的小島，感覺像是突然空降到一個迷你版的曼哈頓，驚訝得目瞪口呆。這裡就像紐約一樣，兩旁都是兩層樓高的樓房，和維蒂亞茲海峽其他的小島相比，有如摩天大樓。瑪拉島的海灘停放著一艘艘巨大的獨木舟，那裡就像第一次大戰前出租船隻的船塢。房子前面還有人擠人的奇景——我從未在維蒂亞茲海峽上的其他島嶼看到這麼多人。根據一九六三年在瑪拉島上進行的人口普查，島上共有四百四十八人，土地面積只有〇・八二平方公里，人口密度多達每平方公里五百四十六人，高於歐洲任何一個城市。以歐洲人口最稠密的荷蘭來說，人口密度則每平方公里只有三百九十人。

住在這個聚落的人就是以做買賣聞名的西亞西人（Siassi）。他們乘坐獨木舟，船上載豬隻、狗、壺、珠子、黑曜岩等生活必需品和奢侈品，不畏驚濤駭浪，到四、五百公里遠的地方，透過以物易物的方式致富，報酬率高達九〇〇%。例如，他們載著一隻豬從瑪拉島出發，在第一站安博伊島（Umboi）用這隻豬換十袋的西谷米，到了第二站新幾內亞島上的席歐村（Sio Village），則把十袋西谷米換成一百個壺，來到下一站新不列顛島，就把一百個壺換成十隻豬，最後帶回瑪拉島。凱旋回鄉之後，即在慶典享用豬肉大餐。由於傳統社群沒有現金，因此不用現金交易。西亞西人的雙桅獨木舟工藝精湛，長達十八公尺，吃水一．五公尺，可載重一千八百公斤（圖32）。

考古證據顯示，我們的祖先在冰河時期已做了幾萬年的交易。在更新世的歐洲內陸，克羅馬儂人的遺址有來自波羅的海的琥珀、地中海的貝殼，還有黑曜石、燧石、碧石等特別適合用來製造石器的石頭——這些都是從幾百公里甚至一千多公里之外的地區運來的。在現代，只有少數幾個傳統社群得以自給自足，幾乎不需要與外地人做買賣，如在西伯利亞養馴鹿的恩加納桑族（Nganasan）、玻利維亞的西里奧諾人——他們都是人類學家霍姆伯格研究的對象。大多數傳統社群也像所有已開發社會必須進口物資。即使是能夠自給自足的傳統社群，有些東西雖然可以自己生產，他們通常還是希望透過交易來取得。

傳統小型社群通常只與鄰近社群交易，如需長途跋涉會經過其他族裔的土地，加上各族群之間時有戰事，因此危險重重。即使是乘獨木舟到遠方做買賣的西亞西人，也只敢去幾個已建立貿易關係的村落。萬一船隻被風吹得偏離航道或不得不被迫停靠在陌生的海岸，當地人恐怕不會以禮相待，歡迎他們再度光臨，一般而言會把他們當做入侵者，加以殺害，並劫走牲畜、貨物。

傳統社群做買賣的方式和現代社會不同。我們通常是到商家以現金支付付款然後拿走貨品，無法想像有人去汽車經銷商那裡說要買車，就直接把車開走，沒付現，也沒簽買賣契約，改天再送上同等價值的禮物。然而，這正是傳統社群的交易模式。不過，傳統社群交易的某些特徵則是現代社會的人熟悉的。我們會花很多錢購買沒有實際用處的奢侈品，如珠寶或設計師品牌的衣服，以表彰自已的身分或地位。傳統社群也會透過交易取得昂貴的奢侈品。然而，傳統社群的人與外界有了第一次接觸之後，現代社會市場現金經濟會帶給他們什麼樣的驚奇與文化震撼？

市場經濟

那些高地人發現的第一個驚奇應該是大多數的東西都要用錢來交易（圖33），而非以物易物。在傳統社群，錢本身沒有任何價值，不是美麗的奢侈品，像是珠寶或西亞西人交易的木碗，也不能做為身分、地位的象徵。錢只有一個用途，也就是用來花用，換得其他東西。此外，錢無法任意製造，只能由政府發行，不像西亞西人的木碗，凡手藝精巧的村民都可以雕刻。第一世界的人即使有印刷機和卓越印鈔技術也不能自行印刷鈔票，否則以觸犯偽鈔罪被判刑、入獄。

傳統交易通常是採以物易物的方式。有一個人想要另一個人的東西，就拿出一樣東西面對面交易，不涉及金錢和第三者。然而，有些傳統社群也會利用具有象徵價值的物品來取得自己想要的東西——這種行為已接近現代社會居民用錢購買商品。例如新不列顛島的高隆族會用金蝶貝來交易物品，而密克羅尼西亞雅浦島（Yap Island）的人則用扁平如碟的石頭；新幾內亞高地人用的是子安貝，而維蒂亞茲海峽群島上的居民則以雕刻的木碗來交易，如某個島民要娶新娘，給予新娘的家人下列物品：若干貝殼、若干個木碗，加上其他東西。然而，即使是有象徵價值的貝殼、石頭或木碗，也只能用來交換某些東西，他們不會用來交換甘藷，以免得不償失。傳統社群也會把上述有價值的東西當成奢侈品，向人炫耀。反之，美國人總是把百元大鈔好好藏在錢包，需要購物的時候，再拿出來，此即所謂「錢不露白」，不會把一疊鈔票串起來，像項鍊般掛在脖子上展示。

現代市場經濟的第二個特點也許會讓很多傳統社群的人驚訝，也就是交易是為了取得賣方的東西，買方付款之後即完成交易，從來就不是互相贈與。通常買方在取得物品之時就必須付款，至少也得同意分期支付。例如購買新車，賣方同意讓買方分期支付，買方就有付款的責任，不能不付錢，日後再拿禮物來「報答」。現代社會的人無法想像汽車銷售人員會贈送顧客一部新車，期待顧客未來再以禮物回報。然而，很多傳統社群的確採用這種禮尚往來的交易模式。

現代市場交易的第三個特點是在買賣雙方之間，還有一個專業的第三者（也就是銷售員），在特定的地方（商店）為店老闆和顧客服務，不會在顧客或老闆的住家附近進行交易。當然，現代交易可能買方與賣方直接接觸，譬如賣方在自家房子外頭高掛「出售」的牌子，或在報紙分類廣告或拍賣網站張貼欲出售的訊息，買方看了之後，逕自接洽。這是比較簡單的交易模式。最複雜的模式如政府與政府間的石油或軍火交易，雙方必須各派代表進行洽談，簽訂交易合約。

雖然現代社會市場交易有各種形式，賣方通常不認識買方，雙方的關係也僅限於當次交易，雙方只在意是否銀貨兩訖，不會以建立關係為目的。即使買賣雙方交易次數很多，如某個顧客每個禮拜都會去農夫市集向某個小販購買蔬果，交易本身還是最重要的，友好的關係則是其次。這就是市場經濟的基本現實。各位讀者或許會覺得這是理所當然的，但對小型傳統社群的居民則不然。小型傳統社群買賣雙方的關係是持續的，交易的東西不重要，重要的是藉由交易建立友好的關係。

現代社會市場經濟的第四個特點與前一個特點有關：大多數的市場都是經常或定期開放。例如商店每天營業，只有在禮拜天休息，還有每週固定一天出來擺攤的農夫市集（如每個禮拜三早上）。相形之下，大多數的傳統小型社群交易次數很少而且不固定，如一年或好幾年才一次。

倒數第二個特點則和傳統小型社群的交易頗為相似，也就是交易的物品從生活不可或缺之物（即生活必需品）到沒什麼實際用途的奢侈品都有。一端的生活必需品是生存的重要物資，例如食物、保暖的衣物、工具和機器。另一端的非生活必需品則包括奢侈品和裝飾品，或用來娛樂，或彰顯地位，如珠寶或電視機。在這兩端之間的物品或多或少還算有用，雖是同類物品，有相同的功用，但有的很便宜，有的則比較昂貴。例如，一個約十美元的合成皮托特包和價值二千美元的真皮古馳（Gucci）托特包一樣是可用來裝東西的包包，但後者可彰顯持有者的地位，前者則否。因此，我們不能說奢侈品是完全沒有用的東西，持有者可能因此獲得巨大的利益，如做生意的機會或釣到金龜婿或千金女。我們也可從考古學的紀錄得知在人類文明之初，人類交易的物品一樣從奢侈品到生活必需品都有。例如，幾萬年前克羅馬儂人交易的東西包括黑曜石做的矛型刀尖、貝殼、裝飾用的琥珀，以及用透明石英精心磨製而成的刀尖。黑曜石做的刀尖是打獵用的，但透明石英磨製的刀尖恐怕很容易毀損，實用價值不大，就像我們不會用昂貴的古馳包來裝魚市場買的海鮮。

現代市場經濟最後一個特點就是我們購物是基於自己的需要，不是要與買方建立關係，而且我們買的東西通常自己無法生產或製造，必須仰賴賣方。例如，一般消費者如果不是農夫，很少人會種果樹，想吃蘋果則必須向種蘋果的農夫或商店購買。而種蘋果的農夫，如果生病，必須找醫生看病，需要法律方面的服務則必須去找律師。種蘋果的農夫之間不會互相買賣蘋果以建立友誼。在傳統小型社群由於某些物品只在某個地區生產，也可看到這種互通有無的現象。但是小型社群的人為了維繫良好的關係，也常用雙方都能生產的東西來交易。

傳統交易型態

到目前為止，我們已從傳統社群的觀點來看交易以及現代社會的市場經濟讓他們驚異之處。接著，我們將探討傳統交易的機制。前面提過，傳統社群雖然不使用現金，然而會利用有象徵價值的東西來進行交易，如子安貝，就像我們使用金錢一樣。現在，我們就來看看傳統交易有哪些特點。

傳統社群的交易有時是同時的，也就是雙方同時把東西交給對方，有時則是一方先把東西當做禮物交給另一方，另一方則必須在日後回贈價值相當的禮物。安達曼群島島民（圖4）的交易就是雙方同時把禮物交給對方。例如，有一群人邀請另一群人來參加為期數日的祭典。客人帶來的禮物可能包括弓、箭、手斧、籃子和陶土。主人不但不得拒絕客人帶來的禮物，還必須回贈價值相當的東西給客人。如果回贈的禮物不符合客人的期待，客人或許會因此生氣。有時，客人在送禮的時候會表明希望收到什麼樣的回禮，但這種情況很罕見。南美雅諾馬莫印第安人（圖12）也會在祭典邀請客人前來同歡。與安達曼島民不同的是，客人致贈禮物之後，主人在下一次前往客人那裡拜訪時才回贈禮物。雅諾馬莫人收到禮物總會一直牢記，直到下次見面再回禮給對方。回禮時間的延遲使相鄰部落不得不保持互相往來的友好關係。

不管是阿拉斯加西北的伊努特人、菲律賓的埃塔族（Agta，圖3）、托洛布蘭島的島民和昆族，都會與特定的交易夥伴交換禮物。每一個伊努特人交易的對象可能一到六人，埃塔族會與其他菲律賓農夫交易，非洲的匹格米族則會與班圖族的農夫交易，而且這樣的交易關係會代代相傳。托洛布蘭島的島民往往乘著獨木舟送禮給其他島嶼的居民，來年再度造訪則可得到價值相當的回禮。至於每一個昆族人則可有幾十個交易夥伴，先送禮的一方通常會在幾個月後或幾年後得到回禮。

進行交易的是什麼樣的人？他們的交易是在什麼情況下進行？多久見一次面？在傳統小型社群，每一個人都會與人交易。然而，根據四、五千年前在近東地區的文字紀錄，如果是在大型酋邦或是早期的國家，已有專司交易的人，他們的角色等於是現代社會的商人。我們發現有些傳統社群的全體成員都精於交易。維蒂亞茲海峽上那個面積不到一平方公里的瑪拉島，就是很好的例子。這個島太小，無法供給全島居民所需的食物，於是島上每一個人都成了精明的商人，用獨木舟把島上生產的器皿和牲畜載到鄰近的島嶼交易，獲得極大的利潤。瑪拉島可說是現代新加坡的原型。

傳統社群交易的形式很多，交易頻率也有多有少。最簡單的如昆族和丹尼族到鄰近隊群或小村子交易。新幾內亞東北海岸席歐村與內陸村民的交易就像現在的跳蚤市場，買賣雙方各有幾十個人，面對面排排坐。內陸村民把一袋裝了約五公斤到十五公斤的芋頭、甘藷推到席歐村民那邊。坐在對面的席歐村民則根據食物的多寡，給予差不多等值的陶罐和椰子。托洛布蘭島的島民也會乘坐獨木舟到附近的島嶼進行類似的交易，以取得一些實用的物品（如食物、陶罐、碗和石頭）。他們和交易夥伴也會交換一些奢侈品（如貝殼項鍊和手環）。

安達曼島上的隊群和雅諾馬莫印第安人會不定期到鄰近村落參加為期數日的祭典，以交換禮物。阿拉斯加東北的伊努特人則不同部落的人常會殺紅了眼，但在夏季的商展和冬季的祭典那一、兩個禮拜期間，卻能化敵為友，開開心心做生意。乘獨木舟到鄰近島嶼交易的族群，如西亞西島、托洛布蘭島及新幾內亞東南邁魯島的島民，每年都會派人渡海，到幾百公里甚至幾千公里外的地方交易。印尼的望加錫人（Macassan）也是，他們先到澳洲北部取得乾海參，然後賣給中國人燉湯。

傳統社群的交易物品

至於傳統社群交易的物品，大抵可分為兩類：一是實用物品（如食物、工具），另一類則是奢侈品（如子安貝和鑽石戒指）。但是我們會發現，只要一運用，這種分類法就出現問題了，因為不少東西都在難以歸類的灰色地帶。正如經濟學家奈特（Frank Knight）所言：「在所有引發經濟和社會辯論的謬論當中……最糟的莫過於關於以生物或生存的需求來解釋實用價值。」例如，BMW的車子無庸置疑是一種奢侈品，也是身分、地位的象徵，有利於達成交易或找對象，但你也可以開著這部車去雜貨店買東西。又如西亞西人的精美木雕碗，不但可在祭典裝蔬菜，也是維蒂亞茲海峽地區一帶的地位象徵，可用來娶老婆。至於豬隻，那可是新幾內亞最重要的地位象徵。哈汀（Thomas Harding）因而有感而發：「豬的用途很多，最不重要的一點就是被人宰殺來吃。」

如果我們看到一張交易清單上面列了五十九項物品，都可能會加以分類，而不會雜七雜八地列成一長串。因此，表1.1把十三個傳統小型社群的交易物品分成四類：首先是生活必需品，這類物品又可細分為原料和製造出來的東西；另一類是奢侈品或裝飾品，這類物品可說可有可無，即使缺乏也無礙於生存；還有一類雖然一樣是可用的物品，但除了實用，還有其他價值（如喀什米爾羊毛織的外套與合成纖維做的外套相較，雖然兩者尺寸相同，也同樣保暖，但價值差別很大。）

表1.1顯示某些有用的原料已是全世界很多社群的交易之物，特別是可製造工具和武器的石頭和金屬，其他如鹽、食物、木頭、動物皮革、毛皮、用來製造罐子的陶土和防水、防漏用的瀝青。各地社群製造的交易物品，則包括磨製的工具、武器、籃子等容器、可供編織的纖維、袋子、網子、繩索、布、衣物，和加工製造的食品，如麵包、西谷米、肉乾。奢侈品和裝飾品也有不少，有時則當原料交易，但通常會再加工、製造，如鳥羽和可製成項鍊與手環的貝殼、龜殼，其他如瑪瑙、狗、豬、鯊魚的牙齒、象牙、海象牙、珠子、樹油、可當塗料和底漆的赭土和黑色的一氧化錳，以及菸草、酒、檳

表1.1 傳統社群交易物品舉隅

	必需品		灰色地帶的物品	奢侈品
	原料	製造物品		
克羅馬儂人（冰河時期）	石頭			貝殼、赭土 瑪瑙
達瑞比族（新幾內亞）	鹽	磨石、斧頭		鳥羽
丹尼族（新幾內亞）	鹽、石頭、木頭	斧頭、手斧 刀刃、樹皮纖維	彩網、飾箭	貝殼
恩加族（新幾內亞）	鹽、石頭、木頭 竹子	樹皮做的繩子	豬	貝殼、鳥羽 手杖、樹油 赭土、鼓
托洛布蘭島民（新幾內亞）	石頭、魚、山芋	西谷米	陶罐、木碗	貝殼項鍊 貝殼手環
西亞西島（新幾內亞）	黑曜石、芋頭	西谷米、網袋 弓箭、獨木舟	陶罐、木碗、豬 狗、草蓆	豬牙、狗牙 赭土、珠子 檳榔、煙草
卡魯薩人（北美洲）			陶罐、海豹肉 鯨魚肉	貝殼、鯊魚牙齒
堪察加人（西伯利亞）	肉、香菇、毛皮 動物的筋、獸皮			
匹格米族（非洲）	肉、香菇、鐵 蜂蜜、園圃作物	網子、弓 鐵製矛型刀尖	陶罐	菸草、酒
昆族（非洲）	肉、鐵、蜂蜜 毛皮、獸皮	鐵罐、陶罐	箭、衣服	菸草、項鍊 菸斗、珠子
安達曼島民（亞洲）	鐵、木頭、蜂蜜 可做罐子的陶土	手斧、繩索 弓箭、籃子		貝殼、顏料 檳榔
雍古族（澳洲）		金屬斧頭、刀子 魚鉤、鐵釘、矛 獨木舟、布、蘇鐵核果做的麵包	海參	貝殼、龜殼 菸草、酒
北坡伊努特人（阿拉斯加）	石頭、毛皮 漂流木、海豹油 鯨魚皮、鯨脂 瀝青	木製容器、船架 肉乾	木製品、石製品 袋子	海象牙

榔。例如，二千年前來自亞洲的商人會把新幾內亞天堂鳥的羽毛帶到中國，這些羽毛再透過交易賣到波斯和土耳其。最後，交易物品還包括一些既有用又奢侈之物，包括豬、乾海參、香料等昂貴的食材（就像今日的魚子醬），另外還有一些則是美麗的工藝品，如陶罐、木碗、弓箭、裝飾精美的袋子、衣服和草蓆。

表1.1和先前的討論忽略了不算交易物品的兩種重要類別，也就是勞力和配偶。非洲雨林的匹格米族有時會為鄰近的班圖農夫工作、菲律賓埃塔森林的矮黑人（Negrito）則為菲律賓農夫服務，某些昆族人近來也會為班圖牧人效勞。其他狩獵—採集社群也會為鄰近的食物生產者工作，或提供獵物、野生植物，以取得鐵、園圃作物、牛奶等。大多數的鄰近社群也會通婚。他們的嫁娶有時如同交易（例如，你給我你的妹妹，我給你我的妹妹），有時則有時間差（你妹妹先當我的新娘，等我的小妹初經來潮，她就嫁給你）。然而，非洲雨林的匹格米族（圖8）和鄰近班圖農夫的通婚，只是單向的，也就是匹格族女人嫁給班圖族男人，班圖族女人不會嫁給匹格族男人。

上述即傳統社群交易的主要類別。至於誰與誰交易、交易了什麼，以新幾內亞的達瑞比族（Daribi）而言，他們居住在高地邊緣，人口稀少，由於當地森林有很多天堂鳥，就把鳥羽送到高地，交換鹽和石斧。非洲雨林的匹格米族會把森林裡的蜂蜜、獵物的肉和香菇等，與班圖農夫交換作物、罐子、鐵、菸草和酒。維蒂亞茲海峽地區的島民則把島上的豬牙、狗、西谷米、檳榔、草蓆、珠子、黑曜石、赭土，與新幾內亞本島上的居民交換豬、狗牙、芋頭、菸草、陶罐、網袋、弓箭和黑漆。阿拉斯加北坡住在海岸邊和內陸的伊努特人也會互相交易，海邊的人能提供的大抵是海洋哺乳動物的產品，如可用來做燃料和食物的海豹油、海豹皮和海象皮、鯨脂、海象牙、漂流木、木製容器等，加上自己做的陶器和袋子。至於內陸居民拿出來供交易之物則為馴鹿的皮和腿、鹿角、狼的毛皮等來自內陸哺乳動物的東西，以及防水堵縫用的瀝青、肉乾和莓果等。

誰在進行交易？交易了什麼？

我們現代人會認為上述交易的模式理所當然，因為今天的交易也幾乎是如此，也就是拿出自己有的東西或已製好之物給欠缺的交易夥伴。原料以及用以製造成品的技能在世上各地區的分布並不平均。例如，美國是世界主要農產品和飛機的輸出國，因為我們生產的食物和飛機有餘。但我們的石油產量不足所需，因此必須向其他石油生產國進口（如沙烏地阿拉伯）。這種原料和技能的分布不均也是傳統社群交易的主要特點。

由於原料的分布不均，住在不同地區的鄰近社群常會互相交易，以彌補己之不足，例如住在海邊與內陸的人就常互通有無。就像前面所述的阿拉斯加伊努特人，住在海邊的擁有海洋和海岸資源，如海洋哺乳動物、魚和貝殼，而住在內陸的則能取得獵物、園圃作物和森林等陸上資源。

另一種常見的交易模式則是不為某一區居民獨佔的原料，例如鹽和石頭。譬如達更丹尼族所需的鹽都來自伊烏凱瑪（Iluekaima）鹽池，而他們製造斧頭和手斧需要的石頭都來自諾古羅盆地（Nogolo Basin）的採石場。至於西南太平洋地區所需的黑曜石（源於火山噴流出來的天然玻璃，可製造出最銳利的石頭工藝品），大抵來自新不列顛島塔拉西亞（Talasea）附近的採石場。塔拉西亞的黑曜石透過交易傳到西邊三千二百公里的婆羅洲（Borneo），以及東邊三千二百公里的斐濟（Fiji）。

另外，鄰近社群因生存策略不同，因此會以不同的原料進行交易。狩獵—採集族群會以從森林中獲得的肉、蜂蜜、樹脂等和鄰近村落的農夫交換作物。例如美國西南平原的野牛獵人會與印第安村落的農民交易；馬來西亞塞芒族（Semang）的獵人不但會以獵物與馬來農夫交換農產品，也會和印度其他狩獵—採集族群交易，此外如前所述，非洲的匹格米族獵人會與班圖族的農夫交易，埃塔族也會與其他菲律賓農夫交易。在亞洲和非洲常見牧者與農夫交易之例，而非洲也有不少牧者與狩獵—採集族群交換物資。

傳統社群的交易有如今日的貿易，通常涉及技術分布不均。如根據人類學家馬林諾斯基（Bronislaw Malinowski）的研究，新幾內亞東南邁魯島的人特別會製造陶器和獨木舟。雖然附近的新幾內亞本島居民也會製造陶器，但邁魯島的居民由於能夠大量製造出更薄、更細緻、更具有風格的陶器，他們的陶器遠近馳名。不只製造陶器的邁魯島民因而獲利，使用陶器的顧客也得到很大的好處。首先，因為陶器薄，不用那麼多的陶土，製造者得以生產更多的陶器，同時也可縮短陶器乾燥的時間，用火加熱也比較不會碎裂。而使用者愛用邁魯島製的陶器則是因為陶器薄，容易加熱，可節省燃料。此外，邁魯島民打造的獨木舟複雜精細，是遠洋航行的利器，一般簡單的獨木舟則只能用於短程航行。中國製造的瓷器和紙在一千年前也是獨步全世。在現代，工業間諜無孔不入加上知識的不斷傳播，要擁有某種技術的獨家專利已愈來愈難，然而像美國還是曾經短暫（四年）擁有製造原子彈的專門技術，另外大型商業客機的市場今天依然仍由美國和歐洲主宰。

傳統社群交易最後一種型式在今日很少見，也就是所謂的「約定專賣」。以某樣物品而言，雖然進行交易的雙方都可以取得或生產，但是一方卻選擇仰賴另一方供給，以維持雙方的友好關係。例如，達更的丹尼族從賈雷摩地區（Jalemo）取得文飾美麗的木箭，和豔麗的蘭花纖維織成的網袋。丹尼族也會製造簡單、沒有裝飾的箭和袋子，如有心學習，也做得出一樣美麗的木箭和網袋，但丹尼族還是從賈雷摩區取得木箭、網袋，以及賈雷摩森林盛產之物。丹尼族和賈雷摩地區的「約定專賣」因供需一定，可讓雙方互蒙其利。反之，賈雷摩地區所需的鹽則來自丹尼族，即使其森林產物減少，暫時不能提供給丹尼族，丹尼族還是願意給賈雷摩人所需的鹽。

巴西和委內瑞拉的雅諾馬莫印第安人和巴西的興古印第安人（Xingu）也常見「約定專賣」的交易模式。雖然每一個雅諾馬莫印第安村落都可自給自足，但他們寧可利用交易來維持與鄰近村落的友誼。於是，每一個村落都專精製造某種物品來供給鄰近村落，如箭矢、箭桿、籃子、弓、陶罐、棉線、狗、迷幻藥、吊床等。同樣地，興古印第安人也會挑某種物品來生產、專賣，如弓、陶器、鹽、貝殼做的腰帶、矛等。你要是以為雅諾馬莫印第安村落大都不會製造陶器，連最簡單、沒有裝飾的陶罐都不會，那就錯了。例如，雅諾馬莫有一個村子叫莫馬里包維—泰瑞（Mömariböwei-teri）需要的陶罐一向來自友好的鄰村莫瓦拉巴—泰瑞（Möwaraöba-teri）。莫馬里包維—泰瑞的村民說他們不會製造陶罐，即使以前知道怎麼做，老早就忘了，而且他們那個地區的陶土不佳，於是不如委託莫瓦拉巴—泰瑞村子的人製造。沒想到，有一天這兩個村子交惡，莫馬里包維—泰瑞的人不能從莫瓦拉巴—泰瑞村那裡拿到陶罐了。令人驚奇的是，莫馬里包維—泰瑞的村民突然想起該如何製造陶罐，也發現他們村子的陶土沒那麼糟，也挺適合做陶罐。可見，莫馬里包維—泰瑞村的人不是因為需求才去莫瓦拉巴—泰瑞村拿，而是選擇的結果，亦即為了維持友好的關係。

非洲昆族的箭也是如此。昆族每一個人都會製造箭，也會互相交易。人類學家理查・李（Richard Lee）問四個昆族人，他們的箭筒裡各有十三支到十九支的箭。這四個人中只有一個（來自寇培拉・馬斯韋部落〔Kopela Maswe〕）只用自己做的箭，另一個（那烏部落〔/N!au〕）的箭當中有十一支來自其他四個人，只有兩支箭是自己做的，另外兩個人（分別來自嘉斯克〔/Gaske〕與內西〔N!eishi〕）則沒有一支箭是自己做的，而是來自其他六個人。

在習於互通有無的西方人眼中，上述約定專賣和以箭易箭的交易方式似乎沒什麼意義，但對傳統社群而言，這種交易具有社會、政治和經濟方面的功能：他們不只是為了需要而進行交易，而是懷抱社會和政治目的去「創造」交易機會，加強彼此的關係，希望在有需要之時，對方能助一臂之力。如阿拉斯加西北的伊努特人就會盡交易夥伴之責，在有需要的時候，幫助對方。像是你居住的地區出現饑荒，你就可以到另一地區的交易夥伴家裡去住。埃塔族獵人間的交易或與菲律賓農夫的交易也是滿足生活的基本需求，而非供需的交易。他們認為每一個交易夥伴在不同時期總有盈餘或不足之時，你幫我，我幫你，長久下來，誰都不吃虧，因此不必過於計較。任何一個夥伴要舉辦婚禮、葬禮，或是碰上風災、欠收、饑荒，其他夥伴都會大力相助。至於交戰不斷的雅諾馬莫印第安人，透過交易來鞏固與鄰近部落的關係尤其重要，等於是攸關生存的大事，但他們不會公然說出交易真正的目的為何。

有些交易網絡和典禮則成一個社群對其他社群炫耀的方式，如托洛布蘭群島的庫拉圈[2]與新幾內亞高地恩加族（Enga）的禮物交換典禮。前面提到的瑪拉島的西亞西人乘風破浪，經過危險的海域，到遠方進行交易，只為了在年終之時舉辦盛宴，把交易得來的豬隻全部宰殺來吃。其實，現代美國人又何嘗不是如此，有人辛苦工作只為了購買珠寶或名車向人炫耀。

迷你國家

過去的傳統社群一直遺世獨立，直到現代，無異於迷你國家。他們有自己的疆界或核心區域，只與一些國家的人往來，有時也和現代國家一樣努力捍衛自己的土地。然而，他們對外界了解很少，遠不如現代國家經常看電視、用手機和上網的居民。對他們來說，這個世界的人不是朋友，便是敵人和陌生人，封閉的程度比今日的北韓更甚。他們有時會與其他國家的人民通婚，也會互相交易，然而不是單純為了互通有無，而是有政治與社會目的。在接下來的三章，我們再來看看這些迷你國家如何維繫和平，又是如何捲入戰爭。

【譯注】

❷ 庫拉圈（Kula ring）：新幾內亞島等群島的各族間的儀式性交換圈。他們會不斷以順時針方向送出貝殼項鍊，而反時針方向送出貝殼做的手環。每個人都必須定期跟隨族人坐船到別的島上，跟他的夥伴交換這些禮物。擁有的禮物愈多愈好，就愈有面子。

第二部

戰爭與和平

第二章 一個兒童之死

車禍意外

在巴布亞新幾內亞，旱季將盡的一個下午，一個叫比利的小男孩被一個叫馬羅開的巴士撞死了。比利放學後，搭公共小巴（非校車）回家。他的叔叔甘金普在馬路的對面等他。那時，開社區小巴的馬羅也正載一些辦公室職員回家，朝比利坐的那輛小巴駛來。比利從巴士跳下，看到叔叔，於是跑著過馬路。如果比利從他坐的那輛小巴前面過去，馬羅和其他開車的人就能看到他。由於比利從他坐的巴士後面穿越馬路，一下子就跑到路中央，馬羅看到他的時候已經來不及踩剎車，車子立即撞到比利的頭。比利在強力撞擊之下，被拋到半空中。比利的叔叔甘金普把他送到醫院急診室，然而幾個小時後比利即因頭部受到重創不治。

在美國，如果發生重大車禍，在警方抵達之前，肇事者不得離開現場。如不向警察單位報告，逕行離去，則被視為肇事逃逸，必須負擔刑責。然而在巴布亞新幾內亞等一些國家，法律和警方允許肇事者離開現場，但必須立即把車開到最近的派出所。即使發生車禍有錯的一方是行人，憤怒的旁觀者還是可能把司機從車上拖下來活活打死，因此當地的法律和警方才允許司機儘速離開。由於比利與馬羅分屬不同的族群，在巴布亞新幾內亞族群對立並非新聞，這樁車禍死亡更引發雙方緊張，馬羅和他車上的乘客都可能因此陷入危險。馬羅是鄰近村落的人，但比利是低地人，老家在很遠的地方。很多低地人為了工作而移居至此。如果馬羅下車去查看比利的傷勢，想送他就醫，那群旁觀的低地人絕不會放過他，甚至連車上的乘客也會慘遭池魚之殃。但馬羅在車禍發生之時，腦子還清楚，知道應該把車開到派出所。警察為了乘客的安全著想，暫時把他們留置在派出所，然後護送馬羅回家。接下來的幾個月，馬羅不敢離開自己的村子一步。

我們可從這個事件後來的演變得知，新幾內亞這類的傳統社群如何和平解決爭端，畢竟他們並沒有現代國家那樣的司法制度。也許在人類史前時代已採用這樣的機制來解決爭端，直到五千四百年前人類社會出現法律、法庭、法官和警察。比利與馬羅的例子與下一章的例子相關，都是傳統社群解決爭端的手段，只不過後者是以流血、殺戮作結。由於情況不同，牽涉到的人不同，發生爭端之後，如無法和平解決，就可能演變成血腥衝突。

和平解決的過程涉及所謂的「補償」。（翻譯成「補償」其實不夠準確，畢竟人死不能復生，一個孩子死了，要如何補償？根據新幾內亞的托克皮欽語〔即混雜當地語言的非正統英語〕，這個詞彙是「*sori money*」，等於是英語的「sorry money」，因此比較妥當的說法應該是「同情金」或「賠償金」。）比利死亡之後的事是一個叫吉登的人說給我聽的。吉登在當地的一家公司擔任經理，馬羅就是他雇用的，也參與了雙方的談判。我們將發現新幾內亞傳統社群行使公平、正義的機制，與現代國家的司法制度有著完全不同的目標。我雖然同意現代國家司法制度有很大的優點，可為人民解決衝突，特別是陌生人之間的爭端，然而如果發生爭端的雙方不是陌生人，而是鄰居、生意合夥人、離婚夫妻，或為了爭奪家產反目的兄弟姊妹等無法輕易切斷關係的人，傳統社群解決爭端的方式也許值得我們借鏡。

道歉儀式

由於比利家族的人可能會對馬羅、吉登和他們公司的人復仇，吉登要員工在事件發生後的第二天別來上班。吉登獨自一人待在辦公室，公司柵門外有人巡邏，而他的家就在公司旁邊十公尺之處。他吩咐警衛提高警覺，別讓任何陌生人進來，尤其要小心那些低地人。那天早上，吉登從辦公桌抬起頭來，瞥見窗外有三個高大的人影，不禁心驚肉跳。他可從外表看出他們是低地人。

吉登的第一個念頭是：我如果不對他們微笑，就得拔腿快跑。他繼而想起，他太太和三個年幼的孩子就在附近，如果跑走，只能保住自己的一條命。他於是擠出微笑，那三個男人也對他笑。吉登走到辦公室後面那扇窗，打開窗戶。這麼做恐怕會送命，但他別無選擇。那三人其中之一是培堤，也就是被車撞死那個男童的父親。培堤用托克皮欽語問吉登：「Inap mi kam insait long opis bilong yu na yumi tok-tok?（我能進去你的辦公室，跟你談談嗎？）」

吉登點點頭，走到辦公室前面，打開門，讓培堤進去，然後請他坐下。儘管培堤是剛慘遭失子之痛的人，依然在驚愕之中，然而面對肇事者的雇主，他還是保持平靜、有禮的態度。他靜靜地坐了一會兒，才開口說：「我們了解這是一樁意外，那個司機不是有意的。我們不想製造事端，只是希望你能協助我們辦好喪事。你只要出點錢，買一些吃的讓我們款待參加葬禮的親友即可。」吉登代表公司所有員工表示同情之意，說他會盡點心意。那天下午，他就去當地的超市買了米、肉品罐頭、糖和咖啡。他在超市又碰到培堤，雙方一樣相安無事。

就在這日，吉登和公司裡一個叫雅金的老員工商量。雖然雅金的家鄉在外地，倒十分熟悉當地的補償談判事宜。雅金志願幫他進行協商。翌日（第三天），吉登召集員工開會討論如何進行。雖然男孩的家人看起來和善，但每一個人都很害怕男孩家的遠親和部族會忿恨難消，訴諸暴力。由於吉登和培堤已經見了兩次面，培堤都沒對他怎樣，他心想或許他可親自去和比利的家人協商，正式向他們致歉。但雅金認為萬萬不可。他對吉登說：「如果你太早過去，我擔心男孩家族的人和他們部落的人還在氣頭上。我們還是按照習俗，先派一個人去慰問，那就我去吧。我會先和那個部落的顧問談談，他再轉達我們的意思，我們兩人都熟悉補償談判的過程。只有在談判有了結果之後，你和我們公司的員工才能參加道歉儀式。」

雅金於是去找低地人部落的顧問，兩人約好第二天（第四天）見面商談，參加的人除了他們兩人，還包括比利的家人和親族。雅金回來向吉登報告，說他們談了很久，比利的家人雖無意報復，但他們部落裡有一些人依然對比利之死感到憤慨。雅金要吉登準備更多的食物以供道歉儀式和葬禮之用，並依據雙方談好的補償金額（一千基那，約當三百美元；基那是巴布亞新幾內亞的貨幣單位）支付給比利的家人。

第二天，也就是第五日，即舉辦正式的道歉儀式。除了馬羅，吉登、雅金與其他員工坐公司的車一同前往低地人的部落。他們停好車，然後走進比利家後面的院子。比利的家人已在那裡搭好棚子，並在上面蓋了防水布，讓喪家和親友坐在裡面。如有人過來弔唁，比利的伯伯就告訴比利家的人挪動一下座位。

一開始由比利的伯伯發言，向來弔唁的人致謝，並為比利的死表示哀傷之意。接下來，吉登、雅金和公司員工輪流致哀。吉登為我描述當時的場景：「我非常難過，一邊說一邊哭。我告訴比利的家人，我也有小孩，我可以想像喪子之痛如何椎心刺骨。我說，我曾想像今天被車撞死的是我兒子，我會有什麼樣的感受。我告訴他們，孩子的生命非常寶貴，我送的那些食物、金錢相形之下只是垃圾。」吉登說，接著輪到比利的父親培堤說話。培堤熱淚盈眶，承認他的孩子死於意外，而非我方的疏忽。他感謝我們來到這裡，說及他的族人不會報復。接著，他把比利的相片舉得高高的，說道：「我們會永遠思念他。」他說話時，比利的母親則靜靜地站在他後面。之後，比利的幾個伯伯、叔叔、舅舅再重述比利父親的意思：「我們願意接受你們的道歉，日後斷然不會有尋仇之事。」吉登說，在場的每一個人，包括他、比利的家人、親友及公司員工，都哭成一團。

接著，吉登和員工把食物遞給比利的家人，說道：「在這樣令人難過的時刻，希望這些食物能對你們有所幫助。」最後，比利的家人和親友、客人大家一起享用一頓簡單的甘藷餐（新幾內亞的傳統主食）和蔬菜。儀式結束之時，雙方握握手，互道珍重再見。我問吉登，他們是否只有握手，會互相擁抱對方嗎？吉登說，不會，他們完全按照道歉儀式的正式禮節進行，不會相擁而泣。然而，我很難想像美國或其他西方社會在類似的情形之下，亡童的家人和肇事者那邊的人雙方可以坐下來談、一起落淚，甚至一同吃飯。一般而言，孩子死了，家人必然會請律師打官司，而肇事者也會請律師為其辯護，或請保險掮客代為辦理理賠事宜。

萬一……

比利的父親和親戚都同意，馬羅不是故意開車撞死比利。我問馬羅和吉登，萬一馬羅故意致比利於死或馬羅開車不小心撞死比利，事情又會如何演變？

馬羅和吉登答道，以那種情況而言，還是可以利用相同的補償過程來解決。然而，最後的變數會比較多，情況也比較危險，賠償金額也比較大。比利的親友可能在補償協商之前就採取報復行動，可能殺死馬羅、他的家人或族人。如果比利的親友願意等待，而且明顯馬羅必須為比利的死負責，則賠償金額將高出很多，大約是五隻豬加上一萬基那（約等於三千美元）和許多食物，包括香蕉、芋頭、甘藷、西谷米、蔬菜和魚乾。

我也想知道，如果馬羅不是受雇一家公司的司機，而是開自己的車，他服務的公司不介入的話會如何。馬羅說，如此一來，補償協商就不會由他的同事雅金出面，而是他的伯伯、叔叔或村子裡的長老幫他去談。補償的錢或食物也不會由公司出，而是馬羅村子裡的人，包括他的家人、族人和其他村民，但馬羅在日後必須償還這筆錢給所有先幫他付錢的人，並報答長輩為他辛苦協商。萬一馬羅還沒還完這筆錢就死了，他的家族則須代為償還。儘管有這些差異，不論公司是否代為處理，協商過程大抵不變。

官方做了什麼？

從上述事件可以了解新幾內亞傳統社群如何用和平的方式解決爭端、彌補損失。他們的做法和西方社會的司法制度有很大的不同。新幾內亞警方不會考量到比利親友的悲慟或是否有復仇之心，只會以危險駕駛起訴馬羅。儘管比利的家人，包括親眼目睹事件的叔叔甘金普，並沒責怪馬羅，警方還是認定馬羅開得太快。事後好幾個月，馬羅都一直待在自己的村子裡，只有在警方傳喚之時才會離開村子。馬羅擔心年輕、衝動的低地人會來尋仇，才這麼小心。馬羅村子裡的人也都提高警覺，準備在馬羅遭受攻擊時出面保護他。

馬羅初次接受警方審訊後，等了好幾個月才接受第二次審訊。警方責令他在等候審判期間，每兩個禮拜就得進城向交通警察報到。馬羅每次去報到，都得等上半天或一整天。第二次接受審訊時，他的駕照就被警方拿走了。馬羅本來在吉登的公司當司機，駕照被沒收，他的工作也就不保了。

馬羅足足等了一年半才接受審判。在此之前，失業的馬羅就像遊魂一樣待在自己的村子閒晃。馬羅在開庭那天準時出現在法庭，結果負責審理此案的法官另有他案要審理，於是將馬羅這個案子出庭日期改在三個月後。到了開庭那天，法官又不能出庭，必須再延三個月。但三個月後，法官依然有事，必須再延期。就這樣一延再延，第五次敲好出庭日期之時距離事發當時已有兩年半之久。這次法官終於現身，開始審理，但檢察官傳喚的警察沒來，法官於是撤銷此案。馬羅撞死比利的意外事件這才正式劃下句點。由於出庭日期一延再延，最後又不了了之，你或許以為巴布亞新幾內亞的司法制度很沒效率，但我有一位好友最近在芝加哥法院接受審判，也有類似的遭遇和結果。

新幾內亞傳統社群的補償制度

我們可從比利與馬羅的故事一窺傳統社群如何快速、和平地解決紛爭，使雙方得以和解重修舊好。這種方式似乎簡單而自然，對我們頗有吸引力，卻與現代國家司法系統的目的有很大的差異。在新幾內亞傳統社群，沒有司法體系、政府、中央集權制度，也沒有政治領導人、官僚和法官來行使決定權和動用武力的權力。國家在解決爭端、行使正義的時候，有自己的考量，不一定會維護涉及爭端任何一方的利益。新幾內亞傳統社群的正義則要靠發生爭端的雙方及各自的支持者一起來解決，如不能以和平收場，就可能演變成血腥報復（參第三、四章），就此冤冤相報，甚至升高到戰爭。

新幾內亞傳統社群之所以會有這樣的補償制度，與西方社會的紛爭解決之道大異其趣，主要是因在新幾內亞涉及爭端的幾乎都認識彼此，要不是曾經來往，就是聽過對方或其父親的名字，至少也知道對方屬於哪個氏族。比方說，你是新幾內亞人，你養的豬跑到幾公里外的森林，結果被宰殺了。你或許不曾跟殺死豬的人接觸過，但一定聽過那人的名字，知道他是哪個氏族的人，那個氏族也有好幾個人是你認識的。這是因為新幾內亞傳統社群人口不多，只有幾十人到幾百人。居民一般都在自己地盤上行動，只有在特殊情況，如為了通婚或拜訪親戚，才會到鄰近的村落。因此，新幾內亞傳統社群的人幾乎不曾遇見過完全不認識的陌生人。反之，西方社會動輒有幾百萬人，我們每天都會碰到陌生人。我在十來歲時，暑假都待在蒙大拿的大洞盆地（Big Hole Basin）。那是個偏遠的鄉間，所有的居民都互相熟識，然而不時也會碰到陌生人，像是開車經過，在此加油的人。再者，我們也常到遠地工作、度假，或是跑到一個自己喜歡的地方過活。在我們人生當中，交往的圈子不知換過幾回。

因此，西方社會的人發生爭端，不管是車禍或交易糾紛，雙方都互不認識，以前沒見過面，日後也不會再打交道。但在新幾內亞傳統社群，如發生任何爭端，雙方不但認識，以後還會再見面。如果是同村的人，更是一天到晚不知會碰到幾回。就算對方住在幾公里外的村子，但他仍住在你步行可及之地，你還是不想和他再結下樑子。這也就是為何新幾內亞傳統社群補償制度的目的在於重修舊好。即使雙方本來沒有關係，也得和平解決，避免日後變成冤家。以我自己為例，我這一生曾與人發生三次糾紛，一次是和做櫥櫃的，一次是和游泳池承包商，還有一次則是和不動產經紀人。在糾紛發生之前，我不認識他們，在糾紛解決之後，我再也沒跟他們簽約，也沒有他們的消息。

對新幾內亞人而言，要修補受損的關係最重要的元素就是了解、尊重彼此的感覺，讓雙方能平息怒氣，回復過去的關係。至於一方給另一方的補償金，這筆錢只是一種象徵：象徵甲方對乙方的道歉之意，甲方了解乙方的損失與痛苦。以比利與馬羅的事件而言，比利的父親要的是馬羅及其雇主的道歉，並希望他們了解他的損失和悲傷。正如吉登把補償金交給比利的父親時所說的，孩子的生命很寶貴，相形之下那一筆錢只是垃圾。吉登這麼說表示他也很難過，而且深知比利家人的感受。

對新幾內亞傳統社群而言，關係的修復比什麼都重要，不像西方社會總是要確認哪一方有過失，並使其接受懲罰。我聽聞我在果堤村（Goti）的朋友說起他們和敵對的鄰近部族如何達成和解，一開始實在覺得不可思議，但從修復關係的觀點去看，終於恍然大悟。我在果堤村的朋友多年來與鄰近的四個部族交惡，常有入侵、互相殺戮的情事。我的朋友皮爾斯的父兄就是因此喪生。由於處境危險，大多數的果堤村民不得不離開故居，躲在盟友的村落，以免受到追殺。三十三年後，果堤村的人才慢慢回到故居。再過三年，村民希望與敵對的部族達成和解，徹底解決雙方紛爭，果堤村民於是送上幾頭豬和其他食物給宿敵做為補償。

我聽皮爾斯述說此事，完全不敢相信自己聽到的。我想，我應該聽錯了。我問他：「你們補償對方嗎？但他們殺了你的父親、哥哥和其他親戚，為什麼不是由他們來補償你們？」皮爾斯說，他們的目的不是向對方索取補償。今天不是乙方殺了甲方的人，之後給甲方幾隻豬，舊恨就能一筆勾銷。他們希望的是雙方能建立和平的關係，和睦共處，他們才能無憂無慮地在果堤村過日子，畢竟，對方也有些族人以前被果堤村民殺害，又得讓出土地給果堤村民居住。經過談判之後，雙方終於滿意，願意不計較以前的事，果堤村的人終於可以回故居自由自在地生活，不必害怕遭到仇家的攻擊。

長長久久的關係

新幾內亞傳統社群要比西方社會注重社會關係網絡，人際關係也比較長遠，因此如果發生爭端，不只是當事人，當事人的親友、部族都會受到牽連。這是我們西方人很難了解的。在我們的想法裡，一個部族的豬跑到另一個部族的園圃，把菜園弄得亂七八糟，應該沒什麼大不了的。但在新幾內亞高地，這樣的事件卻可能觸發戰爭。新幾內亞人打從出生開始，就跟當地的人發展出長遠、重要的關係，大家互相扶持，每一個人都對社群的其他人負有責任。現代的西方人當然也有長遠的人際關係，但我們與他人的關係常會出現變化。我們的社會對個人表現的重視遠超過群體關係。因此，在新幾內亞，如發生糾紛，涉及補償的不只是當事人，如馬羅和比利的父母，還包括雙方的親友：比利的族人以及馬羅的同事、親友。要是雙方交惡，為了復仇，前者可能會對後者殺戮。替馬羅付補償金的是他的雇主，如果馬羅沒有受雇，他的親友則必須幫忙籌措補償金。同樣地，如果一對新幾內亞夫妻打算離婚，雙方親友都會受到影響。由於丈夫那邊的親戚當初幫忙出了娶親的錢，既然要離婚，就得從做太太的親友那邊，把錢要回來。若是當初結婚有部族結盟、交好的因素在內，離婚當然會對部族的關係帶來威脅。

傳統社群以社會網絡為重，而現代國家社會則比較注重個人。我們不只允許個人上進，求勝，為了成就自己不惜犧牲別人，甚至鼓勵這種作法。我們進行商業交易的目的則是為自己謀求最大的利益，不管對方的感受，即使對方蒙受損失，我們也不在乎。美國孩子玩遊戲常常是為了爭輸贏。

反之，新幾內亞傳統社群的孩子玩遊戲則常需要合作，無關輸贏。例如人類學家古黛爾（Jane Carter Goodale）就曾觀察新不列顛島高隆族的一群兒童玩遊戲。有人給這群孩子一大串香蕉，每個孩子都可拿到一根。這群孩子沒去搶最大根的香蕉，每一個人拿到香蕉之後，就把香蕉切成兩半，一半自己吃，另一半給另一個人吃。每一個人從別人那裡拿到半根之後，再切成一半，也就是變成四分之一根香蕉，一樣自己吃一半，另一半給別人吃。切到第五輪的時候，香蕉變成一丁點（即三十二分之一），一樣自己吃一小口，再把另一小口給別人。孩子就從這樣的遊戲學會分享，而不是設法佔別人的便宜。

我們可從另一個例子來看新幾內亞傳統社群對團體的注重遠超過個人。我認識一個新幾內亞年輕人，他叫馬富克。馬富克只有十幾歲，非常勤勞，而且有奮發向上之心，於是我請他為我工作，做了好幾個月。我付他薪水的時候，問他會如何處理這筆錢。他說，他想去買縫紉機，幫別人修補衣服。他會向他們收取修補費，然後把賺的錢存起來。積少成多之後，他必然可以出頭。然而，馬富克的親戚得知他打算這麼做之後，都非常生氣，指責他自私自利。來找馬富克修補衣服的每一個人他都認識，不是親戚就是鄰居，他怎能為了自己而跟他們收錢？那些親友都認為馬富克幫他們修補衣服應該免費服務，等到他有需要，他們自然會伸出援手，比方說他需要錢娶老婆的時候。同樣地，在非洲加彭挖金礦的礦工因金子和錢財不跟嫉妒的親友分享，當地巫師就說他們是帶來伊波拉出血熱的禍首。

西方傳教士帶著年幼的孩子在新幾內亞住上一段時間，後來把孩子送回澳洲或美國就讀寄宿學校，那些孩子總有適應上的問題。我聽那些孩子說，他們認為最難以調適的莫過於採取西方自私自利的個人生活方式。他們從新幾內亞的孩子身上學到互助合作的精神，然而回到西方之後，常常要和其他孩子爭輸贏，不管是學業或遊戲，樣樣都要爭第一，這種行為讓他們覺得羞恥。

其他非國家社群

其他非國家社群在解決爭端方面有什麼差異？在新幾內亞的傳統村落，調解也許是個不錯的解決之道，如比利與馬羅的事件，然而對其他社群這種方式未必需要，也可能效率不彰。人類社群形形色色，從沒有中央權威或司法制度的小型社群到酋邦乃至國家皆有。在酋邦，很多爭端都是由酋長出面解決。如果是比較原始的國家，個人仍會用自己的方式尋求正義，若是已成氣候的國家則透過權威的司法機關來解決。接著，我們就來看看五種規模不同的非國家社群如何和平解決爭端，最小的比新幾內亞的村落還小，最大的則是已有中央政府雛型的大型社群（圖15）。

我們就從最小的社群開始討論。這樣的社群約莫只有幾十個人。有一個人類學家曾到昆族（圖6）進行調查研究，發現他們很愛說話，而且會在別人面前吵架。如果發生衝突的是分屬兩個隊群的人，則雙方成員都會七嘴八舌地發表意見。那個人類學家在當地待了約一個月，期間有對夫妻發生口角，同一隊群其他的人（與那對夫妻皆有親戚關係）也跟著吵起來。一年後，人類學家又回到這個地方，發現那對夫妻還在一起，依然對彼此不滿，隊群的人也常因此捲入舌戰。

過著小型隊群的玻利維亞西里奧諾人也是愛吵架的族群，不但夫妻之間常吵得不可開交，一個男人所娶的多個老婆、姻親或同一家族的孩子也愛爭吵。據統計，西里奧諾人發生的七十五件吵架事件當中，有四十四件是為了食物（不與人分享、囤積、偷走別人的食物、晚上在帳篷裡偷吃，或是偷偷把食物拿到森林裡吃），當中的十九件是為了性，特別是通姦，其他原因則只佔十二件。西里奧諾人沒有調解人，大抵是由發生爭端的雙方一起解決，有時親戚也會加入，為自己的人說話。如果同一陣營的兩個家庭發生齟齬，也許一個家庭就會暫時遷移到森林裡去住，等到雙方消除了敵意再回來。萬一雙方依然互相仇視，一個家庭可能離開，加入另一個隊群或組織一個新的隊群。我們可由這個例子發現一個重要現象：如果居無定所的狩獵－採集族群發生爭端，發生爭端的雙方只要拆散就沒事了，但對定居一地的農夫而言，則很難一走了之，畢竟他們在田地或園圃投資了很多的心血。西方社會的居民亦然，總是被工作和房屋綑綁住，無法輕易離開定居之地。

至於其他的小型社群，像巴西的皮拉哈印第安人（Piraha，圖11）要族人遵守規範、解決爭端的方式則是用不同程度的隔離或放逐。如果是小事，則可能一天或數日不得與大家分享食物，再嚴重者則必須一個人住在森林裡，斷絕其與人接觸、交易的機會。最嚴重的刑罰則是徹底放逐。例如，皮拉哈少年圖卡嘉殺了住在附近一個叫瓦金的阿普里納印第安人（Apurina），致使皮拉哈族可能遭到阿普里納族的報復攻擊。圖卡嘉於是被村子裡的人趕出去，一個人獨居。不到一個月，少年即離奇死亡。雖然有人說他是病死的，由於他為族人帶來危險，比較可能是被自己的族人殺掉的。

下一個例子是關於新幾內亞高地的佛爾族。我曾在一九六〇年代研究過這個族群。由於該地人口稠密，佛爾族比昆族、西里奧諾人或皮拉哈印第安人更會逞凶鬥狠。人類學家伯恩特夫婦（Ronald and Catherine Berndt）在一九五一年至一九五三年間研究這個族群之時，發現當地很不平靜，時有打鬥的情事。佛爾族沒有中央權威或正式的機制來解決爭端，而是讓氏族或宗族自行解決。例如，保管好財物就是所有人自己的責任。雖然大家都有共識，認為偷竊該受譴責，然而如果有人蒙受損失，所有人就該跟竊賊討公道，要他賠幾隻豬或其他東西。該賠多少不一定等同被偷物品的價值，而是視雙方的勢力而定，也要看以前有何過節，以及竊賊親戚的態度，看他們是否為竊賊撐腰。

佛爾族的人如發生爭端，常會把其他的人拖進去。例如夫婦吵架，雙方親戚都可能加入戰局，然而也有可能發生利益衝突。如某一個人本是男方親戚，應該支持男方，但是男方當初娶妻，這人也曾幫忙出資，因而轉為支持女方。通常一個氏族裡的人發生爭端，在族人的壓力下都傾向趕快和解，可能一方必須支付賠償金、雙方交換禮物，或是一起舉辦宴會代表雙方已握手言和。若是同一地區兩個氏族的人發生爭端，也可能透過賠償的方式和解，然而由於來自他人要求和解的壓力不若同一氏族者，發生暴力衝突的可能性也跟著升高（如下面兩章所述）。

我將在這裡比較的最後一個例子是蘇丹的努爾人（圖7）。努爾人約有二十萬人（分成很多部族）。人類學家伊凡斯—普里查德曾在一九三〇年代以努爾人做為研究對象。在本章討論的非國家社群中，努爾人不但規模最大，也是最暴力的社群。努爾人有一大家都認可的政治領袖，人謂「豹皮酋長」。努爾人很敏感，若有人出言或出手侮辱，必然會立即反應。村子裡如有人發生爭端，多半以棒棍互毆，直到一方被打到不成人形或其他村民出面干預，把雙方拉開。

對努爾人而言，最嚴重的罪行則是殺人。殺人常會引發血腥復仇。如果甲殺了乙，乙的親戚必然會追殺甲或甲的近親。因此，殺人事件不只涉及凶手和被害人，還包括雙方親友及其所屬的群體。凶手殺了人之後，知道自己已經成為復仇的目標，為了活命，只得躲在酋長家中。然而，他的敵人仍會在酋長家的外面守候，只要他敢走出一步，就取了他的性命。酋長會等幾個禮拜，等被害人的親友冷靜下來（如前述意外開車撞死比利的馬羅，在案發後則暫時躲在自己的村子裡），再找雙方親友來協商賠償事宜。一般而言，殺死一個人約要賠四、五十頭牛。

然而，我們要了解，努爾人的酋長沒有統治權威，也不能論斷誰對誰錯，也無法命令族人和解。酋長只是一個仲裁者，只有在雙方有意和解、修復彼此的關係，才有必要找酋長居中協調。酋長通常會請一方提出和解條件，另一方則十之八九會拒絕接受，但酋長還是會設法遊說，另一方只好勉強接受，堅持他們是看在酋長的面子上才這麼做的。同一個村子的人通常不會出現互相打鬥的情事，這是全體村民不容許的，即使是相鄰的村落發生爭端，也會很快解決。但是如果是兩個相離甚遠的氏族，如有任何仇恨則較難解決，畢竟雙方比較沒有動機去修復彼此的關係，強調血債血還，因此結下血海深仇。

努爾人的豹皮酋長也可幫忙解決比較小的爭端，如偷牛隻、用棍棒打人，或是女方在離婚後拒絕還男方娶親時送來的牛隻。不管如何，爭端的解決並非為了斷定誰是誰非。例如因牛隻被偷引發的爭端，酋長雖然不否認牛隻被偷的事實，但還是會說失主或他的親戚曾欠偷牛的人一筆賠償金（如通姦、傷害、誘拐未出嫁少女的賠償，失主的姊妹離婚時未歸還男方迎娶時送來的財物，或是失主那邊的親戚未承擔妻子生產死亡的責任等）。除非失主打算訴諸暴力求償，或是竊賊那邊的人擔心自己和親人可能遭到報復，竊賊才會賠償。因此，努爾人和佛爾人一樣，如與人發生爭端，多半自己解決。

與其他四個非國家社群相較，努爾酋長的角色代表走向爭端仲裁的第一步。然而，我們必須注意，從努爾人解決爭端的過程來看，還見不到國家爭端仲裁的特點，大多數非國家社群亦然，除非是規模很大的酋邦。努爾酋長只是個仲裁者，讓雙方冷靜、保留顏面，如在比利家和馬羅的雇主之間奔走的雅金。努爾酋長不能獨佔武力，甚至沒有武力的行使權，發生爭端的雙方仍然可以訴諸武力。努爾人解決爭端的目的不在決定誰是誰非，而是重建原來的關係，畢竟他們的社群很小，所有的人都互相認識，如果雙方交惡，水火不容，必然會影響到整個社群的和諧與穩定。若是人口眾多的酋邦（如玻里尼西亞的大型酋邦和龐大的美洲印第安社群），酋長則握有政治與司法的實權，可壟斷武力，代表酋邦已具早期國家的雛型。

國家權威

我們再來比較上述非國家社群與國家系統解決爭端的方式。正如上面討論的各種非國家社群，國家系統也一樣，並非每一個國家都一樣，總有若干差異。我對國家解決爭端的討論主要是基於我最熟悉的，也就是美國，然而我也會提到其他國家系統的一些差異。

不管國家或非國家社群，解決爭端可供選擇的程序有二：首先是設法使意見不同的雙方達成協議，如果失敗，還是會找出一個解決之道，不管這種解決方式是否可讓雙方滿意。在非國家社群，不能透過賠償的過程解決爭端，就可能演變成血腥報復（見第三、四章）。非國家社群沒有一個正式的中央協調機制來避免私人暴力尋仇。由於以暴制暴會陷入惡性循環，涉及的人變得愈來愈多，非國家社群的和平與穩定將面臨重大威脅。因此，有效能的國家政府必須保障公共安全，阻止國民擅用暴力。為了維繫國內治安，只有國家與警察能夠使用武力對付自己的人民。當然，這麼做還必須有充分的理由。然而，國家有時也會破例讓人民使用武力來保護自己，如人身遭到攻擊或是財產面臨重大危險之時。

由於國家的力量強大無比，不是個人所能抗衡，人民因此心生畏懼，不敢動用私人暴力。再者，人民相信國家已建立一套公正無私的司法體系，保障人民人身和財產的安全，揪出作奸犯科之人加以懲罰，因此人民沒有必要自己用暴力去解決爭端。如果國家能有效率地執行司法，受到傷害的人民就不須像新幾內亞人或努爾人那樣透過私力救濟來實現正義。（但是，若國家不夠強大，人民缺乏信心，不相信國家司法的效率，如巴布亞新幾內亞，人民可能還是會像傳統部落一樣以私人暴力來解決爭端。）國家能給人民最重要的服務之一就是維持社會的和平、安定。這也就是為何打從五千四百年前最初的國家政府出現在肥沃月彎，人民願意犧牲一點個人自由，接受國家權威，繳納稅金，使國家領導人與官員過著舒適的生活。

國家司法體系會不惜一切代價避免私人採取血腥復仇的行動，聶斯勒案（Ellie Nesler）就是一例。艾莉．聶斯勒（圖35）住在舊金山東邊一百六十公里一個名叫詹姆斯鎮的小鎮，有一個六歲大的兒子威廉。威廉參加基督徒夏令營時，疑似遭到營隊輔導員杜萊弗（Daniel Driver）性侵。杜萊弗在一九九三年四月二日召開的調查庭即以性侵威廉等四名男童遭到起訴。聶斯勒在休庭時，拿出手槍以近距離對杜萊弗連開五槍，將他擊斃。這是典型以私人暴力復仇的例子：聶斯勒並非在杜萊弗對其子性侵時開槍，她開槍也不是為了阻止杜萊弗對其子伸出魔爪，而是在性侵疑案發生之後，報復侵犯她兒子的嫌疑犯。聶斯勒在法庭自辯，說她兒子被性侵之後，心理遭受極大的傷害，不斷嘔吐，也無法出面指證說杜萊弗就是性侵他的人。她擔心杜萊弗會被判無罪，逍遙法外，繼續對其他男童下手。

聶斯勒一案引發全國爭議，有人贊同她的行為，認為她若不採取這樣激烈的手段，無法伸張正義，也有人批評她罔顧法紀。天下父母心，每一個做父母的都了解聶斯勒為何如此憤怒，甚至有點同情她。或許，大多數兒女曾遭性侵的父母會幻想自己像聶斯勒一樣為子復仇。但根據加州政府的觀點，只有政府的司法體系有權審判罪人，並加以處罰。如果每一個人都像聶斯勒一樣尋求私法正義，很快就會陷入政府崩解的混亂狀態。聶斯勒最後以蓄意殺人罪被判十年有期徒刑。服刑三年後，聶斯勒的律師以陪審團行為失當提出上訴，推翻判決結果。然而，此案沒重新審理，聶斯勒承認輕一級的殺人罪，加上因罹患乳癌須接受治療而獲假釋。

因此，國家司法的首要目標就是維持社會安定，避免人民以暴力尋求正義，其他目標都是次要的。反之，非國家社群解決爭端的目的在於回復過去的關係，促進雙方的了解與同情，畢竟在傳統小型社群，大家都不是陌生人，以後還要相處。國家司法則必須根據法律裁定誰對誰錯。由於國家與非國家社群的目標完全不同，兩者如何用類似的方式來解決爭端？

國家之民事司法制度

如要了解國家司法制度，首先我們必須知道國家司法分成兩個系統，即刑法和民法，各有各的法庭、法官、律師和法律體系。刑法涉及觸犯國家法律的犯罪行為及如何懲處，而民法則涉及公民與公民、公民與法人或法人之間的人身或財產關係。民法案件主要分為兩種：一種是關於合約，簽訂合約的一方違約，因而產生糾紛，通常涉及金錢；另一種是侵權，如某一個人的權益或其財產因另一個人而受到傷害。在非國家社群，由於沒有明確的法條來定義何者為犯罪，何者為民事糾紛，因此不會如此細分。再者，如果有人遭到傷害，社群的其他人都會受到牽連，因此社群不得不為眾人著想。正如前述一對昆族夫妻失和，雙方親友都會加入戰局。（試想，如果一對加州夫妻因為離婚鬧上法庭，法官必須考慮這樁官司將會如何影響到鎮上的每一個人，情況將有多複雜。）在新幾內亞，不管什麼案件都是透過賠償金的協商來解決，如蓄意謀殺、離婚之後的財物糾紛，或是某人的豬搗毀另一個人的菜園。（以西方法律而言，這三種爭端則分屬犯罪行為、合約糾紛與侵權官司。）

我們再來比較國家與非國家社群如何解決民事紛爭。一個相似點是雙方都會請第三方來仲裁、分開當事人，讓彼此冷靜下來。如前述新幾內亞的雅金、努爾人的豹皮酋長以及現代社會的律師，都是居中協調的第三方。其實，在現代社會，居中協調者不只是律師，很多糾紛是由仲裁者、調解人或保險理賠員處理的，雙方因而不必對簿公堂。儘管美國人素以好興訟聞名，但大多數民事糾紛都是在庭外和解，或是在開庭前已經解決。有些獨佔某種資源的職業團體，如在緬因州捕龍蝦的漁夫、牛場主人和鑽石商，成員間如發生糾紛通常會自行解決，不會鬧上法庭。只有在第三方協調不成的情況下，才會動用社群的力量來解決，如非國家社群就可能使用暴力或發動戰爭，而國家社群則訴諸司法。

另一個相似點是，不管是國家或非國家社群，使人受損的一方常會找其他人一同承擔賠償。例如，我們會購買汽車保險或產物保險，哪天發生車禍使人受傷或撞壞他人的車子，保險公司就會代為賠償。如果我們因為自己的疏忽，使人在自己家門前的台階滑倒、摔傷，只要有保險，就不必獨自承擔賠償的責任。我們付保險費就是為了分攤風險和責任。非國家社群也是一樣，如發生事端，親戚和氏族都會幫忙支付賠償金。馬羅就曾告訴我，如果他沒有工作，不是由雇主來負責賠償，全村的人都會幫忙籌措賠償金給比利家的人。

在國家社群的民事糾紛中，與新幾內亞補償協商最類似的，就是長期生意合夥人之間發生的糾紛。如雙方無法順利解決，其中的一方就會在憤怒之下去找律師。（這種情況在美國要比在日本或其他國家常見。）如果雙方才剛合作就發生糾紛，那就一刀兩斷，沒什麼大不了的，但若已有長遠的關係，一方覺得自己被合夥人利用、背叛，往往嚥不下這口氣。這時律師的角色正如新幾內亞爭端的調解人，將以冷靜、理性的言語來勸說雙方，要他們不要互相指責，並設法使雙方不要那麼堅持立場。如果生意原來有可觀的獲利，雙方在未來仍有可能繼續合作，就會接受律師的調解，給對方留一點面子，畢竟日後還要往來，正如新幾內亞的村民。然而，我的律師朋友告訴我，在協商的過程中，像新幾內亞人那種真誠道歉、前嫌盡棄在美國商業糾紛中則很罕見，常常拖到最後不得不和解之時，理虧的一方才發表一紙道歉聲明。若是只有一次合作關係，日後將不會往來，雙方也就比較沒有和解的動機（如新幾內亞或努爾人關係不深的兩個部族發生糾紛），可能上法院解決。但是，由於訴訟費用高昂，加上結果難以預期，即使雙方是第一次合作，關係不深，也有不得不和解的壓力。

另一個類似的例子，如國與國之間出現紛爭。雖然有些國際糾紛是由聯合國司法裁決機構國際法庭來處理，有些仍像傳統社群的解決模式，也就是雙方直接進行協商，或由第三方來調解，雙方都小心翼翼，深怕談判破裂引發戰爭。一九三八年發生的蘇台德區（Sudetenland）危機就是很好的例子。當時，希特勒領導的納粹德國與捷克斯洛伐克因蘇台德地區的主權歸屬問題發生衝突。蘇台德區在德捷邊境，大多數是日耳曼人。希特勒為了完成他的大德意志運動，早就對該地虎視眈眈。而英法兩國，為了自己的安全，實行綏靖政策，不惜逼迫捷克斯洛伐克妥協，同意讓整個蘇台德區與德國合併。另外，第一次世界大戰前的歐洲本已危機重重，在協商之下暫時相安無事，但一九一四年斐迪南大公（Franz Ferdinand）遇刺身亡，此事件成為大戰的導火線，一發不可收拾。

至於非國家社群與國家的差異，最重要的一點是，如果民事糾紛無法協調成功，還是要透過司法途徑來解決，國家主要的考量並非雙方是否能前嫌盡棄、互相體諒、重修舊好，即使發生糾紛的是兄弟姊妹、配偶、親子或鄰居，關係並非可輕易一刀兩斷。當然，對大多數人數動輒以百萬計的國家社群而言，發生糾紛的人民幾乎互不相識，或沒有任何關係，也不期待將來會有任何互動。例如，顧客和商家、發生車禍的雙方駕駛、罪犯及其受害者等。儘管案件進入司法程序之後，雙方不免會有互相仇恨之感，國家並無意化解兩者的對立與不快。

反之，國家司法制度的首要考量是斷定是非（圖16），如涉及合約糾紛，法官要了解的是：被告是否違反合約？若是侵權官司，則須釐清被告是否有疏失或是否造成傷害？我們可以比較法官問的問題，以及比利遭馬羅開車撞死的那個案件。比利的家人、親戚同意這並非馬羅的過失，但他們還是要求賠償，而馬羅的雇主也立刻同意賠償。這是因為雙方必須回復先前的關係，而非辯論誰是誰非。其他傳統社群很多也像新幾內亞，以和平解決紛爭、修復關係為首要目的，如北美最大的印第安社群納瓦荷保留地（Navajo Nation）大法官雅茲（Robert Yazzie）所言：「西方司法制度要尋找的答案是：發生什麼事？是誰做的？但我們納瓦荷族的調解則比較關心事件會造成什麼樣的影響：誰受了傷？他們有什麼樣的感受？要怎麼做才能彌補傷害？」

如果是民事糾紛，國家司法制度首先斷定被告是否應負法律責任，下一步就是計算原告因被告毀約或疏失造成的傷害有多大。這種計算的目的在於「彌補原告受到的任何損失」，亦即回復被告過失前的情況。例如有一買家與賣家簽約，以每隻七美元的價格購買一百隻雞，賣家卻毀約，沒把雞送給買家，致使賣家必須到市場另以每隻十美元的價格購買一百隻雞，比原來簽訂的合約多付了三百美元。此案件經法院審理，賣家將必須賠償買家多付的三百美元，包括這三百美元衍生的利息，才得以完全彌補買家的損失。然而，如果是身體或情感遭受的傷害則不像財物那樣容易計算。（我記得一位律師友人告訴我的案件。他的當事人開汽艇，船隻電動槳碰觸到一個正在游泳的老人，把他的腿切斷了。我的律師友人向陪審團陳述說，老人年事已高，餘命不多，因此被切掉的那條腿並沒有多大的價值。）

表面上看來，國家計算傷害的方式似乎與新幾內亞或努爾人近似，其實不然。例如，一個努爾人殺了一個人，一般而言他得賠償四、五十頭牛。其他非國家社群則常視雙方的協議而定，只要雙方可以接受即可，像我在果堤村的朋友皮爾斯及其氏族，就以幾頭豬和一些東西化解與鄰近部族的世仇。

國家民事司法制度的缺點

不管律師、法官、原告、被告都常討論國家民事司法制度的缺點。以美國的制度而言，問題之一是纏訟多年，一個案件常常會拖上五年。這是因為刑事案件優先，原本審理民事案件的法官可能被調去審理刑事案件。例如，在我寫這一段之時，我居住的洛杉磯河邊郡（Riverside County）法院忙於審理刑事案件，所有的民事案件暫不審理。這一拖可能就是五年。在新幾內亞，馬羅意外撞死比利那個案子五天就解決了，但在洛杉磯一個案子往往拖了數年，仍無結果，對原告、被告而言，都是漫長的折磨。（話說回來，如果馬羅那個案子不能協調成功，演變成部落戰爭，戰事也可能拖到五年以上。）

美國民事司法制度的另一個缺點是，除非合約明確規定，否則大多數的案件都不會要求敗訴的一方替勝訴的一方付律師費。比較富有的一方因而經常以訴訟費用高昂來威脅另一方，採取拖延策略或不斷聲請證據揭示，耗盡另一方的財力。如此一來，比較富有的一方當然有利（不管這一方是原告或被告），讓另一方有和解的壓力，被迫接受比較不好的條件。如果民事司法的目的是為了彌補受害一方所有的損失，敗訴者不必為對方負擔律師費用實在不合理。反之，英國等國的司法制度則要求敗訴者至少必須負擔一部分勝訴者的律師和訴訟費用。

關於國家民事司法制度，還有一個缺點，也是最根本的一個：亦即只考量到傷害，而忽略雙方的感受。即使發生糾紛的雙方是陌生人（如兩車相撞），在官司之後不會再見面，如果能讓雙方有機會表達自己的感覺，了解對方的動機，將心比心，就比較不會造成畢生的遺憾，即使是一方殺了另一方的近親這樣極端的例子也是，如馬羅的雇主吉登與比利父親的溝通，或是參議員愛德華．甘迺迪（Edward Kennedy）為了女性友人寇佩克尼（Mary Jo Kopechne）的死❶親自向女友的父母致歉。

最糟的是，不知有多少民事訴訟，雙方當事人的關係剪不斷、理還亂，像是已有子女的夫婦鬧離婚、為了財產繼承權反目成仇的手足、生意合夥人或鄰居。法律訴訟不但無法使雙方重修舊好，只會使雙方關係更加惡化。這樣的故事不勝枚舉。例如，我有一位好友和她的姊姊，因為哥哥與父親的財產繼承權官司被傳喚到法庭作證。繼母因她們的證詞懷恨在心，甚至對我的朋友和她姊姊提出告訴。兩姊妹發誓，有生之年絕不再和哥哥說話。

這個缺點通常可透過調解來解決。問題是，我們沒有足夠的調解人和家事法法官。再者，調解人往往訓練不足，家事法庭也常面臨人員與經費短缺的窘況。結果，鬧離婚的夫妻常常只能透過律師來溝通。只要你去過幾次家事法庭就能了解關係會變得多惡劣。夫妻雙方及其兒女和他們的律師到了法庭之後，常必須待在同一個等候區，為了遺產繼承權對簿公堂的家人也一樣。如果雙方在同一個等候區怒目相視，覺得很不舒服，如何能夠成功調解？以離婚訴訟而言，孩子就像夾心餅乾，在父母之間左右為難。

法官可要求雙方在正式審判進行之前召開調解會。但是，調解人得花很多時間而且有技巧才能使雙方達成和解。如非強制和解，需要的時間通常會更長。即使發生爭端的雙方日後不會再接觸，調解成功也可減少司法系統的負擔：除了使雙方減少訴訟費用，也可避免不滿的一方在日後繼續上訴，就此纏訟多年，飽受巨大的經濟與心理壓力。

如果國家願意撥出較多的經費給司法調解人或家事法法官，也許很多因離婚或遺產分配引發的糾紛不必花那麼多錢就可解決，也不必耗費那麼長的時間，雙方的感受也不會那麼差。如果希望離婚的夫妻能有選擇，透過家事法庭，由已退休的法官來處理，即使法官的鐘點費很高，但與正式訴訟的律師費相比，還是可省下不少錢。法官在這裡的主要任務是調解，設法找出雙方都可以接受的條件，而不會像今日家事法庭的法官急著結案。聽證會也可準時舉行：雙方在一定時間出席即可，不必因為法官因前一庭延誤，讓當事人在法庭外苦等好幾個小時。

我不想誇大調解的好處，也不是指什麼案件都可透過調解來解決。調解本身也有不少問題。首先，調解的結果可能因為保密而無法成為判例，也不能用在教育方面。再者，發生爭端的雙方都知道，如果調解失敗，還是必須進行正式訴訟。最後，很多發生爭端的雙方都希望在法庭上陳述自己的說法，不希望遭到強制調解。

一九八四年十二月二十二日發生於紐約、轟動全美的葛茲案就是一例。一個名叫伯納德・葛茲

【譯注】

1 一九六九年甘迺迪在麻州開車，意外落橋，墜入河中，女性友人寇佩克尼因此死亡。愛德華・甘迺迪泅水逃生，十個小時之後才報警。

（Bernhard Goetz）的男人被四個年輕人包圍。葛茲以為四個人是搶匪，於是拔槍射殺了這四個人。他宣稱是為了自衛才這麼做，但被大陪審團以意圖謀殺的罪名起訴。這個案件引發社會各界議論紛紛，有人讚揚他有勇氣反擊，然而還有一些人則認為他反應過度，自行執行地下裁決。後來，我們才慢慢了解這個事件的背景：其實，葛茲在四年前就曾遭到三個年輕人搶劫。那幾個人不但窮追不捨，還把他打個半死。其中一個歹徒落網後，竟然宣稱，他曾被葛茲攻擊過。法院於是要求葛茲和那個歹徒進行調解。葛茲拒絕了。沒有人告訴葛茲，後來那個歹徒犯下另一樁搶案，被捕入獄。葛茲對司法很失望，法律不但沒保護他，還要他和壞人調解。他在心灰意冷之下，買槍自保。像葛茲的案子雖不常見，但足以突顯一個事實：我們的法院因為無法消耗過多的案件，可能強制要求原告與被告和解。不過，調解也不是一無是處，不少案件都可利用調解順利解決，只是我們在這方面的努力還不夠。

最後，關於調解以及訴訟當事人的心情，我將引用我的律師友人加大（UCLA）法學院教授古雷迪（Mark Grady）的見解：「很多人都反對國家干預人與人之間的關係。他們認為，只有『雞婆國家』會這麼做。如果國家要強行修補人與人之間的關係或情感，人民自由也就受到威脅。國家如何能強迫人民和做錯事的人化解歧見？反之，被害人應該有權要求國家為他們伸張正義，將壞人繩之以法，不要讓他們逍遙法外。」

古雷迪又說：「然而，在龐大的國家社群中，人與人關係疏離，要讓司法系統運作、發展、發揮功用，我們已付出很大的代價。但新幾內亞仍有值得我們學習的地方，同時保存我們司法系統原有的功能。只要某一個案件進入司法程序，為了審理這個案件，我們的國家和當事人都必須付出相當的代價。何不在司法途徑之外，另闢和解之路，讓雙方和解？這只是提供當事人多一個選擇，讓他們解決爭端，而非廢除正式的司法途徑，如此一來，雙方或許都能獲得很大的好處。當然，我們也必須考慮調解的缺點。如果被迫調解，不但個人尊嚴和自由會受到侵害，也可能助長加害者的淫威，更別提公平正義。因此，調解制度必須防範遭到濫用。儘管如此，我們還是不可忽視調解也是一個用人性、人道的方式解決爭端的好方法。」

國家之刑事司法制度

我們已經比較國家與非國家社群解決爭端的方式，也就是民事司法制度，接下來我們將討論刑事司法制度。就刑事司法而言，我們馬上就會發現國家與非國家社群之間的差異。首先，國家刑事司法制度主要是懲罰違法亂紀之人，以使人民恪遵法令，社會安定、和平。然而，刑法的用意只在懲罰犯人，將之監禁於牢房之中，並未要求犯人彌補被害人的損失。其次，在國家社群中，民法和刑法是兩個獨立的制度，在非國家社群則合而為一，不管是犯罪、侵權或是違約，造成傷害的一方都必須賠償被害人。

然而，刑法也和民法一樣分兩階段進行。首先，法院必須評估被告是否有罪。有罪與否其實並非黑白分明，再者罪名也因犯罪的情事嚴重與否而有不同，如殺人案可分為預謀殺人、警方執勤殺人、預謀綁架演變成殺人、衝動殺人、誤以為有人威脅要殺害自己而殺人、一時因為精神失常而殺人等，每一種都有不同的刑罰。事實上，很多刑事案件的被告在進入審判之前，都可透過認罪協商，與法官或檢察官針對量刑的部分協商，而獲得減刑或緩刑。如果案件已在法院審理，法院最後一定會做出有罪與否的裁決。如前述聶斯勒案，艾莉・聶斯勒槍殺杜萊弗是為了被性侵的愛子復仇，也贏得大眾的同情，最後還是被判處蓄意殺人罪。相形之下，非國家社群對傷害或損失的看法則不是這麼分明：是的，我殺了這個人，但是這個人罪有應得，因為他對我孩子下蠱（或是他姑表殺了我叔叔，抑或他的豬蹂躪了我的菜園），而他竟然拒絕賠償我的損失，因此我不欠他（或我不必償還他那麼多）。

如果被告被判有罪，下一個階段即是懲罰，也就是令被告服刑。懲罰的目的有三：威懾（致使被告不敢再犯）、使為惡者得到報應，以及使之改過自新。然而，非國家社群處罰惡人的目的卻不同，主要是使被害人得到補償。就算杜萊弗被判刑入獄，艾莉．聶斯勒和她的兒子也不會得到任何補償。

威懾是讓惡人伏法，以儆傚尤，並避免更多的人受到傷害。至於被害人或犯人雙方及其親戚的希望或意願，則不在法官考量的範圍之內。

國家與被害人的著眼點可能大不相同，如喧嘩一時的名導羅曼．波蘭斯基（Roman Polanski）性侵幼女案。一九七七年，波蘭斯基在洛杉磯被控對一個名叫瑟曼莎．蓋默（Samantha Geimer）的十三歲少女下藥迷姦。事發之後，波蘭斯基透過認罪協商，承認犯罪，罪名則改為比較輕的與未成年少女發生非法性行為，但在判刑前，他卻棄保潛逃，之後一直待在歐洲，直到二〇〇九年出席瑞士電影節才被瑞士警方逮捕。美國要求瑞士將波蘭斯基引渡回美接受法律制裁，但遭到瑞士司法部的拒絕。當年的被害人蓋默已經四十多歲，她表示她已經原諒波蘭斯基，不再追究這件事，甚至請求撤銷告訴。儘管被害人如此要求，負責此案的檢察官完全不為所動，如《洛杉磯時報》（*Los Angeles Times*）社論所述：「審理波蘭斯基一案的目的並非為被害人討回公道，或是讓她覺得這個事件終於可以做個了結。加州法院是為了加州人民執法，即使蓋默女士對被告不再心存怨恨，並不代表被告不會危害到其他人……犯罪者傷害的不只是個人，而是整個社群……犯下重罪的人應該接受審判，如果定罪，更該面對刑罰。」

懲罰的第二個目的是使壞人得到報應，國家藉此宣示：「國家已使犯人得到懲罰，因此被害人不可自行傷害犯人。」在美國，被告的監禁率高於其他西方國家，受到的處罰也比較嚴厲。至今，在西方國家，只有美國尚未廢除死刑。被判長期或無期徒刑的犯人很多，但在德國只有罪大惡極者才會被判無期徒刑。（如德國有一位號稱「死亡天使」的護士，自稱不願看到病人受苦而為二十八個病人注射致命藥劑。）另外，美國聯邦政府以及半數以上的州法院（包括加州）都執行「三振出局法」，對犯第三次重罪的累犯延長監禁時間。儘管第三次犯法只是偷比薩的小罪，也得加長服刑時間。結果，加州花在監獄管理的費用直逼政府在高等教育挹注的錢。加州居民認為這樣的預算分配可說本末倒置，也是差勁的經濟政策。人才為經濟之本，政府該多把錢花在高等教育，讓人民找到報酬更好的工作。另一方面，可以減短輕罪犯人的刑期，多投資在犯人的更生計畫，引導他們培養一技之長，在出獄後得以很快重返社會，從事有意義的工作，如此也是振興經濟之道。再者，我們還不知道在重刑之下，是否可嚇阻犯罪的效果。

刑罰的最後一個目的就是使罪犯改過自新，讓他們能返回社會，過正常生活，並對社會有所貢獻。犯人數目過多，監獄人滿為患，只會銷蝕社會成本，成為國家沉重的負擔。更生計畫也是歐洲獄政的焦點。例如，德國法律規定犯罪紀錄片不可明白揭示犯人的身分資料，如此一來犯人才有改過自新的機會，出獄後也才能重返社會——這要比新聞自由或大眾的閱聽權更重要。這樣的觀點是否反映歐洲比較慈悲，注重人的尊嚴，而非著眼於伸張正義和言論自由？此外，歐洲的更生計畫是否真有成效？目前看來，以變童癖的案件而論，成效似乎差強人意。

修復式正義

到目前為止，就國家刑事司法的目的而言，並未顧及被害人的需求，如民事司法會設法彌補被害人所受的損失，而非國家社群解決爭端的目的在於修復原來的關係，讓雙方得以放下仇恨，接受協調的結果。但在刑事案件的審理中，法官可能會請被害人或其親友在被告的面前陳述他們的感受，讓被告願意認罪。至於彌補被害人的損失，有些國家雖有補償金的制度，但這筆錢猶如杯水車薪。

以美國當代最受公眾關注的辛浦森（O. J. Simpson）案為例。足球明星辛浦森涉嫌殺害他的前妻妮可．布朗．辛浦森（Nicole Brown Simpson）和她的朋友隆恩．高德曼（Ron Goldman）。經過長達八個月的審理，辛浦森被判無罪。雖然妮可和隆恩的家人對辛浦森的民事求償獲得勝訴，法官判辛浦森必須賠償四千三百萬美元，卻沒能拿到這筆錢。其實，即使民事求償獲得勝利，因大多數的罪犯都不富有或是沒有可觀的資產，原告很少能順利拿到賠償金。在傳統社群，由於集體責任的觀念，被害人能獲得賠償的機率反而比較高。以馬羅的案子而言，不只是肇事者本人，他的親戚、族人、同事也都願意幫他籌措賠償金。反之，美國強調個人責任，必須由肇事者或被告自行負責。如果我是新幾內亞人，我的表哥被他的老婆拋棄，我就可以和我的表哥一起向我表嫂求償，要回當初我們在他們結婚時給他們的聘金，但在美國社會，我表哥要結婚是他個人的事，我不必承擔任何責任。

還有一個作法是以彌補犯罪所造成的損害或傷口為著眼點，使被害人或其親人和罪犯得以和解修好，也就是修復式正義。從修復式正義的觀點來看，犯罪不但傷害了個人，也對社區和國家造成危害，因此主張不以懲罰和矯治為處理犯罪的核心，而是從發現問題、彌補損害、治療創傷等方式來處理犯罪問題，希望被害人和罪犯面對面懇談，共同參與修復及治療，而非將被害人和罪人隔離，請律師代為傳達意見。這種作法鼓勵罪犯負起責任，另一方面也讓被害人陳述自己的感受。罪犯和被害人（或其親人）可在有經驗的協調者的面前相見。協調者會先把規則說清楚，例如不可打斷對方的話，也不准口出惡言。被害人與罪犯面對面地坐下來，看著彼此的眼睛，輪流講述自己的人生、感受、動機，以及案件對生活的影響。罪犯將可親眼瞧瞧自己已經造成什麼樣的傷害，被害人則可藉由這個機會了解罪犯是個什麼樣的人，動機為何，而不是把他們當成罪大惡極的惡魔，無法理解他們為何會做出這種事。罪犯可能也會反思，想想自己為什麼會走上犯罪之路。

例如，加州有個被害人的妻子，四十一歲的派蒂·歐雷禮（Patty O'Reilly）和她的妹妹瑪麗曾與四十九歲的犯人麥克·亞柏森（Mike Albertson）見面。麥克因殺害派蒂的先生丹尼被判十四年徒刑，已服刑兩年半。麥克是在丹尼騎腳踏車時開卡車從後面將他輾斃。在長達四個小時的談話中，派蒂告訴麥克一開始她心中對他充滿仇恨，回想起她丈夫的遺言，她就悲痛逾恆。她永遠也忘不了，警員通知她和兩個女兒丹尼死亡那一刻的情景。她現在每天仍思念丹尼，只要聽到收音機播放某一首歌，或是看到有人騎腳踏車，她就就會想起丹尼。麥克則告訴她，他從小被父親性侵，後來染上毒癮，背部曾摔傷，案發那晚，他沒有半顆止痛藥可以吃。他打電話請女友幫忙，但遭到拒絕。他喝了酒，然後醉醺醺地開車到醫院。他看到有人在他前面騎車——他承認他是故意撞死丹尼的，因為那時他心中滿是怒氣。他不但對他父親憤怒，也氣他母親，因為她沒阻止他父親傷害他。談了四個小時後，派蒂有了個結論：「原諒很難，但不原諒則更難。」接下來的一個禮拜，她終於有如釋重負之感，而且覺得自己很勇敢，可以和撞死她丈夫的人面對面，讓他睜大眼睛看他一手鑄成的悲劇。接下來，雖然麥克不時陷入沮喪、覺得整個人像被掏空似的，但因派蒂願意見他、原諒他，而覺得欣喜。他床頭放了張派蒂的女兒喜鳳送他的卡片，上面寫著：「亞柏森先生你好，今天是八月十六日，九月一日是我的十歲生日。我想讓你知道，我已經原諒你了。雖然我還是很想念我爹地，但思念是一輩子的事。希望你平安快樂。再見。喜鳳上。」

這種修復式正義的作法已在澳洲、加拿大、紐西蘭、英國和美國的多個州實行了二十年。目前仍有一些實驗還在進行，例如是否該讓罪犯和被害人見面就好，或是由親友、老師等人陪同；雙方見面的時間點該在早期（犯人被逮捕之後），或者比較晚的時候（犯人已入獄服刑，如派蒂和麥克的案例）；以及罪犯是否努力賠償被害人。至於結果，目前已有許多非正式的紀錄。研究人員也在對照實驗中將犯人隨機分成兩組：一組參與修復式正義計畫，另一組則不參加這類計畫，然後統計、評估結果。研究結果顯示，參與計畫的犯人再犯率較低，如果再犯，罪行也比較輕微，而被害人的憤怒和恐懼感也有減少，安全感增加，心情也比較能夠平復。正如我們所料，如果犯人願意見被害人，了解自己造成多大的傷害，結果會比較好。若是法院強迫參加，結果則比較差。當然，對所有的罪犯和被害人而言，修復式正義並非解決一切的萬靈丹，而且需要有經驗的協調人員從旁協助。無可諱言，有些被害人面對罪犯，就像再做一次噩夢。罪犯毫無悔意，也不道歉，如此一來對被害人猶如二度傷害。雖然修復式正義並非可取代目前的刑事司法制度，只是處理犯罪的另一種模式，但是看來對社會關係的和諧大有助益。

國家司法制度的優點及代價

我們既已詳細比較國家與小型社群解決爭端的方式，至此可以得到什麼結論？從一方面來看，就爭端的解決而言，我們不可對小型社群的作法抱持過於天真的看法，認為他們的作法可圈可點，誇大其優點，認為國家政府的司法系統一無是處，充其量只是必要之惡。然而，從另一方面來看，很多小型社群的一些作法仍值得我們學習、採納。

首先，為了避免誤解，我必須再次強調，即使是現代國家社群有時也會採用傳統部落社群解決爭端的機制。例如，我們如果與店家發生購物糾紛，大多數的人應該都不會立即去請律師或把對方告上法院。我們通常會先與店家討論、協調。如果過於氣憤或覺得一己之力薄弱，也許會請朋友出面，代為協調。前面已經提過，工業社會裡有很多職業團體都有一套解決爭端的辦法。至於在鄉村或人口稀少之地，由於人人互相認識，期待關係能夠長久、和睦，因此有強烈的動機去解決爭端。爭端不解決，社會壓力也會很大。即使我們請律師幫我們解決糾紛，也希望透過律師的斡旋別跟對方撕破臉，像是離婚官司或是合夥人之間的糾紛。除了巴布亞新幾內亞，還有不少新成立的國家或小國依然照傳統方式解決紛爭。

有了這樣的了解，我們再來看國家司法制度的優點。首先，事實上所有傳統小型社群的根本問題在於，武力並非專屬於一個中央集權機構，無法扼止成員作亂或互相殺戮，也無法避免他們利用暴力來尋求正義。但以暴制暴只會陷入惡性循環，如我們將在下面兩章看到的，大多數小型社群因此長期陷入暴力與戰爭，無可自拔。國家政府或強大的酋邦因握有獨一無二的武力權，因此可破解這種惡性循環。當然，我不是指任何國家都能成功阻止暴力，而且我承認國家可能使用武力對抗自己的人民。大抵而言，國家的控制愈有效能，非國家形式暴力的能力就愈有限。

國家政府本身具有很大的優勢，這就是為何大型社群的成員互不相識，還是會發展為強大的酋邦，並更進一步演變為國家政府。雖然我們認為小型社群解決爭端之道有可取之處，我們不得不提醒自己，這麼做的結果有二：如無法和平解決，則會陷入暴力與戰爭。國家解決爭端也有兩個結果，一是和平協調，但若協調不成，則進入司法程序，透過訴訟來解決。即使是最可怕的審判也遠比內戰或血腥復仇來得好。小型社群由於不想走上戰爭之路，因此偏好私下協調、修復關係。

國家司法制度的第二個優點和權力關係有關。如果小型社群的成員與人發生紛爭，認為自己的力量不足，則會尋求其他人的支援。我因此想到關於西方國家司法制度一篇很有影響力的文章，即〈在法律的陰影下談判〉（Bargaining in the Shadow of the Law），意謂進行談判的雙方都知道如果協調破裂，最後還是必須透過法律途徑解決。但在小型社群，成員之間的談判、協調則是「在戰爭的陰影下」，雙方知道協調不成，就會演變成暴力衝突或戰爭。在這種情況下，為了獲得談判的籌碼，雙方都會極力拉攏盟友，萬一開戰才不會勢窮力孤。

理論上，在國家的司法體系之中，以人人地位平等為前提，不會讓有權有勢或是富有的一方佔盡便宜。但我想每一個讀者會立刻發出不平之鳴：「這是理論，但是……！」的確，訴訟當事人如果富有，不管涉及民事或刑事案件，勝算都比較大，因為他們可雇用高價律師和專家證人，並透過更進一步的證據揭示來迫使對方的訴訟費用升高。一些有錢人提出的訴訟即使對自己沒多大的好處，卻可逼迫窮困的對方投降。再者，有些州的司法制度有漏洞，明顯利於有錢有勢者，這也常為人詬病。

不管在國家的司法體系或小型社群，權貴人士都享有特權，但至少國家有能力保護弱勢的一方，小型社群則做不到。在管理效能良好的國家，弱勢的受害人仍可向警方報案，伸張其冤曲。例如，貧窮的生意人如與合夥人發生糾紛仍可透過法律程序，要合夥人依循合約；請不起律師的被告也可由法院指定公設辯護人或律師為他服務；原告即使付不出律師費，如有很大的把握可獲得勝訴，也有律師願意為其辯護，事後再從得到的賠償金抽取一部分的報酬。

國家司法制度的第三個優點為明斷是非，使壞人接受法律制裁，並嚇阻人民犯法。這樣的制止作用不只是國家刑法制度的目標，也是民法制度的目的，藉由判別傷害的成因與責任，讓人民知道如犯法必須面對什麼樣的賠償與刑責。以馬羅意外撞死比利的案件為例，如果是在國家司法制度之下，馬羅的律師可以聲明比利之死不該由馬羅負全部的責任，畢竟他開車小心謹慎，會釀成這樣的事故，主要是因小巴的司機沒注意來往的車輛就讓比利下車。再者，比利的叔叔甘金普也不該在馬路的對面等他，讓幼小的比利獨自穿越馬路。洛杉磯也曾發生類似案例：有一個小男孩為了買巧克力甜甜圈而被車子撞死。賣巧克力甜甜圈的是赫姆烘焙坊的餐車。小男孩請餐車司機等他一下，他家在對面，他得過馬路回家拿錢。司機答應了，車沒開走，但小男孩過馬路的時候卻慘遭其他車子輾斃。結果，赫姆烘焙坊的司機因未注意小男孩的安全，而被告上法院。

這類案件促使國家社群的成員時時留意，自己的疏失是否會導致意外，而為自己帶來刑責。雖然比利的族人已與馬羅的同事私下和解，新幾內亞的成人和小巴司機卻不會因此心生警惕，注意學童穿越馬路的安全。在洛杉磯這樣的大都會交通極其繁忙，開車族高達數百萬之多，大多數的人開車都非常小心，車禍比例很低，原因之一就是國家司法系統嚇阻之效。

我要在此澄清一點，以避免誤解：我並非認為國家司法制度皆優於小型社群解決爭端的方式。國家司法制度為了保有上述的三個優點，也得付出代價。國家刑事司法主要是為了促進國家的目標：

減少私人暴力、使人民守法、保障社會大眾、犯罪矯正與罪犯更生，以及懲罰為惡者，嚇阻犯罪。因此，個人目的、關係修復與當事人的感受，並非國家司法制度的著眼點。此外，國家司法制度還有其他缺點，如刑事司法制度對被害人的補償不足，民事訴訟審理耗時，讓當事人心力交瘁，對個人財物或精神損失的補償有限，律師費用高昂，缺乏協調機制等。

國家也許可以取法小型社群解決爭端之道來解決這些問題。就我們的民事司法系統，我們也可多投資在協調人員的訓練與雇用，並聘用更多的法官。我們的確應該在協調、和解方面多加把勁。以刑事司法系統而言，修復式正義則是我們可以努力的方向，我們可進行多一點實驗，並評估是否該採用歐洲重矯正、輕處罰的模式，以減少犯罪、促進社會祥和，提升國家經濟。

上述的提議，很多專家、學者都討論過，每一種都有其困難。我希望我們可以深入了解小型社群解決爭端之道，將可借鏡之處融入我們的司法體系之中。

第三章 小戰爭

丹尼族的戰爭

本章將以新幾內亞丹尼族一連串的衝突與攻擊來解說傳統社群的戰爭。這樣的部落戰爭實屬尋常，特別的是可見到人類學家第一手的紀錄以及他們拍攝的紀錄片。在新幾內亞的族群中，丹尼族的人數最多，集中於巴里恩河的中央谷地。在一九〇九年與一九三七年間，有八個西方探險家造訪巴里恩河谷邊緣及鄰近地區，並未深入谷地。正如第一章所述，自從丹尼族的祖先在巴里恩河谷落腳，四萬六千年來這個部落一直過著與世隔絕的生活，直到一九三八年六月二十三日，亞奇博德帶領的探險隊搭機飛過新幾內亞的高山地區，歐洲人才發現這個深藏於高山之中、萬頭鑽動的原始部族。八月四日，堤靈克（C. G. J. Teerink）帶領的探險隊成為最先踏進谷地的歐洲人。一九三八年十二月，亞奇博德探險隊離開谷地，之後僅於一九四五年美國軍方因救援空難人員來到這裡，直到一九五四年之後，傳教士才進駐此地，荷蘭政府也在此設立巡邏站。

一九六一年，哈佛大學皮博迪博物館（Peabody Museum）的研究人員組成探險隊來此進行人類學研究並拍攝影片。探險隊在丹尼族附近的達更紮營，因為這個地區沒有政府駐軍，也沒有傳教站，與外界幾無接觸。研究人員發現，此地戰事頻傳，並詳細記載一九六一年四月和九月間的戰事。這些紀錄可見於烏特勒支大學（University of Utrecht）社會科學家布魯克豪瑟（Jan Broekhuijse）的博士論文（荷蘭文）、人類學家海德（Karl Heider）根據他在哈佛大學的博士論文寫成的兩本書、作家馬蒂森（Peter Matthiessen）的暢銷書《山牆下》（*Under the Mountain Wall*），以及賈德納（Robert Gardner）拍攝的紀錄片《死鳥》（*Dead Birds*），讓我們得以一睹傳統部落的戰爭實況。

下面達更丹尼族在一九六一年的戰爭摘要主要出自布魯克豪瑟的論文，因為布魯克豪瑟記錄得最詳盡，然而也補充了些海德和馬蒂森所載的一些細節。布魯克豪瑟訪問了參與戰爭的雙方。受訪者講述自己對戰爭的評估、他們的感受和所受的傷。上述紀錄有點小出入，主要是丹尼族名稱的拼字法（布魯克豪瑟用的是荷蘭文拼字法，海德則用美語拼字法），其他則是日期（相差一天）。不管如何，上面三位作者所述大致相同，也與賈德納的影片紀錄一致。

從本章的綜合描述，各位讀者可能會和我一樣，發現丹尼族的戰爭和第四章所述其他傳統社群的戰爭呈現一些相同的特點：除了正面交鋒，他們也常埋伏在樹叢中，趁機襲擊敵人，被殺死的人數不多，但偶爾也有殲滅整個或大半個部落的情事。所謂的部落戰爭，敵對者常是同一個部落裡的人，也就是說同樣語言，有同樣文化的人，而非不同部落的人。儘管他們有著相同的文化背景，是同一族的人，卻往往把對方看成禽獸、妖魔。男孩從小就必須接受作戰訓練，也會提防被人攻擊。他們會徵求盟友之助，但結盟關係經常生變。復仇在暴力衝突的循環中扮演非常重要的角色。（根據海德所述，這些傳統部落開戰的動機總是為了被殺害的親友復仇，以安慰他們的在天之靈。）如果開戰，則部落中的每一個人都無法置身事外，戰士不只是成年男子，還包括男女老少，因此不只男人會被殺，婦孺也可能被敵人殺害。他們居住的村子會被燒殺劫掠。從現代軍事的標準來看，由於他們只能使用短距離的武器、缺乏領導人、計畫簡單、沒有群體訓練，也不會同步射擊，因此軍事效能很低。然而，這樣的戰事往往會拖上很久，對部族成員的行為影響很深。最後，雖然因為戰爭規模很小，絕對死亡人數不多，但因部落涉及人數比例很高，相對死亡人數相當多。

戰爭紀事

丹尼族的戰爭主要是兩個聯盟敵對造成的，每一個聯盟各有五千人左右（表3.1）。其中之一叫古帖魯聯盟，其盟主名叫古帖魯，故以此為名，此聯盟又包括幾個聯盟各有一千人左右，也就是在達更一帶的威里希曼—瓦拉魯亞聯盟（Wilihiman-Walalua Confederation）和果希—阿魯亞聯盟（Gosi-Alua）、德洛克—梅保聯盟（Dloko-Mabel）等。與古帖魯聯盟敵對者則是其南邊的維達亞聯盟，除了維達亞聯盟，還包括西亞普—伊羅克塔克聯盟（Siep-Eloktak）、胡布—果希聯盟（Hubu-Gosi）、阿蘇克—巴雷克聯盟等。古帖魯聯盟也同時與北方的人為敵，但此戰事不在本章討論之內。在一九六一年之前的幾十年，威里希曼—瓦拉魯亞和果希—阿魯亞本來是西亞普—伊羅克塔克的盟友，而與德洛克—梅保為敵，但因豬隻偷竊事件以及因女人引起的糾紛致使威里希曼—瓦拉魯亞、果希—阿魯亞與德洛克—梅保結盟，並與古帖魯聯盟結合，把西亞普—伊羅克塔克趕出去。西亞普—伊羅克塔克因此成為維達亞的盟友。一九六一年之後，德洛克—梅保

表3.1 敵對的兩個丹尼族聯盟

古帖魯聯盟	維達亞聯盟
威里希曼—瓦拉魯亞聯盟	維達亞聯盟
果希—阿魯亞聯盟	西亞普—伊羅克塔克聯盟
德洛克—梅保聯盟	胡布—果希聯盟
其他聯盟	阿蘇克—巴雷克聯盟
	其他聯盟

因攻擊威里希曼—瓦拉魯亞和果希—阿魯亞，因而從盟友變為敵人。

這些聯盟說的是丹尼語，有相同的文化，也用同樣的方式維持生計。在下面的描述，為了簡潔起見，茲將敵對的雙方簡稱為威里希曼與維達亞，但交戰的不只是這兩個聯盟，還有其他聯盟。

一九六一年二月，古帖魯聯盟有四個女人和一個男人到鄰近部落參加殺豬慶典並拜訪親友，結果因被維達亞聯盟殺害，這個事件引發古帖魯聯盟的憤怒。其實，這並不是偶發事件，在此之前，已有古帖魯的人遇害。因此，我們必須把這一連串的衝突與殺戮看成是長期不斷的爭戰，而不是一場有頭有尾的戰爭。

四月三日，維達亞有一個男人死了。他在前次的戰事中受了傷，傷勢日重而不治。對威里希曼那邊的人來說，這可是可喜可賀之事，因為一月，他們有一個族人才被維達亞人殺死。威里希曼的巫師說，祖先非常欣喜，但對維達亞來說，他們要是不復仇，就無法取得祖先的諒解。於是，維達亞人在四月十日清晨向威里希曼宣戰，威里希曼接受了，兩方就此開打，一直打到下午五點。❶威里希曼有十個人受到輕傷，而他們的盟友果希—阿魯亞那邊則有一個人（名叫亞奇塔馬雷克）受重傷，弓箭刺穿了他的左肺，十七天後一命嗚呼。維達亞那邊也有若干人受傷。這樣的結果使雙方憤恨難消，急欲報一箭之仇。

四月十五日，戰事再起，雙方約有四百個戰士打了起來，直到夜幕低垂才收兵。雙方各有二十個人受傷。維達亞的盟友胡比奇亞克聯盟（Hubikiak）有三個人被抬走。威里希曼陣營的人嘲笑他們：「讓他們走路吧！他們又不是豬……回家吃老婆煮的甘藷吧！」胡比奇亞克的傷者之一在六個禮拜後死亡。

四月二十七日，果希—阿魯亞那邊在四月十日受重傷的亞奇塔馬雷克死亡，族人為他火化。維達亞人發現果希—阿魯亞和威里希曼的人幾乎沒有人在園圃，於是偷偷渡河，進入威里希曼的地盤，在那裡埋伏。維達亞人趁機推倒威里希曼的守望塔（圖13），然後回家。

五月四日，威里希曼及其盟友向維達亞宣戰，並在戰場上等候，但維達亞人未現身，他們只好打道回府。

五月十日（或十一日），亞奇塔馬雷克的父親帶領果希—阿魯亞、瓦拉魯亞和一大票威里希曼人入侵維達亞的園圃，威里希曼其他人則若無其事地在自己的園圃幹活，如此一來維達亞人才不會起疑。威里希曼人發現維達亞有兩個人在田裡，還有一個則站在守望塔上，他們悄悄前進，直到離守望塔五十公尺才被站在高臺上的守衛發現。那三個維達亞人拔腿就跑，但其中一個叫胡外的人被亂箭射傷。維達亞人之後為了復仇潛入威里希曼的地盤，但沒襲擊成功。稍晚，胡外因箭傷而死，其他兩個順利脫逃的人則受到輕傷。威里希曼陣營的人由於已為果希—阿魯亞的盟友復仇，高興得跳舞狂歡，直到深夜。

五月二十五日，古帖魯的人在盟友地盤的北邊殺死阿蘇克—巴雷克聯盟的一個人，阿蘇克—巴雷克因與維達亞聯盟，而招致八月二十五日殺身之禍。

五月二十六日，威里希曼和維達亞都向對方下戰書，發動突擊，打到傍晚才回家。威里希曼那邊有十二個人受到輕傷。

五月二十九日，維達亞有個在四月十五日受傷的戰士死亡。威里希曼陣營聞之大樂，跳舞慶祝，但好景不常，北方邊界就遭到維達亞入侵。

維達亞的陣營因無法為最近的兩個死者復仇，因而焦躁不安，於是在六月四日發動突襲。這次演變成比較大的戰爭，雙方共有八百人參戰，直到天黑才做鳥獸散。威里希曼那邊有三個人受到輕傷。

六月七日，雙方再次開戰，各有四、五百人參戰，約在二十公尺的距離以矛和箭向對方攻擊，或衝到五公尺內的距離，與敵人短兵相接。約有二十人受傷。

六月八日，威里希曼發現維達亞人入侵的腳步，但沒看到人。

六月十日，威里希曼舉辦祭典，沒有人在園圃，也沒有人在守望塔上駐守。下午，因天氣炎熱，威里希曼那邊有一個男人帶三個男孩到河邊喝水，結果遭到三十個維達亞人襲擊。維達亞人分成兩群，第一群出現時，威里希曼那邊的四個人拔腿就跑，但被第二群人攔截，其中三個順利脫逃，但一個名叫韋傑克希的男孩因為腳受傷跑不快而落到維達亞人手裡，被刺成重傷，那晚就一命嗚呼。

六月十五日，韋傑克希的親戚要為他復仇，偷襲維達亞，結果沒有成功。

六月二十二日，維達亞向威里希曼宣戰，雙方各派三十人應戰，後來又加上伏擊。四人受到輕傷。德洛克—梅保那邊有一個人肩胛骨中箭，傷勢嚴重，同伴想用牙齒把箭拔起來，但拔不出來，只好用竹刀挖出。

七月五日，戰事已休止半月，威里希曼再度偷襲維達亞園圃。威里希曼那邊有一個叫簡諾克馬的男人因為跑得太快落單了，因此遭到攔截且被矛刺死。維達亞人把他的屍體抬走，到晚上才放置在荒地上，讓他的族人抬回去。果希—阿魯亞方面則有三人受到輕傷。威里希曼人士氣低沉，因為他們非但復仇不成，又失去一個族人。威里希曼的一個老太太哀痛地說：「你們為什麼要殺維達亞人？」一個男人回答：「因為他們是敵人。他們根本不是人，我們為什麼不能殺他們？」

七月十二日，威里希曼那邊的人整天都埋伏在樹叢裡，直到下午五點才對維達亞宣戰。然而，那天下午，維達亞不想打，於是繼續在田裡幹活。

七月二十八日，維達亞發動突襲。威里希曼有八個人躲在守望塔附近，發現維達亞人的行蹤。維達亞以為四下無人，繼續向守望塔挺進，其中一個還爬到台子上。這時，原本躲起來的威里希曼突然跳出來，維達亞人立刻逃跑，爬到台子上的那個人跳下來，但被逮個正著，於是命喪黃泉。那晚，威里希曼人把屍體送回維達亞。

八月二日，維達亞有一頭豬不知是被偷或者跑到威里希曼的地盤而引發衝突。

八月六日，威里希曼與維達亞再度開戰，雙方盟友都被捲入，連小孩都隔河對敵方發射弓箭。這次因雙方多半互相叫囂，只有五人受到輕傷，如叫罵道：「你是女人！你是懦夫！」「呸！就憑你也配擁有那麼多女人？」「我有土地，所以我有五個老婆，再娶五個都行。你是個沒有土地的亡命之徒，所以沒女人肯跟你。」

八月十六日，雙方又打起來。至少有二十個人受傷，其中一個腹部中箭，傷勢不輕。威里希曼因沒能復仇，壓力日增。他們覺得自己讓祖靈失望，得不到祖靈的庇佑，因此只能靠自己了。在這樣的恐懼之下，戰鬥慾望不若以往旺盛。

八月二十四日，維達亞那邊有個女人因為和老公吵架，一氣之下投靠威里希曼陣營。威里希曼人認為她這是自投羅網，想殺了她，為簡諾克馬復仇，但在族人的勸說下，打消這個念頭。

八月二十五日，此事件如第一章所述：阿蘇克－巴雷克有四個人跑到德洛克－梅保的地盤，碰到一群威里希曼人，其中兩人在當地沒有親戚因而慘遭追殺，一個成功脫逃，另一個被亂箭射中，只剩一口氣。威里希曼人拖著他的身體前進，小孩跟在後頭，族人陷入狂喜，手舞足蹈。威里希曼人認為此舉終於可告慰祖靈，也為簡諾克馬復仇。但這還不算以血還血，畢竟威里希曼有兩個人被殺，他們才殺了一個敵人，不過可以殺掉一個敵人表示他們又得到祖靈的庇佑，因此欣喜若狂。

九月初，維達亞發動突襲，殺了古帖魯一個名叫狄吉里亞克的小男孩，古帖魯也還以顏色，殺了兩個維達亞人。翌日，古帖魯因北方邊界出現荷蘭巡邏站沒再繼續打，但他們又在另一個邊界和維達亞打了起來。

上面描述的戰事造成的衝擊都很有限，畢竟死傷人數很少，也沒失去地盤。五年後，也就是在一九六六年六月四日，古帖魯陣營發生內鬥，德洛克—梅保聯盟的首領和威里希曼—瓦拉魯亞、果希—阿魯亞的首領互相看不順眼。其實，早在幾十年前，威里希曼—瓦拉魯亞與果希—阿魯亞還是德洛克—梅保的敵人，後來才化敵為友。不知是德洛克—梅保聯盟首領的預謀或他無法控制手下的人，威里希曼—瓦拉魯亞與果希—阿魯亞慘遭大屠殺。如果是首領無力控制，那就印證部落社群沒有強勢領導人的特點。德洛克—梅保的人很會挑選時機，趁當地傳教士和警察都不在的時候，在濃霧的掩蔽下越過伊洛格塔河發動攻擊，不到一個小時即屠殺了一百二十五個人，包括男女老少，焚毀聚落。其他聯盟則趁火打劫，來這裡偷豬。要不是威里希曼與果希—阿魯亞以前的盟友出面相助，否則將全部遭到殺害。倖存者往南逃，古帖魯聯盟因而分裂為南北兩派。這樣的大屠殺不常發生，但影響深遠。海德說，據說這樣的屠殺事件還有四起，造成血流成河，家園殘破，也是達更地區三〇年代至一九六二年人口遷徙的主因。

死亡人數

在一九六一年四月和九月初之間發生的爭戰，總計只有十一人死亡，但在一九六六年六月四日的屠殺事件，即奪走一百二十五條人命。見識過二十世紀兩次大戰的人，不免對這樣的死亡數字嗤之以鼻。僅二〇〇一年九月十一日美國世貿中心的恐怖攻擊事件，就有二千九百九十六人喪生。一九一六年七月一日的索穆河會戰（Battle of the Somme），光是在這一日，即有二萬名英國士兵為了突破德軍陣地，慘死在火力強大的德軍機關槍下。一九四五年八月六日，美軍從廣島上方投下的原子彈就讓十萬名日本人喪命（圖37）。二次大戰的死亡人數更超過五千萬人。從這些標準來看，丹尼族的戰事實在迷你，幾乎無法稱為戰爭。

從絕對死亡人數來看，丹尼族的戰爭的確微不足道，但被捲入第二次世界大戰的國家人口數龐大，因而死亡人數也十分驚人。以威里希曼和維達亞的戰爭來看，這兩個聯盟的人口加起來約莫八千人，而二次大戰交戰國之人口總數少則數千萬，最多將近十億人。從相對死亡人數來看，其實丹尼族戰爭之慘烈不下於兩次大戰的美國、歐洲各國、日本或中國。例如從一九六一年四月到九月，威里希曼和維達亞聯盟共有十一人喪生，約佔人口的〇．一四%，甚至比二次大戰太平洋戰區最激烈的戰爭——沖繩島戰役——更甚（〇．一〇%）。日軍在那三個月的浴血之戰中出動轟炸機、神風特攻隊、大炮和火焰噴射器，士兵死亡人數約二十六萬四千人（美軍二萬三千人，日軍九萬一千人，沖繩人民十五萬人），而美國和日本沖繩的人口總數約二億五千萬人。至於一九六六年六月四日的屠殺事件，古帖魯聯盟的南部聯邦總人口數約二千五百人，因此被殺害的一百二十五人約佔人口總數的五％。如要達到同樣的比例，在廣島被原子彈炸死的日本人應該多達四百萬人，而非只有十萬人，在世貿中心恐怖攻擊事件喪生者則應為一千五百萬人，而非區區二千九百九十六人。從世界的標準來看，丹尼族的戰爭規模迷你，那是因為人口少，但從地區人口的標準來看，丹尼族的戰爭實在異常慘烈，這項結論亦適用於下一章的一般傳統戰事中。

【原注】

❶從這裡的描述看來，這顯然是約定戰爭，也就是一方向另一方下戰書，約定在何日開戰。另一方可以接受，也可以不理會。一旦開戰，如果下雨，任一方都可以叫停。這樣的事實使某些評論者誤認為丹尼族的戰事像是儀式或運動競技，並非有意致對方於死地。但丹尼族人的確會在戰爭中受傷或被殺死，也會遭到突擊而亡，至於大屠殺則很罕見。人類學家羅斯克（Paul Roscoe）認為，丹尼族戰爭的儀式特點應是地勢限制造成的。由於他們的領土多沼澤或低窪，只有兩處比較乾燥的丘陵地可做為戰場。再者，參加人數也不能太多，不然在追逐敵人或撤退之時，敵人都可能埋伏在低窪處而遇襲。其他新幾內亞高地部落因領土地勢較高而且乾燥，則無丹尼族這樣的戰爭儀式。這也符合羅斯克的推論。當地的傳教士曾提到這樣的傳聞：哈佛探險隊目睹的戰爭其實是他們引發的，為了拍攝部落戰爭的紀錄片，不惜激發雙方衝突。但在探險隊來到之前和離去之後，丹尼族皆曾開戰。根據政府調查，那樣的傳聞為無稽之談。

第四章 戰爭面面觀

戰爭的定義

傳統社群的戰爭，如前一章描述的新幾內亞丹尼族之戰，雖然處處可見，然而並非所有小型社群都會發生這樣的戰爭。這樣的戰爭也引發不少激辯，例如我們要如何為戰爭下定義？所謂的部落戰爭算得上是真正的戰爭嗎？小型社群與國家戰爭的死亡人數可否相提並論？小型社群與歐洲人接觸，受到西方國家的影響後，戰爭因此變多，還是減少？在人類之前，像猩猩、獅子、狼等社會性動物也會成群結隊互相攻擊、廝殺，這是否意謂戰爭已在人類的基因鏈中？在人類社群當中，是否有特別愛好和平的？如果有，為什麼？還有，傳統社群戰爭的動機和原因為何？

讓我們先從戰爭的定義下手。人類暴力的形式很多，只有一些才算戰爭。敵對的兩個國家正式宣告開戰，並派遣眾多受過訓練的士兵互相廝殺，這當然算是戰爭。如果是一個人殺死另一個人或家族血鬥則不是戰爭，如一八八〇年左右，美國維吉尼亞與肯塔基州界兩大家族哈特菲德（Hatfield）與麥考伊（McCoy）因細故結怨，互相仇殺。此外，幫派火拼、藥頭為了爭奪地盤而鬥毆，或是政黨鬥爭也都還算不上是內戰，如墨索里尼（Benito Mussolini）擴大戰鬥團，成立法西斯黨奪取政權，或希特勒（Adolf Hitler）率納粹黨建立獨裁政治。但我們該如何界定戰爭？

答案或許取決於研究目的。如果是軍事學院受訓的軍人，他們在對戰爭下定義時，似乎可以排除第三章所述的傳統部落戰爭。但就本書的研究目的來看，我們必須考慮到所有的社群，小如二十個人組成的隊群，大如有數十億人口的國家，並且把這些社群的戰爭納入。正如萊布朗（Steven LeBlanc）所言：「在為戰爭下定義之時，不可只看社群規模大小或打鬥方式，否則我們便無法研究古代戰爭……根據很多學者為戰爭所下的定義，僅限於複雜、能運用金屬工具的社群。至於小型社群之間的突襲和殺戮，則不算『真正的戰爭』，比較像遊戲或競技。這種看法把戰爭的方式與結果混為一談……我們必須考慮下面幾點：不同政治實體發生衝突，是否導致多人傷亡、領土被侵佔，或是原來的領土變得太危險而不適合居住？社群成員是否必須為保護自己而須耗費相當多的時間、精力？……如果打鬥、殺戮對社群成員的生活造成很大的影響，不管打鬥方式為何，仍應被視為戰爭。」如果我們用這樣的觀點來看戰爭，就可把第三章所述的丹尼族的打鬥納入戰爭的範圍。

戰爭的典型定義如《大英百科全書》第十五版所述：「戰爭是不同的政治群體，如國家或同一國家敵對派系公開的暴力衝突，參與者為大量有組織、有訓練的軍事專業人士……交戰者一般在五萬人以上。」這樣的定義限定是「大量有組織、有訓練的軍事專業人士」，因此過於狹隘，小型社群的武裝衝突皆被排除在外。交戰者規定在五萬人以上，這樣的數字不但過於武斷，已是第三章提到的丹尼族人口總數（戰士與婦孺）的六倍以上，也比本書提到的大多數小型社群人口數要多。

因此，研究小型社群的學者對戰爭提出比較寬鬆的定義，一般而言包括三個因素。一是群體之間（不論人數多寡）發生的暴力衝突，而非某個人殺害另一個人（此為謀殺，而非戰爭）。二，發生暴力衝突的雙方屬於不同的政治實體。三，即使執行殺戮行動的只有群體的部分成員，這樣的行動必須得到整個政治實體的批准。照這樣的定義來看，由於哈特菲德與麥考伊這兩大家族屬於同一個政治實體（美國），再者美國也不允許他們之間的殺戮，所以這兩大家族的血鬥並不構成戰爭。上述三個要素可合併成一個簡短的定義：「所謂的戰爭是敵對政治實體間不斷出現的暴力衝突，其殺戮行動得到政治實體的批准。」

資料來源

我們可從第三章丹尼族戰爭看出這是第一手的描述：研究生和攝影團隊深入傳統社群，觀察、拍攝戰爭實況，計算戰士傷亡的人數，並訪問參與戰爭的人，以得知更多的細節。因此，就丹尼族的戰爭，我們握有確實的證據。若這樣的研究有數百個，便可證明傳統社群戰爭的存在。

其實，學者扛著攝影機深入傳統部落拍攝戰爭實況可說是特例，是否這樣的觀察完全客觀、沒有歐洲的影響也還有爭議。自從一四九二年以降，歐洲勢力開始擴張，征服許多非歐洲族群，歐洲政府佔據新的領土之後，第一件事就是鎮壓傳統戰爭。這麼做一方面是為了自保，治理征服之地，同時也為了開化當地人，使他們接受文明的洗禮。二次世界大戰後，很多人類學家和研究生獲得充裕的研究經費前往小型社群進行田野調查，但那時大抵只有新幾內亞和南美洲仍可見到部落戰爭，其他太平洋島嶼、北美洲、澳洲、非洲和歐亞大陸早就看不到這樣的戰爭。

即使在新幾內亞和南美洲，最近人類學家也難有機會親眼目睹傳統戰爭。首先，該地政府不希望手無寸鐵的外人因為調查研究遭到部落人民的攻擊，而變成世人矚目的焦點。再者，他們更不希望人類學家帶著武器深入部落，阻止部落人民的戰爭。因此不管在新幾內亞或南美洲，旅行都有嚴格限制，除非官方認為當地安全無虞才會開放讓外人進入。然而，還是有學者和傳教士得以溜進原始部落，看他們開戰。最為人知的例子包括一九六一年的丹尼族戰爭、一九七九年起在新幾內亞西部針對法玉族（Fayu）進行研究的庫格勒家族（Kuegler），以及在委內瑞拉和巴西研究雅諾馬莫印第安人的夏雍（Napoleon Chagnon）。雖然哈佛探險隊來到巴里恩河谷之時，當地已有荷蘭政府設立的巡邏站，但探險隊仍可在荷蘭政府管制之外的地區進行研究。儘管這些研究提供了不少第一手的觀察資料，但有不少細節還是必須靠當地人補充。例如布魯克豪瑟所載，哪些人、在什麼情況之下受傷，以及身體的哪個部位受傷則不一定是他本人親眼所見。

至於我們對於傳統戰爭的認識，大多數都是透過參與戰爭者對西方訪客的描述或歐洲人的觀察（政府官員、探險家、商人等）。那些西方人都不是受過訓練、為了博士論文蒐集資料的科學家。例如，很多新幾內亞人曾對我講述他們參加傳統戰爭的經驗。然而，我造訪新幾內亞那麼多次，不管是到澳大利亞政府控制的東部（亦即後來獨立的巴布亞新幾內亞）或是印尼治理的西部，我都不曾親眼目睹新幾內亞人刀戈相向。如果真發生戰事，澳大利亞或印尼政府都不會允許我進入戰區。即使我想去，根本行不得也。

觀察、描述傳統戰爭的西方人大都不是專業學者，如傳教士夫妻克勞斯與桃樂絲．庫格勒（Klaus and Doris Kuegler）之女莎賓．庫格勒（Sabine Kuegler）。莎賓．庫格勒在她出版的暢銷書《叢林之子》（*Child of the Jungle*）描述她在六歲時看到法玉族的一支泰戈族人（Tigre）與來訪的瑟佛依迪族人（Sefoidi）發生衝突，拿著弓箭射向對方。箭從她身邊飛掠而過，被箭射中的人則由族人駕著獨木舟把他們載走。西班牙教士克雷斯畢（Juan Crespi）也是，他是德波托拉探險隊的成員（Gaspar de

Portola Expedition）。這支探險隊於一七六九年至一七七〇年踏上南加州東岸，是最先研究丘馬什印第安人的歐洲人。克雷斯畢也詳細描述丘馬什人拿弓箭對射的情景。

這些來自歐洲的外界人士，不管是人類學家或是一般人，他們對傳統戰爭的描述主要有一個問題，也就是觀察本身會干擾到被觀察的現象，也就是海森堡的測不準原理。以人類學研究而言，只要有外人在場，就會影響到那些不曾與外界接觸過的原始族群。再者，國家政府也以終結傳統戰爭為首要目標。例如澳大利亞政府在二十世紀進駐巴布亞新幾內亞，第一件事就是禁止部落戰爭和食人習性。非政府的外人也可能用不同的方式制止當地人互相打鬥。到法玉族地盤客居的克勞斯．庫格勒堅持當地人不可在他住的房子周圍廝殺，要打的話，請到別的地方。否則為了自身的安全與平靜，他們不得不離開。法玉族聽從他的勸告，漸漸地不再打鬥。

這些都是歐洲人努力終止或減少部落戰爭的例子。然而，也有人認為歐洲人也曾故意挑起部落戰爭。其實，只要外界人士踏入原始部落，就可能在無意間激發部落相鬥。因此，我們聽到外界人士描述他們的所見所聞，不管是否有戰爭，還是無法從他們的描述得知真相。我們將在本章後面繼續討論這個問題。

另一個方式是從考古學的紀錄仔細研究傳統族群與外界接觸前，遺留下來的戰爭證據。如此一來，就可完全去除外來觀察者的影響。然而由於戰爭的實況並非透過直接觀察而得，也沒有當地人的報告做為佐證，要正確解讀事實並不容易，只能從考古學的證據去推論，如此一來還是會有很多事實無法確知。關於部落戰爭最明確的證據莫過於一堆被草草掩埋的人骨，骨頭出現斷裂的痕跡或武器造成的凹痕，如箭頭嵌入骨頭或被利斧砍到，頭骨有剝割頭皮留下的長割痕，或因被斬首（獵人頭），頭骨僅和頭兩節脊椎骨相連。例如瓦爾（Joachim Wahl）與柯寧格（Hans König）在德國西南部的塔爾海姆（Talheim）研究了三十四具骸骨，經過辨識發現這些是十八個成人（九男、七女，另有兩人的性別無法辨認）和十六個兒童的遺骸。這些大約是在公元前五千年左右被堆在一起胡亂掩埋的，沒被好好安葬，也沒有常見的陪葬物品。其中十八個頭骨右後方有被砍的凹痕，研判敵人拿著六種不同的斧頭，以右手持斧，往他們的腦袋瓜後方猛砍。受害者從兒童到六十歲左右的老人都有。顯然約有五、六戶家庭慘遭屠殺，而敵人的數目遠遠超過他們。

其他考古學證據包括武器、鎧甲、盾牌和堡壘等防禦工事。有些武器如矛、弓箭等可能用於狩獵或殺人，不一定是戰爭所用的武器，戰斧和大型彈弓發射器才能做為戰爭的證據。同樣地，鎧甲和盾牌也只用於戰爭，不會用來狩獵。目前有不少現存於世上的傳統族群依然會使用這樣的武器來作戰，包括新幾內亞、澳洲原住民和伊努特人。所以，在考古遺址發現的鎧甲和盾牌也可視為過去戰爭的證據。此外，戰爭的遺跡還包括防禦工事，如城牆、護城河、城門和可投射武器的塔樓，以防敵人從城牆攀爬上來。例如在十九世紀初期，歐洲人開始在紐西蘭殖民時，發現紐西蘭的原住民毛利人（Maori）各部落都會修築叫「帕」（*pa*）的堡壘。這些堡壘本來用於部落之間的戰爭，後來則用來抵禦歐洲人。目前考古學家已在紐西蘭挖掘出一千個左右的「帕」，經年代鑑定，建造於歐洲人來到之前，但和歐洲人看到的「帕」類似。顯然，在歐洲人踏上紐西蘭之前，毛利人早就開始互相交戰。

最後，我們發現有些古代遺址建造在山頂、懸崖頂端或面向懸崖之地，看來是為了防禦敵人入侵，才會選在這樣的地點。如阿納薩茲印第安人（Anasazi）在綠台（Mesa Verde）和美國西南各地的聚落，有的甚至蓋在一、二千公尺高的岩架上，必須利用梯子出入，生活必需品如水、食物，都得費盡千辛萬苦，才能送到那麼高的地方。但歐洲人來到這裡的時候，印第安人就有個安全的藏身之處。由於早在歐洲人來到美國西南部的幾個世紀前已出現這樣的遺址，顯然這是為了對抗其他印第安部族的入侵。如果這些考古學證據還不夠，我們還可看看原始族群在上更新世留下的壁畫，他們刻畫敵對的部族拿著弓箭、盾牌、矛或棍棒等武器，互相廝殺以及有人被矛刺死的慘狀。之後，大約在公元八百年，馬雅人也在波南帕克（Bonampak）留下精美的壁畫，栩栩如生地呈現戰爭和囚犯被刑求的圖像。

因此，就小型社群（最小如隊群，大如酋邦和最早的國家）的傳統戰爭而言，我們的資源來源主要有三，除了現代人的親眼觀察、考古學證據，還有藝術史。

傳統戰爭的型態

不論古今，戰爭皆有多種型態。傳統部落社群也會運用現代國家的基本戰爭策略。（當然，部落不可能打空戰，而海戰也需要特別的戰船，直到公元前三千年國家政府出現之後，才有海戰的歷史紀錄。）最常見的一種策略就是正式對陣戰，也就是交戰的雙方各自結集龐大的人馬正面交鋒。我們一想到現代國家戰爭，就會立即聯想到這種策略，最有名的例子如史達林格勒大會戰、蓋茨堡之戰與滑鐵盧戰爭。除了戰爭規模和武器有別，這樣的戰爭其實和前一章所述丹尼族在一九六一年六月七日、八月二日和八月六日的戰爭很類似。

另一種常見的戰爭策略是突襲。一小撮戰士侵入敵人領土，在夜色、地形或樹叢的掩護之下悄悄前進，趁機偷襲、攻擊，暗殺幾個敵人或破壞其居處、設施之後，隨即撤退，無意殲滅全部的敵軍或是永久佔領他們的土地。這或許是傳統戰爭最常見的類型，而且有許多紀錄，如努爾人偷襲丁卡族或雅諾馬莫印第安人互相偷襲等。前一章所述丹尼族在一九六一年五月十日、五月二十六日、五月二十九日、六月八日、六月十五日、七月五日、七月二十八日發生的戰事都是偷襲。現代國家戰爭也可見以步兵、戰艦或飛機進行突襲行動。

與突襲類似的軍事行動則是埋伏，在傳統戰爭也很常見。入侵者選擇躲在一處，待敵人過來的時候，出其不意，予以痛擊。如前述丹尼族在一九六一年四月二十七日、五月十日、六月四日、六月十日、七月十二日和七月二十八日發生的戰事。埋伏也是現代戰爭常用的策略，利用雷達或破解敵軍密碼偵測出敵人的行動，在敵人不知情的情況下，進行埋伏、狙擊。

傳統部落也會擺設鴻門宴，設局謀殺敵人，如雅諾馬莫印第安人和新幾內亞的部落都曾邀請鄰近的部落來參加宴會，等客人放下武器，大吃大喝，再痛下毒手。現代人也許會覺得奇怪，為什麼雅諾馬莫人已經聽過這樣的事件，仍會落入死亡陷阱。也許是因為傳統部落常常一起飲宴進而結盟，加上主人熱情邀約，做客人的於是不疑有他。現代國家政府極少使用這種手段，唯一的例子是南非布爾族（Boer）的首領雷提夫（Piet Retief）率領一百個族人在一八三八年二月六日接受祖魯（Zulu）國王丁嘉尼（Dingane）的邀請，前去赴宴。這些布爾族的客人進入國王的帳篷後，即全數遭到屠殺。然而這個事件可算是例外，因為祖魯人乃南非原住民班圖人的一支，十九世紀初原始社會瓦解，部落聯盟興起，出現近百個酋邦，戰亂不斷，後來才統一，成為祖魯王國。

現代國家傾向透過外交促成自己的利益，而不會利用如此無恥的欺騙手段。即使希特勒和日本要對蘇聯和美國發動攻擊，也會公開宣戰。但現代國家對待叛徒則另當別論。如法國將軍勒克萊爾（Charles Leclerc）曾在一八〇二年六月七日邀請在海地建立獨立政權的領導人盧維杜爾（Toussaint-

Louverture）前來參加宴會，卻趁機將他逮捕，關進監獄，翌年盧維杜爾即死於獄中。在現代國家，幫派份子、毒梟、恐怖集團也會用同樣的手段殺害叛徒。

另一種僅見於傳統社群的戰爭類型是和平聚會擦槍走火，在不可收拾之下演變成戰爭。這要比請君入甕的鴻門宴更為常見，如鄰近的兩個部族因為祭典共聚一堂，完全沒有廝殺的企圖。然而在雙方的陣營中，也許某兩個人有宿怨，仇人相見，分外眼紅，終於克制不了，開始出手，雙方親戚也加入戰局。我有一個美國友人曾受邀參加法玉族人的聚會。在場約有幾十人，有幾個人不時口出惡言，一副氣沖沖的樣子，先是用斧頭猛砍地面，最後甚至斧頭相向。傳統社群平時很少碰面，偶爾在祭典時相遇，如碰到仇家就常會發生這種流血衝突事件。

個人恩怨演變成戰爭的事件在現代國家非常罕見，但也有這樣的實例，如一九六九年六、七月間薩爾瓦多和宏都拉斯的足球戰爭。由於薩爾瓦多經濟比較發達、人口眾多，因此地狹人稠，耕地不足，很多薩爾瓦多人為了工作機會移民宏都拉斯，但他們賴以為生的土地後來被宏都拉斯政府沒收，只好返回薩爾瓦多，引發政治與社會動亂的緊張。一九七〇年，薩爾瓦多與宏都拉斯為了爭奪一九七〇年世界盃足球賽的參賽資格，必須以三戰二勝的方式決定贏家。六月八日第一場在宏都拉斯舉行，地主隊以一比〇獲勝，但宏都拉斯支持者毆打薩爾瓦多球迷，引起騷亂。六月十五日，第二場在薩爾瓦多舉行，情況更糟，地主薩爾瓦多因主場優勢以三比〇重創宏都拉斯，但薩爾瓦多球迷不僅毆打對方，還侮辱宏都拉斯國旗和國歌。六月二十六日，薩爾瓦多在墨西哥市的延長賽中以三比二險勝宏都拉斯，兩國即宣告斷交。七月十四日，薩爾瓦多軍隊入侵宏都拉斯，並出動空軍轟炸。這場足球戰爭歷時一百小時，二千餘人喪生，是為世界盃足球史上最大悲劇。

死亡率

傳統部落戰爭的死亡率有多高？是否可與現代國家戰爭的死亡率相提並論？軍事史家皆會蒐集、統計每一場現代戰爭傷亡資料，如德國在第二次世界大戰的傷亡人數。如此一來，我們就可以計算一個國家在一個世紀之中因戰爭造成的死亡率，如二十世紀的德國。至於現代部落社群戰爭死亡率的計算與估量，目前已有數十項研究。人類學家基禮（Lawrence Keeley）、鮑爾斯（Samuel Bowles）、平克（Steven Pinker）、藍翰（Richard Wrangham）、威爾森（Michael Wilson）和慕勒（Martin Muller）曾分別針對二十三個到三十二個傳統社群進行研究，發現各社群間的差異頗大。與戰爭相關的死亡率，每年平均可達一％（即以一百人組成的社群而言，平均每年有一人死於戰爭），像丹尼族、蘇丹丁卡族和北美兩個印第安社群則更高。至於安達曼島民、馬來西亞塞芒族則很低，每年約在〇．〇二％以下。這樣的差異主要和這些部族的生計方式有關，根據藍翰、威爾森和慕勒的分析，務農的社群若發生戰爭，死亡率幾乎是狩獵—採集族群的四倍。另一個衡量戰爭衝擊性的方式則是計算總死亡率與戰爭死亡率的比例，如厄瓜多華歐拉尼印第安人（Waorani）因戰爭造成的死亡率佔總死亡率的五六％，而分布在世界各地的六個傳統部落則只有三％至七％。

為了研究傳統小型社群與戰爭相關的死亡率，基禮提出國家社群的十項數值來做比較，其中之一是瑞典，這個國家在二十世紀沒打過任何戰爭，因此與戰爭相關的死亡率為零，其他九項數值則突顯現代戰爭的可怕。以長達一個世紀的期間而論（包括戰爭與和平之時），在現代戰爭導致的死亡人數最多的莫過於二十世紀的德國與俄國，死亡率分別為每年〇．一六％和〇．一五％（亦即每一萬人中，每年分別有十六人和十五人死於戰爭。）這就是二十世紀兩次世界大戰造成的災禍。相形之下，法國在十九世紀因戰爭發生的死亡率則比較低，只有〇．〇七％，包括拿破崙戰爭和拿破崙大軍從俄羅斯大撤退。至於二十世紀的日本死於戰爭的人口，除了美軍原子彈轟炸廣島和長崎造成的死亡人數，加上日本其他大城市遭到傳統炮彈的轟炸、槍擊，還包括死於飢荒、自殺與溺斃者，以及日軍在二次大戰在海外戰死的幾萬士兵，還有日本在一九三〇年代侵略中國、一九〇四年至〇五年的日俄戰爭，總計二十世紀的日本因戰爭發生的死亡率每年只有〇．〇三％，仍比德國和俄國來得低。從長期來看，戰爭在國家造成的死亡率最高為每年〇．二五％，即阿茲特克帝國亡於侵略者西班牙之手。

我們現在再來比較這些戰爭在傳統小型社群，及人口龐大的國家社群造成的死亡率（一樣是比較在一長段時間之內，包括戰爭與和平之時，估算戰爭平均在每年造成的死亡率）。我們可以發現，在二十世紀的現代國家之中，戰爭造成死亡率最高者（即德國與俄國）只有傳統小型社群平均值的三分之一，更是丹尼族的六分之一。以戰爭造成的死亡率而言，現代國家的平均值大約只有傳統社群的十分之一。

讀者或許會和我一樣，起先對這樣的數值驚異不已。以時間平均值來看，現代國家的壕溝戰、機關槍、汽油彈、原子彈、炮彈、魚雷等武器造成的死亡人數，竟然遠遠比不上傳統小型社群用矛、弓箭或棍棒互相攻擊。如果我們仔細比較傳統社群和現代國家戰爭的差異，就可恍然大悟。首先，現代國家的戰爭都是斷斷續續，並非無時無刻都在交戰，而傳統部落則經年累月都在作戰。以二十世紀的德國為例，交戰時間只有十年（一九一四至一九一八年以及一九三九年至一九四五年），剩下的九十年則無人死於戰爭。反之，丹尼族則每年、每月都有戰爭。其次，除了兩次世界大戰的大規模徵兵，國家戰爭造成的傷亡都是十八歲到四十歲間的男性，而且只派專業軍人上戰場打仗。再者，除了第二次世界大戰的空軍大轟炸，一般人民不會因戰爭而面臨生命危險。反之，傳統社群如發生戰事，男女老少則無人可以倖免。第三，國家戰爭的士兵如投降或被敵軍捕獲通常可以保住一命，若是在傳統部落戰爭落入敵方之手，則無活命的可能。最後，傳統戰爭常出現大屠殺，被圍捕的一方可能全部慘遭殺害，如丹尼族在一九三〇年代晚期、一九五二年、一九六二年六月和九月，及一九六六年六月四日發生的大屠殺事件。現代國家的戰勝國通常會讓戰俘活命，有的戰俘會被遣送回國，有的則被迫當奴工。

異與同

傳統社群與國家的戰爭有何異同？回答這個問題之前，我們必須注意傳統社群和國家社群的戰爭並非有如南轅北轍那樣的兩極。社群由小到大，戰爭也會跟著出現一連串的變化。一個社群愈大，軍力就愈強大，軍人數目也比較多，因此很難全數隱藏起來，比較不會利用突襲或埋伏狙擊的方式，傾向與敵人正面交鋒。如果是政權集中、階級分明的大型社群，領導人就愈強勢。一個國家的軍隊有各種等級之分，包括軍事參議官、總司令等，至於小小的隊群則人人平等（如丹尼族的古帖魯聯盟），領導人力量薄弱，主要是用說服來促使別人行動，而非利用權威要人遵從他的命令。中央集權的大型酋邦如發生戰爭，這樣的戰爭則和小國之戰相似。儘管社群規模從小到大有一連串的變化，我們還是可以比較小型傳統社群與龐大的國家社群交戰的方式。

這兩種社群有個相似點，也就是都會透過結盟來壯大勢力。如前一章所述，丹尼族的威里希曼—瓦拉魯亞聯盟也會和其他部落結盟，以對抗維達亞及其聯盟。參與第二次世界大戰的國家也是，分別組成兩個聯盟，其中英、美、俄屬於同一陣線，而德、義、日則是其敵對陣營。現代國家也許可以憑藉優良的軍事科技和領導力來制服敵人（如以色列），既無科技也無領導力的傳統社群因此更重視結盟，擁有愈多盟友的，愈可能戰勝。

另一個相似點是，所有的社群，不論大小，一樣會徒手與敵人廝殺搏鬥，也會使用長程武器來殲滅敵人。即使是一小撮法玉族人在庫格勒家旁邊打鬥，也會用弓箭，而丹尼族威里希曼聯盟的韋傑克希和簡諾克馬也在近距離遭維達亞人以矛刺死。一個社群愈大，科技愈進步，武器的射程就愈遠。雖然羅馬士兵也會拿劍或匕首與敵人搏鬥，也有長程武器可用，如弓箭、標槍、彈弓、石弩，射程最遠可達八百公尺。到了第一次世界大戰，德軍已研發出一種名叫「大貝莎」（Big Bertha）的遠程火砲，可從一百公里以外之地轟炸巴黎。至於現代的洲際彈道飛彈更可繞過半個地球，投遞核子彈頭。儘管如此，現代士兵與敵人近身肉搏仍會使用手槍或刺刀。

在現代長程武器持續發展之下，戰爭變成只要按一個鈕即可殲滅敵人（如按鈕發射炸彈、砲彈或飛彈）。士兵或軍官看不到敵人的臉，因此可克服面對面殺人的恐懼（圖37）。但在所有的傳統戰爭，若不是從幾百公尺外之地拿起弓箭瞄準敵人，就是眼睜睜地看著敵人，拿刀刺向他（圖36）。傳統社群的人從小就開始學習打鬥和殺戮，但現代國家的人民從小到大接受的教育都告訴他們，殺人是罪大惡極之事，直到長大成人，被徵召入伍，才必須依照上級的命令對敵人開槍。難怪兩次世界大戰的士兵中，高達半數的人剛上戰場之時，無法拿槍射殺另一個人。雖然傳統社群的人在作戰的時候可以毫無顧忌地殺人，現代國家社群則可用高超的軍事科技克服殺人的心理障礙。

至於傳統戰爭和國家戰爭的差異，其中一點即涉及心理層面。現代國家的士兵即使和敵人面對面，也互不相識，先前也無任何嫌隙。反之，在傳統小型社群，不但社群裡的人彼此熟識，敵對陣營的人大都也叫得出名字。這是因為小型社群經常結盟或通婚，所以多半互相認識。如第三章所述，丹尼族的戰士不但會互相叫囂，甚至指名道姓地辱罵對方。讀過《伊里亞德》的讀者應該都還記得希臘和特洛伊的首領開戰前總會指名叫陣，如赫克特和阿基里斯。因此，人與人之間的深仇大恨與血債血還多半是傳統戰爭的主因，例如敵人殺了你的家人、親戚或朋友，但是現代國家戰爭則通常和個人仇恨無關。

另一種心理差異涉及自我犧牲。在傳統戰爭根本沒有自我犧牲這回事，這卻是現代戰爭歌頌的事蹟。現代國家的士兵在統帥的命令下代表國家與敵人廝殺，不管是與敵人正面交鋒或衝向敵軍防禦的鐵絲網，都可能犧牲寶貴的生命。還有一些士兵則願意捨身救同袍，如用自己的身體蓋住手榴彈，使其他在戰壕內的弟兄得以逃過一劫。在第二次世界大戰期間，幾千個日本士兵出於自願或在日軍高層強求之下，組成神風特攻隊，針對美國海軍艦艇或登陸部隊進行自殺式的襲擊，此外還有馬鹿彈（或稱傻瓜炸彈，即空對地飛彈）和回天魚雷等以人手操縱的自殺攻擊式武器，以和敵軍同歸於盡。這些敢死隊的成員不知生死為何物，具有狂熱的愛國心，年紀輕輕即願意為國捐軀。就我所知，新幾內亞傳統部落戰爭沒有這種犧牲小我、完成大我的作法：每一個戰士的目的都是殺死敵人，讓自己活命。例如一九六一年五月十一日，威里希曼陣營入侵維達亞，用箭射傷一個叫胡外的人。胡外的同伴把他丟下，自個兒逃跑，沒留下來救他。六月十日，維達亞人抓到一個來自威里希曼、名叫韋傑克希的男孩，韋傑克希的三個同伴一樣只顧自己活命，拔腿就跑。

傳統社群和國家的士兵也有差別。所有國家的軍人都是全職的專業士兵，可待在戰場上多年。

至於平民生產的糧食，不但可養活自己，也可供給士兵。一般而言，國家的士兵都是專業軍事人員（如現在的美國），但到了戰時，為了擴大人數，也可能招募無軍事專業的志願者或徵召平民入伍。反之，所有的隊群和部落戰士，包括大多數的酋邦戰士都不是專業軍事人員，如第三章所述的丹尼族戰士。他們平時以狩獵、畜牧或務農為生，過著自給自足的生活，戰鬥時間一般只有幾小時到幾個禮拜，然後就必須回到家園，生計才不致於受到影響。因此，傳統社群的戰士不可能長時間待在戰場上。因此，歐洲殖民國家的士兵在對抗部落和酋邦之時，具有很大的優勢。有非歐洲族群可在短時間內集結全力，對抗來自歐洲的入侵者，但長期作戰耗損太大，最後只能臣服，如紐西蘭的毛利人、阿根廷的阿勞坎印第安人（Araucanian）、北美洲的蘇族（Sioux）及阿帕契印第安人（Apache）。

現代軍事史家常會論道傳統部落戰爭「效能不佳」：幾百個戰士廝殺了一整天，最後只有一、兩個人死亡，甚至可能無人傷亡。原因之一是傳統社群沒有大炮、炸彈等殺傷力強大的武器。其他原因還包括戰士為非軍事專業人員，以及沒有強而有力的領導人。再者，傳統社群的戰士沒有受到集體訓練，不能執行精密、複雜的作戰計畫，就連同步射擊都做不到。如果同時發射弓箭，殺傷力則遠大於分別發射。如果只是一支箭，敵人就很可能躲得過，若萬箭齊發，則在劫難逃。除了阿拉斯加的伊努特人，大多數傳統社群，如丹尼族，都不曾練習同步發射。傳統社群的戰士幾乎沒有紀律和組織，儘管在戰鬥之前已排好隊伍，只要一開打就會陷入凌亂。再者，傳統社群的戰爭領導人無法以軍法來管束士兵，要士兵服從命令。一九六六年丹尼族發生大屠殺，即因古帖魯領導無力，無法制止北部的戰士殺戮南部聯盟的人。

傳統戰爭和國家戰爭有兩個最大的差異，其一就是全面戰爭和有限戰爭的區別。國家和大型酋邦大都傾向打有限戰爭，只要摧毀敵方的作戰能力，無意攻佔敵人的土地、掠奪其資源，也不想傷害廣大的老百姓，畢竟他們入侵的目的在接收敵人的土地、資源與人民。美國人通常認為全面戰爭是美國內戰（1861-1865）期間才出現的戰爭概念。當時的北軍將領謝爾曼（William Tecumseh Sherman）提出焦土政策，對南方發動全面戰爭，不惜動用任何資源殲滅敵人，不論是作戰部隊或平民，格殺勿論，他的向海洋推進戰役（從亞特蘭大到大西洋），一路摧毀南方的房舍、工廠、磨坊，炸毀橋樑、破壞鐵軌、掠奪糧食、破壞農田和農作機具、殺害牲畜，焚燒棉花，逼迫南方耗盡資源，重創其士氣，最後不得不宣告投降。謝爾曼如此解說自己的戰爭哲學：「戰爭是殘酷的，你無法使之變得文雅……我們今天所要對抗的不只是敵方的士兵，還有他們的人民。不管男女老少、貧賤或富貴之人，無人可以自外……我們無法改變南方人的心，但我們可以讓戰爭變得極其恐怖……讓人厭惡戰爭，以後世世代代都不想再陷入戰爭。」然而謝爾曼並沒有殺死南方平民，南部邦聯的士兵只要投降或被捕也可免除一死。

從國家戰爭的標準來看，謝爾曼的作法並非特例，他也不是發動全面戰爭的始祖。其實，打從幾萬年前隊群和部落已採用這種作戰方式，如人類學家在塔爾海姆發現的大屠殺遺骸。國家的軍隊之所以會饒戰俘一命，因為他們有能力養戰俘、保護他們、讓他們工作，也可防範戰俘逃跑。對傳統社群來說，戰俘沒有利用價值，因此不會讓他們活命。再者，戰士也知道他們要是打敗或被活捉，一定會被殺，所以奮勇作戰到最後，絕不投降。直到五千年前城邦在美索不達米亞形成，才有收容戰俘的歷史紀錄或考古學證據。那時，他們會將戰俘的眼睛挖掉，以防止他們逃走，而那些戰俘也只能從事憑靠觸覺的工作，如紡紗或下田。有幾個採定居型態、經濟已經分工化的部落及由狩獵─採集族群組成的酋邦也會利用戰俘當奴隸，如美國西北太平洋岸的印第安人和佛羅里達的卡魯薩印第安人。

不管如何，規模不及美索不達米亞城邦的美國西北太平洋岸的印第安人和卡魯薩印第安人，仍會殲滅沒有利用價值的敵人。對丹尼族、佛爾族、阿拉斯加伊努特人、安達曼島民等部落而言，作戰的主要目的是奪取敵人的土地並殲滅全部的敵人，不論性別、年紀，如一九六六年六月四日丹尼族的大屠殺事件，就有幾十個婦女和兒童遭到殺害。有的傳統社群則在殺死敵人中的成年男子，並用棍棒打死嬰兒之後，帶走可生育的女人，如努爾人襲擊丁卡族。努爾人也會把已斷奶的幼兒帶回去當自己的後代撫養。雅諾馬莫印第安人一樣也會放過敵人陣營的女人，帶回來當老婆。

傳統社群打全面戰爭通常必須動員所有的人。如丹尼族在一九六一年八月六日發動的戰事，參戰者就包括六歲大的孩子。相形之下，國家戰爭只派軍事專業人士上陣，因此人數只佔成年男性的一小部分。以拿破崙在一八一二年率領大軍入侵俄羅斯為例，士兵總數約有六十萬人，從十九世紀國家戰爭的標準來看，已非常龐大，但這樣的總數仍不及當時法蘭西人口的十分之一（有些士兵來自其他聯盟國家，非法蘭西人）。即使是現代國家的軍隊，真正上戰場作戰的官兵也只是少數，遠不及支援部隊。以美國為例，前者和後者人數為一比十一。如果從整個社群的作戰能力來看，丹尼族大可笑傲十九世紀的拿破崙與今天的美國，而丹尼族在一九六六年六月四日發動的大屠殺，一口氣焚毀幾十間草屋，偷走敵人的豬隻，這樣的行動則不禁讓人聯想到謝爾曼的海洋推進戰役。

終結戰爭

部落與國家戰爭之間的重大差異，除了全面戰爭和有限戰爭，還包括終結戰爭與維持和平的步調。正如第三章所述的丹尼族之戰，小型社群的戰爭通常涉及復仇。乙方殺了甲方的人，甲方的人則要乙方血債血還，乙方的人死了，甲方的人心滿意足，但乙方又會回來向甲方索命，因此陷入冤冤相報的無限循環。只有一方被全部殲滅或趕走，或雙方耗盡所有的人員和資源，這樣的戰爭才會停止。但國家和大型酋邦不像隊群或部落，通常傾向打有限戰爭，目的在於征服敵人的領土。

但是要一個部落裡的人共同做出終止戰爭的決定，或與敵人達成停戰協議並不容易，因為只有中央集權的大型酋邦或國家能由領導人做出決定或與敵人協商，部落沒有強而有力的領導人，每一個人都有發言權。即使一個部落與敵人達成停戰協議也很難維持和平。對任何社群而言，不管是部落或是國家，總有對和平協議不滿的人，因為個人怨仇而想要攻擊敵人或引發新的戰端。國家政府由於中央集權，擁有動用武力的唯一權力，因此可以制止個人尋仇，領導力薄弱的部落首領則做不到。因此，部落和平很難維持，很快就會陷入新的戰爭循環。

國家和小型集權社群的差異就是國家存在的主要原因。長久以來，對國家興起的原因，以及為何大眾如何忍受國王、議員或官員的治理，政治學者多有辯論。全職的政治領導人並不自己生產糧食，而是靠人民生產的食物維生。政治領導人如何說服或強迫人民這麼做？人民又如何願意讓他們掌控大權？法國哲學家盧梭（Jean-Jacques Rousseau）猜測，政府的興起是人民理性的決定。人民認為在領導人和官員的治理下，自己必然能獲得更大的利益。但，沒有其他史家做這樣的推論。反之，酋邦會演進成國家是透過競爭、征服或外來壓力使然：酋邦因為決策效能高，因此得以抵抗其他酋邦的入侵。例如在一八〇七年和一八一七年間，非洲東南幾十個原本互相交戰的祖魯酋邦漸漸被丁吉斯瓦友（Dingiswayo）統一。丁吉斯瓦友擅長招募戰士、解決爭端、整合被擊潰的酋邦、治理領土，因此得以完成統一大業。

部落的人再如何好戰，也明白戰爭帶來的悲慘、危險與親人被殺的痛苦。部落戰爭在殖民政府的強力干預下宣告結束，部落裡的人常論道他們的生活品質大有改進。這是因為如果沒有中央集權的政府阻止他們殺戮，他們就難以擺脫互相仇殺的惡性循環。新幾內亞高地的奧亞納人（Auyana）告訴人類學家羅賓斯（Sterling Robbins）：「自從殖民政府來到這裡，我們的生活大有改善，吃飯的時候不必提心吊膽，擔心有人會從背後攻擊。早上起來去屋外小解，也不必害怕遭到暗殺。所有的人都承認，他們在作戰時內心充滿恐懼，而且很怕落單，找不到回家的路。」

我們可從這樣的反應理解為何少數澳大利亞巡邏官和當地的警察，就可以終止新幾內亞東部的部落戰爭。他們來到交戰的村落，買下一頭豬，當場用槍擊斃豬隻，讓村民了解他們武器火力的強大，接下來拆除村莊的圍樁，沒收戰爭用的盾牌，以免任何人再發動戰爭。偶爾有幾個當地人膽敢發動攻擊，則立即被槍擊斃。當然，新幾內亞人眼睛雪亮，看得出槍枝火力非凡。我們實在難以預料新幾內亞部落社群會輕易放棄戰爭，畢竟他們已打了好幾千年，而且從小到大都以戰場上的功績為人生最大的榮耀。

原因在於，新幾內亞人了解和平的好處。如果沒有國家政府的介入，他們永遠無法體會這點。例如，一九六〇年代，我曾在新幾內亞高地待了一個月。不久前，那個地區才結束長久以來的征戰，居民共有二萬人左右，由一個澳大利亞巡邏官和幾個當地警察維持治安。雖然只有巡邏官和警察有槍，新幾內亞人還是可利用夜晚埋伏、偷襲，把他們殺死，再發動戰爭。但他們並沒有這麼做。顯然他們了解國家政府能帶來一個很大的好處，也就是和平。

與歐洲人接觸的影響

歐洲人對傳統戰爭有何影響？會使傳統戰爭變得更多、更少，或者不變？這個問題很複雜。如果一個人認為歐洲人與傳統社群接觸必然會使傳統戰爭加劇，不採信外來旁觀者的觀察。人類學家基禮就曾以西瓜做為比喻：如果我們本來相信西瓜的果肉是白的，拿刀子切下去之後，才發現西瓜果肉是紅的，因此在沒切開西瓜之前，我們如何證明西瓜的果肉是紅的？

然而，目前已有大量考古學證據和戰爭的口述歷史證明，傳統社群與歐洲人接觸之前已有不少戰爭，並非一直過著和平的生活，直到歐洲人來到才干戈相向。無庸置疑的是，部落戰爭的消失或減少是因為歐洲人或其他國家政府的干預，因為所有的國家政府都不希望戰爭和動亂影響他們對當地的治理。從人種學研究來看，在歐洲人剛與傳統社群接觸之初，當地戰爭可能因此增加或減少，變因包括歐洲人帶來的武器、傳染病、商機，以及糧食供應的增減。

例如紐西蘭的毛利人與歐洲人接觸之後，在短期內戰爭就變多了。毛利人約在西元一二〇〇年左右在紐西蘭落腳。考古學家在當地挖掘出很多堡壘，證明早在歐洲人來到之前，毛利人已常常作戰。根據歷史紀錄，歐洲人最早在一六四二年踏上紐西蘭，並從一七九〇年代在此地殖民，當時毛利人不但會殺歐洲人，也會互相廝殺。從一八一八年到一八三五年間，歐洲人引進的兩項物品突然使毛利人的戰爭變多。其中之一是毛瑟槍，也就是紐西蘭歷史上有名的毛瑟槍之戰。毛利人發現毛瑟槍殺傷力強大，遠勝過以前用棍棒打鬥，於是用土地和歐洲人換毛瑟槍做為戰爭利器。另一項物品則是馬鈴薯。你或許會大吃一驚，難以想像這東西與戰爭的關聯。說來，毛利人的戰爭時間能夠拉長、規模變大，都是拜馬鈴薯之賜。毛利人的主食原本是甘藷，馬鈴薯（原產地為南美洲）則是歐洲人引進的。馬鈴薯在紐西蘭落地生根之後，產量豐盛，遠超過甘藷，毛利人的餘糧因此增多，得以餵養戰士，讓他們長期待在戰場上，或搭乘獨木舟征服遠方的部族，甚至可遠征一千六百公里外之地。一開始，只有少數幾個部落可和前來做生意的歐洲人買毛瑟槍。這幾個部落便用毛瑟槍征服其他部落。然而，後來毛瑟槍愈來愈普及，等到所有的部落都擁有毛瑟槍就是毛瑟槍之戰打得最如火如荼之時，後來即漸漸止息。

斐濟也是一樣，一八〇八年左右歐洲毛瑟槍引進後，斐濟人就可持槍殲滅眾多敵人。毛瑟槍的殺傷力遠大於他們以前使用的棍棒、矛和弓箭。歐洲的槍枝、船和鋼斧於十九世紀引進所羅門群島（Solomon Islands）之後，島上獵人頭的風俗因此更加興盛，畢竟鋼斧不像石斧，使用多次依然鋒利。同樣地，北美大平原和非洲中部由於歐洲槍枝與馬匹的輸入，加上奴隸買賣，戰事因此增多。上面提到的各個社群早在與歐洲人接觸之前已有戰爭，但在歐洲人的刺激下，在幾十年間（紐西蘭、斐濟、所羅門群島）或幾百年間（北美大平原、非洲中部）戰爭變多，之後才漸漸減少。

傳統社群和歐洲人接觸之後，戰爭也可能止息，連短期激增的現象也沒有。在新幾內亞高地有很多地方在殖民政府的巡邏官進駐後戰爭即銷聲匿跡，之後歐洲商人和傳教士才來到這裡，並帶來其他間接從歐洲輸入的貿易物品。人類學家在一九五〇年代對非洲的昆族隊群進行研究，發現他們已不再互相攻擊，但在一九五五年之前，仍有一些謀殺案件。最後五件謀殺案中，有四件（分別發生於一九四六年、一九五二年、一九五二年和一九五五年）的凶手都被茨瓦納（Tswana）政府關進監牢。由於茨瓦納政府的法庭可解決爭端，因此昆族人在一九五五年之後不再用謀殺來解決怨仇。然而我們可從昆族的口述歷史得知，幾個世代前，隊群間的突襲和戰爭仍是家常便飯，但在茨瓦納政府警方鎮壓與司法系統的運用下，隊群間不再經常發生暴力衝突的情事。

我最後要舉的例子是阿拉斯加西北部。當地同屬伊努特族的優皮克人（Yupik）與伊努皮亞克人（Inupiaq）本來常常發生爭戰，與歐洲人接觸的十年內或不到一個世代，戰爭就消弭了。原因不在巡邏官、警察或法律禁止，而是其他接觸的結果造成的。一八三八年，歐洲人將天花這種傳染病帶進來，致使很多個優皮克族群遭到滅絕，戰爭也就戛然而止。伊努皮亞克人則非常熱中於貿易，特別是與歐洲人交易毛皮，自一八四八年後，交易更加頻繁，如果發生戰爭將失去寶貴的商業機會，因此願意放棄戰爭。

因此，傳統族群與歐洲人、茨瓦納等外來國家或酋邦接觸，長期下來必然會壓制部落戰爭。至於短期效應，可能使戰爭立即中止，或是在這樣的刺激下戰事突然增多，但最後還是漸漸變少。我們無法斷言傳統部落戰爭是與歐洲人接觸造成的。

不管如何，長久以來一直有西方學者常否認傳統戰爭的存在。法國思想家盧梭便認為人類與生俱來就有憐憫之心，戰爭是在國家興起之後才出現的。研究二十世紀傳統社群的人種史學家觀察到的部落和隊群都過著和平的生活。這是殖民政府掌控的結果。直到一九五〇年代和六〇年代，人類學家才在新幾內亞高地和亞馬遜地區親眼見識最後的部落戰爭。至於考古學家挖掘出來的防禦工事則常被認為只是溝渠、村子外圍的柵欄、屏障或邊界的象徵，而非與戰爭有關。然而傳統戰爭的證據已多不勝數，包括直接觀察所得、口述歷史和考古學上的發現。我們不禁納悶，傳統戰爭的存在與否為什麼會引起爭辯。

一個原因是傳統社群與歐洲人接觸前或在早期接觸之時發生的戰爭難以評估。傳統社群的戰士很快就察覺來訪的人類學家討厭戰爭，因此他們在發動突襲之時不會讓人類學家一同前往，更不會讓他們拍攝戰爭實況。哈佛皮博迪探險隊得以在新幾內亞高地拍攝丹尼族戰爭的影片可說是特例。另一個原因是傳統族群與歐洲人接觸之後短期對部落戰爭造成的影響可能是雙向的，必須在不預設立場之下分別評估每一個例子。儘管如此，仍有許多人無視證據，否認傳統戰爭的存在。

一般而言，學者深入傳統社群研究幾年之後，常會與當地人打成一片。這些學者認為戰爭是罪惡的，他們的讀者大多數也認為如此，他們不希望他們的部落朋友被當作是惡人。其次，有些國家或殖民政府急欲征服傳統社群的土地，恨不得早日除去那些原住民或對他們自相殘殺視若無睹。再者，如果說傳統社群是好戰之徒，等於是為他們貼上污名化的標籤，因此學者不願意這麼做。

我可以理解那些學者對原住民的同情。然而，這樣無視傳統戰爭的現實，甚至為了政治目的加以扭曲，並非好的策略。錯誤地指稱原住民不愛戰爭並非尊重他們。傳統社群的戰爭就像其他有爭議的現象，皆可以客觀地進行觀察與研究，最後必然能顯現事實。但是學者若基於冠冕堂皇的政治理由否認傳統戰爭的存在，必然無法看到事實。我們該基於道德的立場來主張原住民的權益，而非一味地駁斥事實。

獸性 vs. 人性

如果我們採用本章前面對戰爭的定義：「不同的政治群體或敵對派系的暴力衝突，且這樣的行為是群體認可的」，再用比較寬廣的觀點來看「政治群體」和「認可」，如此一來會互相作戰的不只是人類，還包括動物。論及人類戰爭時經常被提到的物種就是普通黑猩猩（common chimpanzee），因這種黑猩猩是人類的近親。黑猩猩的戰爭和人類隊群和部落戰爭很像，包括成年雄性發動的突擊或偶然與其他黑猩猩群體相遇發生衝突。據統計，黑猩猩打鬥造成的死亡率平均每年為〇．三六％（即一萬隻黑猩猩中，每年有三十六隻打鬥死亡），和傳統社群戰爭造成的死亡率差不多。但這是否意謂我們的猩猩祖先把戰爭的基因傳給我們，因此戰爭已存在我們的本性之中，人類無可避免會陷入戰爭？

答案是否定的，因為黑猩猩並非人類的祖先。人與黑猩猩有共祖，在六百萬年前分別走上不同的演化之路。源於此一共祖的除了上述兩者，還有巴諾布猿（bonobo，即矮黑猩猩），因此人類的近親除了黑猩猩，還有巴諾布猿。並非這三種物種都愛好戰鬥。巴諾布猿以愛好和平著稱，有些人類傳統社群也不戰爭。除了黑猩猩，有些社會化的動物物種（如獅子、狼、鬣狗及幾種螞蟻）也會成群結隊互相攻擊、廝殺，有些則不會。顯然，並非所有社會化的動物（包括人類與黑猩猩）都愛打鬥。藍翰論道，會打鬥的社會化物種有兩大特徵，一是激烈的資源競爭，二是大小不同的群體相遇，就很容易滋生暴力衝突的行為，大的群體因數量大而佔優勢，輕而易舉便可擊退入侵的小群體或個體。

至於人類體內是否潛藏暴力攻擊的基因？當然，人類有這樣的基因，然而人類其他行為如合作等也都有基因基礎。說來，人類的大腦結構、荷爾蒙和本能都和基因有關，如荷爾蒙中的睪丸酮即與攻擊行為息息相關。但攻擊行為就像身高，除了會受到基因的影響，也會受到環境和社會因素的左右（如營養不良對身高的影響）。因此攻擊行為不像鐮狀細胞貧血病，並非單一基因就能決定的特質，與其他基因或環境等無關。此外，與戰爭相反的合作行為也常見於人類社群。我們已在第一章談論過，鄰近人類社群會在某種環境的影響下互助合作，如資源多寡出現波動，或賴以為生的土地無法生產所有生存所需的資源。然而，並非所有鄰近的小型社群都會合作，有些較常合作，有些則不常。

雖然大多數的人類社群都會交戰，有些則比較和平。這點可從幾個外在因素來解說。如中美洲的哥斯大黎加近年未曾發生戰爭，甚至從一九四九年已廢除軍隊，這是因為該國人民崇尚平等、民主，而且鄰國尼加拉瓜和巴拿馬都沒有威脅性。再者該地區除了巴拿馬運河，沒有其他值得征服的目標。如果哥斯大黎加膽敢攻擊巴拿馬運河，美國必然會出兵防衛。在近代，瑞典和瑞士也都自外於戰爭。這兩個國家因強敵環伺（德國、法國、俄國），一方面不可能出兵征服這些鄰國，另一方面重視國防，加強裝備，讓敵人不敢輕舉妄動。

有少數傳統社群也和上述現代國家一樣，一直過著和平的生活。如格陵蘭西北角的極地伊努特人因為與世隔絕，沒有鄰居，也不曾與外界人士接觸，即使他們想要作戰，也沒有交戰的對象。此外，少數以狩獵—採集為生的隊群因為住在人煙稀少的地區，生存環境嚴酷，幾乎沒有什麼財產，也都各自過著孤立的生活，很少與其他隊群打交道，如美國大盆地的休休尼印第安人、玻利維亞的西里奧諾印第安人、澳洲沙漠的一些部落和西伯利亞北部的恩加納桑族。不曾經歷戰爭的農夫包括祕魯的馬奇根加印第安人。他們住在森林邊緣，因資源有限，無法供養戰士。

因此，我們無法斷定哪些人類社群與生俱來愛好和平或特別好戰。似乎對一個社群而言，決定交戰的重要因素是戰爭是否對自己有利，以及是否為了自己的生存，不得不應戰。儘管有些社群很少發生戰爭，被人認為天性溫和（如塞芒族、昆族和非洲的匹格米族），同一個群體間的成員也有暴力衝突事件（如謀殺），不同群體之間則無戰鬥的情事。但在一九五〇年代被英軍徵召到馬來西亞戰場與共產黨交戰的塞芒族一樣殺紅了眼。因此，人類是否天生就有暴力傾向或愛好合作是沒有意義的辯論。所有的人類社群都會合作，也會用暴力來解決爭端，至於會表現出什麼樣的特質則依環境而定。

傳統戰爭的動機

為什麼傳統社群要作戰？我們可用不同的方式來回答這個問題。最直接的方式就是不去詮釋他們的主張或動機，只是觀察從戰爭獲勝的社群可得到什麼樣的利益。另一個方式是詢問那些傳統社群的人，問他們為什麼要作戰（也就是探詢戰爭的近因）。還有一個方式就是深入了解其作戰真正的動機（即研究戰爭的遠因。）

根據觀察，傳統社群如果打了勝仗有很多好處，包括將敵方的兒童和女人帶回來納為己有、搜刮牛隻、糧食、人頭（獵人頭的戰利品）、可供食用的人體（食人族的食物）、土地及其相關資源（如捕魚區、果園、菜園、鹽池、採石場）、豬隻、威望、蛋白質、奴隸等。

但這些人所述的參戰動機不一定與他們得到的東西相符。這意謂他們不明白自己的動機，或是不夠坦誠。傳統社群所說的作戰動機有哪些？

最常見的答案就是復仇，為了報復族人或同一隊群的人被殺之仇。由於部落戰爭是一個不斷報復的暴力循環，每一場戰爭通常都起因於先前的戰爭。例如第三章描述的丹尼族之戰，一九六一年一月、四月十日和二十七日、六月十日、七月五日、八月十六日發生的戰事都是威里希曼人為了尋仇引發的，而四月三日及十日、五月二十九日的戰事則是維達亞人的復仇。

如果復仇是傳統社群所說的戰爭主因，戰爭的導火線為何？在新幾內亞高地，當地的傳統社群一般都是為了女人或豬隻而戰。對新幾內亞的男人而言，女人會引發的爭端其實和世界其他地區類似，不外乎和通姦、拋棄丈夫、綁架、強暴或聘金有關。雅諾馬莫族的人也曾說女人是他們作戰的原因。人類學家夏雍有一次對雅諾馬莫族的首領述說自己那邊的人（即美國人和英國人）突襲敵人（德國人）的事。那個首領猜測說：「你們會發動攻擊，必然是因為德國人偷走你們的女人，對不對？」現代的大型國家社群已不再會為了女人開戰。然而，聞名千古的特洛伊之戰正起因於斯巴達國王曼尼勒斯之妻海倫被特洛伊王子帕里斯誘拐，曼尼勒斯於是邀集希臘其他城邦國，在其兄邁錫尼王阿伽曼儂的統帥下圍城攻打特洛伊。可見在城邦興起、小國林立之時，女人仍是戰爭的一個重要原因。

在新幾內亞人的心目中，豬隻也很重要，甚至可與女人相提並論，成為戰爭的原因。對新幾內亞人而言，豬不只是食物以及蛋白質最主要的來源，也是財富和威望的象徵，並做為娶妻的聘禮。豬和女人一樣，可能四處游走、離開主人，也很容易被綁走或偷走，因此經常造成爭端。

其他傳統社群也會把牛、馬等牲畜當作是財富的象徵，也常因為這些牲畜引發爭端。努爾人很喜歡牛隻，就像新幾內亞人把豬當寶貝，努爾人偷襲丁卡族和其他努爾部落的主要目的就是為了牛。努爾人也會拿牛隻來進行交易或做為賠償（「你答應要賠若干隻牛給我，卻食言了。」）人類學家伊凡斯—普里查德曾引述一個努爾人的話：「在我們族人中，為了牛隻發生爭端而死的人要比其他原因來得多。」在北美大盆地和亞洲乾草原，馬匹和馬匹失竊事件也是當地傳統社群開戰的主因。除了女人與動物，其他物品令人覬覦或被偷，也會引起糾紛甚至戰爭。

小型社群開戰不只是為了把女人搶回來當老婆，也可能抱著其他目的，對敵人其他的人下手。如努爾人會把丁卡人的孩子抓來，當成自己的孩子撫養。獵人頭族則欲取得敵人的頭顱，包括新幾內亞的阿斯馬特族（Asmat）和馬林德族（Marind）、所羅門群島的羅維安納族（Roviana），以及亞洲、印尼、太平洋島嶼、愛爾蘭、蘇格蘭、非洲、南美洲的一些部族。食人族則會吃敵人的屍體，包括加勒比人，以及非洲、美洲、新幾內亞的一些部族，很多太平洋群島的島民也是。有些酋邦和部落社群抓到敵人則是把他們當奴隸，如新幾內亞西北部的人、所羅門群島南部島民、美國西北太平洋岸和佛羅里達的美洲原住民，以及西非人。很多國家社群也會把敵人抓來當奴隸，如古希臘人、羅馬帝國、中國、鄂圖曼土耳其帝國，以及歐洲在新世界的殖民地。

傳統社群開戰之因還有其他兩個。其一是巫術。新幾內亞等小型社群常會把種種天災人禍怪罪到敵人，說是他們放蠱造成的，因此得把敵人的巫師揪出來、殺掉。另一個常見的原因是視鄰居為低劣、有敵意的次等人類，因此不得不把他們除掉。如第三章所述，一個老太太問威里希曼人：「你們為什麼要殺維達亞人？」一個男人答道：「因為他們是敵人。他們根本不是人，我們為什麼不能殺他們？」

除了人和牲畜引起的衝突，土地糾紛也常是引發戰爭的原因，如第一章描述的新幾內亞山族和河族的人為了爭奪地盤衝突不斷。

遠因

我們逐一列舉小型社群作戰的動機，包括女人、小孩、人頭等，還有一些動機無法盡數。儘管如此，我們發現上述對傳統戰爭動機的剖析仍不令人滿意。每一個人的鄰居都有女人、小孩、人頭、家畜、會實施巫術、被人視為次等人類，他們的身體也可做為食人族的食物等。儘管有人覬覦他們，或與他們發生糾紛，不一定會引發戰爭。即使是特別好戰的社群，如發生爭端，通常也會利用調解和賠償金設法和平解決（如第二章所述）。即使無法和平解決爭端，被冒犯的一方也不一定會訴諸戰爭。為什麼有些社群特別容易利用調解與賠償來解決問題，有些則做不到？他們的差異在哪裡？

即使是參戰者自己也不一定明白戰爭的遠因，或者在參戰當時能說清楚。例如人類學家常就雅諾馬莫人的戰爭進行辯論，猜測他們作戰的遠因是為了從敵人之手把獵物搶過來，以獲得寶貴的蛋白質。但傳統雅諾馬莫人並不知道蛋白質是為何物，依然堅持女人才是他們作戰的動機，而非為了獵物。因此，即使人類學家提出的蛋白質理論是對的，我們還是無法從雅諾馬莫人的口中得知。

要了解遠因往往十分困難。以第一次世界大戰的遠因為例，儘管已有數百位史學家投入研究，相關文獻汗牛充棟，直到現在依然沒有定論。每一個人都知道，第一次世界大戰的近因是一九一四年六月二十八日奧匈帝國的皇儲斐迪南大公在薩拉耶佛被狂熱的塞爾維亞民族主義者普林西普（Gavrilo Princip）槍殺。然而，還有其他國家的元首或皇儲遭到暗殺，都沒有這樣的結果。因此，第一次世界大戰的遠因究竟為何？史家提出的種種理論包括戰前的聯盟系統、民族主義、意圖對哈布斯堡和鄂圖曼這兩大帝國造成威脅、阿爾薩斯—洛林地區（Alsace-Lorraine）的領土爭議、英法聯軍強行進入達達尼爾海峽（Dardanelles）、德國經濟勢力的興起等。我們既然對第一次世界大戰的遠因無法達成共識，又如何能了解傳統戰爭的遠因？但研究傳統戰爭的學生可享有一個好處，也就是有無數傳統戰爭可供比較。

至於傳統戰爭的遠因，大多數的學者推測是為了爭奪土地，或其他稀少資源如漁場、鹽、採石場或勞工。除非環境變動劇烈，生存困難，致使人口數低落，人類群體一般而言數量會逐漸成長，因此需要更多的土地和資源，如果不足，就必須從其他群體那裡搶奪。因此，人類社群作戰的原因主要是掠奪屬於其他社群的土地或資源，或是抵禦其他社群的入侵，以免失去自己的土地或資源。國家政府作戰的一個重要動機，也是為了土地和勞力。希特勒就曾在書中明言，德國需要更多的「生存空間（*Lebensraum*）」因此，不得不往東擴展。由於俄國人和其他斯拉夫人就住在德國東邊，於是希特勒入侵波蘭、俄國，企圖征服他們的土地，加以奴役，並殺害那裡的斯拉夫人。

人類學家卡蘿與梅爾文・恩貝爾（Carol and Melvin Ember）夫婦就以土地、資源與戰爭的關係進行深入研究，分析來自不同文化的一百八十六個社群，建立人類關係區域檔案（Human Relations Area Files）。恩貝爾夫婦檢視人類社群資源短缺的原因，包括饑荒、洪水或酷寒等天災，和導致食物短缺的各種災害。他們發現這些和戰爭發生的頻率息息相關，因此傳統社群開戰通常是為了從敵人那裡奪取資源（特別是土地），以防範未來發生不可預期的資源短缺。

雖然這樣的解釋可圈可點，但不見得所有的學者都接受。在傳統戰爭發生之後，失敗的一方落荒而逃，勝利者佔領他們的土地，但也有不佔領土地的例子。此外，並非人口密集的地區戰爭就會打得比較激烈。有些棲地資源特別豐富，得以養活眾多人口，讓他們過著和平、安樂的生活。例如住在沙漠區的狩獵—採集族群，儘管人口密度很低，每平方英里只有五人，還是感受到資源短缺之苦，不得不向外侵略，至於住在沃土區的農夫，當地環境溫暖怡人、水源豐富，儘管人口稠密，每平方英里多達一百人，並無向外擴張的意圖。因此，光是看人口密度還不夠，還要看人口密度與資源密度的關係，以判斷是否出現資源短缺的情況。如果你比較幾個傳統社群，他們都有類似的維生方式、住在類似的棲地、當地的資源也都差不多，如此人口密度的大小確實會影響戰爭發生的頻率。

傳統社群戰爭的其他遠因還包括與鄰近社群保持距離，讓他們不敢來找麻煩或是乾脆除掉他們，也有刻意博取好戰之名，讓鄰近社群敬而遠之，不敢輕舉妄動等。這種解釋不同於前述的為了爭奪土地和資源而戰，而牽涉到社群之間的關係。的確，人類社群可能為了與鄰近的人保持距離，不惜採取激烈的手段。

例如，在五百年前，芬蘭人大抵在海岸定居，內陸地區少有人居。有幾個家庭或小群體遷往內陸之時，落腳之處儘可能遠離鄰居。我的芬蘭朋友告訴我，那些早期往內陸移居的人非常討厭擁擠的生活環境。有一個人帶著家人來到河邊，蓋了一座小農場，因為看不到鄰居而心滿意足。但是，有一天他發現河中出現一根漂流木。他驚愕萬分：必然有人住在上游！他於是氣沖沖地往上游前進，經過一大片原始林。第一天，他沒遇見任何人。第二天，還是一樣，看不到任何一個人影。到了第三天，他走到一塊新開墾的空地，果然發現有人住在這裡。他隨即把那個人殺了，再走三天的路回到自己的家，這才覺得高枕無憂。我們無法斷定這個故事的真偽，然而可以發現小型社群也會在社會因素影響下希望遠離鄰近社群。

其他遠因牽涉到戰爭為個人帶來的利益。好戰的人或戰爭首領受人敬畏，也因戰績獲得威望，因此可擁有比較多的老婆，生出比較多的子女。根據人類學家夏雍的計算，雅諾馬莫印第安人如曾在戰場上殺過敵人，比起沒殺過人的族人，老婆多二．五倍，子女則多三倍，社會地位也比較高。然而，並非所有的傳統社群都像雅諾馬莫人。有的社群戰士的壽命則比較短，如厄瓜多的華歐拉尼印第安人比雅諾馬莫人更凶猛好戰，但可能在戰場上死於敵人之手，因此不見得可以擁有更多老婆，該族能活到成年的孩子也比其他社群來得少。

與誰作戰？

我們已討論過小型社群為何作戰，接下來再來研究：他們作戰的對象是誰？是否部落的人比較會和說不同語言的部落發生戰爭，或者比較可能與說同一種語言的人開戰？他們會和有通商或通婚關係的部族作戰嗎？

為了回答這些問題，我們先來了解一下現代國家的情況。著名的英國氣象學家理查森（Lewis Richardson）擅長用數學分析複雜的大氣現象。他在第一次世界大戰時期曾在救護車上服務，幫忙運送傷兵。他太太有三個兄弟，其中兩個皆死在戰場上。戰爭帶給他的痛苦，加上生於信奉貴格教派的家庭，使他心生轉換生涯跑道的念頭，開始利用數學來研究戰爭，希望能從中得到寶貴的教訓，知道如何避免戰爭。他把一八二〇年到一九四九年的所有戰爭列表，記錄每一場戰爭的死亡人數，再根據這些數據製作五張表格，最後探究不同國家參戰的時間和原因。

從一八二〇年到一九四九年，各國參戰的次數差異很大，如法國和英國打了超過二十場戰爭，瑞士只有一場，瑞典則沒打過任何一場戰爭。會有這樣的差異和鄰國的數目有關：接壤的鄰國愈多，愈容易發生戰爭。至於某一國與其鄰國是否講同一種語言或說不同的語言則似乎不是戰爭的變因。唯一的例外是，雙方都說中文的，比較少發生戰爭，而雙方都說西班牙文的則較常發生戰爭。理查森推測這是文化因素使然。這種論點很有意思，有興趣的讀者可參看理查森在一九六〇年出版的專書《致命爭吵的統計數字》（*Statistics of Deadly Quarrels*）（二二三至二三〇頁及二四〇年至二四二頁。）

理查森並沒有統計貿易與戰爭的關聯。相鄰的國家不只特別容易發生戰爭，通常也是貿易夥伴。

就我們的印象，有貿易關係的現代國家更容易反目成仇、干戈相向。也許這是因為貿易關係常出現糾紛之故。世界史上最大的戰爭就是互為貿易夥伴的國家發動的。例如第二次世界大戰，日本的兩大攻擊目標就是與之有進出口關係的美國和中國。同樣地，納粹德國與俄國原本也是貿易夥伴，直到一九四一年六月二十二日，德軍入侵俄國，就此一刀兩斷。

我們再回過頭來看看傳統小型社群。有關這些小型社群在近代發生的戰爭，並沒有明確的統計圖表，如理查森對現代國家戰爭的研究，我們不得不參看一些傳聞。小型社群與鄰近社群交戰的次數甚至比現代國家更多，主要是因為他們沒有長途運輸的工具，可把戰士送到遠方，如英國在十九世紀中把軍隊送到半個地球外的紐西蘭與當地的毛利人作戰。至於小型社群與其鄰近社群如果說一種語言或不同語言，對戰爭似乎並沒有多大的影響。大多數的傳統戰爭都是講同一種語言的鄰近社群，因為他們住的地方很近，比較可能說同一種語言。如第三章所述的丹尼族之戰，交戰的雙方都說丹尼語。說同一種語言的社群交戰之例多不勝數，包括恩加族、法玉族、佛爾族、希尼宏族（Hinihon）、伊努特人、邁魯人、努爾族、雅諾馬莫印第安人等。比較特別一點的是，努爾部落不但會互相交戰，也會與丁卡族作戰，但與丁卡族交戰的次數較多。如果同是努爾部落，雙方比較會手下留情，若與丁卡族作戰則沒有任何限制。例如努爾部落不會殺害另一個努爾部落的女人和兒童，也不會燒毀他們的草屋，只殺害他們的戰士，偷走他們的牛隻。

不僅貿易夥伴容易反目成仇，通婚的關係也是。如基禮所言：「很多社群會和有通婚關係的社群交戰，也會和敵方的女人結婚。他們不但會襲擊貿易夥伴，也會和敵人做生意。」這點和國家社群類似：同鄰的社群容易變成貿易夥伴、會通婚，也會交戰。對小型社群而言，貿易和婚姻常會出現爭端。所謂的貿易關係又可細分為三種：一種是出於雙方自願的公平交易，另一種是不對等的交易（強的一方強迫弱的一方以賤價出售物品），還有一種則是劫掠（一方強行搶奪對方的物品，不付出任何代價）。著名的掠奪者包括美國西南部的阿帕契印第安人以及北非沙漠的圖阿雷格人（Tuareg），但他們也會估量對方的斤兩，看他們是否有能力保護自己，如果對方一樣強悍，還是會與之進行公平交易。

至於隊群或部落間的通婚，也和貿易一樣，糾紛可能演變成戰爭。例如一個部落的人答應女兒長大後要嫁給另一個部落的人當老婆，對方也先付了聘禮，小女孩長大卻毀婚了。此外，婚姻也像物品交易，如品質有問題，也會引起糾紛，如女方與人通姦、遺棄配偶、離婚、拒絕煮食、不肯下田或撿拾柴薪等，照理說女方應該歸還聘禮，然而女方也可能有藉口，如當初做為聘禮的豬已經吃掉了，或已用其他物品交易，因此毋需賠償。任何消費者、商家或進出口業者讀了這段應該都會聯想到現代國家人民之間的交易問題。

如果與通婚的社群交戰，通婚的雙方將有忠誠牴觸的問題，關係會變得很複雜。一個人的敵人可能是姻親或血親。戰士對敵人發射弓箭或長矛之時，會儘量不傷害到自己的親戚。例如一個伊努特女人嫁到另一個部落，而自己的部落將對丈夫的部落發動攻擊，娘家的人會事先警告她，要她小心。反之，如果她知道丈夫那邊的人要攻擊娘家部落，也許會先警告娘家的人，但她也可能站在丈夫那邊，完全不管娘家人的死活。同樣地，如果佛爾人知道自己的族人將攻擊妹妹夫家的村落，也可能事先警告她，之後期待妹婿給他一點好處。當然，他也可能從妹妹那裡得知妹婿村子裡的人要對自己的村落發動攻擊，而跟同村的人通風報信，事後村子裡的人再用禮物答謝他。

忘了珍珠港？

最後，我們再回到復仇的主題。傳統小型社群總是有仇必報，強調血債血還，這就是他們發動戰爭最常見的解釋。現代國家的人民通常會忽視渴望復仇的力量。在人類的情感中，復仇之心也和愛、憤怒、悲傷、恐懼一樣，也是正常的人類情緒，但我們的社會只允許並鼓勵我們表達愛、憤怒、悲傷和恐懼，要我們忘卻復仇的渴望。我們在社會教育的過程中知道復仇之心是野蠻、令人羞恥的，因此不允許私人復仇。

然而，一國人民不可能永遠相安無事。社會和平是個人放棄復仇，將處罰權交給國家司法系統換來的。若非如此，我們將和大多數傳統社群一樣經常交戰。我們如果受到委屈，則必須仰賴國家為我們主持公道。儘管如此，還是很難釋懷。我有一個朋友，幾十年前他的姊姊遭到搶匪殺害。雖然兇手已被逮捕、判刑、關入監牢，至今他仍忿恨難消，無法忘記當年的悲劇。

在現代國家，個人毫無處罰兇手的權利，只能仰賴政府的司法制度伸張正義。雖然這是為了全體人民的和平和安全，但個人也必須付出很大的代價。我與新幾內亞人交談之後，才發現我們失去了什麼。國家、宗教和道德不斷灌輸我們：復仇是兇殘、惡劣的行徑，甚至最好不要有想要復仇的感覺。然而，如果你的親友被殺或被欺負，自然而然會生出強烈的復仇之心。於是，很多國家的政府設法給予被害者的家人得到補償，讓他們有向法官或陪審團陳述感受的機會，或是透過修復式正義的系統與犯人私下見面（見第二章），甚至讓被害人的家屬觀看兇手被處決的經過。

未曾與新幾內亞人深入接觸過的讀者也許會有這樣的疑問：為什麼傳統社群與我們有這麼大的差

異？為何他們可以如此熱中於復仇和殺戮？怎可大言不慚地講述殺人的快感？

的確，根據傳統社群的人種學研究，在這樣的社群之中，戰爭、謀殺、視鄰人為妖魔都是常態，而非例外。對他們而言，這些都是再正常不過的行為。而現代國家的人民從小被灌輸復仇和戰爭是邪惡的，但有朝一日發現自己的國家宣戰了，不得不上戰場與敵人決一死戰。等到我方與敵人簽訂和平條約又突然必須退出戰場。由於仇恨的心態不可能一下子就一筆勾銷，人民心中不免充滿矛盾。我有很多歐洲朋友和我一樣生於一九三〇年代，包括德國人、波蘭人、俄國人、塞爾維亞人、克羅埃西亞人、英國人、荷蘭人、猶太人，我們從小就知道哪些國家的人做了令人髮指的事，也恨他們。這都是當年的經驗使然，儘管那已是六十五年前的往事，他們也知道仇恨的情緒是不好的，要以德報怨，但是很多人仍無法釋懷。

在西方國家社群成長的我們，不斷受到道德、宗教與法律的洗禮。聖經十誡中的第六誡就是「汝不可殺人」，不但不可殺害自己的同胞，也不能殺其他國家的人。國家卻在人民十八歲成年之後，要他們接受士兵訓練，給他們槍枝，要他們忘記不可殺人的誡律，奮勇殺敵。無怪乎現代國家的士兵無法拿起槍來對敵人發射。在戰場上殺紅眼的士兵通常會飽受創傷後症候群之苦（例如曾到伊拉克或阿富汗服役的美軍，有三分之一都出現這樣的症狀）。他們從戰場上回來後，往往不會說起自己殺敵有多神勇。他們會經常做惡夢，除非碰到其他退伍軍人，否則很少談起戰場上的經歷。我有不少朋友、親戚都曾參與過戰爭，但沒有任何一個人願意對我描述自己如何宰殺敵人。反之，我的新幾內亞友人提到戰爭則是無所不言。

這是因為傳統新幾內亞人打從兒時開始，就看到戰士出外打仗和作戰歸來。他們經常看到死屍和負傷的親友，一天到晚聽親友或村子裡的人講述作戰的事，有如奮勇殺敵是人生最大的成就。他們聽到打勝仗的戰士驕傲地述說自己的戰績。那些戰士就是受人崇拜的英雄。前述丹尼族威里希曼的小男孩才六歲大就會拿起矛攻擊瀕死的阿蘇克－巴雷克人，也會在父親的指導下，拿弓箭射向同年的維達亞男孩（第三章）。對於殺敵，新幾內亞人一向認為這是天經地義，沒有人告訴他們這是不對的。

上了年紀的美國人應該都記得日本在一九四一年偷襲珍珠港海軍基地的事件。他們對敵人的仇恨與渴望復仇之心正像傳統社群的人。生於三〇年代或更早的美國人應該都對當時仇日情緒高漲記憶猶新。（想想巴丹❶和山打根死亡行軍❷、南京大屠殺等令人切齒的事件。）儘管大多數的美國人民都沒親眼見過日本士兵，親友也沒被日軍殺死，心中還是滿溢仇日的情緒。當時，數以萬計的美國人志願到戰場上，帶著刺刀和火焰噴射器與日軍面對面交鋒。戰績輝煌的士兵回國後獲頒英勇勳章，不幸喪生者則成為為國捐軀的英雄。

但珍珠港事件發生還不到四年，國家就叫我們停止仇恨和殺戮，忘了珍珠港。但是很多美國人一直無法忘卻這樣的傷痛，特別是巴丹死亡行軍的倖存者或是有親友戰死的。當然，對現今大多數的美國人來說，並未親歷二次大戰時期仇日的歇斯底里。但是對熱中殺敵的威里希曼人來說，戰爭就是生活中的一環。我們雖然不該有渴望復仇之心，但還是無法假裝這種情緒不存在。即使無法復仇，我們也必須了解這種情緒，深入剖析。

【譯注】

1 巴丹死亡行軍（Bataan Death March）：第二次世界大戰，日軍於菲律賓巴丹半島擊敗美菲聯軍後，強迫美軍戰俘徒步行軍至俘虜營集中，沿途死者頗眾。

2 山打根死亡行軍（Sandakan Death March）：日軍在第二次世界大戰將大批英軍、澳洲、紐西蘭聯軍的二千五百名戰俘送到山打根集中營，並強迫他們穿越沙巴原始林，等盟軍收復沙巴，幾乎全數已成亡魂。

第三部

兒童與老人

第五章　養兒育女

教養方式的比較

有一次我去新幾內亞，遇到一個名叫埃努的年輕人。埃努成長的故事教我驚異不已。埃努小時候本來住在一個父母管教非常嚴厲的地方，要他遵守很多的事，如果做不到，他就有很強烈的罪惡感。五歲的時候，埃努無法繼續忍受，於是離開父母和大多數的親戚，到另一個部落的村子居住。那裡有一個親戚願意收留他。那個村子對兒童教養完全採取自由、放任的態度，和他原來的家簡直有天壤之別。那裡的大人允許孩子去做自己喜歡的事，前提是他們必須為自己的行為負責，即使小孩玩火，大人也不會禁止。結果，那個社群有不少成人身上都有被火燒傷的痕跡，這就是他們兒時玩火留下來的傷疤。

今天，西方工業社會的父母對上述兩種教養兒童的方式，恐怕都深深不以為然。但像收留埃努的村子那種自由、放任的態度從狩獵─採集社群的標準來看，並沒有什麼好奇怪的。很多狩獵─採集社群都視兒童為有自主能力的個體，不該壓抑他們的欲望，允許他們去做種種危險的事，像是玩銳利的刀子、碰觸燒燙的鍋子或玩火（圖19）。

為什麼我們應該對傳統狩獵─採集社群、農夫或牧人社群養兒育女的方式感興趣？一個原因是基於學術：兒童約佔一個社群人口的半數。如果社會學家想了解一個社群，不能忽視其中一半的人。另一個原因也和學術研究有關：成人生活的每一個特點都是從小到大逐漸發展而來，如果我們要了解一個社群如何解決爭端及其婚姻生活，就不得不了解兒童社會化的過程，才知道他們在長大成人之後會怎麼做。

儘管如此，目前我們對非西方社群兒童教養的研究並不多。會有這樣的問題，因為很多學者去研究其他社群的文化之時還很年輕，尚未生兒育女，沒有和兒童交談的經驗，也不知道如何觀察他們，因此只描述、訪問成人。再者，人類學、教育、心理學等學門都有自己的思想體系，把焦點放在某些研究目標，因此忽略某些值得研究的現象。

即使跨文化的兒童發展研究，如比較德國、美國、日本和中國兒童等，也都是狹窄的抽樣研究，無法顧及人類文化的多樣性。再說，上述文化其實都很相似，有中央集權政府、經濟分工，且人民社經地位不平等，不能代表寬廣、多樣的人類文化。因此，從歷史的標準來看，現代國家社群教養兒童的方式並沒有代表性。現代國家社群的兒童一般在學校教育系統下學習（亦即學習並非日常生活與遊戲的一部分），由警察和父母保護（而非只是父母），只與同年齡的兒童一起玩耍（而非經常和不同年齡層的兒童一起玩），父母與兒童分房睡（而非睡在同一張床上），而且母親依照一定的時間表哺育幼兒（如果母親自己餵乳），而非幼兒隨時想要吃奶都能得到滿足。

因此，皮亞傑（Jean Piaget）、艾力克森（Erikson）、佛洛伊德（Sigmund Freud）等心理學家、小兒科醫師和兒童心理學家的研究案例，大抵都是西方人（Western）、受過教育（educated）、來自工業國家（industrialized）、富有（rich），以及生活在民主社會（democratic）的社群，特別是大學生或大學教授的孩子。這幾個特徵的英文首字母湊起來，正是WEIRD（怪異），無法代表所有的人類社群。例如，佛洛伊德強調性驅力及其帶來的挫折。然而如果你對玻利維亞的西里奧諾印第安人及其他傳統社群進行心理分析，會發現他們沒有這方面的問題，因為他們很容易找到性伴侶，但對食物的強烈渴望、食物驅力及其帶來的挫折則很常見。以前在西方流行的兒童教養理論雖然強調幼兒需要愛和情感支持，卻認為其他社群的母親依嬰兒的需求哺餵母乳是一種過度放縱的作法，用佛洛伊德的術語來說，就是「在性心理發展口腔期給予過度的滿足」。儘管如此，我們發現傳統社群的母親幾乎都是依照嬰兒的需求來哺餵母乳，只有現代國家社群的母親會以自己的便利為著眼點，按照一定的時間表哺乳或拉長兩次哺乳的間隔。

我們關注傳統社群教養兒女的方式，不只基於學術研究的需要，對不在學術界的一般讀者而言也有實用價值。首先，就兒女教養而言，傳統小型社群可提供巨大的資料庫給我們。這代表幾千次自然實驗的結果。西方國家社群無法進行這樣的實驗，沒有任何一個現代西方兒童可像埃努一樣，歷經極度嚴格與極度自由放任的教養方式。雖然本書讀者大概無人會讓自己的孩子玩火，傳統社群的其他作法仍有值得參考的地方。了解他們的作法，我們就可多一些選擇。雖然如此一來可能和現在西方常規作法不同，但我們得知結果之後，或許會覺得那樣的作法其實也不錯。

近幾十年，學術界終於對小型社群兒童教養方式的比較研究興趣漸增。例如，目前已有六、七項這樣的研究，包括世界最後的狩獵—採集族群，如非洲雨林的埃非（Efe）和阿卡（Aka）匹格米族、南非沙漠的昆族、東非的哈札人（Hadza）、巴拉圭的亞契印第安人和菲律賓的埃塔族。我將在本章討論這些小型社群生兒育女的各個層面，包括生產、殺嬰、哺乳、斷奶、嬰幼兒與成人的肌膚接觸、父親的角色、雙親以外的照顧者扮演的角色、對孩童啼哭的反應、處罰孩子、孩子探索外在世界的自由，以及兒童的遊戲與教育等。

生產

今天，西化社會的婦女通常是在醫院生產，由專業醫療人員給予協助，如醫師、助產士和護士。嬰兒與母親的死亡率都很低。傳統社群婦女生產則大不相同。在古代或無現代醫療的地區，則仍有不少嬰兒或母親死於生產。

傳統社群婦女生產的情況也有很多差異。最簡單的莫過於讓即將臨盆的婦女一個人生產，沒有任何人從旁協助。例如南非沙漠的昆族，女人要生孩子得走到離營地幾百公尺外的地方獨自生產。如果是初產婦，或許有其他婦女的陪伴和幫助，但如已生過幾胎，通常必須獨自生產。但她們通常不會離營地太遠，只要其他女人聽到嬰兒啼哭的聲音，就會立刻過來幫忙剪斷臍帶，為嬰兒清洗身體，然後把寶寶抱回營地。

巴西的皮拉哈印第安人（圖11）也要求婦女在無人協助之下獨自生產。作家埃佛瑞特（Daniel Everett）就曾敘述語言學家謝爾敦（Steve Sheldon）在皮拉哈印第安部落的見聞：「謝爾敦說有一個皮拉哈女人獨自在沙灘上生產，結果碰到胎位不正，胎兒臀位先露。女人痛得死去活來，拚命喊叫：『拜託！救救我！我的孩子出不來！』但所有的族人都無動於衷地坐著，有些人看來有點緊張，還有一些人則好像沒事一樣，繼續聊天。女人大聲嘶吼：『我快死了！好痛啊！寶寶出不來了！』依然沒有人理她。黃昏時，謝爾敦想走到女人身邊。皮拉哈印第安人告訴他：『別去了！她不需要你。她需要的是她的父母。』顯然，他們要他別去。但她的父母又不在附近，沒有人可以幫助她。不久，夜幕低垂。她的哭喊聲繼續從海邊傳來，但聲音愈來愈弱，最後變得靜悄悄。第二天早上，謝爾敦得知產婦和她肚子裡的孩子都死了，沒有人前去幫忙……這樣的悲劇告訴我們，皮拉哈印第安人崇尚勇敢，認為他們的族人必須自己克服難關，就連產婦也不例外，因此會讓年輕婦女獨自一人生產，即使碰到難產，也只是袖手旁觀。」

一般而言，傳統社群的女人生產時還是常有其他婦女在旁協助。例如，新不列顛島高隆族的男人認為女人月事來潮和生產都是不潔的，因此即將臨盆的女人會在其他年長女人的陪伴下，到森林裡的草屋生產。然而，也有一些傳統社群視生產為公共事件。如菲律賓埃塔族的女人若要生產則在營地的房子裡。營地的每一個人都可以進去房子裡面為產婦和助產士加油或指導（「用力！」「停！」「不要那樣！」）。

殺嬰

大多數的國家社群都禁止殺嬰，認為這是一種非法行為。但在傳統社群，在某些情況下則允許殺嬰。這種作法或許讓人驚恐，但傳統社群通常也是不得已才這麼做，例如嬰兒天生畸形或是身體孱弱。很多傳統社群大都會碰到食物匱乏的情況，連有生產力的成人都瀕臨餓死，更別提餵養眾多沒有生產力的兒童和老人。再多一張嗷嗷待哺的嘴，社群就難以負擔了。

另一個和殺嬰有關的因素是生育間隔太短，也就是做母親的兩年不到連生兩胎，前一胎還沒斷奶，仍要背在身上，第二胎已呱呱落地。做母親的分泌的乳汁不足以餵飽一個二歲大的孩子和新生兒，在營地遷移之時，也很難一次背著兩個幼兒。同樣的道理，狩獵—採集族群的婦女如生下雙胞胎，通常需要犧牲掉一個。人類學家希爾（Kim Hill）與赫塔多（A. Magdalena Hurtado）曾訪問一個名叫古清吉的亞契印第安人。古清吉說：「我弟弟沒能活下來，因為我母親生下我不久，他就出生了。族人告訴她：『你沒有足夠的乳汁，你必須餵那個大的。』她只好把我弟弟殺了。」

另一個殺嬰之因和父親有關。如果父親不在或死亡，無法讓妻兒獲得溫飽、保護孩子，孩子就可能性命不保。即使到了今天，單親媽媽的日子仍不好過。在古代，生活更是困苦，沒有父親的孩子很多難以存活。

最後，我們可以發現，某些傳統社群男孩與女孩的比例從出生到青春期逐漸變大，這是因為社群重男輕女，女嬰可能因為缺乏照顧而死亡，或遭到勒斃、曝棄、活埋。以亞契印第安人為例，在孩童十歲之前，約有一四%的男孩死亡，但女孩死亡的比例更多達二三%。如果雙親中有一個離家出走或死亡，孩童死亡率更暴增為四倍，而女孩死亡的機率又比男孩更大。現代的中國和印度也重男輕女，常利用產前性別篩選進行墮胎，因此男嬰多於女嬰。

昆族則把殺嬰的決定權交給母親。社會學家郝威爾（Nancy Howell）論道：「昆族讓婦女獨自生產，也讓產婦掌控嬰兒的生殺之權。在嬰兒出生之後、命名之前，做母親的必須仔細檢查嬰兒是否有任何天生畸形，確定孩子完全健康，才能抱回村子。如果生下畸形兒，母親就必須把嬰孩悶死。昆族人告訴我，這樣的檢查與決定也是生產的一個重要程序。對昆族人而言，殺嬰和殺人不同，因為尚未命名的嬰兒並不算是真正的zun/wa（昆族人）。一個嬰兒有了名字，為全村人接受，他的生命才開始。在此之前，殺嬰則是母親的特權與責任，特別是生下畸形兒，如生下雙胞胎，也只有一個寶寶得以存活。因此，在昆族看不到雙胞胎……」

然而，並非所有的傳統社群都會殺嬰，殺嬰的案例還是遠比「善意的忽略」要來得少。（這是一種委婉的說法，意指母親停止哺乳，或餵奶的次數變少、不幫幼兒洗澡等，讓孩子自生自滅。）如霍姆伯格曾在玻利維亞與一群西里奧諾印第安人一起生活，發現他們不會殺嬰，也不會墮胎。儘管一五%西里奧諾兒童有內翻足的畸形問題，其中只有五分之一的孩子可以得到父母的細心照顧，長大成人，其他的孩子都在成人之前夭亡了。

斷奶與生育間隔

在二十世紀，吃母乳的美國嬰兒愈來愈少，斷奶的年齡也愈來愈早。例如，在一九七〇年代，六個月大的美國嬰幼兒仍吃母乳的只有五%。相形之下，如果是沒跟農夫接觸、無法得到農產品的狩獵—採集族群，嬰幼兒六個月後仍在吃母乳，因為這是他們唯一能得到的食物。他們沒有牛奶、嬰兒配方奶粉或軟爛的副食品可吃。人類學家研究七個狩獵—採集族群，發現這些族群的嬰幼兒斷奶年齡平均是三歲。這個年齡的孩子已可以咀嚼堅硬的食物。雖然在孩子六個月大的時候，父母已可把食物咬爛給孩子吃，但通常還是等到母親懷了下一胎才會讓孩子斷奶。如果母親一直沒生下一胎，昆族的孩子甚至直到四歲才斷奶。研究顯示，昆族的孩子愈晚斷奶，存活率就愈高。但是已採定居型態的農業社群或與農夫交易的狩獵—採集族群，孩子斷奶的平均年齡或生育間隔一般為兩歲半到四歲。如果是採游牧生活型態的狩獵—採集族群，幼兒斷奶平均年齡會提早到兩歲，這是因為孩子可以喝牲畜的奶或吃柔軟的穀物粥，因此可提早斷奶。如同我們在近幾十年發現昆族在一地定居變成農民之後，生育間隔就會從三年半縮短為兩年，和一般農民差不多。

如果我們從演化的角度來看狩獵—採集族群的長時間生育間隔，會發現一來母親因無法供應孩子喝牛奶或吃穀物粥，只好一直讓孩子吃母乳，直到三、四歲，等孩子斷奶後，才能再生下一胎。若生育間隔過於短暫，孩子沒有足夠的母乳可吃，就可能會餓死。

二來則是，等孩子四歲大的時候，已可自己走路並跟上父母的腳步，可隨父母轉移營地。年紀較小的孩子，就只能用背的。一個體重四十五公斤的昆族婦女，除了要背一個十二公斤的幼兒，還要背七到十八公斤的野菜，加上幾公斤重的水和用具，這已是很大的負擔，實在難以再背一個嬰兒。這也難怪生育間隔縮短後，本採游牧生活型態的狩獵—採集族群必須在一地定居，改以務農為生。畢竟大多數的農民都在一地生活、終老，不必為了營地時常遷移，背著孩子到處跑。

狩獵—採集族群的母親讓孩子很晚斷奶，也就得花比較多的體力和心思照顧孩子。來自西方的人類學家發現昆族的孩子與母親的關係非常親近，在母親生下一胎之前，有幾年的時間可得到母親全心全力的照顧，比較有安全感，昆族人長大成人之後情緒也比較穩定。但狩獵—採集族群的孩子最後不得不斷奶之時，會變得特別磨人、愛發脾氣。在斷奶期間，孩子覺得母親對自己的關注變少了，因吃不到母乳而饑渴難耐，加上母親必須跟剛出生的弟弟或妹妹睡，自己不能再睡在母親身旁，這個慢慢踏入成人世界的過程讓孩子備感痛苦。即使是昆族的老人，想起七十年前斷奶的經歷，仍有不堪回首之感。皮拉哈印第安人的營地半夜經常可聽到孩子嘶吼、哭得聲嘶力竭的聲音，幾乎都是斷奶引起的。一般而言，傳統社群斷奶的年齡比現代美國人要來得晚，但每個社群斷奶的方式不盡相同。波非（Bofi）和阿卡匹格米族則是讓孩子慢慢斷奶，而且是孩子主動想要斷奶，而非母親要求的，因此斷奶的過程比較平順。

依孩子的需求哺餵母乳

狩獵—採集族群生育間隔拉長的一個主要原因，是母親無法一次哺餵兩個幼兒。如果前一個孩子還不到兩歲半，母親又懷孕了，無法同時照顧兩個幼兒，新生兒可能會被忽視或殺死。另一個原因是狩獵—採集族群的母親通常依孩子的需要哺餵母乳（西方社會的母親則是以自己方便為主，依照自己的時間表來餵，餵食的次數比較少）。如果經常餵母乳，就算有性生活，也比較不會懷孕。

人類學家仔細研究狩獵—採集族群餵母乳的情況，發現白天的時候母親都和幼兒在一起，幼兒經常可以吸吮母親的乳房，晚上也睡在母親身旁，不管母親是醒是睡，隨時都可吃到母乳。根據人類學家的計數，昆族的幼兒在白天每小時平均可吃到四次母乳，每次吸吮兩分鐘，間隔只有十四分鐘。母親至少會在晚上醒來兩次哺乳，但幼兒也會在母親睡著的時候自己吸吮母乳。這種哺乳的形式通常會持續到孩子三歲大的時候。反之，現代社會的婦女大都只有在時間允許之下才能餵母乳。由於母親必須工作，不管是外出上班，或是在家工作，都得和幼兒分開好幾個小時，因此白天哺乳的次數不多，遠比不上狩獵—採集族群的幾十次，兩次哺乳的間隔時間也很長。

狩獵—採集族群婦女餵乳的次數多，對自己的生理也有影響。正如前述，狩獵—採集族群的婦女在孩子出生後的幾年內即使有性生活也不會懷孕，顯然依嬰幼兒的需求來哺乳有避孕效果。有一個假設叫做「哺乳期停經」（lactational amenorrhea），即母親乳房因嬰兒吸吮分泌乳汁會促進性腺釋放荷爾蒙，抑制排卵。然而要達到真正抑制排卵的效果，哺乳的次數必須非常密集，一天只哺餵幾次是不夠的。另一則是「臨界脂肪假設」（critical-fat hypothesis），也就是母親體內的脂肪儲存量必須高於某一個門檻才會排卵。由於傳統社群的婦女沒有足夠的食物，加上勞動與泌乳，體內的脂肪儲存量變得不足，不易排卵，也就比較不會懷孕。但西方工業社會裡的婦女不像狩獵—採集族群，產後如有性生活，仍有懷孕的可能，原因就在哺乳的次數不夠頻繁，或是營養充足，體內的脂肪儲存量高。很多受過教育的西方婦女都聽過哺乳期停經的說法，然而她們並不知道哺乳次數要夠頻繁才不會懷孕。我有一個朋友在產後幾個月發現自己又懷孕了。她非常驚訝，說道：「我以為在哺乳期根本不可能懷孕！」

哺乳類物種餵乳的頻率各有不同。有些哺乳動物包括黑猩猩和大多數的靈長類、蝙蝠、袋鼠等餵乳的次數比較頻繁。還有一些則斷斷續續的，如兔子、羚羊。兔子或羚羊媽媽常把小寶寶藏在草叢或洞穴，自己外出覓食，一天中只回來幾次餵小寶寶。人類的狩獵—採集族群餵乳頻率比較像黑猩猩和舊世界猴（Old World monkey），直到幾千年前，農業興起，情況才有所改變。從那時起，人類的幼兒不再一天到晚黏著母親。人類母親哺餵孩子的方式比較像兔子，而泌乳的生理變化則與黑猩猩和猴子一樣。

幼兒與成人的接觸

哺乳類物種哺乳的頻率不同，嬰幼兒與照顧者（特別是母親）接觸的時間長度也不同。如是哺餵次數較少的物種，母親只有短暫時間會回到寶寶身邊餵乳或照顧寶寶。至於經常哺乳的物種，母親即使外出覓食，也會帶著寶寶：袋鼠媽媽把小袋鼠放在自己的肚囊內，蝙蝠媽媽飛行時，蝙蝠寶寶就攀附在媽媽腹部，黑猩猩與舊世界猴的媽媽則經常把小寶寶背在背上。

在現代工業社會，做母親的則像兔子或羚羊媽媽，必要的時候才會把寶寶抱起來、哺餵寶寶或跟他玩，而不是一天到晚都抱著寶寶。白天，寶寶大多數的時間都待在嬰兒床或嬰兒圈柵內玩耍。晚上，我們也讓寶寶一個人睡，通常和父母不同房。其實，近幾千年人類才如此，過去都像古代的猿猴，總是把嬰兒背在背上。人類學家針對現代的狩獵—採集族群進行研究，發現他們的母親或照顧者在白天幾乎與寶寶寸步不離。如果走路，就把寶寶背在身上，如昆族人用背嬰帶、新幾內亞人用繩袋，北半球溫帶地區的族群則常用搖籃板。大多數的狩獵—採集族群，特別是在氣候溫和的地區，寶寶與照顧者經常肌膚接觸。我們已知的每一個人類狩獵—採集族群和高等靈長類，母親和寶寶總是一起睡，睡在同一張床或同一張草蓆上。人類學家曾以九十個傳統人類社群為研究目標進行跨文化研究，發現沒有任何一個社群的母親與寶寶分房睡。現代西方的母親為了哄寶寶一個人睡，總是傷透腦筋。美國小兒科醫師建議父母和寶寶不要睡在同一張床上，主要是怕寶寶被大人壓到或被褥太熱，但自古以來，人類的寶寶都和母親或父母一起睡，並沒有發生小兒科醫師擔心的意外。或許是狩獵—採集族群睡在比較硬的地面或蓆子上，很少翻身，而現代的父母都睡在柔軟的床鋪上，比較會翻身、壓到寶寶。

以昆族的寶寶為例，他們在滿週歲之前，九〇%的時間都會和母親或照顧者肌膚接觸。昆族的媽媽不管走到哪裡都會背著寶寶。寶寶到了一歲半左右，因為要和同伴玩耍，才會比較常與母親分開。即使昆族寶寶不是由母親照顧，而是由其他人照顧，孩子與照顧者接觸的時間也超過現代西方兒童與母親或照顧者接觸的時間。

西方社會的人如果要帶寶寶出去，通常會用嬰兒車。嬰兒車的寶寶與照顧者沒有任何身體接觸

（圖39）。很多嬰兒車都是臥式的，有些則是讓寶寶坐著，面對後方，因此寶寶看到的世界便和照顧者完全不同。近幾十年在美國漸漸流行讓寶寶直立的背袋或抱嬰袋，但寶寶仍面向後方。傳統族群用的嬰兒背帶或把寶寶扛在肩上，孩子就能坐直，面向前方，和照顧者看到的世界相同（圖21、38）。有些人類學家認為，昆族母子經常肌膚接觸、在前進時看到的世界也都相同，因此他們的神經動作發展可能比西方寶寶來得好。

在氣候溫暖的地區，寶寶與母親幾乎都赤身裸體，因此肌膚會經常接觸，但在寒帶地區則比較困難。傳統社群中約有半數會用暖和的布料把寶寶包裹起來，他們幾乎都是來自溫帶氣候地區。嬰兒不但被包裹起來，也常被綁在搖籃板上。其實全世界都有人這麼做，特別是高緯度的社群。這麼做除了禦寒，也限制嬰兒身體和四肢的行動。納瓦荷印第安人的婦女解釋說，這樣可以使寶寶趕快入睡，或讓寶寶睡得安穩，以免突然被吵醒。納瓦荷印第安人的寶寶在六個月大之前約有六〇%到七〇%的時間都躺在搖籃板上。以前歐洲人也常用搖籃板，但近幾百年就不再使用。

對很多現代人來說，搖籃板或把嬰兒緊緊包裹起來都是錯誤的育嬰法。我們重視個人自由，因此不願用搖籃板或把嬰兒緊緊包裹起來，以嚴格限制嬰兒的行動自由。同時，我們認為這麼做會阻礙孩子的發育，造成心理創傷。然而，以納瓦荷的兒童來說，寶寶時期是否被綁在搖籃板上對他們的發育並無影響。此外，嬰幼兒時期被綁在搖籃板上的納瓦荷兒童和住在附近的英國或美國兒童，兩者的生長發育並無差異。這可能是因為寶寶開始學習爬行，有一半的時間不再受到搖籃板的束縛，即使被綁在搖籃板上，大多數的時間都在睡覺。從另一方面來看，母親用搖籃板將寶寶背在身上，寶寶便隨時可以和母親接觸，反而有利寶寶的心理成長。有些專家因此認為，揚棄搖籃板不見得可讓寶寶接受更多的刺激，有助於寶寶的神經動作發展。反之，現代西方兒童一般和父母睡在不同房間，出門躺在嬰兒車內，白天幾乎都待在嬰兒床上，這樣的孩子反而比搖籃板上的納瓦荷寶寶更少有機會與人接觸。

父親和其他照顧者

各動物物種的雄性對下一代的照顧有很多差異。鴕鳥和海馬是一個極端，雌性產卵後就離開了，受精卵的孵育與保護完全由雄性負責。很多哺乳動物和一些鳥類則是另一個極端：雄性讓雌性受精後即一走了之，繼續追求其他雌性，由雌性獨自扛起生產及照顧下一代的責任。大多數的猴子和猿則在上述兩個極端之間，但偏向後者：雄性會和雌性及其後代一起生活，但只負責保護牠們。

以人類來說，父親對孩子的照顧雖然比不上鴕鳥，但已勝過猿和大多數的靈長類。就所有已知的人類社群而言，父親對子女的照顧與奉獻還是不及母親。儘管如此，在大多數的人類社群中，父親在食物的供給、保護和教育上還是扮演著重要角色。因此，在某些社群中，如果一個孩子的生父死亡，孩子的存活率就會變低。通常，父親比較會照顧較大的孩子（特別是兒子），嬰幼兒則多半由母親照顧，像換尿布、擦屁股、擦鼻涕和幫小孩洗澡等工作通常是由母親負責。

人類社群裡的父親對孩子的照顧是多是少，主要與社群的維生生態有關。如果一個社群的婦女一天到晚都必須為了食物打拚，做父親的就得多負擔照顧孩子的責任。如阿卡匹格米族，通常是做父親的在照顧嬰幼兒（圖8），這在人類社群實屬少見。或許這是因為阿卡匹格米族的母親不只必須採集植物當食物，也得拿著網子去捕捉獵物。與畜牧族群相比，狩獵－採集族群的母親對食物的貢獻要來得大，父親也多負擔照顧孩子的責任。但在新幾內亞高地和非洲的班圖族中，男人的主要角色是戰士，負責抵禦其他男人的侵略，因此幾乎都是女人在照顧孩子。新幾內亞高地的男人通常會住在男人住的公社，包括六歲以上的兒子，做太太的則跟女兒和不到六歲大的兒子住在另一間草屋。男人和年紀較大的兒子要吃的東西則由做太太的或做母親的準備好之後送過來。

如果父親或母親都不能照顧孩子，誰來做呢？在現代西方社會，父母通常是最主要的照顧者。近幾十年，由於小家庭盛行，親戚之間往往住得很遠，孩子就比較少由祖父母、伯叔阿姨或姑姑等親戚照顧。當然，褓母、幼稚園或學校老師、哥哥姊姊也可當小孩的照顧者。然而，在傳統社群，孩子很多是由父母以外的人來照顧。

以狩獵—採集族群而言，小寶寶剛呱呱落地，隊群的其他人就開始照顧新生兒。如阿卡和埃非匹格米族的寶寶在誕生之後，隊群的人立即抱著嬰兒圍繞著營火，輪流親吻寶寶、唱歌給他聽或是對他說話。根據人類學家的計數，埃非和阿卡匹格米族這樣輪流下來每人每小時都可抱到嬰兒八次。狩獵—採集族群的父親及其他照顧者，如祖父母、姑姑、姑婆或嬰兒的兄姊也會幫做母親的分擔照顧嬰兒的責任。根據人類學家的統計：四個月大的埃非嬰兒平均有十四個照顧者，而阿卡嬰兒則有七、八個照顧者。

在很多狩獵—採集族群，上了年紀的祖父母仍和兒孫住在同一個營地，因此可幫忙照顧孫子，讓兒子和媳婦外出覓食，照顧的時間可能是幾天，也可能長達幾個禮拜。由祖母照顧的哈札人兒童比起沒有祖母照顧的孩子，體重增長得比較快（圖21）。在很多傳統社群，舅舅、叔叔、阿姨和姑姑等人也都是重要的照顧者。如南非奧卡萬戈三角洲（Okavango Delta）的班圖族，對男孩影響最大的長輩，並非男孩的父親，而是男孩的大舅。很多社群的兄姊也會幫忙照顧弟妹，像是農業社群和畜牧社群的姊姊通常會負起照顧幼小弟妹的責任（圖38）。

在巴西與皮拉哈印第安人生活多年的作家埃佛瑞特論道：「皮拉哈的小孩與美國小孩最大的不同是他們可以在村子裡到處遊蕩，村子裡的每一個人都會注意他們的安危。」祕魯尤拉印第安人（Yora）的孩子大都和親友一起吃飯。我有個朋友是傳教士，他兒子在一個新幾內亞的小村子長大，村子裡的每一個人都是他的「阿姨」或「叔叔」，但他父母帶他回美國就讀中學之後，他非常驚訝美國社會幾乎沒有這樣的親切長輩，幾乎人人都是陌生人。

小型社群的兒童長大了點之後，常去親友家住一段時間。我在新幾內亞研究鳥類的時候，曾雇用當地人當腳夫幫我把行李和生活補給品抬到下一個村落。我到達那個村落之後，原先幫我抬東西的腳夫就回去了，如果我還需要人幫我抬東西到下一個地方，就在當地求助於人。不管年紀大小，任何人只要想賺錢，願意幫我就行了。幫我的人當中年紀最小的是個十歲大的男孩，名叫塔魯。塔魯願意幫我這個忙，是想暫時離開自己的村子。我要到下一個村子時，因為洪水淹沒了小徑，原本幾天的行程延長為一個禮拜。我在那個村子找新的人幫我時，塔魯再度自願留在我身邊幫忙。等到我完成這次的調查研究，塔魯已經跟了我一個月，這才走路回家。在他跟我走的時候，他父母不在村子裡，塔魯認為村子裡的其他人會在他父母回來的時候告訴他們，他會離開幾天。跟塔魯一起當腳夫的其他村民回去後告訴他的父母，他會在外地再待一段時間才會回去。顯然，在新幾內亞，一個十歲大的孩子可以自行決定離開村子一段時間。

有些社群的孩子甚至會離開父母久久不回，最後變成被人收養。例如，安達曼島民的孩子到了九歲或十歲，很少會跟自己的父母一起生活，而是被鄰近社群的人收養，雙方因此維持友好的關係。阿拉斯加伊努皮特人也常把孩子送人收養。在現代的第一世界，收養主要是養子與養父母之間的關係，甚至不知道孩子的生身父母是誰，以切斷生身父母與孩子及養父母家庭之間的關係。但對伊努皮特人而言，收養反而使生身父母和養父母雙方的關係更加緊密。

因此，小型社群與大型國家社群兩者之間有一個很大的差異，亦即小型社群裡的每一個人都會共同負起照顧孩童的責任。這些照顧者也提供孩子需要的食物，也會保護他們。全世界的研究都證實照顧者有利於孩子的存活。除了物質層面，照顧者對孩子的心理發展也有重要影響。研究小型社群的人類學家論道，他們發現小型社群的孩子社交技巧的發展非常早熟，推測這是照顧者眾多的緣故。

工業社會的照顧者也能帶來類似的好處。美國的社工發現大家庭或幾代同堂的小孩不缺乏照顧者，孩子的成長也比較好。未婚生子、低收入的美國少女也許沒有經驗，不能做個好媽媽，但是如果有祖母或兄弟幫忙照顧孩子，甚至受過訓練的大學生定期來陪寶寶玩耍，寶寶的認知技能也能發展得不錯。以色列的共同生活團體奇布茲（kibbutz）和品質優良的托兒所因為有不少照顧者，也能達到類似的功能。有些人即使父母並不稱職，沒能好好照顧他們，但因為有長輩的支持和照顧，社交和認知技能並未受到影響，長大成人後依然能過著不錯的生活。我就曾聽過不少這樣的故事，有些甚至是我朋友的親身遭遇。例如鋼琴老師也可能提供這樣的協助，儘管孩子只是每週來上一次課。

對嬰幼兒啼哭的反應

關於孩子啼哭如何反應最好，小兒科醫師和兒童心理學家已經辯論很久。當然，父母得先去看看孩子是不是身體不舒服或是需要什麼。如果看來似乎沒什麼問題，是不是該把孩子抱起來，安慰一番？或者把孩子放在床上，讓他繼續哭，不管他哭多久？如果父母把孩子放下，走出房間，孩子會哭比較久嗎？要是抱著安撫，孩子是否會變得更愛哭？

關於這樣的問題，西方國家有許多不同的看法，即使是同一個國家，每一代的看法也都不同。在五十年前，我住在德國的時候，那時大多數的學家、專家和父母都認為孩子哭泣，就讓他們哭。在孩子沒有原因哭泣時，還去安撫他們，對孩子反而有害無益。研究顯示，德國嬰幼兒啼哭時，每三次有一次父母不會理睬，或者過了十到三十分鐘之後才會回應。德國的寶寶常獨自長時間待在嬰兒床上，母親則外出買東西或在另一間房間工作。德國父母要求孩子儘早學會Selbständigkeit（意為「自立」）和Ordnungsliebe（「喜愛秩序」），包括自制及順從別人的要求）。美國父母常在孩子啼哭時立刻到孩子身邊安撫他們，德國父母則認為這麼做會寵壞孩子。德國父母擔心過度關心會使孩子變得「*verwöhnt*」——這是很不好的一個字眼，意謂「任性、驕縱」。

從一九二〇年到一九五〇年，英國和美國都市地區的父母對孩子的態度變得像德國人。小兒科醫師和育兒專家告訴美國母親要按照一定的時刻表來餵奶和清潔，寶寶一哭就上前安撫，只會寵壞他，而且寶寶要學習一個人玩耍，愈早學會自制愈好。人類學家赫迪（Sarah Blaffer Hrdy）曾描述二十世紀中期的美國父母在孩子啼哭時的反應：「在我母親那個時代，受過教育的婦女都認為孩子一哭就衝過去抱他，只會寵壞孩子，孩子只會變得更愛哭。」一到了一九八〇年代，我和我太太瑪麗扶養我們的雙胞胎兒子時，我們根據專家建議，把孩子放在床上，親吻他們，跟他們說聲晚安，接著就躡手躡腳地走出他們的房間。他們聽到我們離去，總是哭得聲嘶力竭，但我們再如何不捨，也不能前去安撫。十分鐘後，我們再回來，等他們平靜下來，再悄悄地溜出去。他們再哭，也只能不管。聽孩子哭，我們也很難過。不少現代父母都了解這樣的心情。

然而，狩獵—採集族群的作法則不同。他們認為孩子一哭就該立即反應。埃非匹格米族的寶寶如果哭鬧，母親或其他照顧者總會在十秒內安撫孩子。如果昆族的寶寶哭泣，父母在三秒內給予安撫的機率高達八八%（包括撫觸或餵乳），幾乎百分之百在十秒內可得到父母的安撫。昆族母親在寶寶哭泣時會餵他吃奶，若是其他照顧者則會把寶寶抱起來，或是輕輕撫摸他。因此，昆族的寶寶每一個小時最多只哭一分鐘，每次哭不會超過十秒。由於昆族總是立即滿足寶寶的需要，昆族寶寶每小時哭泣的時間只有荷蘭寶寶的一半。很多研究顯示，如果一歲大的幼兒哭泣，大人不予理會，哭泣的時間會比得到大人安撫的寶寶長。嬰幼兒時期哭泣立即得到大人的安撫，是否比較能發展成身心健全的成人？關於這樣的問題，我們必須進行對照實驗。研究人員隨機將一個社群的人家分成兩組，一組不理會孩子哭鬧，另一組則在孩子哭泣的三秒內前去安撫。二十年後，等這些嬰幼兒長大成人之後，研究人員再來評估哪一組的孩子比較有自主性、人際關係穩定、能自立、自制、不會任性，而且具有現代教育學家和小兒科醫師強調的美德。

可惜，至今還沒有研究人員進行這樣設計良好的實驗，並做嚴謹的評估。我們不得不從雜亂無章的自然實驗下手，從故事和傳聞去比較不同社群的教養方式。至少我們可以下結論說，像狩獵—採集族群的父母立即安撫哭泣的孩子，並不一定會讓孩子變得依賴、任性。關於這點，我們將在後面看看一些學者長期觀察得到的印象。

體罰

有人認為孩子一哭鬧便立刻去安撫會寵壞孩子，同樣地，也有人認為避免處罰孩子則會養成孩子驕縱的個性。大抵而言，人類社群對孩子的管教與處罰態度各有不同。相鄰社群的同一代可能不同，即使是同一個社群，每一代的作法或許也有差異。以美國為例，我父母的那一代比較會打小孩，現代美國父母則比較不會。十九世紀的普魯士王國首相俾斯麥（Otto Eduard Leopold von Bismarck）論道，即使是同一個家庭，一代不打孩子，下一代則很可能會打孩子。我的美國朋友很多也有這樣的經驗：小時候常被挨打的，發誓說他們當了父母之後絕不會用這種野蠻的方式來處罰小孩，至於那些小時候沒被打過的，則認為必要的體罰是有益的，勝過其他用行為控制的方式或是把孩子寵壞。

至於鄰近社群的差異，讓我們看看今天的西歐。瑞典禁止對孩子體罰：若有瑞典父母打孩子則可能被處以虐待兒童的刑責。反之，我有不少受過民主自由教育的德國和英國朋友則認為孩子有必要接受體罰，打孩子要比完全不打來得好。我還有一些朋友是美國福音派基督徒，他們也有同樣的觀念。擁護體罰的一派喜歡引用十七世紀英國詩人巴特勒（Samuel Butler）的名言：「不打不成器。」一公元前四世紀的雅典劇作家米南德（Menander）說：「沒被鞭打過的人就學不到東西。」這句話也常為人稱道。同樣地，現代非洲的阿卡匹格米族未曾打孩子，甚至不會罵孩子，看到鄰近的恩加杜（Ngandu）農夫對孩子打罵，則斥之為恐怖的虐童行徑。

除了現代歐洲和非洲，世界其他地區和其他年代對體罰兒童的態度也各有不同。古希臘的雅典兒童即使到處亂跑，父母也不會制止，至於同一時代的斯巴達人，不只父母對孩子的管教嚴厲，任何人都可教訓別人的小孩。在新幾內亞的一些部落，就算小孩玩鋒利的刀子，大人也不會處罰他們。然而，我在另一個村落（嘉斯頓村〔Gasten〕）看到另一個極端。那個小村子約有十幾戶人家，他們都住草屋，草屋的中央則是一片空地，因此不管每一戶人家發生什麼事，全村的人都看在眼裡。有一天早上，我聽到憤怒的嘶吼聲，於是往外頭探看。一個母親被八歲大的女兒惹火，對她破口大罵，還打了她。女孩一邊哭泣，一邊抬起手遮住自己的臉，以抵擋母親的拳頭。所有的大人都袖手旁觀，無人干涉。結果，那個母親的怒火燒得更旺，走到空地邊緣，彎下腰撿起一樣東西，然後走到小女孩身旁，用那東西猛刮她的臉，小女孩哀嚎得更大聲了。我後來才曉得那東西是會刺人的蕁麻葉。我不知道小女孩做了什麼事，她的母親才會氣到要處罰她。看來，那位母親這麼做，全村的人都覺得沒什麼不妥。

有些社群會體罰孩子，有些則不會，我們要如何解釋這樣的現象？顯然，這樣的差異和文化有關，而和維持生活的經濟方式無關。例如，瑞典、德國與英國都是以農業為基礎的工業化社群，同屬日耳曼語族，但德國人和英國人會打孩子，瑞典人則不打。新幾內亞的嘉斯頓村和收養埃努的部落都以種菜和養豬為生，但嘉斯頓村的人會用嚴厲的方式處罰孩子，而埃努的部落則連輕微的處罰都很少見。

儘管如此，我們還是可以看出一些明顯的趨勢：大多數的狩獵—採集族群很少體罰小孩，農業社群會適度地處罰孩子，而畜牧社群對孩子的處罰最為嚴厲。有人解釋說，那是因為狩獵—採集族群沒有什麼寶貴的財物，小孩即使不乖，也許只有自己會受到傷害，對其他人毫無影響。但很多農夫，特別是牧人，都擁有寶貴的牲畜，他們便會在孩子做錯事時施予嚴格的懲罰，以免對全家人帶來重大損失，例如孩子忘了把牧場的柵門關好，讓牛羊跑掉。再者，狩獵—採集族群人人平等。定居的社群

（如大多數的農夫和牧人）則有權力、性別、年齡之分，晚輩必須順從，尊重長輩，因此比較會處罰小孩。

如皮拉哈印第安人、安達曼島民、阿卡匹格米族和昆族，這些狩獵—採集族群幾乎不會體罰孩子。埃佛瑞特曾描述他和皮拉哈印第安人共同生活的經驗。下面就是他講述的故事。他在十九歲那年就做了父親。由於他來自管教嚴格的基督教家庭，自己的孩子不乖，他也會懲罰。有一天，他的女兒夏儂做了壞事，他認為他該好好教訓這孩子。他拿起一根細樹枝，要她進房間接受懲罰。夏儂開始大叫，說她不要被打。皮拉哈人聽到這對父女吵架的聲音，跑來探看究竟，埃佛瑞特不敢說他要打小孩，於是他便對女兒說，皮拉哈人在這裡，他不能打她，要她先去飛機跑道尾，五分鐘後他再去那裡處罰她。於是夏儂開始走向跑道，皮拉哈人問她要去哪裡，夏儂就說：「我爸要我去跑道。他要在那裡打我！」接著，一大群皮拉哈人跟在埃佛瑞特後面，看他是否會做出如此野蠻的行為。最後，埃佛瑞特只好放棄。皮拉哈人即使跟自己的小孩說話也是用尊敬的語氣，很少管教他們，更別提打罵了。

其他狩獵—採集族群很多也持同樣的態度。如果阿卡匹格米人打小孩，配偶就可訴請離婚。昆族則解釋說，小孩還小，不懂事，無法為自己的行為負責，因此不該懲罰他們。其實，昆族和阿卡匹格米族小孩都可以打父母耳光或是辱罵他們。西里奧諾的小孩如果吃泥巴或吃不該吃的動物，大人也只會把孩子抱起來，絕不會打他們。至於小孩發脾氣，則可以對父母拳打腳踢。

以農業社群而論，對小孩處罰最嚴厲的是牧人，因為孩子如果不好好看管牲畜，懶惰或只顧玩耍，將會為全家帶來重大損失。有些農業社群對孩子的管教則沒那麼嚴格，孩子在長大成人之前不必負擔什麼責任，也不會帶來什麼損失。例如住在新幾內亞附近的托洛布蘭島民，他們以務農為生，唯一的牲畜是豬隻，他們不會處罰孩子，也不要求孩子順從。人類學家馬林諾斯基描述他在托洛布蘭島的見聞：「我常聽到那裡的大人要求小孩做這個或那個，不管做什麼，大人都很客氣，很少用威脅的語氣。他們不會用簡單的命令要小孩去做一件事，有如服從是孩子的天性……我向當地人提到，如果小孩做錯事，也該被打或接受嚴格的處罰，但我在托洛布蘭島的朋友都認為這是不自然，也不道德的作法。」

我有一個朋友曾在東非和畜牧民族生活多年。他告訴我，那裡的小孩接受割禮之前，每個都像不良少年。但在接受割禮之後，就必須承擔責任並守紀律，男孩開始照顧牛隻，女孩則必須負責照顧弟妹。西非迦納的塔蘭西人（Tallensi）則會嚴格管教小孩。例如，孩子在趕牛的時候偷懶、貪玩，就會被大人懲罰。有一個塔蘭西人露出身上的疤痕給來訪的英國人類學家看，解釋說那是他小時候被鞭打留下的痕跡。一個塔蘭西長老說：「如果你不好好管教小孩，小孩永遠不會懂事。」這樣的話正如巴特勒那句名言：「不打不成器。」

兒童的自主性

我們該給孩子多大的自由去探索環境？該鼓勵他們這麼做嗎？我們是否該讓孩子去做危險的事，不去制止他們，讓他們從錯誤中學習？或者做父母的應該盡力保護孩子，發現他們即將做危險的事的時候，及時把他們拉回來？

答案依社群而異。一般而言，比起國家社群，狩獵—採集族群較重視個人的自主權，包括孩子。然而國家則認為保護兒童是社會的責任，不希望讓孩子為所欲為而受傷，也禁止父母讓孩子做傷害自己的事。我寫下這幾行的時候剛好在機場租好車子。先前從機場入境區提領行李坐接駁車去租車公司時，就在車上聽到這樣的廣播：「聯邦法律規定五歲以下或三十六公斤以下的兒童乘車必須使用兒童安全座椅。」狩獵─採集族群會認為除了孩子本人該注意自身安全，包括孩子父母或同一隊群的人或許也該注意，其他人都不必管，尤其是官僚。一般而言，狩獵─採集族群非常注重人人平等，因此認為沒有人應該告訴任何人（包括孩子）去做任何事。小型社群似乎不像我們這些怪異的現代西方人，認為父母該為孩子的身心發展負責，也不認為自己該去影響孩子。

觀察許多狩獵─採集族群的人類學家都注意到，他們非常重視個人自主。以阿卡匹格米族為例，大人能獲得的東西，小孩也能取得。但在美國，有些東西則只能供成人使用，如武器、含有酒精的飲料和易碎物品。對澳洲西部沙漠的馬爾圖人（Martu）而言，強迫一個孩子去做一件事就是罪大惡極，儘管孩子只有三歲也是一樣。皮拉哈印第安人視小孩為獨立的個體，不需要特別呵護。埃佛瑞特說：「皮拉哈印第安人對成人和孩子一視同仁……他們的教養哲學帶有一些達爾文主義的色彩，因此孩子長大成人之後都很強悍、堅韌。他們認為自己是靠技能和勇氣才能活下去……由於他們對待孩子和成人並無差別，不會去禁止孩子做任何事……孩子必須自己決定是否要照社群對他們的期待去做。然而，最後他們還是發現，聽從父母的建議去做比較好。」

有些狩獵─採集族群和小型農業社群，不會阻止孩子或嬰幼兒去做危險的事。如果西方父母讓孩子做可能傷害自己的事，等於是犯法。我在這一章開頭曾提到，我在新幾內亞高地的一個村落（即收養埃努的那個村子）發現很多成人身上有被火燒傷的痕跡，那是他們小時候玩火造成的。他們的父母採取自由放任的教養態度，認為孩子可以伸手去觸摸任何東西，即使孩子靠近火堆、被火紋身，也不會制止孩子。哈札人也讓幼兒拿刀子或吸吮鋒利的刀刃（圖19）。埃佛瑞特曾親眼看到皮拉哈印第安人的寶寶做出讓人心驚膽跳的事：「我們在村子裡訪問一個男人，發現有個大約兩歲大的幼兒坐在後面的草屋裡，那孩子正在玩一把鋒利的刀子，刀長約二十二公分。他拿著那把刀子揮舞，有時幾乎刺到眼睛、胸部，有時則差點割到自己的手臂或身體其他部位。不久，那孩子把刀子放下。他的母親在跟另一個人聊天，於是一邊聊，一邊幫那個孩子把刀子拿起來再給他玩。我們都看得目瞪口呆。沒有人告訴那孩子，刀子很危險，小心別割傷自己。雖然那孩子沒事，但我的確看過其他皮拉哈孩子玩刀子割傷自己。」

儘管如此，並非所有的小型社群都允許兒童自由探險或做危險的事。孩子可以有多大的自由似乎必須要考量到幾點。首先，狩獵—採集族群強調人人平等，對成人和孩童一視同仁，而很多農業和畜牧社群不但認為男女有別，也要求年輕人尊重前輩。第二，狩獵—採集族群因為很少擁有貴重的財物，也就認為孩子不會對他們的財物造成損失，但農夫和牧人則不然。基於上面兩點，狩獵—採集族群的兒童擁有比較多的自由。

此外，孩子能擁有多大的自由似乎視環境是否安全而定。有些環境對兒童來說比較安全，有些則比較危險，或是會碰到危險的人。接下來，我們將討論從最危險到最安全的環境，以及在那樣的環境之下，父母會採行什麼樣的教養方式，對孩子的自由有何限制。

全世界最危險的環境莫過於新世界的熱帶雨林。那裡到處是咬人、叮人的有毒昆蟲（如軍蟻、蜜蜂、蠍子、蜘蛛和黃蜂），危險的哺乳動物神出鬼沒（如美洲豹、猯豬、美洲獅），加上有毒的巨蛇（槍頭蛇、巨蝮蛇），還有會刺人的植物。在亞馬遜雨林，沒有任何一個幼童或小孩可獨自生存。人類學家希爾與赫塔多描述他們對亞契印第安人的觀察：「未滿週歲的亞契幼兒白天有九三%的時間都由母親或父親抱著或背著，他們頂多單獨坐在地上幾秒鐘，又被抱起來……直到三歲大，孩子才能到地上走路或玩耍，然而都在母親身邊一公尺內。儘管他們已經三、四歲了，白天有七六%的時間依然在母親身邊一公尺內，而且總是有人看顧他們。」希爾與赫塔多論道，因此亞契兒童直到一歲九個月至一歲十一個月大才會走路，比美國兒童晚了九個月。儘管孩子已經三到五歲，還常常由大人背著，因為大人不讓他們下來行走。五歲以上的亞契兒童才能在森林玩耍，然而仍必須在大人身邊五十公尺內的地方。

危險性次於熱帶雨林區的是喀拉哈里沙漠、北極圈和南非奧卡萬戈三角洲。昆族兒童可以成群結隊玩耍，但大人會經常注意他們的安危。孩子總是在大人的視線範圍內，大人也會豎起耳朵注意孩子的動靜。極圈的族群則不讓孩子到處亂跑，因為孩子可能發生凍死等意外。南非奧卡萬戈三角洲的女孩可用籃子捕魚，但必須在岸邊附近，以免碰到鱷魚、河馬、大象或野牛。四歲大的阿卡匹格米族兒童雖然不能獨自在中非雨林玩耍，如果有十歲大的孩子陪同，即使可能碰到豹和大象，父母還是會讓他們去。

至於東非的哈札人則住在比較安全的環境，他們的孩子也享有比較多的自由。雖然該地區和昆族生活的地方一樣有豹和其他危險的動物，但哈札人住在地勢比較高的地方，居高臨下。儘管孩子在比較遠的地方玩，仍在父母的視線範圍內。新幾內亞的雨林也相當安全，沒有危險的哺乳動物，很多蛇雖然有毒，但難得遇見，也許陌生人還比較危險。因此，我在新幾內亞常看見那裡的孩子獨自遊玩、走路或是划獨木舟。我在新幾內亞的朋友也告訴我，他們小時候常在森林裡玩。

在所有的環境當中，最安全的是澳洲沙漠和馬達加斯加的森林。近代澳洲沙漠未曾出現會危害人類的哺乳動物。雖然澳洲和新幾內亞一樣以毒蛇聞名，除非刻意尋找，否則碰到的機率很低。因此，澳洲沙漠的馬爾圖兒童經常自己去探險，不需要大人的陪同或監督。同樣地，馬達加斯加的森林也沒有凶猛、危險的野獸，有毒的動植物也很少，所以兒童常成群結隊一起去森林裡挖甘藷。

不同年齡的孩子一起玩

美國西部邊疆以前人口稀少，一所學校通常只是一間教室。由於每天能來上學的學生寥寥無幾，學校只是一間教室加上一個老師，所有年齡的學生都在同一間教室上課。在美國，像這樣只有一間教室的迷你學校已成為往日傳奇，目前只有在人煙稀少的鄉間才看得到這種學校。在所有城市以及人口不少的郊區，兒童都和相同年齡的孩子一起學習、遊戲。各個年齡的學童都在不同的教室，同一個年級的學生年齡相差都不到一歲。住在鄰近地區的孩子即使不同年齡也會一起玩，但是一般而言十二歲大的小孩不會跟三歲大的兒童一起玩。除了現代國家社群和學校，在人口密集的酋邦社群或部落，同年齡的孩子總是在一起，這是因為他們年齡相仿，而且住得近。例如，很多非洲酋邦的兒童皆在同一年齡接受割禮，祖魯男孩在從軍的時候也是相同年齡的在同一隊。

但小型社群人口少，如狩獵—採集族群的隊群一般只有三十人，其中兒童頂多只有十來個，包括不同性別、不同年齡的孩子。因此，隊群的兒童不可能依年齡分組玩耍，而是所有的兒童一起玩。所有小型狩獵—採集族群都是如此。

在混齡一起玩的兒童當中，孩子不管年齡大小都可獲益。年齡小的孩子不只可從成人那裡學習社會化，也可從年齡較大的玩伴那裡學習。至於年齡較大的孩子則可得到照顧幼童的經驗。由於這樣的經驗，很多狩獵—採集族群在青少年時期即可當稱職的父母。西方社會雖然有許多青少年做了父母，特別是未婚生子，因為缺乏經驗，所以無法當好父母。但是小型社群的孩子到了青少年時期，其實已有多年照顧小孩的經驗（圖38）。

例如，我曾在新幾內亞一個偏遠村落待了一段時間。在當地為我煮食的是一個十二歲、名叫摩喜的女孩。兩年後，我回到那個村子，發現摩喜已經結婚了，十四歲的她手裡抱著孩子。我一開始以為她的年齡有誤，她應該已經十六歲或十七歲了吧？但摩喜的父親是村子裡記錄村民生卒年月日的人，他不會把自己女兒的生日寫錯。我又想，一個十四歲的女孩如何當稱職的母親？在美國，法律甚至禁止男人娶這麼小的女孩。但摩喜把孩子照顧得很好，就像村子裡的年長婦女。儘管她只有十四歲，已有不少照顧幼兒的經驗，老練而成熟，而我到了四十九歲當了新手爸爸還手忙腳亂。

人類學家針對小型狩獵—採集族群仔細研究，發現不同年齡的孩子一起玩常導致婚前性行為的發生。大多數的大型人類社群認為孩子適合做的事有性別之分，因此常讓男孩與女孩分開，各玩各的。由於孩子人數眾多，可依性別分組。但隊群裡的兒童頂多只有十來個，很難再把男女分開。另外，狩獵—採集族群的兒童都和父母一起睡，因此沒有隱私。兒童可能瞧見父母做愛。托洛布蘭島民告訴馬林諾斯基，他們與配偶行房時不會刻意防範孩子窺視，頂多叫他們閉上眼睛睡覺或是用草蓆蓋住寶寶的頭。一旦孩子長大，和其他年齡的孩子一起玩，就常模仿父母的行為，包括性行為。成人一般而言不會禁止孩子玩這樣的遊戲。昆族的父母雖然在孩子做得太明顯之時會勸誡一下，但他們認為這種性實驗是無可避免，也是正常的，畢竟他們小時候也是如此。昆族的小孩就常在父母看不到的時候玩性遊戲。很多傳統社群，如西里奧諾人、皮拉哈人和新幾內亞東部高地人，甚至允許成人和兒童公開玩性遊戲。

兒童遊戲與教育

還記得我剛踏上新幾內亞之時，第二天早上醒來就聽見孩子在我的草屋外頭玩耍、叫喊的聲音。他們不是玩跳房子，也不是牽著玩具車走，而是在玩部落戰爭的遊戲。每一個男孩都拿著小小的弓，用野草做的箭射向對方。當然，被草做的箭射到根本不會受傷。這些孩子分成兩組，互相對抗，拿著弓箭射向對方。男孩除了攻擊，也會左躲右閃，以免被敵人的箭射中。這是模擬真實的高地戰爭，只是草箭不會傷人，對立的雙方都是孩子，不是成人，而且他們都是同一個村子的孩子，玩得不亦樂乎。

我在新幾內亞高地看到當地小孩玩的這種遊戲，就是典型的教育遊戲。很多兒童遊戲都是兒童從自己所見和從大人那兒聽到的故事，來模仿大人從事的活動。雖然孩子這麼做是為了好玩，但遊戲可讓他們練習將來長大成人必須學會的生活技能。人類學家黑德論道，丹尼族孩童玩的遊戲，除了祭祀儀式不能拿來當做遊戲，其他都是模仿成人做的事。丹尼兒童玩的遊戲包括用草做的矛打仗、用矛或棍棒摧毀莓果軍隊。他們拿莓果在地上滾來滾去，象徵戰士前進或後退，會攻擊懸苔和蟻窩，也會為了好玩捉小鳥，或建造小草屋、花園和溝渠。他們會用繩子把一朵花綁起來拖著走，說這是「豬豬」，也會在夜晚聚集在營火旁，看木棒燒成炭之後會倒向哪個人，那人就是自己未來的姊夫或妹夫。

新幾內亞高地的成人生活和兒童遊戲都以戰爭和豬隻為中心，對蘇丹努爾族來說，最重要的牲畜則是牛。因此，努爾族兒童不管玩什麼都和牛有關：孩子會用沙子、灰燼、泥土建造玩具牛欄，也會用泥土捏出牛隻，然後玩趕牛的遊戲。住在新幾內亞東部海岸的邁魯人乘坐獨木舟捕魚，邁魯兒童自然也會打造玩具獨木舟，用小小的網子和魚叉假裝在捕魚。巴西和委內瑞拉的雅諾馬莫印第安兒童則對他們住的亞馬遜雨林非常感興趣，從小就喜歡在雨林中觀察各種動植物，每一個都是小小博物學家。

至於玻利維亞的西里奧諾印第安人，寶寶才三個月大，做父親的就會給他一副小小的弓箭當玩具。到了寶寶三歲大的時候，就會拿著玩具弓箭到處射，先是射沒有生命的東西，然後是昆蟲，接著則以小鳥為目標。等到八歲大，男孩就會跟父親一起去打獵。十二歲那年，男孩已成為真正的獵人。至於西里奧諾女孩，打從三歲大就會玩小小的紡錘、織布機，會做籃子和陶罐，也會幫母親做家事。西里奧諾的孩子除了摔角，就只會玩弓箭和紡錘，不會像西方的孩子玩捉迷藏。

黑德論道，丹尼兒童除了模仿成人活動的教育遊戲，還會玩一些看來沒有教育意義的遊戲。例如他們會用繩索做娃娃，然後從小丘上讓娃娃滾下去，也會用草綁住獨角仙的角拉著走。這些都是所謂的「兒童文化」，單純是兒童之間的遊戲，和成人活動無關。儘管如此，教育遊戲和非教育遊戲之間仍存在著灰色地帶。如丹尼兒童用會繩子做兩個圈，代表男人與女人相遇，正在交媾，而他們用草牽著獨角仙走，或許也像用繩子牽著豬隻。

我們經常發現狩獵―採集族群和小型農業社群的兒童遊戲具有一個特點，也就是沒有競爭和比賽。雖然很多美國小孩玩的遊戲都涉及分數和輸贏，狩獵―採集族群兒童則很少玩這樣的遊戲。反之，小型社群的兒童喜歡玩分享的遊戲，成人生活也重視分享，而非競爭。如我們在第二章看到人類學家古黛爾描述新不列顛島高隆族的兒童玩分享香蕉的遊戲。

現代美國社會和傳統社群兒童玩具的數量、資源和功能大不同。美國玩具製造商常強力促銷所謂的益智玩具（圖18），以刺激孩子的創造力。美國父母相信這樣的玩具確實對孩子的成長發育有幫助。反之，傳統社群兒童的玩具很少，即使有，多半是孩子自己做的或是父母幫他們做的。我有一個美國朋友兒時住在肯亞鄉下，他告訴我，他的肯亞朋友會自己做輪子和車軸，加上棍子和繩索，就成了小汽車（圖17）。這個朋友還說，有一天他和他的肯亞朋友找來兩隻大甲蟲，設法讓它們拖玩具推車，搞了一下午，那兩隻甲蟲就是無法同心協力向前走。這個朋友在十幾歲的時候回到美國，看美國兒童玩從商店買的現成塑膠玩具，覺得美國小孩的創造力實在不如肯亞小孩。

現代國家社群一般都會提供孩童正式教育，包括學校和課後教學，受過訓練的教師在教室利用黑板教導學生，至於遊戲則是另一回事。但傳統小型社群則沒有這樣的分別。他們的小孩在陪伴父母或其他成人的過程中學習，圍著營火聽大人或其他年紀比較大的孩子說故事。例如博德—大衛（Nurit Bird-David）就曾如此描述納雅嘉印第安人（Nayaka）：「在現代社會的兒童上小學的時候，比方說是六歲，納雅嘉兒童已會獨自狩獵，帶回小的獵物，也可去其他家庭拜訪或小住，毋須父母或成人的監督……他們沒有正式的教導或學習，不必背誦任何知識，不用上課，不必考試，也沒有學校，不必接受填鴨式的教育。對他們來說，知識和生活是不可分的。」

另一個例子是騰布爾（Colin Turnbull）研究的穆布堤（Mbuti）匹格米族。穆布堤兒童會拿著小小的弓箭、網子或小籃子模仿父母（圖20）狩獵、捕魚或採集植物，也會建造迷你屋、抓青蛙或是要祖父母當羚羊給他們追捕。騰布爾說：「對兒童而言，生活就是一連串的遊戲，但必要的時候，父母也會以打屁股或耳光的方式來管教孩子……有一天，孩子將發現，他們玩的遊戲不再是遊戲，而是為了生存不得不做的事，因為他們已經成人。他們真的在狩獵，而非玩耍，爬樹則是為了尋找蜂蜜。小時候，他們在樹底下玩盪鞦韆，如今在樹枝間追捕狡猾的獵物，也必須提防危險的野牛。由於這是循序漸進的過程，他們一開始還沒能察覺這些變化。然而，等到他們自認為是高明的獵人時，仍覺得生活充滿樂趣和歡笑。」

對小型社群而言，教育和生活密不可分，但對某些現代社會來說，即使是最基本的社會生活也需要特別的教導。例如在現代美國城市，人與人關係淡漠，鄰居互不相識，加上交通混亂，治安不佳，綁匪可能出現，甚至沒有人行道，孩子因而不能找其他小孩一起在街上玩耍。做父母的只好帶孩子去所謂的「媽咪寶貝班」。小孩在父母或照顧者的陪伴下到教室，在老師的帶領下，孩子一起玩遊戲，父母或其他照顧者則坐在外圍，從孩子的遊戲中汲取經驗。老師會教孩子輪流說話、聽別人述說，或是把東西交給其他小朋友。現代美國社會有些特點讓我的新幾內亞朋友覺得怪異，但他們認為最不可思議的莫過於孩子必須在一定時間、地點，在大人的指導下玩耍，而不是呼朋引伴自己玩。

他們的孩子與我們的孩子

最後，我們再來整理小型傳統社群與國家社群教養兒童的差異。當然，就兒童教養的理想與作法，今日工業化國家之間已有不少差異，如美國、德國、瑞典、日本和以色列的共同生活團體奇布茲。同樣是國家社群，農人、都市窮人和都市中產階級也有不同的作法，而每一代和前一代可能也有差異，例如今日美國父母教養孩子的方式已和一九三〇年代的父母大不相同。

儘管如此，我們還是可在所有的國家社群之間發現一些基本的相似點，也可看出國家與非國家社群之間的一些根本差異。國家政府所關切的本國兒童利益不一定和做父母的相同。小型非國家社群也有自己的想法，然而一般而言國家政府的目標比較明確，而且是透過強而有力的領導、管理和法律來執行。每一個國家都希望本國兒童長大成人之後可以成為有用、服從的公民、士兵和工人等。因此，國家反對未來的公民一出生就被殺害，也不允許做父母的放任孩子靠近火源，造成傷害。國家也很重視未來公民的教育，注意公民的性行為。大多數的國家社群都有上述特點，而與傳統社群明顯有所不同。

國家也有軍事和科技上的優勢，加上人口龐大，致使他們得以征服狩獵—採集族群。近一千年來，世界幾乎是國家社群的天下，存活下來的狩獵—採集族群寥寥無幾。即使國家社群要比狩獵—採集族群的隊群來得強大，並不表示國家社群教養兒女的方式必然比較好。其實，狩獵—採集族群養兒育女的一些作法仍值得我們參考。

當然，我並不是說我們該向他們全盤學習。像殺嬰、生產致死的高風險，和放任嬰幼兒玩刀子或讓他們被火燒傷都是我們該避免的。其他作法如允許孩子玩性遊戲，雖然很多人覺得尷尬，仍無法證明這麼做對孩子來說是有害的。還有一些作法，現代國家的人有些已開始學習，如父母和孩子睡在同一個房間或同一張床，等到孩子三、四歲才讓他們斷奶，以及儘量不體罰孩子。

我們可以立刻採納、學習的一些作法，如帶嬰幼兒出門時，讓他們直立，面向前方，而不要讓他們躺在嬰兒車上或坐在抱嬰袋裡面對後方。我們也可在寶寶啼哭的時候立即反應，多幫孩子找幾個可以幫忙照顧的人，以及讓寶寶和父母或照顧者有更多的肌膚接觸。我們也該鼓勵孩子自己發明遊戲，不要過於依賴所謂的益智玩具。我們可讓孩子和不同年齡的玩伴一起玩，而不要讓孩子只跟同齡的孩子玩。如果孩子安全無虞，我們也可讓他們有多一點自由探索這個世界。

我對新幾內亞人的研究已長達四十九年，我常常想到他們。還有一些西方人也曾與狩獵—採集族群共同生活多年，並看著自己的孩子在那樣的環境下長大。我和這些西方人發現傳統小型社群的人情緒穩定、自信、有自主能力。這種特點留給我們非常深刻的印象，而且不只是成人，兒童也是如此。我們發現小型社群的人比較喜歡和人說話，而且他們沒有被動娛樂，不看電視，不打電玩，也不看書，而且他們的孩子社交能力都很早熟。這些特點都值得我們羨慕，我們也希望自己的孩子能夠這樣，但我們的孩子卻不斷活在評比中，老是聽別人要他們怎麼做。狩獵—採集族群的孩子不像美國青少年，沒有苦惱的認同危機。有些人推測傳統社群的孩子會如此，主要與父母的教養方式有關，也就是讓他們有安全感、經常刺激他們，因為他們斷奶時間比較晚、需求隨時可得到滿足、嬰幼兒時期都跟父母一起睡，以及擁有比較多的照顧者，因此有比較多的學習對象，再者與父母或照顧者經常有肌膚接觸，也極少被體罰。

然而，傳統社群給我們情緒穩定、擁有較佳自主能力和社交能力的感覺，都只是我們的印象，難以用科學的方式來衡量和證明。儘管這些印象的確沒錯，但卻很難斷定究竟是什麼因素造成的。不管如何，狩獵—採集族群教養兒女的方式雖然和我們有天壤之別，但也沒帶來多大的災難，他們的下一代很少變成反社會的人。反之，他們知道如何面對重大挑戰和危險，同時還能享受人生。狩獵—採集族群的生活方式持續了將近十萬年，在一萬一千年前農業興起之前，每一個人都是以狩獵—採集的方式維生，直到五千四百年前，人類才在國家的治理下生活。狩獵—採集族群的教養自然實驗既然可以持續那麼久，可見有值得我們參考之處。

第六章 如何對待老人

老年人

我去斐濟群島本島的一個村落進行調查研究時，和當地的一個人交談，發現他曾去過美國。那人告訴我他對美國的印象。美國生活有一些特點是他欣賞的，有一些地方則令他厭惡，特別是美國人對待老年人的方式。在斐濟鄉下，老年人還是住在原來居住的村落，與親戚和老朋友來往。他們通常都住在孩子家裡，由孩子奉養、照顧，如果已經沒有牙齒，孩子甚至會幫他們把食物咬爛，讓他們得以進食。這位斐濟朋友忿忿不平地說，但在美國，很多老年人都住在養老院，兒孫偶爾才來看他們。他指著我的鼻子說：「你們美國人不顧自己的老父老母，把老年人都拋棄了。」

有些傳統社群對老年人的敬重甚至勝過斐濟人，允許老年人掌控財產，要成年的兒女完全聽他們的話，或是在兒子四十歲之前阻止他們成婚。但也有一些傳統社群拋棄老年人，讓他們餓死，甚至殺害他們，對老年人的對待比美國人更殘酷。當然，在同一個社群之內，總有個別差異。在我的美國友人當中，的確有人把父母送到養老院，頂多一年去探視一次，或從來不去看他們。然而，我有一個朋友在自己百歲生日那天，出版第二十二本書，兒孫滿堂，齊來慶賀。他們關係親密，經常見面。但傳統社群對待老年人的個別差異要比美國人的差別更大。我沒聽過任何一個美國人事親至孝到幫父母咬爛食物，也沒聽過有任何人為了「盡孝」而把年老的父母勒死。不管如何，美國很多老年人的命運都很悲慘。傳統社群的作法是否有任何值得我們借鏡之處？

在我深入討論之前，我必須先釐清兩點。首先，關於「年老」，並沒有一個統一的定義。「年老」的定義依社群與個人觀點不同而異。美國聯邦政府裁定六十五歲以上的人就是老人，因此可以領取社會福利金。在我還是青少年時，我認為近三十歲的年輕人處於人生的巔峰，也最有智慧，三十幾歲的人已經是中年人，而六十歲以上的人則是老人。現在我已七十五歲，我認為我人生的巔峰是在六十幾歲和七十歲出頭之時，而八十五歲或九十歲左右，才是我的老年期。但在新幾內亞鄉下，很少人活到六十歲，儘管只有五十幾歲，已被當成老年人。我想起有一次我去新幾內亞印尼屬巴布亞。那時，當地人得知我四十六歲，不禁訝然說道：「*setengah mati!*」意思是，我的一隻腳已經進了墳墓。他們因此特別指派一個十幾歲的男孩跟在我身邊，隨時安慰我。因此，所謂的「年老」必須從當地社群的標準來看，沒有一個全世界認定的年齡。

其次，如果一個國家的人民平均壽命不到四十歲，那就幾乎沒有美國人定義的老人。其實，在我調查、研究過的每一個新幾內亞村落，儘管很少人可活到五十歲，五十歲以上的人就算是「*lapun*（老人）」，但偶爾仍可見到一、兩個七十歲以上的人，我是從他們經歷過的事件推算的，例如就他們記憶所及，曾目睹一九一〇年來襲的龍捲風。儘管他們現在很可能已跛腳、視力受損或是瞎了，而必須仰賴家人、親戚給他們食物，但他們仍是村子裡的重要人物。人類學家希爾和赫塔多也有類似的發現。她們為一些巴拉圭亞契印第安人建構族譜，發現有五人分別活到七十、七十二、七十五、七十七和七十八歲。郝威爾曾幫一個昆族人照相，據她推算，那人應該已經八十二歲，族人遷移營地時，依然可跟著他們走到遠方，也可自己採集食物、搭建草屋。

為何各個傳統社群對待老年人的標準各有不同？一個解釋是視老年人對社群的用處而定。如果社群認為他們是有用的人，年輕人就比較願意照顧他們。另一個解釋是視各社群的文化價值觀而定。有些社群比較尊敬老年人，尊重個人隱私、強調家庭價值，還有一些則比較注重個人和自立。當然，這些都只是部分因素，我們不能以偏概全。

對老人照顧的期待

關於老人照顧，我們就從天真的期待開始說起。顯然這樣的期待並不完全，但我們還是可以藉此思考為什麼我們無法達成這樣的期待。如果一個人戴上幸福的鏡片來看人生，那他可看到：父母愛子女，子女也很愛他們；父母為子女犧牲奉獻；子女感激父母的養育之恩。我們因此期待全世界的兒女都會好好照顧年邁的雙親。

天真的演化生物學家也可透過不同的思考路徑，得到同樣感人的結論。天擇是為了把自己的基因傳遞到下一代。對人類而言，把基因傳遞下去，最直接的方式就是透過子女。因此，子女存活機率高、能傳宗接代的親代基因更能得到天擇的青睞。同樣地，文化汰擇（cultural selection）這種後天習得行為的傳遞，父母就是孩子的行為範本。因此，父母願意為孩子犧牲奉獻，甚至不惜犧牲自己的生命，讓子女存活，得以繼續傳宗接代。從另一方面來看，父母可能因為長年的累積而擁有資源、地位、知識與技能，這些都是子女還沒能得到的。子女知道父母基於傳遞基因與文化的動機，會把這些資源、地位、知識或技能傳給他們。因此，做子女的必須好好照顧父母，父母才會繼續幫助他們。在一個理想的社會中，年輕的一代自然該負起照顧老一輩的責任，老一輩的也會把自己擁有的傳給年輕人。

然而，我們知道這些只是理想和預測，不是社會的真實面。的確，父母通常會照顧自己的孩子，孩子長大成人之後也會照顧年邁的父母，但在社會上並非每一個人都是這樣，甚至大多數做子女的都不能做到。為什麼呢？我們的推論在哪一個環節出了錯？

首先，我們的想法過於天真，沒能考慮到親代與子代之間的利益衝突。父母不一定會毫無限制地為子女犧牲，子女也不一定會永遠感激父母。愛是有限度的，人不管做什麼事，不會時時刻刻都著眼於讓自己的基因與文化得到最好的傳遞。所有的人，包括老年人在內，不只是希望子女過得好，自己也想要過舒適的生活。反之，做子女的則急於享受人生，認為父母消耗的資源愈多，留給自己的資源就愈少。如果做子女的不管做什麼都以「天擇」為考量，「天擇」不一定會要他們好好照顧年老的父母。即使做子女的對父母吝嗇，棄養父母，甚至狠心殺害父母，依然可把自己的基因和文化傳給下一代。

為何棄養或殺害老人？

為什麼子女會不管自己的父母，甚至棄養或殺害？什麼樣的社群會允許子女這麼做？我們發現，在一些社群，由於老邁的父母成為負擔，危及整個社群的安全，最後便遭到拋棄或殺害。例如居無定所的狩獵—採集族群必須時常遷移營地，什麼都得背在背上：嬰兒、四歲以下無法跟上大人腳步的兒童、武器、工具等東西，以及旅途所需的食物和水。如果還要再背負老人或病人，實在很難走得動。

另一個原因是環境造成的，特別是北極地區或沙漠。因為食物時常短缺，也沒有餘糧，就不可能餵飽每一個人。這時，社群就不得不犧牲最沒有生產力或沒有用處的人，否則整個社群的生存將會遭到威脅。

然而，並非所有以游牧為生的狩獵—採集族群、住在北極或沙漠地區的人都會拋棄老年人。有些社群，如昆族和非洲匹格米族比較不會拋棄老年人，另外一些社群如亞契族、西里奧諾人和伊努特人則較常棄老人不顧。即使在同一個社群，有些老人可受到近親的照顧和保護，有些則無。

成為社群負擔的老人如何遭到拋棄？我們可就介入行動的多寡分為五種。最被動的一種作法就是故意疏忽，讓他們自生自滅。例如，只給他們非常少的食物，讓他們挨餓，即使他們走失也不管，任其死亡。如北極的伊努特人、北美沙漠的霍皮族（Hopi）、南美熱帶的維托托族（Witoto）及澳洲原住民。

第二種作法就是在族人遷移營地時，故意把老人和病人留下。如斯堪地納維亞北部的拉普人（Lapp或稱薩米人〔Saami〕）、喀拉哈里沙漠的桑族（San）、北美的奧瑪哈（Omaha）和庫特奈印第安人（Kutenai），及南美熱帶的亞契印第安人都常採行這種作法。亞契印第安人還會把老翁帶到森林以外、白人經常出沒的路上，讓他們找不到回家的路。老婦則沒這麼麻煩，常常直接遭到殺害。比較常見的作法是族人遷移營地時把病弱的人留下，只給一些柴火、食物和水，如果他們恢復了體力，就能設法趕上，和族人團聚。

曾和玻利維亞西里奧諾印第安人一起生活的人類學家霍姆伯格，就曾親眼看到他們拋棄一個婦人。他說：「隊群的人想轉往里奧布蘭科（Rio Blanco），正要拔營。這時，我注意到一個中年婦女躺在吊床上。她病重得無法言語。我問首領，那個女人該怎麼辦。首領要我去問她先生。她先生說，她病得很嚴重，不能走路，所以他們將把她留下來，反正她也活不了。第二天早上，整個隊群就離開了，沒有人跟那個女人告別，包括她的先生。族人只留給她一點柴火、一個裝滿水的葫蘆，以及她個人用的東西。這個可憐的女人連抗議的力氣也沒有。」霍姆伯格自己也生病了，於是去一個傳教站治病。三個禮拜後，他回到那個營地，發現那個女人不見了。他走上一條通往里奧布蘭科的小徑，在半路發現那個女人的遺體被螞蟻和禿鷹吃得只剩骨頭。「她想去找族人，最後還是死在半路上。族人認為她已是無用之人，就拋棄了她。」

第三個作法就是讓老年人自殺。西伯利亞的楚克奇人（Chukchi）和雅庫特人（Yakut）、北美的烏鴉印第安人（Crow）、伊努特人和斯堪地納維亞人等社群的老人，都曾選擇自殺或是在其他人的鼓勵下走上自殺之路，如從懸崖跳下、跳海或在戰爭中送死。紐西蘭醫師路易斯（David Lewis）曾描述他有位年長的朋友泰伐克（Tevake）和親友訣別後，就從西南太平洋的礁島（Reef Islands）獨自駕著一艘小船航向大海，就此一去不返。

相對於上述的自行自殺，第四種是協助自殺，或是在有自殺意願者的合作下將其勒斃、刺死或是活埋。楚克奇人會讚揚自殺之人，並向他們保證來世必然能住在最幸福快樂之地。欲死之人將頭放在妻子的膝上，由妻子緊抱，另外兩個人再拿繩索把他勒死。新不列顛島西南高隆族的寡婦在丈夫過世後不久，就會把兄弟或兒子叫來，要他們把自己勒斃。直到一九五〇年，這種習俗才廢除。這是寡婦的兄弟或兒子應盡的義務。有一個高隆族人曾對人類學家古黛爾說，他母親不斷用言語逼迫他，要他不得不從：「我遲遲不敢下手。我母親就站起來，大聲斥責我，讓每一個人都聽到。她說，我必然是想跟她上床，才會遲疑。」班克斯群島（Banks Islands）的老人或生了重病的人也會要求親友將他們活埋，好讓他們從痛苦中解脫。「莫塔島有一個人得了流感，身體極度虛弱，於是要求哥哥把他活埋。

那個做哥哥的，慢慢地把沙土堆在弟弟頭上，不斷地哭泣，還一直問弟弟，他是否還活著。」

最後一種作法很常見，也就是不顧老人的意願，殘忍地把他們殺害。殺害的手段包括勒斃、活埋、使之窒息、刺死、用斧頭往頭砍下去、折斷其頸部或背部等。有一個亞契印第安人曾對希爾和赫塔多描述自己如何殺害老婦：「我常常對那些老婦人下手……毫不留情地把她們踩死、活埋，或把她們的脖子折斷……我根本不在乎。我也可以拿弓箭射死她們。」

上面的描述實在教人不寒而慄，正如我們在第五章看到的殺嬰之例。但是，我們也得問自己這樣一個問題：對一個到處遷徙的游牧社群或沒有足夠食物的社群來說，要如何對待老人？那些老人這一生已看過不少年老、重病的族人被拋棄或殺害，也許他們也是殺死自己父母的人。他們願意自己走上黃泉路或是在親友的協助下自殺。我們很幸運可以活在一個有充足醫療資源和食物無虞短缺的社會，因此不必面對那樣的命運。正如邱吉爾對日本海軍中將栗田健男的評論：「只有經歷過那種嚴峻考驗的人才有資格評判他。」其實，本書的很多讀者或者也曾面臨類似的考驗，或將陷入這樣的兩難：當年邁的父母得了重病，醫師詢問你，是否要繼續積極治療，或者選擇止痛藥、鎮定劑和安寧緩和醫療？

老人的用處

對傳統社群而言，老人可以發揮什麼樣的用處？從適應論的觀點來看，如果一個社群的老年人可以得到照顧，讓他們發揮用處，這樣的社群比較能夠繁榮。當然，在這樣的社群，年輕人照顧老年人的理由不是基於演化上的好處，而是出自愛、尊敬與責任。然而，如果狩獵－採集族群面臨食物匱乏、族人即將餓死的情況，就不得不考量到現實。如下所述，老人可以發揮用處的地方，雖然年輕人也做得到，但主要是老人的專長，特別是需要多年經驗累積的技能，因此特別適合老人來做。

男人到了某一個年齡，就不再能夠拿矛刺死獅子，女人也不再能扛著沉重的東西撿拾曼杰提果仁。儘管如此，老人還是可為孫兒張羅食物，減輕自己對兒女、女婿或媳婦的負擔。亞契男人到了六十幾歲，仍能捕獵小動物，撿拾水果、棕櫚果，隊群轉移營地時，也能幫忙開闢山路。上了年紀的昆族人仍會設陷阱捕獵動物，撿拾可食的植物，和年輕人一起去狩獵，幫忙判別動物留下的足跡，提出圍捕策略。坦尚尼亞的哈札女人中最勤勞的一群是停經後的老祖母（圖21）。即使她們的兒女已經長大，還是每天平均花七小時採集塊莖和水果，好餵飢餓的孫子。哈札老祖母花愈多時間搜尋食物，孫子就長得愈好。十八、十九世紀的芬蘭與加拿大農夫也是：根據教會和族譜資料分析，祖母或外婆在世的孩子與兩者都已去世的相比，比較可能順利長大成人。此外，女性在過了五十歲的停經年齡依然存活，每十年其子女平均能多生出兩個孩子（可想而知，這是祖母或外婆的幫助）。

除了每天花七小時挖掘塊莖，老人家還可幫忙照顧孫子，讓他們的子女、女婿或媳婦可外出捕獵，而無後顧之憂。昆族的老祖母可連續好幾天照顧孫子，子女因為狩獵或採集食物必須在外過夜，就不必擔心幼兒無人照顧。今日薩摩亞老人移民美國的一個主要原因就是為了照顧孫子，讓子女可離家工作，幫他們減輕育兒和家事的負擔。

老人也可製造成年子女需要使用的東西，如工具、武器、籃子、罐子或紡織品（圖22）。以馬來半島以狩獵—採集為生的塞芒族為例，他們的老人會製造吹箭筒。以這樣的技藝而言，老人或許比年輕人更精熟。最會做籃子和罐子的人通常也是老人。

還有一些技能也是如此，如醫藥、宗教、表演、人際關係和政治等。傳統社群的助產士和醫生通常是老人，其他如術士、巫師、先知和法師也是，也包括領導族人唱歌、跳舞、玩遊戲以及舉行成人儀式的人。老人由於終其一生都在建立人際關係網絡，因此擁有很多社交優勢。他們可利用豐沛的人脈來幫助子女。政治領導人通常也是老人，因此在一個部落之中，「長老」等於是「領導人」。現代國家社群也是如此，例如美國總統就職年齡平均是五十四歲，而當上最高法院大法官的平均年齡為五十三歲。

或許，老人在傳統社群最重要的功能是知識的保存者。本書讀者也許很難想到這點。在知識社會裡，龐大的知識和資訊都以印刷或數位的方式留存，如百科全書、書籍、雜誌、地圖、日記、筆記、信件，以及網際網路。如果我們必須查證某些事實，只要翻閱書寫或印刷的資料或上網路查詢即可。但在沒有文字的社會，則必須仰賴人類的記憶。因此，老人的頭腦等於社群的百科全書和圖書館。我在新幾內亞對當地人進行調查、訪問，他們如果不確定答案，總會說：「我得向某個老人請教。」舉凡部落的神話與詩歌、誰對誰說了什麼、誰對誰做了什麼、當地數百種植物和動物的名稱或用途，以及碰到天災時要去哪裡尋找食物，這些常常只有老人才瞭如指掌。因此照顧老年人對部落而言是攸關生死的大事，就像現代的船長要靠海圖才不致於在大海中滅頂。我將在下面的故事說明為什麼老人擁有的知識是部落存續的關鍵。

一九七六年，我受邀前往西南太平洋的雷尼爾島（Rennell）評估鋁土礦開採將對當地環境造成多大的衝擊。我研究森林消失的速度，以及哪些樹種可用來做木材、生產可食用的果實等。那裡的中年島民用雷尼爾語列舉當地的一百二十六種植物，如阿奴（anu）、崗果托巴（gangotoba）、蓋加吉亞（ghai-gha-ghea）、卡加洛胡洛胡（kagaa-loghu-loghu）等。他們詳細解釋每一種植物的種子和果實是否可供動物和人類食用，或者只有某些鳥類和蝙蝠可以吃，不能讓人食用。在人類可以食用的植物當中，有些還特別指明是「在hungi kengi之後才食用的植物」。

由於我沒聽過「hungi kengi」，我問當地人這是什麼意思，為何可以讓原本不能吃的一些果實變成可以食用。他們於是帶我去見村子裡的一個老婆婆。她年紀很大，必須有人攙扶才能行走。原來「hungi kengi」是雷尼爾島遭遇過的最大龍捲風，根據歐洲殖民者的紀錄，侵襲時間約在一九一〇年左右。當時，老婆婆還是個少女，我在一九七六年見到她的時候，她已經七十幾歲或八十歲出頭。那次的龍捲風夷平了雷尼爾島上的森林，園圃被蹂躪得滿目瘡痍，保住一命的島民面臨飢荒的威脅。在園圃長出新的植物之前，為了求生，只要能吃的，就得下肚，平常不吃的野果實也得用來果腹，那些果實也就是「在hungi kengi之後才食用的植物」。至於平常不吃的果實，哪些是無毒的，或者有毒但處理後仍可食用，都需要特別的知識。所幸一九一〇年島民遭受風災的襲擊時，還記得以前如何因應。現在，全村只剩那個老婆婆還記得那樣的經驗與知識。如果雷尼爾島再來一次巨大的龍捲風，村民是否能活下去，不至於餓死，就得靠老婆婆的記憶了。這樣的故事顯然在沒有文字的社會，老人的記憶有助於族人的生存。

社會價值觀

因此，在一個社群當中，老人是否能得到照顧就看他們是否有用。老人是否能受到尊敬的另一個原因則和社會的價值觀有關。這兩個因素表面上看來是相關的：老人愈有用，就愈能受到尊敬。但這點正如人類文化的其他層面，實用與價值之間的關聯不一定是緊密的：即使是經濟條件類似，有些社群就是特別會強調敬老尊賢，還有一些社群則會鄙視老人。

一般而言，人類社群對老人至少還有一點敬重。美國人就常告訴小孩要尊敬老人，不可跟他們頂嘴，以及在公車上要讓座給老人等。比起美國人，昆族人對老人更加尊敬。一個原因是昆族人僅有五分之一的人能活到六十歲。這些昆族老人熬過人生的種種考驗，如獅子攻擊、疾病、敵人的突襲等，因此值得年輕人敬重。

此外，注重孝道的儒家思想在亞洲頗為盛行，因此中國、韓國、日本和台灣都有宏揚孝道的傳統。中華人民共和國更在一九五〇年頒布的婚姻法中明定：「子女對於父母有贍養扶助的義務，不得虐待或遺棄。」根據儒家思想，為人子女者對父母必須絕對順從，不得違抗。子女（尤其是長子）必須負起照顧老邁雙親的責任。直到今天，孝道仍是東亞尊崇的美德，很多年長的中國人和日本人都和兒女同住。

注重家庭觀念的南義大利、墨西哥等社群也強調尊敬年長者。正如考吉爾（Donald Cowgill）的描述：「他們認為家庭是社會的核心，家庭對家庭成員的影響很大……個人要把家族的榮譽放在第一位，支持父親或祖父，為家族犧牲，尊敬父母，不可讓家族蒙羞。整個家族的人應該在家長的帶領下，為了共同的目標而努力……在這樣的架構下，個人很少有表現的空間，總之必須以整個家族的利益為重……即使子女成了中年人，仍會常常和父母住在一起。大多數的人認為把父母送到養老院是大逆不道的事。」

上述的中國、南義大利和墨西哥家庭都是父權家庭結構。這種家庭結構很普遍，也就是由家庭中最年長的男性握有掌控家庭的權威，通常是核心家庭中的父親，或大家庭中的祖父或伯父。在游牧或農業社群、古羅馬和希伯來也看得到這種家庭結構。為了對父權家庭的形成有更充分的認識，不妨拿現代美國人的家庭構成做一對照，這也是許多本書讀者認為最理所當然的家庭結構：新婚夫妻脫離原來的家庭，另組一個小家庭，也就是人類學家所說的「新居家庭」（neolocal household）。這種家庭結構包含核心家庭，也就是夫妻以及他們所生的子女。

儘管我們認為這種小家庭模式很正常，再自然不過，在傳統社群當中，只有五％的家庭是新居家庭。最常見的還是結婚後從夫居，也就是父居家庭（patrilocal household），即新婚夫妻跟新郎或新郎一家人一起住。如此一來，家庭結構不再只有一個核心，而會水平或上下延伸。以水平延伸而言，包括家長的那一代。如果家長有三房四妾，也可能住在同一個屋簷下，還加上家長未嫁的姊妹或是已婚的兄弟姊妹。垂直延伸則包括家長及其妻子、他們已婚的子女及子女生下的孩子（也就是孫子）。不管水平或垂直延伸，這樣的家庭在經濟、財務、社會和政治上都是一個整體，所有的家庭成員在生活上都必須互相配合，而且以家長為權威。

自然而然，老人在父權家庭能得到妥善的照顧。他們和子女住在一起，能掌控大家庭的一切，擁有經濟大權，可以過得安穩。當然，在這種家庭結構之下，成年子女不一定愛年長的父母，敬畏權威的成分也許比較多。等到父母過世，自己成為一家之主，這時就輪到他們掌控權威，控制子女。至於新居家庭，由於父母不和子女同住，照顧父母的問題就會變得比較棘手。

老人在傳統父權社會地位崇高，但在現代的美國則截然不同。考吉爾論道：「老年常讓人聯想到下面各點：沒用、衰老、疾病、老糊塗、貧窮、失去性能力、不能生育和死亡。」因此，老人不但難以找到工作機會，能享有的醫療照護品質也比不上年輕人。美國最近才廢止強制退休制度，但歐洲仍有許多國家實施這樣的制度。雇主常認為老人會阻礙公司進步、不好管理、不善學習，因此寧願雇用可塑性比較強、較好訓練的年輕人。波士頓學院（Boston College）退休研究中心的賴希（Joanna Lahey）曾進行一項實驗研究。她把假造的履歷寄給不同的雇主，每一份履歷都相同，唯一的差別只有姓名和年齡，結果發現如應徵初階工作，三十五歲到四十五歲的婦女四三％可有與雇主面試的機會，五十至六十二歲的婦女能得到面試機會者則較少。很多醫院也以年齡來分配醫療照護的資源，在資源有限時，傾向把較多的資源分配給年輕人，理由是醫護人員的時間、精力與醫療經費不該投資在身體孱弱、時日不多的老年人身上。也難怪現在很多美國人和歐洲人，儘管才三十幾歲就紛紛染髮或去美容整形診所報到。

老年人在現代美國社會的地位低落，至少受到三種價值觀的影響。第一種是德國社會學家韋伯（Max Weber）提出的工作倫理。簡而言之，這種概念與新教喀爾文（John Calvin）教派的教義息息相關，鼓勵新教徒把努力工作視為實踐信仰的責任。總之，韋伯要人把工作視為一生最重要的事，因為工作代表一個人的地位、認同的角色，也對個性有益。因此，退休、沒有工作的老年人也就失去社會地位。

另一個價值觀牽涉到美國對個人主義的重視。前述很多社群實施的大家庭制度則傾向壓抑個人主義。美國人認為自我價值是自我成就帶來的，不是家族集體努力的成果。從小，父母、師長就教導我們要獨立、自立。獨立、個人主義和自立自強都是美國人讚揚的美德，反之依賴、無法自立、不能照顧自己則會受到鄙視。美國的精神科醫師和心理醫師甚至把依賴的性格視為疾病。精神疾病編碼中的301.6就是「依賴性人格疾患」，這是一種需要治療的病症，治療目標就是幫助病人脫離依賴，變得獨立。

比起世界上其他各國文化，美國人尤其注重個人隱私。在傳統大家庭結構之下，所有的家人、親戚都住在一起，個人幾乎沒有隱私，這是大多數現代美國人無法接受的。以傳統社群的夫妻為例，即使同房也很難有隱私，畢竟睡在一起的還有其他夫妻和自己的小孩。在美國的新居家庭型態，子女到了結婚年齡，成家之後則必須自立門戶，父母和子女才能享有充分的隱私權。

由於美國人重視獨立、個人主義、自立和隱私，照顧老年人便和這些價值觀格格不入。我們可以接受嬰兒的依賴，因為沒有一個嬰兒可獨立存活，但是老年人已獨立生活了幾十年，又變回依賴，便教人難以適應。然而，老年人總有一天終究無法獨立生活，失去生活自理的能力，只能依賴別人，放棄自己的隱私。子女到了中年，眼睜睜地看著父母失去生活能力，變得依賴，內心也痛苦萬分。也許很多讀者都看過這樣的例子：老人堅持獨立生活，但有一天出了意外，像是跌倒或臀骨骨折，從此必須依賴別人、無法下床。老年人因此感嘆無法獨立、失去自尊，年輕人也視照顧老年人為沉重的負擔。

最後一個不利於老人的價值觀就是崇尚青春。在這科技進展一日千里的現代社會，年輕人接受的教育使他們的知識與時俱進，勇於面對每天的挑戰，也使他們成為職場的生力軍。我現年七十五歲，我太太六十四歲，每次我們要開電視來看都不禁感嘆自己不年輕了。小時候，我們家的電視機只有三個鈕：一個是開關，一個是音量鈕，還有一個則是頻道選擇鈕。現在，我們的電視機遙控器上有四十一個按鈕，我們常常不知道要怎麼操作，得打電話問兒子。在現代美國社會，年輕人因為速度快、耐力強、有氣力、靈活、反應迅捷而佔盡優勢。另一個問題是，現今還有不少美國人是第二代移民，他們的父母在國外出生、長大，說英語總是有口音，欠缺在美國社會生存的重要知識與技能。

現代美國人的確有充分的理由崇尚青春。然而，這種現象似乎影響到很多生活層面造成不公平。

沒錯，我們認為年輕人漂亮俊美，但為什麼大家都認為金髮、棕髮或黑髮要比銀髮或白髮來得好看？電視、雜誌和報紙廣告上的服裝模特兒清一色是年輕模特兒，似乎用七十歲的老人當模特兒來展示襯衫或洋裝是件奇怪的事。為什麼呢？經濟學家也許會回答，因為年輕人比較常買衣服，對品牌的忠誠度也沒那麼高。按照這樣的理論，七十歲模特兒與二十歲模特兒的人數比例應該反映出這兩個年齡層購買服裝的頻率與對品牌的愛好。然而，儘管七十歲的人也買衣服，對品牌也有一定忠誠度，目前幾乎沒有七十歲的模特兒。同樣地，飲料、啤酒或新車廣告也都找年輕模特兒（圖23），儘管老人也喝飲料、啤酒、買新車。只有成人紙尿布、關節炎藥物和退休金計畫的廣告，會找老年人來拍攝（圖24）。

飲料廣告不找老年人當模特兒沒關係，但是上了年紀的應徵者在求職時常四處碰壁，年老的病人得不到有限的醫療資源，這些都是社會問題。更嚴重的是不只是年輕人對年老有負面的看法，老年人自己也是。根據哈里斯民意調查中心（Louis Harris and Associates）所做的調查，美國人認為老年人無聊、心胸狹窄、喜歡依賴、孤僻、不受人重視、落伍、被動、貧窮、經常坐著不動、沒有性能力、多病痛、遲鈍、沒有生產力、對死亡有病態的恐懼、害怕壞人、老是在睡覺或是坐著發呆，以及喜歡沉緬於回憶。儘管接受意見調查的老年人強調自己不是那樣的人，但接受調查的老年人和年輕人依然認為一般老年人都是如此。

社會規則

至此，我們已探討了多個影響社會對待老人的因素，包括社會是否有能力餵養老人、老人的用處、社會價值觀等。然而，這些都是遠因，無助於解釋關乎老人的日常決定。例如，如果我們今天捕獵了一頭羚羊，要不要切一塊肉給老爺爺吃？的確，老爺爺年紀已經很大，不能出去打獵了。孫兒在切羚羊肉的時候，並不會以老爺爺的用處和價值為著眼點，如：「你還記得在龍捲風過後，如何尋找食物，因此我們願意給你一塊肉。」反之，日常的決定與社會規則有關，決定在哪一種情形下該怎麼做。因此，兒孫在分配羚羊肉的時候用不著思考老人與龍捲風的關係。

每一個社會都有不同的規則，讓人作為行事的依據。社會規則使老年人擁有對資源的處置權。這些規則是年輕人認可的。儘管年輕人與老年人雙方有利益衝突，都希望取得最多的資源，年輕人也有足夠的力氣從老人那裡把資源搶過來，但年輕人還是遵從老年人的意見，讓他們控制資源。年輕人願意這麼做是因為他們同意等待，等待自己年老，也就能夠握有這樣的權力和資源。這種例子不勝枚舉，在此我將舉出三個例子。

最簡單的就是食物禁忌。某些食物年輕人不可吃，只有老人才可以吃。年輕人吃了將會危害自己的健康，但老年人因為年紀大，吃再多都沒關係。每一個社群都有自己的食物禁忌，尤其是傳統社群。如年輕的奧瑪哈印第安人不得把動物的骨頭折斷吸取其中的骨髓，否則腳踝容易扭傷，但老人吃骨髓就沒有這樣的問題。又以婆羅洲的伊班人（Iban）為例，老人可以吃鹿肉，但年輕人則禁止食用，否則會像鹿一樣膽小。西伯利亞的楚克奇人喝馴鹿的奶，但只有老人可喝，年輕男子喝了會變成陽萎，年輕女人喝了則會乳房鬆弛。

澳洲沙漠愛麗絲泉附近的阿蘭達人（Aranda）也有特別的食物禁忌。最美味的食物必須留給老人享用，年輕人如果貪圖口腹之慾吃了那些食物將會遭到噩運。例如接受割禮的年輕人吃了母袋狸的肉，將會出血至死；吃了鴯鶓，生殖器則會變成畸形；吃了鸚鵡，腦袋上方和下巴都會出現一個洞；

吃了野貓，則頭頸部都會潰爛，散發出難聞的氣味。年輕女性吃了母袋狸的肉，月經來潮將出血不止；吃了袋鼠尾巴會早衰、變成禿頭；吃了鶺鴒乳房不會發育，反之，吃了褐鷹乳房會脹破但不能分泌乳汁。

很多傳統社群的老人也把年輕女孩視為年輕男子的禁忌。在這樣的社會規則之下，老人不只可娶少妻，還可以擁有三妻四妾，而年輕男子則必須等到四十歲或者更老才能娶妻。很多社群都有這種習俗，如東非的阿坎巴族（Akamba）、南美的阿勞坎印第安人、西非的巴剛族（Bakong）、西南太平洋的班克斯島民、北非的柏柏爾人（Berber）、西伯利亞的楚克奇人、婆羅洲的伊班人、加拿大拉布拉多省的伊努特人、南非的科薩人（Xhosa），以及澳洲多個部落的原住民。我在新幾內亞北部低地就看過這麼一個例子。一個名叫友諾的跛腳老人指出一個年輕女孩給我看，說那女孩就是他的未婚妻。那女孩看起來還不到十歲。他說，他在那女孩出生之時，已付了一筆訂金，每隔一段時間就會送東西到她的父母家，等她胸部發育、月經來潮，就可以把她娶回家。

我們不禁要問，年輕人為什麼願意遵守那些禁忌，或讓老人娶年輕女孩？也許年輕人認為等到自己年老，也能享有這些特權。同時，他們也會在年輕女孩身邊徘徊，等她們的丈夫不在就趁虛而入。

然而，上述規則在現代工業社會根本行不通。現代社會的老人常以另一種方式使年輕人願意奉養、照顧他們，也就是財產的控制權。現代社會的老人和很多傳統社群的老人一樣，等到死後才會把財產交給子女繼承。如果子女不願意奉養自己，即可更改遺囑來威脅他們。

以昆族而言，土地歸隊群裡最年長的人所有，而非隊群所有的人。很多農牧社群也是，土地、牲畜和有價值的財物都歸老一輩，特別是大家長所有。因此家長在家族中的地位崇高，可以命令子女奉養、照顧自己。如舊約聖經中的亞伯拉罕和其他希伯來家長，在年老時就擁有許多牲畜。楚克奇人的馴鹿歸老人所有，蒙古老人擁有很多馬匹，納瓦荷老人則有馬匹、綿羊、牛隻、山羊，哈薩克老人除了有上面四種牲畜，還多了駱駝。老人常藉由牲畜、農地等資產來控制年輕的一代。

在很多社群，老一代仍能牢牢地掌握權力，這樣的政治體制就是所謂的「老人政治」，可見於古希伯來人、很多非洲畜牧社群、澳洲原住民和愛爾蘭鄉村。如考吉爾所述：「在愛爾蘭，家庭農場的所有人還是年邁的家長。兒子繼續在自家農場工作，無法領取任何酬勞，生活則依靠父母的經濟支援，無法娶妻、生子。在沒有明確的繼承制度下，做父親的便可能利用繼承權來左右兒女，讓他們順從。然而，總有一天，他還是得把農場交給兒子，同時為自己和妻子保留最大、最舒適的房間，確保自己能夠安穩地度過餘生。」

如果我們了解現代社會的老年人透過財產權來為自己取得保障，就可了解為何傳統社群的老人強迫年輕人接受食物禁忌以及娶年輕女孩為妻。我初次聽聞這樣的習俗，心中不免出現一個疑問：「為什麼部落的年輕人不乾脆把那些好吃的東西搶過來，如骨髓或鹿肉，並跟年輕、漂亮的女人結婚？為什麼他們願意等到四十歲之後？」傳統部落的年輕人就像我們社會的年輕人。我們社會的年輕人不會違反父母的意願，從他們手中把財產搶奪過來，不只是因為他們不願和老邁的父母作對，而是他們不得不遵守社會規則。部落所有的年輕人為何不團結起來，反抗老年人？說：「我們要改變社會規則，從今天開始，我們年輕人也能吃骨髓。」同理，改變社會規則的過程漫長、艱辛，老人握有比較多的籌碼，不容易被扳倒。年輕人很難在一夕之間改變自己對老年人的態度。

今昔相比

今日社會的老人與傳統社群相較，有何改變？雖然有一點大有改進，其他很多地方顯然變得更糟。好消息是今天的老人更長壽，健康情況也更好，可享受更多的休閒娛樂，而且不像古人經常必須面對白髮人送黑髮人的悲劇。在第一世界的二十六個國家，人民平均壽命為七十九歲，日本甚至已達八十四歲，約是傳統社群居民平均壽命的兩倍。現代社會人類壽命延長之因包括公共衛生的改善（如注重飲水的衛生安全、紗窗的裝設、疫苗注射等）以對抗傳染病，加上現代醫學的進步、食物分配系統更有效率以避免飢荒（參看第八章和第十一章），以及戰爭死亡人數的遽減（第四章）。拜現代醫學和交通運輸科技之賜，現代的老人生活品質大有提升。例如，最近我剛從非洲旅行回來，與我同行的十四個團員當中，有三個介於八十六歲和九十歲間，儘管年事已高，他們都還走得動。現今的美國人，五七%的男人和六八%的女人都可以活到八十歲以上，多半可在有生之年看到自己的曾孫。第一世界的嬰兒九八%以上都可順利度過幼兒期和兒童期，反之傳統社群的孩子則有半數在青春期之前就夭亡了。因此，第一世界的父母很少因為孩子死亡而悲痛。

然而，我們卻面臨更多的壞消息。由於生育率下降、老人的存活率上升，現今老人人口愈來愈多，兒童以及能工作、有生產力的年輕人卻愈來愈少。過去人口呈正金字塔型，下面是眾多年輕的人口，上面則是人數稀少的老年人，現在這個金字塔已經反轉。目前，在貧窮的國家，六十五歲以上的老人只佔人口總數的二%，但在第一世界某些國家，已佔人口總數的二〇%以上。人類社會的老人比例未曾像今天這麼高。

這樣的人口比例顯示，今天社會扶養老年人的負擔更加沉重。這也就是美國、歐洲各國及日本社會福利制度危機的根源，有生產力的年輕人口過少，最後將無法支付老人的退休金。然而，如果老人繼續工作，年輕人的工作機會又會變少。反之，如果老人退休，社會福利制度由年輕的一代來負擔，由於年輕人口遽減，他們的負擔將沉重許多。老人即使希望與子女同住，讓子女照顧、奉養，子女也不一定願意。我們不由得想到，是否該考慮傳統社群老人結束生命的選擇，如協助自殺、鼓勵自殺或安樂死。當然，我絕非建議讀者做這樣的選擇，而是注意到近來這些選擇已成為社會大眾、立法者和法庭不斷辯論的議題。

人口結構成為倒金字塔型的另一個結果是，儘管老人仍對社會有用，如果人數眾多，其用處將變得有限。假設雷尼爾島上有一百個老人仍記得龍捲風來襲的情景，以及如何因應這樣的災變，當地社群就不會特別尊敬、重視那個八十歲的老婆婆。

年老對男性與女性的衝擊各有不同。第一世界的女性平均壽命比男性要來得長，也就代表女性成為寡婦要比男性變成鰥夫的可能性來得大。例如，美國年老男性已婚比例佔八〇%，其中鰥夫只佔一二%，相形之下，年老女性已婚的比例不到四〇%，其中一半是寡婦。會有這樣的現象，一個原因是女性平均壽命比較長，另一個原因則是男女在結婚時，男性的年齡比女性來得大，而且鰥夫很可能再婚，娶年輕的新老婆，寡婦則很少和比自己年輕的男性結婚。

過去，老人總是住在同一個地方，甚至自成年以來，都住在同一間房子，和同一群人一起過日子。通常，他們有子女和媳婦或女婿住在附近，與社會的關係緊密，身邊都是交往一輩子的朋友。

但在現代的第一世界，老人很少有這樣緊密的社會關係。在新居家庭的結構之下，子女婚後則自立門戶，不和新郎或新娘的父母同住附近。所謂空巢症候群應運而生。美國在二十世紀初，男女結婚之時，其父親或母親通常已不在人世，因此他們的父母很少經歷空巢期，即使出現空巢期，通常不到兩年。現在的美國父母在子女成家、自立門戶之後，至少需面對十年以上的空巢期，長達數十年者也很常見。

在空巢期盛行的美國社會中，很多老人很難住在老朋友的附近。美國每年遷居人口多達二〇%，因此不管是年邁的父母、他們的朋友或者雙方一生都可能會搬很多次家。有些老人會跟自己的一個子女同住，如果子女搬家，也得跟他們搬遷。有的老人可能選擇住在朋友家附近，不一定和子女一起居住。還有一些老人則遠離朋友和子女一個人住。此外，也有不少人住在養老院，子女偶爾前來探視。正如本章開頭那個斐濟友人的指責：「你們美國人不顧自己的老父老母，把老年人都拋棄了！」

除了新居家庭結構、住處經常搬遷，造成現代老人在社會上被孤立的另一個因素就是從職場正式退休。這是十九世紀末才出現的社會現象，在此之前人們就是一直工作，直到年老體衰身心不堪負荷。目前，在工業化國家，因各國制度不同，退休年齡約是從五十歲到七十歲（日本人比較早退休，挪威人則比較晚）。此外，退休年齡也因職業而有所不同，如飛行員比較早退休，大學教授則比較晚。現代工業社會把退休納入正式政策可歸因於三個趨勢，其一是平均壽命的增長，到了某一個年齡，很多人便無法繼續工作，只能退休。如果人民平均壽命不到五十歲，就用不著強制人民在六十歲或七十歲退休。第二個趨勢是經濟生產力的增加，只要少數的工作人口，就有強大的生產力，支援大多數不工作的人口。

第三個趨勢是社會保險使老人在退休之後生活無虞。政府強制或支援的退休計畫始於一八八〇年代的德國。俾斯麥通過立法，建立了世界上最早的工人養老金、健康和醫療保險制度及社會保險，以政府的力量來照顧社會中的弱勢團體。在接下來的幾十年，這樣的制度漸漸傳到西歐、北歐和紐西蘭，美國也在一九三五年通過社會安全法案。然而，並非每一個老人都歡迎這樣的制度。很多人到了某一個年齡（如六十五歲或六十歲）即遭到強迫退休，但他們仍希望繼續工作，也還有工作能力，有人甚至正處於生產力的巔峰。當然，至少老人可以選擇退休，利用政府福利制度頤養天年。但退休也帶來新的問題，也就是多年的工作關係將被切斷，可能過著孤立的生活。

為了解決老人居住、照顧的問題，現代開始出現養老院這樣專司照顧孤單老人的機構。雖然古時的修道院和修女院會收留孤苦無依的老人，全世界第一家公共養老院是在一七四〇年奧地利於瑪麗亞．特蕾西亞（Maria Theresa）主政時成立。這樣的機構有各種型態，還有其他名稱，如退休之家、退休社區、老人院、養護中心等。由於現代很多成年子女都必須外出工作，無法在白天照顧年老的父母，於是把他們送到養老院。老人住進養老院後，也可結交新朋友，以發展出新的社會關係。然而，有人進了養老院後，物質生活雖然不虞缺乏，社會需求卻未得到滿足，如做子女的每年只來探望一次，甚至完全不聞不問。

現代老人更加孤立的一個原因，是他們在社會上的用處不比以前。原因有三：現代社會識字率高、教育的普及和科技進展神速。我們現在以文字來儲存知識，幾乎人人識字，也不需要倚賴老人的記憶來保存知識。再者，所有的國家社群都支持教育體系。第一世界的學校都提供義務教育，老人不再是社群的老師。此外，過去的科技進展如蝸牛前進，一個人在兒時學到的技能，七十年後依然有用。但是今天的科技發展日新月異，每隔幾年就有重大的進展，舊的技術很快就落伍了，因此一個老人七十年前學的東西早就沒有用了。以我自身的經驗為例，我在一九四〇年代和五〇年代初期上學的時候，老師教我們計算乘法的四種方式：背誦九九乘法表、在紙上進行直式乘法、用計算尺以及使用對數表。這四種方式我都非常精熟，但是這樣的技能已經沒用。我兒子那一代的年輕人拿出袖珍型計算機，不到幾秒就能得到正確答案。同樣地，我雖然會做真空管收音機，也會開手排車，但這些技能也都過時了。我這一代的人年輕時學的技能大都沒用了，然而還有許多我們不曾學過的東西卻已成為不可或缺的能力。

老人問題的因應之道

簡而言之，在現代西方社會，近百年來老人的地位已有很大的轉變。我們還在摸索如何解決因此而生的問題。從一方面來看，老人可以活得更久，健康情況也比以前的老人好，現代社會也比較富足，可以給老人更好的照顧。從另一方面來看，老人的技能大都已經過時，不再能發揮用處，儘管身體比較健康，在社會上的處境則更加悲慘。大多數的讀者也許已經開始面對這樣的問題，不知如何安置年老的父母，或是自己已經是老人。我們該怎麼做？我將從我個人的觀察提出幾點建議供大家參考。

首先，身為祖父母的老人可幫忙照顧孫兒，為子女減輕負擔。在第二次世界大戰之前，在美國和歐洲正值生育年齡的婦女大都在家當家庭主婦，照顧自己的孩子。然而，近幾十年，年輕婦女基於個人興趣或經濟因素紛紛投入職場，外出工作，孩子的照顧就成了很多年輕父母頭痛的問題。雖然他們可以請褓母或是把孩子送到托兒所，但幼兒照顧的品質依然令人擔憂。

這時，祖父母就可以幫上很大的忙。他們有高度的動機照顧自己的孫兒，自己也有養兒育女的經驗，而且能夠一對一專心地照顧孫兒，不會突然說要跳槽，願意無酬幫忙，也不會抱怨薪水太低或沒有紅利。我的朋友圈中很多已經當上祖父母，而且來自各個專業領域，如醫師、律師、教授、企業家、工程師等。他們經常照顧自己的孫兒，也很喜歡做這樣的事，讓他們的子女、女婿或媳婦可以外出工作而無後顧之憂。我的這些朋友正像昆族的老人，留在營地幫忙照顧小孩，讓他們的子女外出狩獵或是撿拾曼杰提果仁。這樣的安排使祖父母、父母和孩子三方都能得到好處。但是現在夫婦常到了三十幾歲或四十出頭才生孩子，祖父母也許已經將近八十歲或更大，就很難有體力照顧幼兒一整天。

第二個建議則是關於科技與社會的快速轉變。在這種趨勢之下，雖然老人的技能早就過時，但他們依然可以提供寶貴的經驗給下一代。畢竟，今天的年輕人因應問題和變化的經驗還是不足。我們的老人就像我在雷尼爾島遇見的那位八十歲老婆婆。她是恐怖龍捲風的倖存者，知道在災後可以採集哪些果實來吃，以免餓死。同理，老人的記憶也有可取之處。我將舉兩個例子來說明這點。第一個例子是關於我的大學導師。他生於一九〇二年。他在一九五六年告訴我，他親身經歷馬車被汽車取代的感受。他說，他們當時都為這樣的運輸革命感到高興，街道不再馬糞遍地，變得更乾淨，同時也少了達達的馬蹄聲，變得更安靜。今天我們卻常常把汽車和污染、噪音聯想在一起，可見科技變革也會帶來讓人意想不到的問題。

第二個例子則是我和我兒子約書亞在飯店的經歷。有一天我和約書亞在飯店吃晚餐，結識了一個八十六歲的老先生。他為我和我那二十二歲的兒子描述一九四三年十一月二十日，他和同袍在西南太平洋的塔拉瓦環礁（Tarawa Atoll）涉水登陸海灘與日軍決戰的情景。這場戰鬥非常慘烈，不到三天，在不到半平方英里的戰場上，總計有一千一百一十五名美軍壯烈犧牲，日軍總數有四千六百零一人，除了十九人，其他都戰死了。我第一次聽聞戰場歸來的老兵講述自己的故事，我希望約書亞永遠不必經歷這種恐怖的經驗。如果他那一代的年輕人能從老人口中聽到上一次世界大戰的情景，應該能從中得到寶貴的教訓。

最後一個建議則是了解老人的長處和短處，並善加利用他們的長才。隨著年紀漸增，人不免會失去一些能力，如抱負、競爭力、體力、耐力、專注力和思考能力。因此，像破解DNA結構這類的問題最好留給四十歲以下的年輕學者。反之，隨著年歲增加，一個人的經驗、對人的了解以及人際關係、整合跨領域問題的能力則會增強，也比較能放下自我去幫助別人。所以，物種起源、生物地理的分布、比較歷史等研究工作最好交給四十歲以上的學者。這種轉變使得年紀大的人選擇監督、管理、顧問、教學、擬定策略和統整方面的工作。例如我有一些農夫朋友到了八十幾歲已很少騎馬或開曳引機，而是花比較多的時間思考農場的經營策略；我的律師朋友上了年紀後也比較少上法庭打官司，比較常指導年輕律師。還有一些醫師朋友也是，他們因為年紀大了，很少開耗時、複雜的手術，工作目標變成訓練年輕醫師。

社會該利用老人的長處，看他們喜歡做什麼事，而非強迫他們像年輕人一樣每週工作六十個小時，或是到了某一個年齡就強制他們退休。反過來說，老人也應該好好思索自身的轉變，想辦法發揮自己的能力。有兩位作曲家就值得我們借鏡（圖40、41）。這兩位在年紀大的時候都很誠實地說出自己能做什麼，以及不能做什麼。為理查．史特勞斯（Richard Strauss）的歌劇寫腳本的茨威格（Stefan Zweig）曾描述他和史特勞斯第一次見面的情景，那時史特勞斯已經六十七歲。「在我們見面的第一個小時，史特勞斯就坦白告訴我，作曲家到了七十歲，他不再擁有神妙的靈感。因此，他已經寫不出

《狄爾的惡作劇》（*Till Eulenspiegel*）和《死與淨化》（*Tod und Verklärung*）那樣的交響詩（史特勞斯二、三十歲的傑作）。他已經沒有鮮活的創造力。」但史特勞斯解釋說，有些情景和文字還是會觸動他的心弦，讓他想用音樂表達出來，音樂主題甚至已在他心中縈繞。

為女高音和管弦樂寫的《最後四首歌》（*Four Last Songs*）就是他在八十四歲完成的作品。這是史特勞斯最後的作品，也是經典之作。他以樂句營造出秋日蕭瑟的氣氛，讓人感覺死亡的腳步近了，管弦樂褪盡鉛華，摒除世俗與官能的況味，呈現真摯的情感，並加上他在五十八年前寫的一些樂曲片段。另一個作曲家威爾第（Giuseppe Verdi）五十四歲寫出《唐・卡羅》（*Don Carlos*）、五十八歲創作《阿依達》（*Aida*）之後即打算結束自己的作品生涯。然而他的出版商還是說服了他繼續寫，在七十四歲創作《奧泰羅》（*Otello*）、八十歲完成《福斯塔夫》（*Falstaff*）。這兩部晚年作品也是他最偉大的作品，風格簡約、微妙，與早年的作品大不相同。

在這瞬息萬變的現代社會，如何為老年人開創更美好的生活一直是我們社會面臨最大的挑戰。過去很多人類社群善待老年人，讓他們發揮長處，都很值得我們學習。我們當然也能找出更好的解決方案。

第四部

危險與應變

第七章 神經質的必要

面對危險的態度

我最初踏上新幾內亞的時候，不知當地環境的險惡，而且粗心大意。記得我曾經花一個月，在一群新幾內亞朋友陪伴下，在林木蓊鬱的山間研究鳥類。我們先在海拔高度較低的地方紮營，一個禮拜後，我已把那裡的鳥類都記錄下來了，希望到更高的地方，研究那裡的鳥類，我們於是往上爬升一千多公尺。至於下一個禮拜的營地，我在森林裡選中了一個地方，從一條狹長的山脊繼續走，來到一個寬闊的平台。附近坡度和緩，可讓我隨處走走、觀察鳥類。那裡還有一條小溪，我們不必走遠就可取水。我們在山脊平台的一側落腳，那裡面臨幽深的山谷，我可觀看老鷹飛翔的身影，也看得到褐雨燕和鸚鵡。我決定在一棵巨樹底下紮營，粗壯的樹幹爬滿青苔。想到接下來的一個禮拜可在美景如畫的林間徜徉，我就喜不自勝，請陪我的那些新幾內亞友人先搭建帳篷底下的木頭架子。

沒想到他們變得焦躁不安，不肯把帳篷搭在那裡。他們解釋說，那棵大樹已經死了，可能會倒下來，壓垮我們的帳篷，我們就會被活活壓死。是的，我看得出來那棵樹已經死了，但我認為他們實在反應過度，於是勸說他們：「那棵樹很大，但是看起來很穩固，而且沒有腐爛的跡象，不會被風吹倒的，更何況這裡沒有風。這棵樹要倒下來也是好幾年後的事。」然而這些朋友還是不放心，不肯睡在大樹底下，寧可把他們的帳篷搭在空地上，離那棵樹遠一點，萬一樹倒下來，才不會被壓死。

當時，我真的覺得他們把恐懼誇大，簡直到了神經質的地步。但我在新幾內亞森林待了幾個月後，我注意到在森林裡幾乎每天都聽得到樹木倒下的響聲，也聽了一些新幾內亞人被倒下來的樹木壓死的故事。這些新幾內亞人常常住在森林裡——也許一年中有一百個晚上，如果他們的平均壽命是四十歲，一生中就有四千個晚上在森林中度過。我計算了一下：如果你做了某件事，這件事可能為你帶來死亡，但機率很低，比方說，每一千次發生一次，但是你要是每年做一百次，不到十年，你就可能一命嗚呼，無法活到四十歲。新幾內亞人不會因為森林裡的樹木會倒下來而裹足不前，但他們知道不要睡在死亡的巨木底下，就可避免被巨木壓死的危險。他們會有這樣神經質的反應其實很合理，我稱之為「有益的神經質」。

但神經質怎麼會有益呢？這種說法似乎矛盾。一般人總認為「神經質」是不好的，包括誇大恐懼的感覺、無緣無故的恐慌，甚至近乎妄想。新幾內亞人反對在大樹底下紮營時，我的印象也是如此。那麼粗壯的樹，怎麼可能突然倒下來？但長遠來看，在原始的環境之中，這種神經質的確有助於生存，就是傳統社群趨吉避凶之道。

這也是新幾內亞人對我影響最深的地方。不只新幾內亞人如此，全世界很多傳統社群也是。如果你必須常常做一件事，儘管風險很小，但是如果你不想早死或年紀輕輕就變成跛腳，還是小心為上。我因為受到這種態度的影響，回到美國之後，不管開車、淋浴、爬上梯子換電燈泡、上下樓梯或走在滑溜的人行道，都非常謹慎。我的一些美國朋友看我這樣小心翼翼都覺得瘋狂、好笑。在我的西方友人當中，和我一樣小心的只有三個人。他們是職業使然：一個是開小飛機的駕駛、另一個是在倫敦街上執勤、沒配戴槍枝的警察，還有一個則是釣魚嚮導，常在山間的急流泛舟。這三位朋友在長年的工作中都看過同行因為一個不小心而喪命，因此凡事謹慎，步步為營。

當然，不只是新幾內亞叢林危機四伏，在西方生活一樣有不測之災，不管你是不是飛機駕駛、警察或釣魚嚮導。然而，現代西方生活的危險還是和傳統社群生活的危險有別。顯然，危險的種類不同，我們比較可能發生車禍、遭到恐怖份子的攻擊或是心肌梗塞。對傳統社群而言，他們的危險則是獅子、敵人和被倒下的樹木壓死。大抵而言，傳統社群面臨的危險還是比我們要來得多，因此我們的平均壽命是他們的兩倍，意謂我們每年平均面臨的危險只有他們的一半。另一個顯著的差異是，我們受傷的時候，可儘速就醫，但在新幾內亞，就可能不治或者終身殘廢。有一次，我在波士頓結冰的街道上摔倒，腳骨折了。我一跛一跛地走到最近的電話亭，向我那當醫師的老爸求救，他隨即開車過來載我到醫院。另一次，我在新幾內亞布幹維爾島（Bougainville Island）內陸因膝蓋受傷而無法走路，發現自己離岸邊足足有三十二公里，呼天不應、叫地不靈。新幾內亞人如果骨折，沒辦法找骨科醫師治療，最後骨頭可能癒合不良，造成永遠損傷。

我將在這一章描述我在新幾內亞碰到的三個事件，來解說何以神經質是有必要的。在第一個事件發生之時，我完全沒有經驗，不知大難臨頭：當時我和一般西方人沒什麼兩樣，對周遭環境沒有戒心，但在傳統、原始的世界生存，的確需要改變心態，才能平安度日。第二個事件發生在十年後，我終於知道神經質的重要。這次我因為提高警覺，不再粗心大意，因此得以逃過一劫。十年後，我又遭逢另一個事件。當時，有位新幾內亞朋友就在我身邊。我們在空無一人的山林空地中發現一根插在地上的樹枝。我的友人認為這可能是有人故意在這裡做的標記，因此我們必須小心提防。他的謹慎與明察秋毫讓我印象深刻。我將在下一章繼續討論傳統社群面臨的危險種類，以及他們如何評估、因應。

雨夜怪客

一天早晨，我在十三個新幾內亞高地人的陪伴下，從一個大村子轉往一個孤立的小村子，預計要走上好幾天。那個小村子在一座小丘上，人口稀少，遠遠比不上高地。高地可種甘藷、芋頭，能餵養很多的人，因此人口稠密；低地則多種植蘇鐵，也有不少淡水魚，那裡也是腦性瘧疾最流行的地方。出發前，有人告訴我，這趟旅程約費時三天，必須走過險惡的森林。那裡幾乎沒什麼人，幾年前才成為政府管轄之地，先前還發生過部落戰爭，據說仍有族內食人的習俗，也就是人死掉後，常會被親友吃掉。我有幾個同伴來自那個地方，但大多數都是高地人，對當地的情況一無所知。

第一天的旅程還算順利。我們繞過一座山之後，慢慢爬升，通過山脊，然後沿著河流往下走。但第二天就沒那麼容易了。我們在早上八點拔營，那時飄起了濛濛細雨。由於此去無路，我們不得不涉過山間急流，在滑溜的大石頭爬上爬下。儘管我那些新幾內亞友人可在崎嶇的高地上健步如飛，如今也有身陷夢魘之感。到了下午四點，我們已沿著河流往下，下降了六百公尺左右。此時，大家已精疲力竭。我們在雨中紮營、煮飯，配魚罐頭。飽食一頓之後，雨還沒停，我們隨即準備睡覺。

接著，我得詳細解說帳篷的配置，才能理解那晚發生的事。我的新幾內亞友人睡在一頂倒V字的長型防水帆布帳篷，兩端都是開放的，前後都可進出。帳篷頂端的橫樑很高，因此帳篷底下可以站人。我用的則是鮮綠色的尤瑞卡牌自動帳篷，骨架是很輕的金屬做的，前方有掀式的門，後方有小小的窗戶。睡前，我已經把門窗的拉鏈拉好。我帳篷的掀門面對新幾內亞友人大帳篷的一個開口，相隔只有幾公尺。如果有人從那帳篷走出來，會先走到我休息的帳篷的門，然後經過帳篷的一側，再走到帳篷的尾端，也就是有窗戶的地方。由於我那頂帳篷的門窗都已關上，沒看過這種帳篷的人根本不知道門在哪一邊。我頭向著帳篷後面，腳朝向前門。由於帳篷不是透明的，從外面看不到裡面的情況。我的新幾內亞友人為了取暖，在帳篷裡生了火。

經過這一天的折磨，我們累得倒頭就睡。我不知睡了多久，才發現外面傳來輕柔的腳步聲，地面也因有人走過而微微震動。有一個人走到我那頂帳篷的末端，也就是靠近我頭部的地方，然後停了下來。此時，所有的聲音和動作都靜止了。我猜，那人可能是我同伴從他們睡的大帳篷出來小便。奇怪的是，如果要小便，他該離我的帳篷遠一點，不知他為何故意經過我的帳篷，站在帳篷後面。但那時我實在是睏極了，沒去推敲他的用意，便沉沉睡著了。不久，我被同伴說話的聲音吵醒。從他們那頂帳篷透過的火光看來，顯然出現騷動。這沒有什麼不尋常，新幾內亞人時常在半夜醒來說話。我喊叫，請他們安靜，讓我好好睡覺。那晚，我根本不覺得發生了什麼值得大驚小怪的事件。

第二天一早，我醒來之後，掀開帳篷的門，走到外面，和我的同伴說聲早，然後開始準備早餐。他們告訴我，他們半夜醒來說話是因為好幾個人都看到了一個陌生人站在他們帳篷的出入口。那個人知道自己被發現了，於是伸出一隻手臂，手指往下彎向手腕。有幾個新幾內亞人看到這樣的手勢，不禁驚叫出聲。他們的叫聲讓愛睏的我誤以為他們半夜還在講話。其他新幾內亞人聽到這樣的叫聲，也驚醒了，於是坐起來。接著，那個陌生人的身影就消失在雨夜中。我的新幾內亞友人指出泥巴上的腳印給我看。至此，我還不覺得有任何可怕的地方。

我的確沒想到有人會在這樣一個雨夜，走過荒山野地，接近我們的營地。由於當時我在新幾內亞已經見識過太多讓我出乎意料的事，已經見怪不怪，絲毫沒想到自己有生命危險。我們吃完早餐，隨即拔營往前走，繼續第三天的行程。我們涉過湍急的河床，接著踏上一條寬廣的路徑，沿著河岸，穿越高聳的森林。在森林深處，我覺得像是置身於宏偉的哥德式教堂。為了追逐鳥類，獨自享受自然的大教堂，我加快腳步，把我的同伴拋在後頭。我先走到目的地，也就是河流上方的那個小村子，於是坐下來等我的朋友，等了很久，他們才趕上來。

我們在那個孤立的小村子待了近十天，過得十分愜意，讓我忘了那個雨夜怪客。之後，我們得回到先前住的那個大村子。我的新幾內亞友人建議走另一條路回去，那就不必涉河。新的那條路從森林中穿過，乾燥、好走。我們只花了兩天就回到大村子。

後來，我向一位傳教士提起這次旅程的經歷。他已在當地住了好幾年，也去過那個孤立的小村落。接下來幾年，我和兩個嚮導友人變得更加熟稔。我後來從他們倆和那位傳教士的描述得知，其實當地人都知道那個雨夜怪客——他是個瘋狂、危險的巫師，曾拿著弓箭威脅那位傳教士，也曾帶著矛在那個孤立的小村子行凶，一邊把人刺得血肉模糊，一邊哈哈大笑。據說，當地已有好幾個人被他殺死，包括他的兩個老婆和八歲大的兒子。那個孩子因為沒得到他的允許，吃了一根香蕉，就被他狠心殺死。他有如精神異常的凶手，無法區分現實與想像，有時住在村子裡，有時則獨自一人在森林紮營而居，如有女人不慎闖進他的營地附近，就會遭到殺害。

由於他是個厲害的巫師，當地人根本不敢管他的事。他在半夜闖入我們的營地，被發現時做出的手勢——伸出一隻手臂，手指往下彎向手腕——新幾內亞人一看就知道是食火雞（cassowary）。食火雞是新幾內亞最大的鳥類，當地人認為這種鳥是法術高強的巫師變成的。食火雞不會飛，是鴕鳥和鴯鵡的遠親，重約二十二公斤到四十五公斤，有著粗壯的腿和像剃刀一樣鋒利的爪子，可把狗或人開膛剖肚，因而讓人生畏。據說，那個巫師做出那樣的手勢就是在施法，模仿食火雞準備發動攻擊時的頭頸部。

那個巫師半夜進入我們的營地究竟想做什麼？我想，來者不善的可能性居大。他也許知道有個來自西方的人在綠帳篷裡面睡覺。至於他為什麼走到我的帳篷後面，而非站在帳篷前方，我猜那是因為他不想被我的新幾內亞友人發現，因為我帳篷的門正對著友人帳篷的出入口，或者他不知道入口在哪裡，誤以為帳篷後面才是入口。要是我當時對新幾內亞已有一些認識，我也許在聽到腳步聲的時候就會立即意識到情況不對，甚至大叫。我也不敢像第二天把同伴拋在後頭，一個人獨自往前走。現在想起這個事件，我覺得自己很愚蠢，身處危險而沒有任何警覺。如果我夠神經質，就能早一點發現警訊。

海上驚魂

有一天，我和我的新幾內亞朋友馬立克要從隸屬印尼的巴布亞省的一個小島去新幾內亞本島，兩者隔著寬約二十公里的海峽。下午四點許，離太陽下山約還有兩個多小時，我們和其他四個乘客上了一艘寬約十公尺的木船。船尾裝了兩具馬達，船夫是三個年輕人。其他四個乘客都不是新幾內亞人：一個是在新幾內亞本島工作的中國漁民，其他三個則分別來自印尼的安汶島（Ambon）、塞蘭島（Ceram）和爪哇島（Java）。船上的貨物和旅客乘坐的地方上方一百二十公分處有塑膠布篷覆蓋，往後延伸到離船尾一百二十公分處，前方則距離船首三公尺。那三個船夫坐在船尾，靠近馬達的地方，我和馬立克坐在他們前面，面對船尾，由於我們的座位上面和兩旁都有布篷覆蓋，幾乎看不到外面。

其他四個乘客則坐在我們背後，面對船首。

開船了，船夫發動引擎，儘管那天浪很高，還是全速前進。海水漸漸潑入船內，乘客埋怨了一下。潑進來的水愈來愈多，一個船夫立即把水舀出去。接著，更多的水潑進來，放在船首附近的行李都被潑濕了。我把手中的雙筒望遠鏡放進我膝上的一個小黃色背包裡，以免損壞。我還有一些重要的東西，像是護照、錢和田野調查筆記也都用塑膠袋包起來，放在那個黃色背包內。引擎啪啦作響加上海浪轟隆隆，馬立克和其他乘客不由得對開船的船夫大叫，要他開慢一點，或是回頭。（本次事件所有的對話都是用印尼語，也就是印尼巴布亞省的官方語言和通用語。）但那個船夫還是不肯慢下來。更多的海水濺入船內。由於船內積水甚多，重量增加，船往下沉，更多海水從船的兩側流進來。

說時遲，那時快，船已經沉下去了。我怕船沉到海中之後，我會被困在布篷底下。接著，我和船上的每一個人已在海中載浮載沉。由於事發突然，我的記憶已然模糊，記不得我們是否從船尾沒有布篷遮蔽的地方直接跳到海裡，或是從布篷兩邊爬出去的，也不知道其他旅客的反應。後來，馬立克告訴我，第一個跳下船的是船夫，第二個是我，接下來是他。

下一刻更加教我恐慌。我穿著笨重的登山靴、長袖襯衫和短褲。我們的船已經翻了，船底朝天，離我約有幾公尺。我覺得登山靴很重，一直把我往下拉。我的第一個念頭是：「我要怎麼做才不會沉下去？」我發現旁邊有一個人緊抓著一個黃色救生圈。我也想抓那個救生圈，但另一個人把我推開。此時，浪頭不小，我又吞進了一些海水。雖然我會游泳，但只能在游泳池游一小段。我想，我沒辦法在海裡游很久或一直漂浮在海上。我沒有任何東西可以攀附，讓我漂浮，我不禁被恐懼吞噬。雖然行李箱和汽油桶也在附近的海面上漂浮，但無法支撐我的重量，我們的船幾乎整個沒入海中，只剩船底浮在水面，說不定不久就會整個沉下去。我們離出發的那個小島有好幾公里遠，另一個島也一樣遙遠，放眼望去，看不到第二艘船。

馬立克游到我身邊，抓著我的領子，把我拉到船邊。接下來的半小時，他就站在翻過來的引擎上，靠著船尾，我在船尾左側，馬立克抓著我的脖子，免得我漂走。我伸出雙臂，抱著平滑的船尾底部。偶爾，我伸出右手去抓引擎，然而如此一來，我的頭就會很低，水不時會潑到我的臉。因此，我只能想辦法把腳伸到船尾左側的船舷，才能讓身體固定。由於船翻了，我的腳在船舷，而船舷已泡在水中，我只有頭可以露出水面。每次浪一打來，船上的木頭或船舷鬆脫的部分就磨擦我的膝蓋，讓我疼痛不已。我問馬立克，我能否用一隻手解開鞋帶，以解脫登山鞋的束縛，不然我覺得要被這雙笨重的鞋子拉下去了。

我不時看著迎面擊來的海浪，努力撐住。有時，我的一隻腳會從船舷鬆脫，使我一直旋轉。還有幾次，我兩腳都鬆脫了，眼看著就要漂走，於是努力游回來，或者馬立克把我拉回來，讓我再度用腳鉤住船舷。我無時無刻都在想著如何才能活下去。我知道，我一刻也不能鬆懈，不然就會葬身海底。每一次海浪撲向我，彷彿要把我帶走，但我不敢有絲毫放鬆。每次漂走，我總是驚恐不已，死命地游向木船。我還常常被水嗆到，差點不能呼吸。

馬立克站的位置似乎比較穩固，於是我漸漸從船的一側移到船尾，試著用一隻腳站在沒入水中的引擎上，緊靠著馬立克，面向船首。接著，我發現我可以用右手抓著與船身相連的木條，也許那是船舷的碎片，如此一來，我終於可以穩穩地抓著，頭也能離水面比較遠。缺點是這樣腳會很痠、很累。

我們似乎還在原地，沒離那兩個看得到的小島近一點。如果船沉了，我實在無法在海面上漂浮。

我問馬立克，船還能浮著，是不是因為船身底下有空氣，如果空氣流失，船就會下沉。馬立克說，木船本身就可以漂浮，我現在能做的就是抓緊，小心下一波的浪濤來襲，好好觀察，以及等待（但我不知等待什麼？）。我問馬立克，他還好嗎？也許，我只是想從他的答案得到安慰。

行李從木船下方漂了出來，有些因為有繩索綁著，一直在船首附近，包括我的三個行李箱。沒綁好的行李就漂走了，包括我的紅色帆布背包、綠色粗呢行李袋和馬立克的行李。此時，我心中閃過一個念頭：現在最要緊的就是活命，相形之下行李一點也不重要。但是我還是不由得開始盤算要如何解決旅途上的問題：如果我的護照丟了，可以重新申請，但是最近的美國大使館在印尼首都，離這裡有二千五百多公里。如果我所有的錢和旅行支票都泡湯了，的確會很麻煩。我不確定我是否已把支票號碼抄起來放在行李裡面。即使我們獲救，我得去借一筆錢，才能飛到印尼首都辦新的護照，但是我要去哪裡借錢？我最重要的東西——護照、錢、支票和鳥類觀察筆記——都在那個黃色小背包裡。我本來一直把那個背包抱在懷裡，現在那背包已不知去向。如果背包找不回來，也許我可以靠著記憶重建那些鳥類資料。然後，我又覺得荒謬，我甚至不知道自己能不能活命，想那麼多又有什麼用？

在這悲慘時刻，海景卻美得震懾人心。我們頭頂上是無雲蔚藍的天空，可愛的熱帶島嶼在遠方，鳥兒在海面上飛翔。在我努力求生之際，我仍不免被鳥類吸引，試著指認：噢，那是小鳳頭燕鷗（*Sterna bengalensis*），還是鳳頭燕鷗（*Sterna bergii*），也許是更小的一種燕鷗或綠簑鷺（*Butorides striatus*）。然而，有生以來，我第一次不知道自己是否能活下去。我在想，萬一我死了，我母親和我的未婚妻會多傷心。我想像母親接獲這樣的電報：「很遺憾通知您這個消息：令公子賈德昨日在太平洋溺斃。」

那時，我曾對自己說，如果我這次大難不死，我就不再為瑣碎的事心煩，我也將用不同的心態來面對人生。我本來對生養孩子一事猶豫不決，現在決意要養育下一代。如果這次能活下來，以後我是否還會回到新幾內亞？新幾內亞的生活危機四伏，不但常發生船難、墜機，如果在偏遠的山林受傷或生病，很可能終身殘廢。為了研究鳥類，冒這麼多的危險，到底值不值得？我想，如果我僥倖活下來，或許永遠不會再回到新幾內亞。

我接著思索，要怎麼做才能活下來？我想起我的行李箱裡面有兩張折疊式塑膠充氣床墊和兩個充氣枕頭，如果充滿了氣，應該可以充當救生設備。我請馬立克去跟船首的人說。我從口袋掏出行李箱的鑰匙，交給馬立克。但是不知道為什麼，沒人去幫我開行李箱。

船上的人，除了我和馬立克，其他四個乘客和三個船夫現在都在船首，有的緊抱船殼，有的坐在上面。來自塞蘭島的那個乘客潛到船殼下方，尋找有用的東西，結果找到了三個救生圈，於是把這些救生圈交給船首的那些人。沒有人幫我和馬立克。來自安汶島的那個人在哭，不斷地說：「我不會游泳，我們就快死了！」一爪哇人唸唸有詞地在禱告。中國漁民說，太陽下山之後，如果下起雨來或是波浪洶湧，漂浮在海上的我們恐怕凶多吉少。他又說：「老天爺，救救我們吧！」馬立克說，如果我們不能在一個小時之內或是太陽下山前獲救，那就沒希望了，因為我們將隨著洋流漂到離陸地更遠的地方，我們無法在海上漂浮一整個晚上。我還沒想到太陽下山之後的危險。我只知道我們白天在海上漂流了一個小時，全身濕透、冷得發抖，死命抱著船殼，已快精疲力竭。如果要在黑夜的海上漂流十二個小時，不知會是什麼樣的酷刑？但那三個船夫和塞蘭人似乎一點也不緊張，有一個在唱歌，其他人偶爾跳到海中，在船身附近游泳。塞蘭人坐在船殼上，吃榴槤。那幾名乘客帶了好幾個榴槤上船，碩大的果實在船身附近漂浮。

我們一直留意附近有沒有船隻經過。除了幾艘航向新幾內亞本島的船，看不到其他船。五點半，離日落還有一個小時，我們看到三艘小船從本島駛來。雖然那幾艘船有可能經過我們，現在還離很遠。我們船上的一個乘客把襯衫綁在木棍上，站在船殼，不斷揮舞，希望能引起那幾艘小船的注意。塞蘭人要我脫下身上的藍襯衫。馬立克也把我的襯衫綁在棍子上，站起來揮舞。我們每一個人都大叫：「*Tolong!*（印尼語，意為「救命」。）」然而，那幾艘船離我們很遠，恐怕聽不到。

我仍站在船尾翻過來的引擎上，至少腳有個穩固的地方可以站立，馬立克則和其他七個人站在平滑的船殼前方，沒有任何地方可以抓握。但我知道，我不可能一整晚都站在引擎上，我的腳已快撐不住了。我對著馬立克叫喊，問他我是否可以和他們一起坐在船殼上。他說：「可以。」但我要從船尾走到前方，就得走過圓弧狀的滑溜船殼。我從引擎下來，站在船殼上，然後往前走。我一下子就掉到海裡，只能趕緊游回來，從船首爬上去，在中國漁民的後面找了個位子跨坐在上面。由於我的手腳都沒有可以緊抓或固定的地方，船殼搖晃，我就得調整身體的位置。我被甩到海裡好幾次，然後再游回來。海水雖然溫暖，但我從海中爬上來，坐在船殼上，由於全身濕透，風一吹就冷得教我直打哆嗦。沒想到我在熱帶低地還會遭逢失溫的危險。要是我全身乾燥，說不定還會覺得熱，但我全身濕透，所以很怕冷。坐在船殼上，頭不會被水潑到，腳也不會痠，的確比較舒服。我想，這樣應該能撐久一點。

眼看著夕陽即將西沉，有兩個船夫說他們要去求救，於是拿了兩個救生圈，游向我們出發的小島。此時，我們還不知道遠方那三艘小船會不會接近我們，是否看得到或聽到我們的呼救聲。坐在船殼上的人都指著太陽，擔心不久天就要黑了。在這漆黑的海面上，誰看得到我們？接著，我們又看到一艘汽艇，但離我們還很遠。

此時，有艘小船的帆影愈來愈大，似乎向著我們而來。那艘船的人應該看到我們了。那船在離我們三百公尺左右的地方停住，把帆降下來。船上只有一個人，他用槳划向我們。那船真的很小，船長只有三公尺左右，船身吃水很深，出水高度只有十五公分。小船一靠近我們，不會游泳的安汶人和爪哇人立刻跳上去。看來，這艘船不能再多載一個人，船夫就開走了。不久，第二艘小船也接近我們，一樣在離我們三百公尺的地方把帆降下。這艘船要比前一艘大，船上有兩個人，用槳划向我們。這次我們終於有機會可以討論。一開始，船上的那兩個人說，由於船吃水已經很深，他們只能載兩、三個人，但他們最後還是答應載四個人，留下一個人。我們一致同意讓我們船上的最後一個船夫留下來，船上還有一個救生圈也留給他。

我踏上第二艘小船時，馬立克問我，我的護照在哪裡。我說，我放在黃色小背包中，也許還在船殼下方。於是會潛水的那個塞蘭人潛到船殼底下，幫我把黃色背包找出來交給我。我們坐上第二艘船，漸漸駛離那艘翻覆的船。這艘船坐了六個人：兩個船夫坐在前面，後面依序是中國漁民、我、馬立克和塞蘭人。我一直看手錶。我很驚訝，這錶在海水中浸了那麼久還能走。這時是六點十五分，再過十五分鐘，太陽就下山了。我們被困在那艘翻覆的船上長達兩個小時。

不久，天就黑了。船夫把我們載到最近的一個島。當初，我們就是從那個島出發的。由於船身吃水太深，水一直潑進來，我後面的一個人不停地幫忙舀水。我雖然擔心這艘小船也會翻覆，但現在看來還算安全。我就像無動於衷的旁觀者，沒有如釋重負之感，也沒因獲救而激動不已。

在我們的船前進之時，我們聽到左邊的海面上傳來叫聲。我猜，可能是先前帶著救生圈去求救的那兩個船夫。我們船上一個懂印尼語的人說，那叫聲來自第一艘小船的三個人（船夫、安汶人和爪哇人）。他們的船因進水太多，就要沉了。然而，我們的船一樣吃水太深，不能再多救一個人。我們船上有人對著那三個人大叫，但我們的船夫還是不停地往前划，把那艘船上的三個人交給命運。

我不知道過了多久，我們才回到那個島嶼，也許一個小時。岸邊風浪不小，沙灘上有個火堆。我們不明白為何有人會在那裡生火。我聽到我們船上那個中國漁民和船夫用印尼語在交談，一直提到「*empat pulu ribu*（四萬）」。那個中國漁民從他帶的一個小袋子裡掏出錢來交給船夫。我猜，那船夫累了，想把我們放在沙灘上的火堆旁，就要走人。但中國漁民給了他四萬印尼盧比，要他把我們載到碼頭。後來，馬立克跟我解釋，那船夫說：「你們有四個人，你不給我四萬盧比（約二十美元），我就把你們送回那艘翻覆的船，把你們丟在那裡不管。」

這時，我們聽到一艘汽艇從漆黑的海面上駛來，慢慢接近我們。我們的船停泊在靠近火堆的淺水處。接著，我跟著馬立克、中國漁民和塞蘭人下船，爬上汽艇。原來那艘汽艇是那個中國漁民家族的船，出海捕魚時遇見那兩個帶著救生圈游泳求救的船夫。他們救了兩個人，在海面上搜救時，找到了我們那艘已經翻覆的船，還把看得到的行李都打撈起來（我的行李都在，但馬立克的已經不見了）。我們就坐著那艘汽艇慢慢駛向新幾內亞本島。我們告訴開船的人，我們聽到坐第一艘小船的三個人在海中呼救。然而，當我們到達他們呼救的那個地方時，汽艇繼續往前開，並沒有在那一帶巡迴搜救。馬立克後來跟我說，開汽艇的人認為那三個人或許已經上岸了。

一個半小時後，汽艇終於抵達本島。我上身赤裸，抖個不停。我們上岸的時間約是晚上十點，有一群人在碼頭等我們。想必，船難的消息已早一步到達。我注意到那群人中有個身材矮小的老婆婆，外貌看來像是爪哇人。除了電影中的演員，我這一生從未看過有人表情如此激動。她似乎陷入悲傷與恐懼，不敢相信眼前發生的事。不久，她從人群中走向我們，問我們一些問題。原來她兒子就是坐第一艘小船的那個爪哇人。

第二天，我在一間小客棧休息，把行李中的東西拿出來風乾。我的望遠鏡、錄音機、測高計、睡袋都毀了，只有衣服洗乾淨、晾乾後還可以穿。馬立克則一無所有。儘管我們因船夫駛船不當而發生船難，差點送命，但在當地，我們根本拿他們沒辦法。

晚上六點左右，我爬上附近一間房子的屋頂，看多久後太陽會下山。在接近赤道之地，由於太陽筆直下沉，黃昏的餘光消失得比較快。六點十五分，也就是我們前一晚獲救的時間，太陽即將掉到地平線下。六點三十分，天色已經很暗，到了六點四十分，已是一片漆黑，如果這時間我們還在海面上，其他經過的船隻也看不到我們。我們能及時獲救真是福大命大。

天黑之後，我從屋頂下來，內心充滿憤慨和疑問。我失去了寶貴的裝備，甚至差一點送命。我的未婚妻、父母、妹妹和朋友差點就失去了我。我的膝蓋因為擦撞到船舷而受傷、結痂。這一切都是那三個魯莽的年輕船夫害的。儘管浪頭很高，海水容易潑進船內，他們還是不肯放慢一點或停下來。我們一再地要求他們，但他們根本不當一回事。其中有兩個船夫帶著救生圈就游走了，不曾道歉，對他們造成的痛苦和損失沒有一點悔意。這些混蛋！我們差點就死在他們手裡。

這些想法一直在我腦中翻滾。我從屋頂下去後，在一樓遇見一個人。我們聊起來，我於是告訴他，我為何要去屋頂，以及前一天發生的事。沒想到，他前一天也在那個島，要坐船來到本島。他看過我們坐的那艘船。那三個年輕船夫把船開到岸邊，準備搭載客人。他發現船的引擎很大，也注意到那三個年輕船夫的輕率自大。由於他有不少搭船的經驗，他認為搭那艘船太危險，寧願等下一艘駛向本島的大船。

他的話讓我心頭為之一震。原來，我並不是非搭那艘船不可！沒有人強迫我搭那艘船。我會碰上這樣的事件，我自己也有責任。我根本可以避免這次的災禍。與其責怪船夫愚蠢，不如說我自己愚蠢。那男人正是因為神經質，意識到可能會發生危險，所以寧可等下一艘大船，也就躲開大禍。從今以後，我也寧可做個神經質的人。

一根樹枝

最後，我要描述的事件是在那次船難多年之後的事。自從船難之後，我已深刻體會到神經質的必要。新幾內亞低地矗立著一座座孤立的山巒。生物學家對這樣的高山棲地非常感興趣，因為被低地包圍的山巒，就像海中孤島，棲息著獨特的物種。大多數這樣孤立的山頭，因海拔高而不適人居，要去那裡研究鳥類和動植物只有兩個方法。一是直接搭直升機過去，但在新幾內亞包機很難，更難在林木蓊鬱的森林找到可以降落的空地。另一個方法是在欲調查的山頭附近找到一個比較近的村落，先搭飛機、直升機或船到那個村落，再往上爬到山頭上。由於新幾內亞地形崎嶇，如果帶著裝備從村落出發，最多只能走八公里的山路。另一個問題是，很多孤立的山頭沒有詳細的地圖，我們因此無法找到明確的地點，也不知道海拔高度為何。只有透過勘測飛行才能得到這樣的地理資料。

有一座山特別吸引我。雖然那座山不是特別高，但四周都是低地，因此形成孤立的環境。我在新幾內亞的研究告一段落之後，計劃第二年就去那裡進行田野調查。我先租了架小飛機在那座山附近繞行、偵測，並找到最高峰。山頭半徑四十公里範圍內看不到任何村落，也看不到園圃或其他人類留下來的蹤跡。如此一來，沒有任何村子可當我的中繼站，我必須靠直升機載運人員和裝備，也得找一個直升機可以降落的空地。（有些直升機可在森林的上方盤旋，找一個地方，利用絞盤把人員和貨物垂吊下去。但這需要特別的直升機，而且人員必須受過訓練。）雖然新幾內亞的原始森林放眼望去一片碧綠，偶爾也可看到沼地、乾涸的池塘、河岸、池塘邊的空地、乾燥的泥火山，或地震引發山泥傾瀉形成的土坡。這次勘測飛行，我很幸運找到一大片土坡，離山頂約有四公里，海拔高度約一千多公尺。從新幾內亞人的觀點來看，在那土坡上紮營，每天要走到山頂上觀察鳥類實在太遠，應該用直升機把裝備載到土坡，設立第一個營地，再開闢一條小路，在靠近山頭之地設立第二個營地，然後從第一個營地把東西運到那裡。

解決直升機降落地點的問題之後，還有其他問題，例如取得研究許可以及請求地主協助。然而，如果靠近山頂的地方沒有任何人類蹤跡，我該怎麼辦？我該和誰接洽？我的經驗告訴我，東半部山區低海拔處可能有游牧族群出沒。我雖然看過相關報告，仍沒有確切資料，不知那些游牧族群是否會從東半部往西，到靠近山頂的地方。不管如何，我先前坐飛機勘測，並沒有看到任何人。我也從經驗得知，游牧族群喜歡待在孤立山區的低海拔處，以蘇鐵樹幹的木髓為主食。高海拔山區則沒有足夠的食物讓人吃飽。游牧族群也許偶爾會為了尋找蘇鐵跑到比較高的山區，但我多次進出高海拔山區，並沒有發現任何游牧族群。我發現那裡的動物因為不曾見過人類，也不曾遭到捕獵，因此非常溫馴。

如果我想要研究的那個山頂沒能發現人跡，也就無法找到任何新幾內亞人，要求他允許我在當地進行調查研究，我更不能在當地找到幫手，協助我搭建營地、砍青開路，並幫我尋找、辨識鳥類。我也許可從別的地方找新幾內亞人當幫手，但我仍不知如何才能得到許可以進行我的研究。

在新幾內亞，每一塊地都可能是某一社群所擁有，即使他們未曾踏上那塊土地，未經許可擅自闖入可是大忌。如非法入侵被逮到可能遭到搶劫、謀殺或強暴。我有幾次明明已得到當地人的許可而在某一個區域探訪，沒想到會在那裡碰到其他人，他們宣稱自己才是土地的主人，因為我沒得到他們的許可擅自闖入而勃然大怒。這次由於我不是獨自前往，還從其他地方找人跟我去，更可能激怒地主。他們會以為跟我去的那幾個新幾內亞人想偷他們的女人、豬隻，或是要搶奪他們的土地。

如果直升機把我載到土坡，讓我下機，然後就飛走了，把我留在那裡三個禮拜，我會不會碰到游牧族群？直升機還要再來回幾趟，載運補給品和幫手過來。如果附近有任何游牧族群，他們會聽到直升機的聲音，發現直升機降落之處，找到我們。更糟的是，如果當地的游牧族群不曾與外人接觸過，也就是沒看過白人、傳教士或政府官員，第一次接觸的經驗恐怕非常恐怖，雙方都不知道對方想要什麼或會做出什麼事。由於我們完全不懂那些族群用的語言，難以用手語溝通、示好。即使他們願意慢慢等，你也很難表明來意，更何況他們不會等，一看到外人就驚惶、憤怒、害怕，立即拿出弓箭對付你。如果我被那些人發現了，我該怎麼辦？

完成勘測飛行之後，我回到美國，計畫第二年利用直升機前往欲研究的山頂。回到美國這一年，每晚在入睡前，我總會想像在森林裡碰到游牧族群會是什麼樣的情景。我想，如果我碰到他們，我會坐下，伸出雙手，讓他們看清楚我沒帶任何武器，不會對他們造成威脅，然後擠出笑容，伸手到我的背包裡拿出一條巧克力棒，吃一口給他們看，表示這東西無毒可食，再請他們吃剩下的巧克力。但是，他們可能會因為遇見我這個外人而憤怒，或是看我伸手到背包，以為我要拿出武器，立刻變得恐慌，那就不妙了。我想到的另一招是模仿新幾內亞鳥類的叫聲，表示我只是去那裡研究鳥類。通常這是和新幾內亞人交好的好辦法，但那些游牧族群可能會認為我是瘋子，或是想利用鳥類的叫聲對他們施展巫術。如果我帶著新幾內亞人和我一起飛到山頂附近，碰到獨自在山林間漫遊的原始部落人士，我們或許可以設法請他來到我們的營地，跟他交朋友。我會努力學習他使用的語言，請他多帶幾個族人過來。問題是，他看到我們這一群外來者應該會非常驚恐，我們要如何說服他，讓他在我們的營地待上好幾個禮拜？

我不得不承認，這些都是我一廂情願的想法，恐怕都行不通。但我不會因為這樣的了悟而放棄整個計畫。就勘測飛行所見，看不到任何人跡或草屋，因此可能不會碰到游牧族群。再者，就我先前的經驗，我發現游牧族群多待在低地，很少爬上山頂。一年後，當我再度踏上新幾內亞進行我的研究計畫時，說實在的，我還不知道萬一碰到游牧族群該怎麼辦。

開始執行計畫那天終於來到。我從幾百公里外的地方找來四個新幾內亞人當幫手，打算包一架小飛機，飛到離目標山頂最近的土坡。我們必須運送的裝備多達四、五百公斤。土坡附近有個村子，在山頂南方五十九公里處。我們沿著山丘往上，發現東部山區的河谷有八間草屋，離山頂最近的草屋仍在山頂東邊三十六公里處。第二天，我們包了架小直升機，分四次把人員和裝備載運到山中那一大片土坡上。第一次，載了兩個新幾內亞人、一頂帳篷、斧頭和食物過去，萬一直升機無法回來載他們，他們也能生存。一個小時後，直升機飛回土坡，而且帶來好消息：他們在飛行途中發現一個更好的地方可以紮營，那裡離山頂只有一公里，海拔高度更高。如果我們在那裡紮營，前去山頂只要幾個小時，不必從那土坡大老遠地走過去，也用不著設立第二個營地。直升機又飛了兩趟，把其他兩個新幾內亞人載過去，也載運了更多補給品。

最後一趟則是載我和剩下的補給品到營地。我在飛行途中往下看，看是不是有任何人類的蹤跡。我發現在土坡以北十六公里、山頂以南四十三公里處的小河邊還有一個村落。不久，我又看到兩間草屋，兩間相離有一段距離。由於那一帶是低地，我猜可能是游牧族群的草屋。我們繼續往上爬升，這時已看不到任何人跡，也沒有草屋或園圃。也許，這一帶山區真的不適合人居，也沒有人到訪過！

直升機在我們的營地預定地之上盤旋。我那四個新幾內亞同伴在下方向我揮手。那塊空地本來是溝壑，因為上方土石滑落而變成平地（也許是最近一次地震造成的）。那塊空地都是土，沒有任何植物，正是直升機降落的理想地點。除了這塊空地和先前看到的大片土坡，放眼望去，全是蓊鬱的森林。直升機降落後，我和駕駛把最後一批東西卸下來。之後，我再爬上直升機，請駕駛把我載到最近的山頂。看來，我們可從營地沿著山脊走到山頂，由於坡度和緩，應該不成問題。山頂本身則非常陡峭，得再往上爬七十公尺才能到達峰頂。附近仍看不到任何人跡、草屋或園圃。最後，直升機把我送回營地，就飛走了，約定十九天後再回來載我們。

我們相信直升機一定會回來載我們，然而要是飛機不回來呢？從這一區的地形看來，我們絕不可能走到六十公里外的小機場。雖然我帶了部小小的無線電對講機，由於附近山巒起伏，無法接收二百四十公里外直升機基地傳來的訊息。為了防範意外或有人臨時生病，需要緊急救援，我安排了另一架小飛機，每五天到我們的營地附近巡邏一下。屆時，我們就可以透過無線電對講機和駕駛聯絡，告訴他我們的情況。萬一需要緊急撤退，我們就在土坡上放個鮮紅的充氣床墊。

第二天，我們都在建造營地。幸運的是，我們仍然沒看到任何人。看來，沒有游牧族群聽到直升機的聲響尾隨而來。巨大的鳥類在山溝飛來飛去，儘管離我們只有幾十公尺，也不怕人。顯然，游牧族群未曾來過這個地方。

第三天，我已準備好攻頂。我的新幾內亞友人古密尼和帕伊亞為我開路。我們從土坡往上爬升一百五十公尺左右，到達山脊，發現那裡有一小塊草地，還有矮樹叢。我猜，這裡本來可能也是個土坡，最近植物才長出來。我們沿著山脊前行，不久就進入一片茂密的森林，然後繼續往上走。這裡真是個賞鳥的好地方，我看到很多山鳥，也聽到牠們的叫聲，有幾種甚至是很罕見的鳥類，如迷絲刺鶯（*Sericornis virgatus*）和暗吸蜜鳥（*Lichenostomus obscurus*）。我們終於抵達山頂，發現這個山頂果然如我先前從直升機上俯瞰所見那樣陡峭，但我們仍可抓著樹根往上爬到山頂上。我在那裡看到白胸果鳩（*Ptilinopus rivoli*）和黑頭林䳭鶲（*Pitohui dichrous*），這兩種山鳥在低地已經看不到了。雖然這個山頂夠高，仍吸引一些特別的鳥兒前來。在新幾內亞，相同的海拔高度之地有些常見、愛叫的鳥兒，在這個山頂卻完全看不到。我想，或許是這個山區太小，無法讓那些鳥兒存活。我叫帕伊亞先回營地，我則和古密尼慢慢從小徑往下走，一邊觀察鳥類。

到目前為止，一切順利，讓我好生欣喜，也鬆了一口氣。我擔心的事都沒發生。我們在森林中找到了一個直升機可以降落的地方，建造了一個舒適的營地，也清理出一條通往山頂的小徑。更棒的是，這裡完全沒有游牧族群的蹤跡。還剩下十七天，我可以從容地記錄在這裡看到哪些山鳥。我和古密尼精神奕奕地在新開闢的小徑上行走，從森林走出來，走到山脊上的一小塊空地。我們的營地就在下方。

古密尼突然停下腳步，彎下腰，盯著地上。我問，他發現什麼有意思的東西。他只是說：「你看。」然後指給我看。我看到地上立著一根約莫六十公分高的小樹枝，上面還有幾片葉子，看來也像剛長出來的小樹。我說：「那只是棵小樹。在這塊空地，還有很多這樣的小樹。我實在看不出這棵小樹有什麼特別。」

他答道：「這不是小樹，是一根插在地上的樹枝。」我不同意他的看法。「你為什麼會這麼想？這不過是棵從地上長出來的小樹。」接著，古密尼從地上一把拔起這棵小樹。他輕輕一拔，就拔起來了。我們發現樹枝下方沒有根，斷面乾淨。我想，或許是古密尼拔斷了，但他在拔起來的那個洞挖掘，發現沒有任何樹根。他認為這是插到地上的樹枝。問題是，這樹枝是怎麼插到地上的？

我們抬頭往上看旁邊那棵高達四公尺半的樹。我說：「這樹枝可能是從樹上掉下來的，就這麼插在地上。」但古密尼不同意這樣的解釋。他說：「如果樹枝從樹上掉下來，不會剛好插在地上，因為這樹枝很輕，不可能插得這麼深。在我看來，這可能是有人折斷，插在地上，當作是一種標記。」

我不禁打了個寒顫，脖子後面卻熱燙燙的，覺得自己像突然在荒島上發現人類腳印的魯賓遜。我和古密尼坐在地上，撿起那根樹枝，看看四周，就這樣坐了一個小時，討論各種可能。如果真有一個人把樹枝插在地上，為什麼除了這根樹枝，看不到其他蹤跡？如果有人故意把這樹枝插在這裡，大概是多久之前的事？應該不是今天，因為樹枝上面的葉子已有點枯萎，但也不是很久之前，因為葉子依然碧綠，而且沒有乾縮。這塊空地真的是山崩形成的土坡，最近才長出植物的嗎？或許是，但也有可能是廢棄的園圃。照我的推斷，游牧族群不大可能從四十三公里外的草屋走到這裡，折斷一根樹枝，插在地上，然後就走了，沒留下其他蹤跡。古密尼則堅持這根樹枝不會自己插入地上，必然是有人插進去的。

我們走了一小段路回營地，和其他新幾內亞人會合，告訴他們樹枝的事。他們並沒有看到這附近有人。為了來到這麼一個樂園，這一年來我朝思暮想，好不容易才達成心願，我可不想為了這麼一根樹枝就把紅色充氣床墊抬出來，緊急撤退。神經質固然有其必要，但是到這種地步未免太誇張了。我告訴自己，那根樹枝會插在地上，也許還有其他解釋，或許筆直掉落時的重力夠大，就這麼插入地上，或是我們把樹枝拔出來的時候，根拔斷了，留在地底下。但古密尼是經驗老道的樵夫，新幾內亞沒幾個人比他厲害，我想他不大可能解讀錯誤。

我們現在能做的就是小心翼翼，提高警覺，留心其他人類留下的蹤跡，而且必須注意別驚動躲在森林某處的游牧族群，因此我們最好不要高聲喊叫。我在海拔比較低的地方觀察鳥類，也儘可能不聲不響。我們即使在天黑後生火煮飯，也小心不讓煙飄得太遠。後來，我們在營地旁發現了幾隻大棘蜥。我請我的新幾內亞友人製作弓箭作為防衛。他們勉強做了一些，也許是因為剛砍下來的樹枝不好做，或許他們認為萬一碰到一群憤怒的游牧族群，這幾副弓箭根本就不管用。

過了幾天，沒再出現第二根神祕的樹枝，也沒有其他可疑的跡象，我們倒是在白天看到了樹袋鼠。樹袋鼠是新幾內亞最大的本土哺乳動物，也是本地獵人的第一個目標，因此在棲地很快就被射死光了，存活下來的樹袋鼠只會在夜間出沒，一看到人就跑走了，但這裡的樹袋鼠並不怕人。我們還看到食火雞。食火雞是新幾內亞體型最大的鳥類，但不會飛，也是獵人的首要目標，在有人的地方很罕見，也很怕人。這裡的大鴿子和鸚鵡一樣不怕人。凡此種種顯示這裡的動物未曾見過獵人或訪客。

直升機在十九天後依照約定來載我們。那個樹枝之謎依舊無解。除了那根樹枝，我們沒再發現其他疑似人類留下來的痕跡。現在回想起來，我認為游牧族群不大可能大老遠從低地爬到一、兩千公尺高的山上開墾園圃，一、兩年後再回來，並在地上插了根樹枝，幾天後剛好被我們發現。我雖然無法解釋那根樹枝為何會插在地上，我還是認為古密尼過度緊張，他的理由站不住腳。

但我可以理解為何古密尼會有這樣的態度。他住的地方最近才成為政府管轄之地。之前，部落戰爭連年不斷。帕伊亞比古密尼年長十歲，從小就學會製造石器。在古密尼和帕伊亞的社群，如果不注意森林是否有陌生人的蹤跡，必然活不久。也難怪古密尼在森林發現一根插在地上的樹枝就忐忑不安，變得提高警覺。我如果沒遭逢船難，也許會認為古密尼反應太過，就像我剛踏上新幾內亞之時，竟然敢在死亡的大樹底下紮營、睡覺。我在新幾內亞也待了好一段時間，因此能了解古密尼的反應。即使那根樹枝只是從樹上掉下來、插在地上的，小心一千倍總比粗心大意好，免得被陌生人殺害。古密尼的神經質其實是有道理的，凡是經驗豐富、生性謹慎的新幾內亞人都會有那樣的反應。

冒險求生

雖然新幾內亞人以我所謂的「有益神經質」來防患未然的作法，令我印象深刻，但我希望讀者別誤以為他們會因為太恐懼而手足無措或遲疑。首先，新幾內亞人和美國人一樣，有些人特別小心，有些人還是會粗心大意。謹慎的人會先評估風險才行事，他們也會冒險，然而還是抱著小心謹慎的態度。這是因為他們為了求生存，取得食物，而不得不這麼做。著名的曲棍球員葛雷茨基（Wayne Gretzky）曾說：「如果你不揮桿射門，就永遠無法得分。」

我的新幾內亞友人應該也能體會這句話，只是他們可能會加上兩個注解。首先，對傳統社群的生活而言，儘管射門失敗，會遭到處罰，你還是得做，只是你會更加小心。其次，由於曲棍球比賽有一個小時的時間限制，你不可能等到完美的機會出現再揮桿射門。同樣地，傳統社群的生活也有時間限制：如果你不冒險去找水喝，幾天之內，你就會渴死；如果你在幾個禮拜之內都沒辦法找到食物，那就會餓死。再說，傳統社群的人因為許多無法控制的因素，如疾病、旱災、遭到敵人攻擊等，平均壽命要比第一世界的人來得短。不管一個人再怎麼小心，很可能也活不到五十五歲。第一世界的人必須忍受的生活風險則比較少，平均壽命可達八十歲。正如葛雷茨基所言，如果曲棍球比賽的時間長度縮短為三十分鐘，他必然會更努力嘗試射門。我將在下面舉三個例子，說明傳統社群願意冒什麼樣的危險，但在西方人的眼中，實在恐怖到不可思議。

昆族獵人只用小小的弓和毒箭當武器。他們會拿著棍棒對一群獅子或鬣狗揮舞，並對牠們喊叫，要牠們遠離動物的屍體。獵人用毒箭射中羚羊，羚羊不會立刻死亡，還會逃走，等幾個小時或一天後，毒藥發揮作用，羚羊才會倒下。但是第一個發現羚羊屍體的總是獅子或鬣狗。如果獵人不把那些掠食者趕走，自己就會餓死。但我一想到拿著棍棒對一群獅子揮舞，就覺得這無異於自殺。儘管如此危險，昆族人一年總要做個好幾十次，而且得做幾十年。他們會等獅子吃飽，露出圓滾滾的肚子，再去嚇退牠們，以減少被獅子吃掉的風險。

新幾內亞東部高地佛爾地區的女人結了婚就要搬到丈夫的村子。如果她們要回娘家探望父母或親戚，丈夫就得陪同，否則只能自己回去。然而，在戰爭頻仍的部落，女人單獨旅行是很危險的，可能在經過敵人地盤的時候遭到強暴或殺害。為了減少風險，女人通常必須請住在途中的親戚護送。儘管如此，仍有可能遭到不測。女人還是可能被仇家殺害，或者護送的親戚人數不敵仇家，最後還是死在仇家手中。在傳統社群，這種冤冤相報可說是家常便飯。

例如，人類學家伯恩特曾講述少婦袭姆的故事。袭姆來自一個名叫歐發芬納的村子，嫁給一個住在賈蘇維的男人。有一天，袭姆帶著孩子，要回去歐發芬納探望父母和兄弟，途中將經過一個叫歐拉的地區。歐拉最近有個叫伊努莎的女人被歐發芬納的男人殺害。阿西瓦的父親正是死者伊努莎的哥哥。不幸，袭姆在賈蘇維的姻親勸她在歐拉找名叫阿西瓦的男性親戚護送她。阿西瓦的父親正是死者伊努莎的哥哥。不幸，袭姆在園圃找到阿西瓦之後，就被幾個歐拉男人發現了。他們對阿西瓦施壓，要他默許他們在他面前強暴袭姆，然後把袭姆和她的孩子殺死。由於袭姆和她的孩子正是歐拉人復仇的對象，阿西瓦本來就不大想幫袭姆的忙。至於袭姆為什麼找阿西瓦幫忙，而惹來殺身之禍，伯恩特解釋說：「戰爭和復仇因為稀鬆平常，那裡的人已經很習慣了。」袭姆為了見父母一面，不得不冒險，雖然已做了防備，仍不幸死於非命。

最後一個例子是關於伊努特獵人。伊努特人如果要在冬天獵海豹，必須在冰面上站在海豹的呼吸孔旁。有時，一等就是好幾個小時。只要海豹一浮到洞口，立即用魚叉捕獵。萬一冰面斷裂或是漂浮到大海，伊努特人就可能淹死或餓死。如果他們待在陸地上，就不會遭受這麼大的危險。但是陸地上的獵物很少，遠不如捕殺海豹，因此伊努特人還是可能餓死。為了求生存，伊努特人只好儘量找比較安全、不易斷裂的冰面。然而，即使是最小心的獵人也無法保證冰面絕對安全。由於生存不易，伊努特獵人的平均壽命都不長，正如一場只能打二十分鐘的曲棍球賽，即使射門不中可能遭到處罰，也得冒險一試。

多話的必要

最後，我將探討傳統社群生活中的兩個特色與其可能的關聯性，也就是危險與多話。自從我第一次踏上新幾內亞，我就發覺新幾內亞人比美國人和歐洲人愛說話。他們說個不停，談論現在發生的事、今天早上或昨天發生的事、誰在什麼時候吃了什麼東西、誰在何時何地小便，以及別人對什麼人說了什麼等細節。他們不只在白天說話，有時睡到一半醒來，也繼續說話。像我這樣習慣一覺到天亮、不被干擾的西方人，對這麼一個充滿話語的世界起初會覺得很難適應。如果我和好幾個新幾內亞人同睡在一間草屋，總是會不斷地被吵醒。其他西方人也曾提到，昆族和非洲的匹格米族等很多傳統社群都很愛說話。

我第二次去新幾內亞的時候，一天早上，我和兩個新幾內亞高地人留在同一個帳篷裡，其他人都去森林了。那兩個新幾內亞人來自佛爾部落，用佛爾語交談。我一直都很樂於學習佛爾語，也學會了一些佛爾字。他們倆的談話中，常重複同樣的字眼，圍繞著一個話題打轉，所以我大概知道他們在說什麼。我發現那兩個人不斷地談論著甘藷。甘藷是新幾內亞人的主食，在佛爾語中是「*isa-awe*」。其中一個人看著放在帳篷角落那一大堆甘藷，一臉不高興地對另一個人說：「*Isa-awe kampai*（甘藷沒了）。」於是他們開始數那堆甘藷，先用十根手指，再用十根腳趾，然後再利用手臂上的點來數。兩人分別陳述自己那天早上吃了幾個「*isa-awe*」，再提到那個「紅人」那天早上吃了多少（也就是我。佛爾人稱歐洲人為「*tetekine*」，意思就是「紅人」。他們不稱歐洲人為「白人」。）最先說話的那個人說，他餓了，想吃「*isa-awe*」，但他一個小時前才吃過早餐。兩人接著開始討論，那堆「*isa-awe*」還可以吃多久，什麼時候「紅人」（我）會再去買「*isa-awe*」。他們講來講去，都是在說「*isa-awe*」，讓我忘不了這個佛爾字，也很驚訝他們光是說「*isa-awe*」就可聊上大半天。

我們也許覺得這樣的交談只是閒聊，然而對我們或是新幾內亞人，閒聊也有其功用。對新幾內亞人而言，閒聊就是他們打發時間最好的方式，畢竟他們不像我們有很多娛樂，像是看電視、聽收音機、看電影、看書、打電動玩具、上網等。他們也利用閒聊來發展社交關係。其實，西方人也會用閒聊來套交情。此外，我發覺新幾內亞人也會用不斷地聊天來因應生活中的種種危險。他們無所不談，包括每一天發生的大小事，如自昨天以來有何改變，接下來會如何，誰做了什麼，為什麼要做這樣的事等等。我們的生活資訊多半來自媒體，新幾內亞人則只能從觀察和交談中得到訊息。他們的生活可說危機四伏，不像我們過得那麼安逸。他們只能藉由不斷地說話來交換訊息，了解他們的世界，並隨時準備面對危險。

當然，我們也能透過交談來避開危險，然而由於我們的生活沒那麼危險，而且我們有很多的訊息來源，因此我們不必那麼多話。然而，我們西方人也有因應危險的一套方式。我有一個美國友人是單親媽媽，在此姑且叫她莎拉。莎拉有一份全職工作，薪水差強人意。她努力工作就是為了掙一口飯吃，來養活自己和兒子。她善於社交，人又聰慧，很想找到一個合適的男人結婚，為她分擔家計，她兒子也能有一個父親、保護者。

對一個單親媽媽來說，要找到合適的伴侶實在很難。畢竟知人知面不知心，誰知道新認識的男人會不會欺騙她或是對她施加暴力。但她依然不氣餒，努力尋求第二春，就像昆族獵人，即使獅子環伺，也不肯輕易放棄快到手的獵物，但他們會快速根據經驗評估風險，不會貿然行事。經過多次與男人交往的機會，莎拉看男人的眼光變得精準，也留心危險的徵兆。她也常常和女性友人討論、分享交男友的經驗。

葛雷茨基應該可以了解莎拉為什麼要這麼做，畢竟不入虎穴，焉得虎子。（令人高興的是，莎拉終於找到一個好男人，締結美滿的姻緣。）我的新幾內亞友人也可以了解莎拉對男人的那種有益神經質，也知道她為何必須和友人分享生活的點點滴滴。

第八章　獅子與馬路

傳統生活面臨的危險

人類學家柯納（Melvin Konner）曾在波札那的喀拉哈里沙漠偏遠地帶，和昆族獵人共同生活了兩年。那裡沒有馬路，也沒有城鎮。最近的一個鎮很小，鎮上車很少，在路上平均一分鐘左右才有一輛車駛過。有一天，柯納帶了一個名叫寇瑪的昆族人來到小鎮。那人在過馬路時簡直嚇壞了，即使左右都沒有來車，一樣不敢過馬路。但是，這個人在喀拉哈里沙漠可是敢從獵物身旁趕走獅子和鬣狗的勇士。

莎賓．庫格勒從小跟隨德國傳教士父母在新幾內亞沼澤林中與法玉族人一起生活。那裡一樣沒有車子，也沒有馬路。十七歲那年，她終於離開新幾內亞到瑞士寄宿學校就讀。她說：「我真不敢相信這裡有這麼多的車輛。車輛用驚人的速度從我面前急駛而過……每次我和朋友要過馬路，我就緊張到冒汗。我無法估算車子的速度，害怕會被車子輾過……車子不斷從左右兩個方向駛來，我朋友利用空檔，一下子就跑到對街了。我還站在原地，就像被變成石頭一樣……過了五分鐘，我還遲遲未能跨出一步。我實在太害怕了，最後只好繞一大圈，到一個有紅綠燈的路口過馬路。從那時起，我的朋友都知道要和我一起過馬路必須老遠就先盤算好。直到今天，我依然害怕在城市交通繁忙的地方過馬路。」然而，莎賓．庫格勒卻不怕新幾內亞沼澤林中的野豬和鱷魚。

由此可見，每一個人類社群面對的危險各有不同。但我們對危險的認知常常只是自己的看法，不見得符合現實。柯納的昆族友人和莎賓·庫格勒的反應沒錯，在西方，汽車的確是常見的都市殺手。但如果你問美國大學生和一般女性，對生活而言最重大的危險為何，他們都會告訴你，核子武器最危險，比汽車更令人害怕。其實，在第二次世界大戰期間原子彈造成的傷亡，只是車禍死傷人數的一小部分。美國大學生也認為殺蟲劑非常危險，僅次於槍枝和抽菸，相形之下，手術則安全得多。事實上，手術比殺蟲劑要來得危險。

有鑑於傳統社群的平均壽命很短，可見傳統生活比西方生活方式來得危險。然而，這樣的差異卻是最近才出現的。自從四百年前開始出現有效能的國家政府，社會在政府的治理下，飢荒的衝擊減低，公共衛生也得到改善，加上二十世紀抗生素問世，得以對付很多傳染病，歐洲人和美國人的平均壽命才得以延長。

傳統生活真正重大的危險為何？獅子和鱷魚只是其中之一。我們現代人面對危險的反應有時是理性的，會設法減少危險，但有時我們也會變得不理性，像是否認危險的存在或希望藉由宗教（如禱告）來消除危險。我將從傳統社群面對的四大危險來討論其因應之道，亦即潛伏在環境中的危險、人類暴力、傳染病和寄生蟲病，以及飢荒。其實，現代西方社會仍受到前兩者威脅，受到後兩者（尤其是飢荒）的衝擊則較少。我將簡要說明我們對危險的評估如何會出現扭曲，乃至對殺蟲劑過度反應，反而不怕手術。

表8.1 傳統社群意外傷亡之因

亞契印第安人（巴拉圭）	1. 被毒蛇咬 2. 美洲豹、閃電、迷路 3. 被倒下的樹木壓死、被昆蟲咬、被荊棘刺到、火災、淹死、凍死、被斧頭砍到
昆族（南非）	1. 被毒箭射中 2. 火災、大型猛獸、毒蛇、倒下的樹、被荊棘刺到、凍死 3. 迷路、閃電
阿卡匹格米族（中非）	從樹上摔下、倒下的樹、大型猛獸、毒蛇、淹死
新幾內亞高地人	1. 火災、倒下的樹、被昆蟲咬、被荊棘刺到 2. 凍死、迷路
法玉族（新幾內亞低地）	蠍子、蜘蛛、毒蛇、野豬、鱷魚、火災、淹死
高隆族（新不列顛島）	1. 倒下的樹 2. 從樹上摔下來、淹死、被斧頭砍到或被刀子割傷、地下洞穴崩塌
埃塔族（菲律賓）	倒下的樹、從樹上摔下來、淹死、在狩獵或釣魚時發生意外

意外

我們如果想像傳統社群會遇到的危險，很可能會先想到獅子等潛伏在環境中的危險。其實，對大多數的傳統社群而言，環境帶來的危險並非最主要的死因，只能排第三大，比不上疾病和人類暴力。然而環境危險對人類行為的影響很大，甚至勝過疾病，那是因為人類比較容易看出環境危險的因果關係。

表8.1列出七個傳統社群意外死傷的重要原因。這七個社群都居住在熱帶或熱帶附近，有時會以狩獵、採集為生，但其中的新幾內亞高地人和高隆族則以務農為主。顯然，不同的傳統社群依生存環境的差異，面對的危險各有不同。例如北極海岸的伊努特人常會淹死，或隨著浮冰漂到大海，而喀拉哈里沙漠的昆族人則不會面臨這樣的危險。至於阿卡匹格米族和亞契印第安人則可能被倒下來的樹木壓死，或是被毒蛇咬到而一命

嗚呼，但伊努特人就不必擔心這種生存威脅。另外，高隆族則可能因為居住的地下洞穴崩塌而被活埋，表上列的其他六個傳統社群則沒有這樣的危險。即使同屬一個社群，就遭到危險的可能性而言，也有性別和年齡之分：如亞契、昆族等社群，由於男人的主要工作是狩獵，意外死亡比率要比採集植物的女人來得高。當然，男人比較喜愛冒險，女人則比較保守，因此男人也比較容易送命。

我們首先注意到表8.1沒提到現代西方社會的主要死因，如依死亡人數由多到寡排列，依序是車禍（圖44）、酒精、槍枝、手術、摩托車。除了酒精，其他都不會危害到傳統社群。有人也許會認為，我們遠離了被獅子咬死、被倒下來的樹壓死的威脅，但新增了被車子撞死和死於酒精的危險。除了特別的危險之外，現代社會和傳統社群生活的環境危險還有兩個重大差異：一是現代社會的人比較能夠控制環境，二是拜現代醫學之賜，意外事件造成的傷害通常可以透過醫療來醫治，不致於死亡或造成終身殘廢。如果我的手肌腱受傷，外科醫師用夾板幫我固定，六個月內就可痊癒復原，但是我有些新幾內亞友人因為肌腱受傷或骨折，沒能接受治療，最後癒合不好，變成跛腳。

這兩大差異或許就是傳統社群願意放棄原始生活方式的原因。例如很多亞契印第安人放棄在森林以狩獵為生的生活方式，決定在保留區定居。同樣地，我有一個美國友人繞過半個地球去新幾內亞森林，想要一睹那裡的狩獵－採集族群，沒想到那個族群有一半的人已遷居至印尼村落，在那裡定居，穿上T恤，正因村子裡的生活比較安全、舒適。他們解釋說：「這裡有米飯可吃，而且不會被蚊子叮。」

看了表8.1列出的七個傳統社群常見的意外傷亡之因，你可能會發現有些危險會危及很多或大多數的傳統社群，但對我們現代人而言卻很罕見。野生動物的確是傳統社群面臨的重大威脅（圖43），例如，被美洲豹咬死約佔亞契印第安男人死因的八％。獅子、豹、鬣狗、大象、水牛和鱷魚都奪走不少非洲人的性命，但對非洲人而言，最大的殺手其實是河馬。昆族和非洲匹格米族不只會被大型肉食動物咬傷、抓傷或殺害，追獵羚羊等受傷的獵物時，自己也會受傷。儘管我們想到昆族獵人揮舞木棒要趕走圍繞在動物屍體的獅群就覺得很恐怖，但昆族人最怕的莫過於一頭落單的獅子——特別是獅子過於老弱或受了傷，無法迅速捕捉獵物，轉而攻擊人類。

毒蛇也是表8.1列出的熱帶族群重大死因。亞契族成年男子死因中有一四％是被毒蛇咬死（比被美洲豹咬死的人還多），有人甚至因此失去手腳。幾乎每一個成年雅諾馬莫人和亞契印第安人至少曾被毒蛇咬過一次。對他們來說，毒蛇甚至比樹木倒下危險（請參看我在第七章開頭述說的親身經驗），為了狩獵或採集水果、蜂蜜從樹上摔下（圖42）也不若被毒蛇咬到恐怖。對大多數的新幾內亞高地人和昆族人而言，在火堆旁取暖可能因睡著被燒傷，幼兒靠近火堆玩耍也可能因此慘遭火舌紋身。

傳統社群的人可能因為身在熱帶之外或高山地區，因曝露在寒冷或潮濕的天候之中而有受凍的危險。即使亞契印第安人住在南迴歸線附近的巴拉圭，那裡冬日仍常出現攝氏零度以下的低溫，寒夜在森林無火可取暖，就可能會凍死。我曾身穿溫暖的防風外套爬到新幾內亞海拔三千三百多公尺的山上，在那裡遇見七個新幾內亞學童。那群小孩早上出發之時，天氣晴朗，因此只穿短褲和T恤。幾個小時後，我們相遇之時，他們在冷雨和強風中不住地顫抖，走起路來跌跌撞撞，甚至無法說話。我和陪同我的當地人把他們帶到一個可以避風躲雨的地方。我的同伴說，去年有二十三個人因天候不佳在附近的一個岩石堆後面蔽身，結果差點凍死。溺斃或是被閃電擊中等危險則不只會發生在傳統社群身上，現代人也可能會遭遇這樣的不測。

昆族、新幾內亞人、亞契印第安人等狩獵—採集族群很善於追蹤、辨別線索或是發現隱密的路徑。儘管如此，他們有時還是會迷路，無法在天黑之前找到回營地的路，特別是小孩，因而遭遇致命的危險。我在新幾內亞的友人就曾被捲入這樣的悲劇。其中之一是個小男孩，本來跟一群大人一起，後來走失了，儘管大人們接連搜尋了好幾天，都沒有結果。另一個是個經驗老道、體魄強健的男人，有一天黃昏，在山中迷路，沒能回到村子，晚上就在山上凍死了。

還有一些意外則是和自己使用的武器或工具有關。由於昆族獵人在箭頭上塗上毒藥，萬一在打獵時不慎被箭頭擦傷，就可能致命。全世界傳統社群的人都可能在使用刀子或斧頭時不小心傷到自己，現代的廚師和樵夫也會發生這樣的意外。

被昆蟲咬傷或荊棘刺傷則比被獅子咬死或被閃電擊中要來得常見。在潮濕的熱帶地區，即使是被尋常的小蟲、水蛭、虱子、蚊子或蜱蟲咬到，也可能被感染，如果沒能接受治療，就可能出現膿腫。例如，有一次我去新幾內亞拜訪一個名叫戴爾巴的友人。兩年前，他曾陪我在山裡走了好幾個禮拜。再次見到戴爾巴，我發現他居然因為抓傷受到感染而變得不良於行。當地村民沒有抗生素可用，我給他服用我帶來的抗生素之後，他很快就復原了。螞蟻、蜜蜂、蠍子、蜘蛛、黃蜂等昆蟲不只是會咬人，有時甚至會把致命的毒液注入人體，致人於死。因此，我在新幾內亞的朋友在森林中最害怕的，除了巨木倒下，還有會叮咬人的黃蜂和螞蟻。有些昆蟲還會在人的皮膚上產卵，造成皮膚潰爛。

傳統社群發生意外的原因雖然各有不同，但也有幾個共通點。若發生嚴重意外，不只可能致死，即使保住一命，也可能健康或行動暫時受到影響或是終身殘廢，如容易遭受疾病侵襲變成跛腳或必須截肢，而無法扶養孩子或其他親戚。但在新幾內亞，我和當地友人最怕的反倒是後果沒那麼嚴重的意外，例如被螞蟻、黃蜂叮咬或是被荊棘刺傷而遭受感染。被毒蛇咬到可能引發壞疽，使人癱瘓、殘廢、失去一隻手臂或一條腿。

環境危險影響人類行為之鉅，不是光從死傷人數就可以看出來的。人類為了對抗危險，步步為營，因此死亡率變得很低。以昆族而言，每一千個死亡案例之中只有五個是被獅子等大型猛獸咬傷致死。我們不能因為死亡人數少，而誤以為獅子並非昆族人的重大威脅。新幾內亞人的生存環境沒有大型猛獸，因此可在夜間狩獵，昆族人則不行，因為在漆黑的森林中，他們將難以察覺危險的動物及其蹤跡，而且那些危險的猛獸也喜歡在夜間活動。昆族婦女總是會成群結隊採集植物，經常發出聲響或大聲談話，以免突然碰到危險的動物。她們也會留心動物留下的蹤跡，並避免奔跑（因為此舉會引發猛獸攻擊）。如果昆族人發現附近有野獸出沒，則有一、兩天會待在營地，暫時不外出。

大多數意外事故發生在出外採集植物之時，像是遭遇猛獸、毒蛇、被倒下的樹壓死、從樹上摔下來、被火燒傷、凍死、迷路、淹死、被昆蟲咬到或被荊棘刺到等。雖然待在營地或房子裡，避免外出，就可免除這些危險，但還是有餓死的可能。因此，曲棍球選手葛雷茨基所說的原則也可應用於環境風險上：如果你不冒險射門，就無法得分。傳統採集者和農夫除了要顧及生計，也要衡量危險。同樣地，現代都市居民如果待在家裡，不必上高速公路，就不會發生車禍，然而為了工作和購物，都市居民還是不得不開車上路。套用葛雷茨基原則：如果不開車出門，就沒收入，也沒飯吃。

提高警覺

傳統社群的人既然生活在危機四伏的環境之中，他們如何因應？他們的反應包括第七章解釋的有益神經質，時常繃緊神經，留心危險，也會尋求宗教之助（參看第九章的討論），或採取其他作法和態度。

昆族人經常提高警覺，外出採集植物或是在樹叢中行走時，他們會注意動物和人類留下的蹤跡，也會查看沙子上的痕跡，推測是何種動物或人留下的，多久前經過此處，往哪個方向，速度為何，再決定是否修改自己的行進計畫。即使他們待在營地，也一樣時時留意。儘管營地有人聲和火光，有時毒蛇或猛獸仍會悄悄潛入。如果他們在營地發現一種叫黑曼巴（*Dendroaspis polylepis*）的蛇，就可能放棄營地，而不會把蛇殺死。在我們看來，這樣似乎過度反應，但黑曼巴是非洲最危險的毒蛇，長度可達二百四十公分，動作迅捷，有長長的毒牙，絕大多數被咬的人都回天乏術。

在任何危險的環境下，人們將從累積經驗得到行為規則，以減少風險。儘管外人看來是過度反應，那樣的規則仍有趨吉避凶的功效，因而值得遵守。人類學家古黛爾描述新不列顛島雨林高隆族避免意外的作法和態度，其實也適用於其他傳統社群：「避免意外非常重要。知道在何種情況之下應該怎麼做或是不該做什麼，才能保住一命。在自然環境中，任何技術或是行為的創新都可能帶來很大的危險。正確行為的範圍很小，只要離開這個範圍就可能遭受危險，例如走在裂開的地面、經過正要倒塌的大樹，或是在過河之時突然碰到洪水。有人就曾經勸告我：別踩著河面上的石頭過河（因為洪水即將高漲）、不要玩火（地面會裂開或會被火燒到）、在洞穴中捕獵蝙蝠時不可出聲（洞穴會崩塌）等。注意這些禁忌，才能在自然環境生存。」我有位新幾內亞友人也告訴我同樣的事：「事出必有因，小心為上。」

我常在西方看到有些人喜歡逞英雄，愛冒險犯難，但我在新幾內亞，從未見過有哪個經驗老道的當地人有這樣的表現。他們不會隱藏自己的恐懼，假裝勇敢。蕭斯塔克（Marjorie Shostak）也曾注意到，昆族人不會像西方人一樣愛表現自己的膽量：「狩獵通常很危險。昆族人雖然勇敢面對危險，但他們不會為了證明自己勇猛過人而刻意冒險。對他們而言，小心避免危險是謹慎，不是怯懦或沒有男子氣慨。昆族男孩不會故意隱藏恐懼，表現得像大人一樣勇敢。昆族人說：『無謂的冒險等於是找死。』」

蕭斯塔克接著描述一個名叫卡雪、十二歲大的昆族男孩與父親、堂哥一起去打獵。卡雪的父親用矛刺中一隻大羚羊，羚羊用長而銳利的角拚命掙扎。蕭斯塔克問卡雪，他是否助父親一臂之力殺死那隻羚羊。卡雪笑著說：「沒，那時我已經爬到樹上！」蕭斯塔克覺得很奇怪，於是再問他一次。卡雪解釋說，他和表哥等那隻羚羊不再奔跑，就立刻爬到樹上。他們倆都怕得要死。卡雪絲毫不覺得尷尬，但在西方人的眼中，膽小鬼才會如此。然而，卡雪還有很多時間可以學習如何面對凶猛的動物，並捕獵這樣的猛獸。蕭斯塔克詢問卡雪的父親時，做父親的也不以為忤，說道：「爬到樹上？當然該這麼做。他們只是小孩，可能會受傷。」

新幾內亞人、昆族等傳統社群常會講述驚險的故事。他們沒有電視和書本，這也是一種消遣，但這樣的故事往往也有教育意義。希爾與赫塔多就曾描述亞契印第安人圍著營火閒聊：「有時，晚上聊起當天的事，他們也會說起先前發生的意外死亡事件。孩子都聽得入迷，也許也可從中學到寶貴的一課，知道在危險的森林中如何求生。例如，有一個小男孩抓幼蟲來吃的時候，忘了把幼蟲的頭掐掉，結果幼蟲的下巴卡在喉嚨，小男孩因此窒息而死。還有幾個十來歲的少年和大人去狩獵，結果在半路走失，之後再也沒有回來，或是被人發現時已成死屍；有一個獵人挖掘犰狳地洞時，頭朝下跌到洞裡，結果窒息死亡；有一個人拿箭射猴子，後來爬到四十公尺高的樹上，要把箭拿回來，卻不慎從樹上摔下來，因而死亡；有個小女孩跌到洞裡，因此摔斷脖子；有幾個男人遭到豹群攻擊，有的骸骨還在，有的則屍骨無存；有個男孩晚上在營地睡覺，頭被毒蛇咬了，第二天就一命嗚呼；一個少女在伐木，倒下的樹不幸壓死了一個老婆婆。後來，族人就給她起了個綽號，叫她『場樹小姐』，要她好好記住自己闖的禍，不要再犯；一個男人被長吻浣熊咬了，不久就傷重不治；一九八五年也有一個獵人手腕被浣熊咬傷，因血管被咬斷，大量出血而死，如果得到醫療就不致於死亡；有個小女孩在過獨木橋的時候，掉到河裡，就這麼被河水沖走……最後，有六個人在營地裡不幸被閃電擊中而送命。」

人類暴力

對傳統社群而言，暴力造成的死亡可說是最重要的死因，只是發生的頻率和形式有很大的不同。會有這樣的差異主要和國家或外界的干預程度有關。暴力的形式大抵可區分為戰爭（見第三、四章的討論）或殺人。戰爭是不同的群體互相打鬥、殺戮，至於殺人則可定義為一個群體之內的人互相殺害。至於原本關係友好的鄰近群體如發生致命的暴力衝突，到底是戰爭或殺人則難以區分。此外，還有一些殺戮行為也不容易界定清楚。就已出版的調查資料，亞契印第安人的暴力殺害事件包括殺嬰和殺害老人，但昆族人則未見這樣的行為，再者不同作者對昆族人的殺嬰行為也有不同的看法。被害者的選擇以及被害者和殺人者的關係，各族群也有很大的差異。例如，亞契印第安人的被害者通常是嬰兒和兒童，而昆族的被害者主要是成人。昆族暴力的研究結果很值得我們參考。根據人類學家最先的描述，昆族人愛好和平，一九五九年出版的一本有關昆族的專書因此題為《溫和的人》（*The Harmless*

People)。人類學家理查・李在一九六〇年代和昆族共同生活了三年，共觀察到三十四次打鬥，但無人死亡。當地的人告訴他，那幾年確實沒有殺人事件。理查・李在那裡待了一年二個月後，與當地的人比較熟之後，他們才願意講出過去的殺人事件。理查・李比對了好幾個人的說法，終於蒐集到一張可靠的清單，列出殺人者的姓名、性別、年齡、被害人的姓名、殺人者和被害者的關係、事件在什麼情況下發生、動機、理由、時間以及使用的武器。總計自一九二〇年到一九六九年，共有二十二人被殺害，但不包括被殺的嬰兒和老人。理查・李認為昆族殺嬰和老人被殺的案例十分罕見。然而，根據郝威爾對昆族婦女的查訪，昆族的確有殺嬰事件。但理查・李還是認為從一九二〇年到一九六九年只有二十二個昆族人遭到殺害。

當然，這二十二樁死亡案例可以確認是殺人事件，而非死於戰爭。在幾樁案例中，殺人者和被害者是同一營地的人，其他案例，雙方則是不同營地的人，而且沒有兩個營地的人成群結隊互相殺戮的情事（也就是戰爭）。的確，在理查・李調查研究的地區，自一九二〇年至一九六九年皆無任何戰事紀錄。但根據昆族人自己的說法，他們的祖父輩曾征剿敵人，顯然類似其他傳統社群的「戰爭」。看來，那是在十九世紀茨瓦納族每年前來與他們貿易之前的事。我們也在第四章看到，貿易對伊努特人的影響，前來交易的商人都不希望當地發生戰爭。伊努特人為了爭取更多貿易機會、追求利益，寧可放棄戰爭。昆族或許也一樣棄武從商。

至於昆族的殺人案發生率，在四十九年中只有二十二人被殺害，換言之，每二年不到一人被殺死。這種現象和今日的美國城市大異其趣。如果你是住在都市的美國人，隨便哪天翻開報紙，都可發現過去二十四小時內又發生了幾樁謀殺案。這樣的差異主要是和人口數目有關。一個美國都市動輒幾百萬人，但那時理查・李研究的昆族人只有一千五百人。因此，昆族殺人案件發生率為每十萬人一年有二十九件，等於是美國的三倍，更是加拿大、英國、法國和德國的十倍到三十倍。有人認為，美國的殺人案件排除死於戰爭的案件，但昆族一樣不包括死於戰爭者（他們的征剿在一個世紀前就結束了）。其他傳統社群戰事頻仍，但在近代昆族的確沒有戰爭紀錄。

從發生頻率來看，昆族在四十九年間，只有二十二人被害，也就是每二十七個月才有一樁殺人案。如果人類學家在當地進行調查研究的時間只有一年，那就可能不會聽聞這樣的事件，以為當地人愛好和平。即使人類學家在當地待上五年，也不一定能親眼看到殺人事件，得靠當地的人告訴他。儘管美國是第一世界中殺人案件出現頻率最高的社會，不僅我自己沒有目睹過殺人事件，在我的親友圈中，也只聽過寥寥可數的幾位說及自己的目睹經歷。根據郝威爾的統計，暴力佔昆族人死因的第二位，次於傳染病和寄生蟲疾病，第三位則是退化性疾病和意外事件。

近年來昆族不再有人死於暴力，原因也頗值得探討。理查・李在報告中說，昆族最後一樁殺人事件發生在一九五五年春天，兩個昆族男人殺了另一個人。那兩個凶手後來遭到警方逮捕，接受審判，最後入獄，從此沒再回到家鄉。在這樁凶殺案發生的三年前，昆族才出現第一個因殺人被警方逮捕入獄的案例。從一九五五年到一九七九年理查・李發表他的報告期間，在他調查研究的區域，沒出現其他殺人案。顯然，這是國家政府強力干預、阻止暴力犯罪的結果。我們也可從過去五十年新幾內亞的殖民和後殖民史中發現同樣的事實，也就是在澳大利亞和印尼政府掌控東部偏遠地區和新幾內亞西部之後，暴力事件即有遽減的現象，但巴布亞新幾內亞獨立之後，獨立的新政府管制不如澳大利亞殖民政府嚴格，暴力事件又有死灰復燃的跡象。國家政府的嚴格管制雖然有助於減少暴力，但我們也不可忽略傳統社群也常用非暴力的方式來解決爭端（參看第二章）。

至於理查．李報告中那二十二樁殺人案件的細節，所有的凶手以及二十二個被害人當中的十九個都是成年男性，年齡在二十歲到五十五歲之間，只有三個被害人是女性。在這些案例中，被害人皆是凶手的遠親，所以雙方認識。昆族不像美國人，不會為了搶劫而殺害素昧平生的陌生人。所有的案件都發生在營地，事件發生時皆有目擊者，其中只有五件是預謀殺人。例如一九四八年發生的一樁殺人案，凶手名叫阿推，惡名昭彰，很可能有精神病，先前已經殺了兩個人，後來被一個叫夏薛的男人發射的毒箭所傷。受傷的阿推還持矛刺死一個叫庫雪的女人，也用毒箭射傷庫雪老公奈西的背部。後來，多個族人一起拿毒箭射阿推。阿推就像豪豬，身上刺滿毒箭。族人最後用矛把他刺死。其他十七樁殺人案則是在打鬥時發生的。例如，在努萬馬（N≠wama），有個男人拒絕另一個男人迎娶自己的小姨子，雙方爆發口角，進而結集親友拿起毒箭和矛互相攻擊。迎娶不成的那個男人的父親大腿被毒箭所傷，肋骨也被矛刺中。

這二十二樁殺人案件中有十五件都是為了復仇，冤冤相報長達二十四年。這種殺戮循環也是傳統社群戰爭的特點（見三、四章）。殺人的動機除了為已死的親人復仇，最常見的就是通姦。例如一個男人的老婆搭上了另一個男人，做丈夫的於是找情夫算帳，情夫也欲置那個做丈夫的於死地。還有一個不甘戴綠帽的男人就用毒箭殺死老婆，接著遠離家鄉，不再回來。

至於其他小型傳統社群，有些甚至比昆族更溫和（如阿卡匹格米族、西里奧諾人），有些則比較暴力（如亞契人、雅諾馬莫族，以及格陵蘭和冰島的諾爾斯人）。一九七一年之前，亞契人在森林裡過著狩獵―採集生活時，暴力就是最常見的死因，甚至勝過疾病。一半以上被暴力殺害的亞契人死於巴拉圭人之手，但仍有二二%的亞契人是被同族人殺害。昆族人被殺害的以成人居多，但被殺害的亞契人當中高達八一%是兒童或嬰幼兒（大多數是女孩）。這些孩子有的是陪葬，有的則是被父親遺棄或是因父親死亡乏人照顧而死。有的嬰兒則是因母親不久前才生下哥哥或姊姊而遭到殺害。對亞契人而言，同一個團體內的成人互相殘殺並不是偶發事件，並非在打鬥的當時手中剛好握有武器，因此拿來砍殺，而是有預謀的。亞契人也和昆族一樣，在政府的干預之下，暴力就收斂得多。自一九七七年起，亞契人漸漸移往保留區生活，受巴拉圭政府的管理，殺人事件（包括兒童和嬰兒遭受殺害）也大幅減少。

傳統社群居住之地如無國家政府和警察維護治安，要如何自保？一般而言，他們會繃緊神經、提高警覺。首先，他們會提防陌生人。如果發現陌生人入侵，他們通常會把陌生人殺害或趕走，因為陌生人可能前來偵察地形，或是有殺害族人的企圖。其次，他們也會注意是否會遭到聯盟的部族背叛，或先發制人，先對可能有異心的聯盟發動攻擊。例如，雅諾馬莫人會邀請鄰村的人前來飲宴，等他們放下武器，大吃大喝，就加以殺害。理查森（Don Richardson）曾在報告中提到，新幾內亞西南部的沙威人（Sawi）認為會耍詐、使人上當的才高明，因此與其直接殺死敵人，不如向敵人示好，請他過來吃飯，交好幾個月後，在殺死他之前才告訴他：「*Tuwi asonai makaerin!*（我們用友誼的飯局把你養肥，只是為了要殺了你！）」

另一個避免被攻擊的策略，就是選擇容易防禦或地勢較高的地方居住。例如，新幾內亞山地的村民通常會住在山丘上，居高臨下，就可察覺周圍有無可疑，另外很多晚期阿納薩茲印第安人在美國西南部的聚落只能用繩梯進出，把繩梯切斷即可阻隔外人進入。雖然他們必須從山丘到下方的谷地取水，但住在河邊容易遭到襲擊。如果人口密度增加或是打鬥的情事變多，人們就會聚集在有圍柵防護的大型村落居住，不再分散住在沒有保護的草屋。

為了自保，一個團體常與其他團體結盟，個人也會與其他人發展友好關係。我在新幾內亞發現當地人很愛說話，一天到晚說個不停，目的就是為了了解彼此，監控每個人的一舉一動。女人也是很好的消息來源。她們在婚後嫁到夫家，和丈夫的部族住在一起，如有風吹草動，就為娘家那邊的人通風報信。最後，傳統部落的人喜歡在營火邊講述各種事件，不僅是為了閒聊、殺時間，也可告訴孩子他們的生存環境潛藏什麼樣的危險。他們會提到劫掠的事，提醒族人防人之心不可無。

疾病

疾病可能是某些傳統社群最主要的死因（如埃塔族和昆族，因病而死的比率各約佔全部死因的五〇％—八六％及七〇％—八〇％），也有可能是僅次於暴力的第二大死因（如在森林生活的亞契印第安人，疾病造成的死因只佔二五％）。然而，我們也必須注意到一點，營養不良的人比較容易受到感染，而食物短缺也可能使人在飢不擇食之下得到傳染病。

疾病因各傳統社群的生活方式、地理位置和年紀而有所不同。大抵而言，傳染病是嬰幼兒最主要的死因，所有年齡層的人都會得到傳染病。寄生蟲病和傳染病都是重要的兒童疾病。熱帶氣候地區的人很容易得到鉤蟲、絛蟲等寄生蟲病，或是被瘧疾、嗜睡症等寄生性原生蟲疾病感染，而上述寄生蟲則不易在極地、沙漠或寒冷山區存活。上了年紀的人則因骨頭、關節和軟組織退化，因此較多罹患關節炎、骨關節炎、骨質疏鬆症，容易骨折，牙齒也容易磨耗。由於傳統社群過的生活仰仗體力，年紀大了之後，更容易出現退化性疾病。反之，有些盛行在第一世界的疾病在傳統社群則非常罕見，如冠狀動脈疾病等心血管疾病、中風、高血壓、成人型糖尿病和大多數的癌症。我將在第十一章詳細討論這個明顯的差異。

近兩百年來，傳染病不再是第一世界人命的重大威脅。原因包括衛生的提升、政府提供潔淨的供水系統、疫苗的施行等公衛措施。再者，由於科學家深入了解傳染病微生物，因此可設計出反制之道。抗生素的發現與問世也是一大關鍵。但傳統社群由於沒有良好的衛生環境，不管飲水、煮食、洗澡、清洗與排泄都利用同樣的水源，也不知道飯前或煮食前洗手的重要性，因此很容易遭到傳染病和寄生蟲病的感染。

關於衛生和疾病，我就曾經歷過一次難忘的例子。有一次，我去印尼森林觀察鳥類。我和我的印尼同伴待在同一個營地，森林小徑則是以營地為中心，呈輻射狀。我多半一個人在小徑上賞鳥，然而每天總在不一樣的時刻拉肚子。我絞盡腦汁，不知自己到底吃了什麼才會這樣，而且難以理解為何每天發作的時間都不同。後來，我才恍然大悟。每天，有個印尼同伴總會悄悄跟在我後面，以確定我安全無事。他碰到我的時候，就掏出從營地帶來的餅乾請我吃，跟我聊幾句，才回去營地。有一天晚上，我突然想到，我總是在吃了餅乾之後的半個小時拉肚子。如果他在上午十點碰到我，我就會在十點半肚子痛。若是他在下午兩點半與我相遇，我就會在三點發作。翌日，我謝謝他帶餅乾來給我吃，在他離去後，再偷偷地把餅乾丟掉。從此以後，就沒再拉肚子了。如果我在營地自己從玻璃紙包裝袋拿餅乾來吃就沒事，問題必然出在朋友的手不夠乾淨。我從他的手中拿餅乾來吃，腸道的病原菌因此進入我的體內。

在狩獵—採集族群及以家庭為主的小型農業社群流行的傳染病，包括瘧疾、節肢動物傳染的熱病、痢疾等胃腸疾病、呼吸疾病和皮膚病等。還有一些疾病本來未曾危害狩獵—採集族群，只在人口稠密的西方社會流行，在西方人帶進來之後才形成大患，如白喉、流感、痲疹、腮腺炎、百日咳、風疹、天花和傷寒。這些疾病常造成急性流行，在短期內使很多人得病，病人很快就復原或死亡，然後疾病即在當地銷聲匿跡，在一年之後或者更久才又出現。

為何這些傳染病在大型人類聚落流行，近幾十年來一直是流行病和微生物學研究的重要課題。這些疾病來得急、去得也快，只在人類當中流行，得病者康復後即終身免疫。傳染途徑有時是接觸到病人的皮膚，或是病人咳嗽、打噴嚏造成的飛沫傳染，也有可能是水源遭受病人排泄物污染。疾病急性發作意謂在幾個禮拜之內，病人就可能死亡或康復。倖存者得以終身免疫意謂存活的人不再會受到傳染，直到多年後，很多未曾接觸病原的新生兒誕生，才有可能再度流行。這些疾病只在人類之間流傳，因而不會傳給動物，病原也無法在土壤水庫中存活，會漸漸在一地消失，除非從遙遠的地方傳入，否則不會再度流行。這些特點加起來意謂這些傳染病只會在大型人類聚落流行，從一地傳到另一地。以痲疹而言，人口數至少在幾萬人以上才流行得起來。簡言之，這些急性傳染病就是群聚疾病。

在一萬一千年前農業尚未出現之前，群聚疾病根本就不存在。只有在農業出現，人口有了爆炸性的成長後，群聚疾病才有了生存的餘地。居無定所的狩獵—採集族群群聚定居，住在擁擠、衛生不良的村子裡，常與鄰村往來、交易，微生物因此可以迅速蔓延。近年來微生物學專家已經證實，現今大多數只在人類之間流傳的群聚疾病其實是源於家畜（如豬、牛等）的群聚疾病。人類在一萬一千年前開始馴養動物，因經常與家畜接觸，家畜身上的病原得以藉機傳給人類。

當然，人口稀少的狩獵—採集族群沒有群聚疾病，並不是意謂這些族群不會得到傳染病。狩獵—採集族群容易得到的傳染病與群聚疾病有四點不同。首先，致病的微生物不只是會危害人類，也會使動物受到感染（如由非洲野猴傳播的黃熱病）。有些微生物也可在土壤中存活（如肉毒桿菌和破傷風菌），伺機傳給人類。第二，很多疾病不是急性，而是慢性的，如痲瘋和雅司病（又稱熱帶莓疹）。第三，有些疾病並不是那麼容易在人與人之間傳開，如上面提到的痲瘋和雅司病。最後，很多疾病得了之後無法終身免疫，即使康復，仍然可能再受到感染而發病。從這四點來看，有些疾病仍然可在小型人類社群流傳，或是從動物或土壤一再地傳給人類。

狩獵—採集族群和小型農業社群並非不可能得到群聚疾病，只是在人口數量不足的情況下，群聚疾病難以傳開。然而，如果有人從外面的世界把病原帶進來又另當別論。這樣的小型社群對這一類的疫病沒有任何抵抗力，特別容易受到感染而死亡，而且成人致死率高於兒童。在人口稠密的第一世界，幾乎所有的中、老年人在小時候都曾得過痲疹（年輕一代的則因接受痲疹疫苗的注射而有免疫力），但在與世隔絕、人口稀少的狩獵—採集族群，沒有任何成年人得過痲疹，一旦得病，就可能死亡，如伊努特人、美洲印第安人、澳洲原住民等與歐洲人接觸而得到傳染病，整個族群因此遭到滅絕。我們可在歷史上看到不少這樣的悲劇。

對疾病的反應

傳統社群對疾病的反應，不像面對其他三種主要的危險，主要是疾病的機轉難以理解，因此無法預防或得到有效的治療。如果一個人因為意外事件、暴力或飢餓而死亡或受到傷害，原因通常很清楚：被倒下的樹壓到、被敵人的箭射中，或是因沒東西吃而挨餓。預防或解決之道也很明顯：別在死亡的樹幹底下睡覺；注意敵人，先下手為強；設法取得源源不絕的食物來源。就疾病而言，近兩百年來，世人才確實了解病因以及以科學為基礎的預防和治療。在那之前，不管國家社群或小型傳統社群都難逃疾病的魔掌。

然而，這並不代表傳統社群的人面對疾病完全束手無策。西里奧諾印第安人顯然了解自己的排泄物和某些疾病的關聯，如痢疾和鉤蟲。西里奧諾人的母親在寶寶大便之後，會迅速幫寶寶清理乾淨，把糞便置入籃子裡，最後拿到森林裡倒掉。但西里奧諾人不算非常重視衛生。人類學家霍姆伯格曾發現有個西里奧諾寶寶大便了，但母親沒發現，寶寶便躺在糞便上，還把糞便塗抹在自己身上，甚至放在嘴裡。他的母親終於發現了，於是把自己的手指伸入寶寶的嘴巴，把糞便掏出來。她只是幫寶寶擦拭一下，沒幫他洗澡，甚至自己的手也沒洗，又拿東西來吃。皮拉哈印第安人會和自己養的狗用同一個盤子吃東西，難免會被狗身上的細菌和寄生蟲感染。

很多傳統社群的人經由不斷地嘗試錯誤，找出可以治病的植物。我的新幾內亞友人就常告訴我，哪些植物可以治療瘧疾、熱病、痢疾或是會導致流產。西方的民族植物學家對傳統社群的草藥知識進行研究，西方藥廠也從這些植物萃取藥物。然而，傳統社群的醫學知識還是很有限。瘧疾仍是危害新幾內亞低地和丘陵區最主要的疾病。只有在科學家確知瘧疾是透過瘧蚊為媒介把瘧原蟲傳染給人類，我們才知道如何用藥物對抗這種疾病。新幾內亞低地居民遭受瘧疾攻擊的比率才能從五〇％左右降為一％以下。

不同傳統社群對疾病的看法不同，因而採取不同的預防和治療之道。有些族群有專司醫療的人，也就是西方人所謂的「巫師」。昆族和亞契人認為疾病是無可避免的宿命，常致人於死。亞契人也會從生物學的觀點來解釋疾病，如兒童致命的胃腸疾病是斷奶、吃了固體食物造成的，至於發燒則可能是吃了腐壞的肉、吃太多蜂蜜、蜂蜜沒摻水、吃了太多昆蟲的幼蟲，或是接觸到人血。雖然有些解釋是正確的，仍然無法避免疾病造成的死亡。達瑞比族、法玉族、高隆族、雅諾馬莫人等都認為疾病是詛咒、魔法或巫術帶來的，會向下蠱的巫師尋仇。丹尼族、達瑞比族、昆族則認為疾病是鬼神作祟的結果，因此昆族的巫師會用起乩的方式，祈求鬼神原諒。高隆族、西里奧諾人等也會以道德或宗教來解釋疾病，如有人粗心大意、觸犯天怒或不守禁忌就會招致疾病。高隆族則認為男性的呼吸道疾病則是被女人污染造成的。女人月經來潮或剛分娩的女人都被視為不潔，凡是她們觸摸過的東西、經過的樹木、走過的橋、涉過的水都是禁忌，會使接觸到的男人生病。西方社會中的癌症患者也常認為自己做了什麼不道德的事才會罹癌。這其實和高隆族把呼吸道疾病歸咎於女人並沒有什麼兩樣。

饑餓

一九一三年二月，英國探險家伍勒斯登（A. F. R. Wollaston）登上新幾內亞最高峰的雪線，然後心滿意足地往下走。然而，在下山途中，他發現了兩具剛斷氣的屍體。他描述說，在接下來的兩天，他看到有生以來所見最悲慘的景象：他總共在山間發現了三十多具新幾內亞人的屍體，多半是女人和兒童，或獨自一人，或三五成群躺在路邊。他在其中一群發現一個死去的女人和兩個小孩，其中一個孩子已死，另一個約莫三歲大的小女孩則奄奄一息。他把女孩抱回營地，餵她喝牛奶，但她不到幾個小時就死了。還有一群人走到他的營地，包括一個男人、一個女人和兩個小孩，除了一個小孩，其他人後來都死了；這群人的甘藷和豬隻都吃光了。在森林中，除了某些棕櫚樹的樹心，找不到其他野生食物，因為長期營養不良，饑餓難耐，身體虛弱的人就難逃一死。

意外事件、暴力和疾病都是傳統社群常見的死因，相形之下，很少人注意到餓死這個因素。如果傳統社群發生餓死的事例，往往死亡者眾。因為小型社群的人都會分享食物，因此不是大家都有食物吃，不會餓死，就是許多人挨餓而死。為什麼餓死這個因素不受重視？因為在大多數的情況下，沒東西吃會導致嚴重營養不良，在餓死之前，就可能死於其他原因。例如，身體的抵抗力變得很差，容易生病。健康的人得以復原；營養不良、身體虛弱的人可能會因為生了一場病而一命嗚呼。身體虛弱也比較容易發生意外，像是從樹上摔下來、溺死，或是被強壯的敵人殺死。小型傳統社群的人非常擔心食物不足，因而想出種種方法來貯存食物或確保食物來源無缺，正因食物是他們生存的命脈。

此外，食物短缺不只是卡路里攝取不足，也會使人因缺乏某些營養素而死亡，例如維生素缺乏導致腳氣病、糙皮病、惡性貧血、佝僂病和壞血病；礦物質不足可能使人罹患地方性甲狀腺腫或缺鐵性貧血；蛋白質不足則會造成瓜西奧科兒症（又稱惡性營養不良症）。比起狩獵—採集族群，農民更容易因某些營養素攝取不足而生病，因為農夫的飲食不像狩獵—採集族群那樣多樣化。某些營養素攝取不足也容易使人因身體虛弱，而發生意外、感染疾病，或被敵人殺害。

第一世界的居民生活富裕，豐衣足食，因此不會有餓死的風險。我們每日、每季、每年吃的東西幾乎完全相同。當然，有些食物在某些季節盛產，如櫻桃，但一般而言，我們差不多什麼食物都吃得到。但對小型社群來說，食物的產量多寡難以預料，如碰上乾旱或嚴冬，就可能面臨食物不足的窘境。因此，他們會經常談論食物的問題，可說三句不離食物。難怪我那些佛爾族的友人開口閉口都是甘藷，就算吃飽了，也還說個不停。玻利維亞的西里奧諾印第安人也是滿腦子食物。他們最常說的兩句話就是：「我餓了」以及「給我一些吃的」。對西里奧諾人來說，食物顯然比性來得重要，他們會因沒東西吃而焦慮，但隨時都有性交的機會，因此會用性來彌補饑餓。然而，西方人則相反，會因為性事得不到滿足而焦慮，所以用食物來彌補性方面的挫折。

很多傳統社群不像我們，特別是那些生活在乾旱貧瘠之地或極地的人，經常面對可預期或不可預期的糧荒。他們發生饑荒的機率要比我們高得太多，造成這種差異的原因很明顯。很多傳統社群由於無法生產多餘的糧食以供儲存，或是因為氣候過於濕熱，食物容易腐壞，也有可能他們無法採行定居的生活型態。即使有些族群確實有餘糧可存，也可能遭到劫掠。傳統社群與我們不同，只能整合一小塊地區的食物資源，而第一世界的居民可從遙遠的國家進口糧食，運送到全國各地，因此無食物短缺之虞。傳統社群沒有運送的交通工具、道路、鐵路和貨輪，無法把食物從遠方運來，所以只能從鄰近地區取得。此外，傳統社群也沒有可以組織食物儲存、運輸和交換的政府機構，使相隔遙遠之地互通有無。儘管如此，傳統社群也有一些因應饑荒的對策。

無可預期的食物短缺

部落如果以狩獵來取得食物，每天的斬獲都不盡相同。植物不會移動，因此可以採集的量比較可以預期，但動物會四處跑，所以獵人可能忙了一整天，最後還是空手而回。為了解決食物來源不穩定的問題，幾乎所有的狩獵—採集族群都是過著隊群生活。隊群裡的多個獵人分頭去打獵，回來再一起共享。理查・李就曾描述他在非洲喀拉哈里沙漠的見聞。雖然他記錄的是昆族，但也適用於每一個大陸、各種環境之下的狩獵—採集族群。他寫道：「食物從來不是一個家庭可自己享用，必須和隊群裡的每一個人分享。每一個隊群可能多達三十個人或更多。即使外出打獵的只是幾個身強體壯的成年人，狩獵回來後，食物則必須和每一個人均分。每一個隊群就是一個食物分享的單位。」很多小型畜牧和農業社群也採行這種資源共享的方式，如蘇丹的努爾人。根據伊凡斯—普里查德的研究，努爾人會一起分享肉品、牛奶、魚、穀物和啤酒。「雖然每一家都有自己的食物，自己烹調，供給家中男女老少所需，也在自己的家吃飯，但每一家的食物都是由整個社群供應的。他們並非沒有所有權的觀念，只是好客，更注重分享。」

食物供給量不穩定，時多時少，對當地社群的生計會產生很大的影響。如果天氣變得寒冷、潮濕，亞契印第安人外出打獵，不但可能空手而回，沒東西可吃，也可能感冒或被凍死。雅諾馬莫印第安人的主食是大蕉和蜜桃棕櫚的果實。這兩種植物的產量都不穩定，有時完全沒得吃，有時則盛產到讓人吃不完。努爾人的粟類作物，可能因為遭逢旱災、暴雨而欠收，或是被大象、蝗蟲或織巢鳥吃光。以狩獵—採集為生的昆族人大約每四年中總有一年會突然因碰到嚴重旱災而出現饑荒。托洛布蘭島雖然不常發生旱災，當地的農夫還是很擔心。新幾內亞高地上的甘藷每十年約有一年因霜害而無法生長。所羅門群島每十年或數十年則會遭到龍捲風的蹂躪。

於是小型社群以各種方法來因應無可預期的食物短缺，包括遷移營地、將食物貯存在體內、與不同地區的人達成互助協議，或是分開在幾個地方種植作物。至於居無定所的狩獵—採集族群，由於他們不會被田地或園圃綁住，如在一地面臨食物短缺的窘況，只須遷移到另一個食物比較多的地方。另外，為了防止食物腐壞或敵人劫掠，有些人會儘可能把食物吃下去，以身體做為食物的儲藏所，把熱量貯存在體內脂肪，以免在食物短缺的時候餓死。我將在第十一章以小型社群為例解說這點。對西方人而言，這實在是不可思議的作法，有如吃熱狗的大胃王比賽。

雖然暴食可使人撐過短期食物短缺，如饑荒長達一年沒有食物仍會餓死。有一個長期的解決之道也就是鄰近社群互相幫助、互惠共享，以多餘的食物援助食物短缺的鄰居。任何一個地區食物產量都可能有所變動。如果兩地相隔一段距離，比較不可能同時出現食物短缺的現象。因此，你們的社群必須和遠地的社群交好，萬一食物短缺，才可從另一社群取得食物。同樣地，遠地社群如果面臨食物不足的難關，也會向你們求助。

以昆申族（!Kung San）居住的喀拉哈里沙漠為例，不管哪一個月，不同地區的降雨量可能有十倍差距之多。根據理查・李的描述：「在這個沙漠，有一個地區可能綠意盎然，但你繼續走幾個小時之後，看到的都是不毛之地。」理查・李從一九六六年七月到一九六七年六月比較干茲地區（Ghanzi）五個地點的每月降雨量，發現任兩個地點全年平均雨量差異不到兩倍，但在任一個月份，雨水最少的可能一滴雨也沒有，最多的則可達二五四毫米。庫梅（Cume）的年降雨量最高，但在一九六七年五月，卻是五個地點中最乾燥的，在一九六六年十一月和一九六七年二月亦屬第二乾燥。反之，卡克方田（Kalkfontein）年降雨量最低，但在一九六七年三月和五月都是第二潮濕之地。因此，不管一個社群待在哪一個地點，都可能在某一時間碰上乾旱，面臨食物短缺之苦，然而同一時間另一個社群則可享受豐沛的雨水，因而有多餘的食物。因此，這兩個社群就可互相扶助，幫助彼此度過難關。其實，昆族人正是靠這種互惠、互助的作法才能在無可預期的沙漠環境下生存。

很多傳統社群儘管偶爾會發生爭戰，也都會互助合作，共同求生存。托洛布蘭島的各個村落會分配食物，以度過食物短缺的危機。阿拉斯加北部的伊努皮亞特人（Iñupiat）面臨饑荒之時則會到另一個地區，住在當地的親友家。雅諾馬莫印第安人的主食是蜜桃棕櫚的果實和大蕉，兩者常可盛產到吃不完（尤其是前者）。果實過熟則會腐爛，無法貯藏，因此必須趁成熟的時候儘量吃。因此，一地如果盛產，當地的人便會邀請鄰近地區的人過來一起享用，也就是希望他日鄰人食物有餘時也能救濟他們。

分散種植

為了面對無可預期的食物短缺風險，另一個長期解決之道就是分開在幾個地方種植作物。我曾在新幾內亞目睹這種現象。有一天，我外出觀察鳥類，在森林中遇見一個新幾內亞友人在那裡墾植的園圃，也就是在他居住的村落東北方一公里半之地，但他還有其他園圃在他住的村子南方和西方好幾公里外的地方。我問自己，這傢伙到底在想什麼，為何把園圃分散在這麼遠的地方，每天來回就得浪費大半天的時間，再者也難以預防豬隻和小偷潛入。新幾內亞人的農夫都很聰明，也很有經驗。我那位友人這麼做的理由何在？

世界其他地區的人也有這種田地或園圃分散的作法，讓西方學者和研究人類社會發展的專家感到困惑。像英國中古時期的農夫會在幾十塊零星的田地上耕種。看在現代經濟史學家眼裡，這種作法顯然不符經濟效益，不但浪費時間往返，田地之間的空地也白白浪費了。根據高蘭德（Carol Goland）的研究，的的喀喀湖（Lake Titicaca）附近的安地斯農夫現在仍採行類似的作法。有些研究社會發展的專家抨擊道：「這些農夫毫無效率……我們實在難以想像，他們是怎麼活下來的……這些農夫因為繼承和婚姻制度，擁有的田地分散在好幾個村落，光是在這些田地來回，這一天就得花上四分之三的時間，而且有些田地很小，甚至只有幾平方公尺。」專家因而建議農夫應該拿土地互相交換，使自己的土地集中，以提高耕種效率。

但根據高蘭德在祕魯安地斯山庫友庫友地區（Cuyo Cuyo）的研究，當地的農夫在不同的田地上種植馬鈴薯等作物，平均每個農夫在十七塊土地上耕種，最多的甚至有二十六塊田地，每一塊平均只有二百三十平方公尺左右。農夫偶爾也會將田地出租或出售，使田地集中在一起。但他們為什麼不這麼做呢？

高蘭德注意到一個線索：每一塊田地產量各有不同，每年也有差異。從地勢、坡度、日照多寡等環境因素和農夫本身的因素（包括施肥、除草、落種密度和種植日期）來看，只有一小部分的田地產量是可以預期的，大多數都無可預期而且難以控制，因為受到降雨、霜害、作物疾病、病蟲和偷竊的影響。從任一年來看，田地之間的產量差異甚大，連農夫也無法預期哪一塊土地收成好。

庫友庫友地區的農家於是竭盡所能避免某一年收成欠佳，致使家人有餓死之虞。此外，就算一年的收成不錯，如次年碰上壞年冬，也撐不下去。因此，農夫的目標不是設法有最高的生產量。就算有一塊田地收成特別好，產量等於過去九年的總和，只要次年碰到乾旱，還是會餓死。因此，農夫的目標是每年的產量足以讓他們存活下去，只要夠吃就好了，不一定要追求最大的產量。這也就是為何他們要將田地分散。如果你只有一大塊田地，不管幾年下來平均產量有多好，只要有一年無法收成，就會餓死。但是如果你有很多塊田地，每一塊的產量各有不同，即使有幾塊收成欠佳，還是可以利用其他收成好的田地生存下去。

高德蘭為了驗證這個假設，連續兩年調查了二十戶農家（共四百八十八人）田地的產量。他先計算每一戶所有田地（可能有二塊、三塊、四塊，最多的有十四塊）的作物產量，發現田地愈分散，單位時間平均產量愈低，但也不會降低到會餓死的地步。例如標示為「Q」的那戶人家，家中成員包括一對中年夫妻和十五歲大的女兒，每年預估每英畝田地必須生產一千八百公斤的馬鈴薯才不會餓死。如果這戶人家只有一塊土地，任一年餓死的機率將高達三七％。儘管他們可能每年最多可能生產三千公斤的馬鈴薯，每三年仍然有一年可能會餓死。如果他們把田地分成七塊以上或更多，餓死的機率就可以降到零。儘管田地分散，年產量可能降為每英畝一千七百公斤，但絕不會少於餓死的臨界點，也就是每英畝一千三百五十公斤。

在高蘭德調查研究的二十戶農家中，每戶至少有兩塊田地。當然，田地分散，農夫必須在田地之間來來回回，消耗的卡路里較多。但根據高蘭德的計算，多消耗的卡路里在作物提供的卡路里中只佔七％，由於可避免餓死的風險，這樣的代價還是可以接受的。

簡而言之，高蘭德研究中的安地斯農民並沒使用統計或數學分析，而是透過長期的經驗知道，要面對無可預期的食物短缺，避免餓死，最好把田地分散。這樣的策略其實就是「不要把所有的雞蛋放在同一個籃子」。中古世紀的英國農夫把田地分散來耕種，想必也是如此。的的喀喀湖的農夫不聽從社會發展專家的話把田地集中，也有自己的道理。至於我那把園圃分成數處、相隔數里的新幾內亞友人，他的族人為我講述他們這麼做的理由：除了避免園圃因暴風雨的侵襲、植物病蟲害、豬隻踐踏或老鼠啃咬而全部遭殃，也可在不同高度、不同氣候之下種植多種作物。新幾內亞農夫的作法和安地斯農夫類似，只是他們的園圃比較大，也沒分那麼多塊（每個新幾內亞農夫約有五塊到十一塊園圃，平均是七塊，而安地斯農夫則有九塊到二十六塊田地，平均為十七塊。）

不知有多少美國投資人沒能像上述的農夫，知道如何分辨單位時間的最大收益，以及如何不讓收益少到危險的地步。如果你有多出來的一筆錢，短期內不會用到，可運於投資或購買奢侈品，那就可以單位時間的最大收益為目標，儘管收益為零或會賠錢，也不會有太大的影響。但是如果你必須靠投資所得來支付現今的開銷，就得和上面的農夫一樣分散風險。你得注意每年收益必須達到一定的水準才能維持生活，就算是單位時間收益較低也沒關係。我在寫這一段之時，正好發現美國一些最聰明的投資人因為沒能分散風險而導致巨額虧損。哈佛大學獲得的捐贈基金乃全球最多，基金獲利率向來笑傲美國各大學。該基金的經理人擁有絕佳的操盤技術，也願意投注在獲利高的投資上，一般保守的大學則不敢這麼做。哈佛捐贈基金經理人的薪資多寡視其操盤基金之投資組合的長期平均成長率而定。但這筆基金不是多出來或可用於不時之需的錢，其中有半數就是哈佛的校務運作經費。高獲利難免有高風險，二〇〇八年至二〇〇九年金融海嘯席捲全球之時，哈佛捐贈基金因投資失利，導致大筆虧損，不得不裁員和停止招募教職員來因應，計畫花費十億美元的科學校區工程也只好停擺。如果哈佛大學的基金經理人也能像安地斯農夫或新幾內亞人那樣謹慎，採取分散策略，損失就不會如此慘重（圖45）。

貯藏食物

我們已經討論過傳統社群如何因應無可預期的食物產量。當然，食物也會因季節而有產量差異，這是可以預期的。溫帶地區的居民非常熟悉春、夏、秋、冬的季節變化。即使今天食物保存科技和長程食物運輸相當發達，在超級市場幾乎什麼食物都買得到，然而一地的新鮮蔬果還是有季節之分。以我居住的洛杉磯而言，農夫市集可見堆積如山的時令蔬果，如四、五月的蘆筍；五、六月的櫻桃和草莓；六、七月的桃杏；七月到隔年一月則是瓜類。在北美和歐亞大陸的溫帶地區，除了新鮮蔬果，其他食物的產量也會因季節而有不同。秋天是農場家畜屠宰的季節，因而有很多肉；春、夏則盛產牛奶，因為那時是牛羊生產的季節；鮭魚和鯡魚等魚類也會在一定的時間迴游、上溯；野生動物也會在一定的季節展開大遷徙，如馴鹿和野牛。

因此，在溫帶地區，可以預期某幾個月份食物產量特別多，某幾個月則會青黃不接，人們就必須勒緊褲帶或是做最壞的打算，也就是可能餓死。對格陵蘭的諾爾斯人而言，淡季就在每年冬天結束之時。此時，他們貯藏的乳酪、乾肉都快吃完了，但是母牛、綿羊和山羊都還沒生下小寶寶，因此還沒開始分泌乳汁，菱紋海豹等春天來臨才會游來岸邊交配，在當地定居的斑海豹也還沒登陸生產。一三六〇年左右，格陵蘭兩個諾爾斯人聚落中的一個全族的人就在這麼一個冬天餓死了。

美洲人、歐洲人以及其他溫帶地區的居民總認為熱帶地區的季節並不分明，特別是靠近赤道之地。儘管熱帶地區每月溫差不大，還是有乾、濕季節之分。例如，巴布亞新幾內亞有一個名叫波米歐（Pomio）的城鎮離赤道南邊只有幾百公里，一年雨量高達六千六百毫米，即使是最乾燥的月份雨量也有一百五十毫米。但在波米歐，雨量最多的月份（七、八月）和最少的月份（二、三月）相比，足足相差七倍。這樣的差距當然會影響到食物的產量和生活環境。因此，住在低緯度或是赤道上的人就像溫帶地區的居民一樣，必須面對青黃不接的季節。一般這種情況發生在旱季，對喀拉哈里沙漠的昆族和巴布亞新幾內亞的達瑞比族來說，大抵是在九月和十月，以剛果伊土里森林（Ituri Forest）

的穆布堤匹格米人而言，則是十二月到翌年二月，至於新不列顛島高隆族的旱季則是在一月。但對其他一些住在低緯度的人，食物短缺危機則是在最潮濕的月份，如對澳洲西北部的原住民納日因族（Ngarinyin）來說，是在十二月到翌年三月，以蘇丹的努爾人而言，這樣的月份是在六月到八月。

傳統社群常用三種方法來因應可預期的季節性食物短缺：貯存食物、多樣化的飲食以及人口的聚散。現代社會也經常利用第一種方法：我們把食物貯存在冰箱、冷凍庫、罐頭、瓶子或是乾燥後包裝起來。很多傳統社群（特別是採定居生活型態的社群）也會在食物盛產之時（如溫帶地區的秋天）儲存吃剩的食物，等到食物短缺之時（冬天），再拿出來吃。狩獵—採集族群由於居無定所，經常遷移營地，無法攜帶太多的食物（除非利用船或狗拉雪橇）。如果他們把食物放在營地，則可能會被動物吃掉或是其他人偷走。（儘管如此，採定居生活型態或在某些季節會定居於一地的狩獵—採集族群還是會儲存大量食物，如日本的愛奴族、美洲西北太平洋岸的印第安人、大盆地（Great Basin）休休尼族以及極地地區的族群等。）在定居的社群中，有些小型農業社群因為人口太少，無法抵禦敵人的劫掠，因此只能儲存一丁點的食物。住在溫帶地區的人比較會貯藏食物，在高溫潮濕的熱帶，因為食物容易腐壞，所以比較少儲存（見下頁表8.2）。

貯藏食物最重要的一點，就是避免食物被微生物分解而腐壞。微生物就像其他生物，在合宜的溫度之下，加上水分充足就可以生長。因此，為了保存食物，必須利用低溫或乾燥。有些食物本身水分特別少，可貯藏數月到數年，特別是再稍稍曬乾之後，如核果、穀物、馬鈴薯和蘿蔔之類的根莖類、蜂蜜等。這類食物通常貯存在罐子裡或食物貯藏室中。很多根莖類植物甚至可堆放在地上，長達好幾個月。

表8.2 全世界各傳統社群貯存的食物

歐亞大陸	
歐亞大陸的牧人	乳製品：奶油、乳酪、酸奶、發酵乳
歐亞大陸的農夫	小麥、大麥、鹹魚、魚乾、乳製品、馬鈴薯等塊莖、植物、醃蔬菜、啤酒、油。
韓國	包心菜、蘿蔔、小黃瓜醃製的泡菜、發酵的魚蝦
愛奴族（日本）	核果、魚乾和冷凍魚、乾鹿肉、葛根粉
恩加納桑族（西伯利亞）	燻肉、乾肉、冷凍肉（皆馴鹿肉）、鵝油
伊田米族（堪察加）	魚乾、發酵魚
美洲	
大多數的原住民農夫	乾玉米
北美大平原的印第安人	野牛肉乾、將脂肪煉成油、莓果乾
安地斯山的印第安人	冷凍肉乾、根莖、魚
伊努特人	冷凍鯨魚肉、將馴鹿肉冷凍或製成肉乾、海豹油
西北太平洋岸的印第安人	鮭魚乾、煙燻鮭魚、燭魚油、莓果乾
北加州內陸印第安人	橡子仁粉、鮭魚乾
非洲	
努爾族	小米、啤酒
太平洋地區	
東玻里尼西亞	芋泥餅、麵包果、香蕉乾、薯粉
毛利人（紐西蘭）	鳥肉（用土煮或用滾油煮熟）、塊莖
托洛布蘭島（新幾內亞）	山藥
新幾內亞低地	西谷粉、魚乾
新幾內亞高地	塊莖、甘藷（用甘藷把豬餵肥了，再換其他食物）
澳洲原住民	野草子糕

至於其他食物，如魚、肉、多汁水果、莓果等，因含水量高，必須放在架子上曬乾或在火上烤乾才能貯存。例如西北太平洋岸的印第安人就會將鮭魚煙燻以供貯存。北美大平原印第安人的主食則是野牛肉乾、莓果乾和脂肪煉成的油。安地斯山的印第安人則會交替使用冷凍和日曬的方式，來貯存大量的肉品、魚、馬鈴薯和酢漿薯。

還有一些食物則是從原始素材萃取出營養成分，並去除大多數的水分，如我們常用的橄欖油、乳酪和麵粉。地中海傳統社群、歐亞大陸的牧人和農夫幾千年來一直使用這種方法來保存食物。紐西蘭的毛利人會用土煮或用滾油把鳥肉煮熟並去除水分來貯存，鳥肉本身的脂肪有防腐作用，因此不易腐壞。此外，美洲獵人會把野牛肉做成肉乾，北極地區的人也會用這種方式來貯存海洋哺乳類。西北太平洋岸的印第安人則會用燭魚來煉油。燭魚本身含有非常豐富的脂肪，燭魚乾甚至可當蠟燭，故以此為名。新幾內亞低地居民的主食則是從西谷椰子的木髓中萃取西谷粉。玻里尼西亞人和日本的愛奴族也像大盆地休休尼族，會從植物根部萃取澱粉。

還有一些貯藏食物的方式不用乾燥。在極地和歐洲北部等冬天氣溫降到零度以下的地區，最簡單的方式就是在冬天將食物冷凍、埋在地底下或是填滿冰的地下洞穴，如此一來食物就可保存到第二年的夏天。我在英國劍橋讀大學時，曾和英國友人在英格蘭東部鄉間開車漫遊，一邊找地下洞穴探險。我們和當地一個地主聊天。他說，他的土地上有一棟特別的建築物，歡迎我們去看看。那棟外觀像圓頂的建築，是磚頭砌成的。那地主打開上鎖的門，我們湊近一看，發現裡面有個洞，洞口直徑約三公尺，可從木梯攀爬到下方，但那個洞深不見底。

下一個週末，我們帶著套索、火炬、頭盔，身穿連身工作服，打算進入那個洞穴探險。當然，我們希望那裡有深邃的通道，通道旁還有走廊，最好能在那裡發現被人遺忘的寶藏。由於我是唯一的美國人，也是我們那群人中體重最輕的，朋友指派我第一個從那腐朽的木梯爬下去。沒想到，我才往下九公尺左右就到了底部。那裡沒有走廊、沒有寶藏，什麼也沒有，只看得到古色古香的磚頭砌成的洞壁。那晚，回劍橋之後，我和朋友一起吃飯，聊到我的神祕發現。朋友之一是個上了年紀的工程師，週末經常到鄉間散步。他說：「那一定是冰屋！」他解釋說，在十九世紀末冰箱還未問世之前，英國人常利用這種冰屋來貯存食物。他們開挖深深的地洞，冬天時把食物和冰塊放進去貯存，食物就可以一直保持冷凍，直到來年夏天。我們發現的那種冰屋必然可以儲藏相當多的食物。

傳統社群保存食物的另一個方法就是將食物煮沸，殺死微生物，在熱燙、無菌的狀態下封存起來。第二次世界大戰時期，美國政府要求都市居民在後院園圃種植果菜，採收後煮沸再用真空瓶封存，然後送給在前線作戰的士兵。我小時候住在波士頓，家裡有個地下室，我母親把秋天收成的蕃茄和小黃瓜都裝在罐子裡，就可供給我們家冬日所需。我母親在裝罐之前，先用壓力鍋將它們煮沸。還記得那種老式壓力鍋，不時會洩壓氣噴，把蔬菜糊噴到天花板上。紐西蘭的毛利人也用煮沸封存的方式來保存鳥肉，鳥肉融化的脂肪也有助於阻隔微生物。雖然毛利人對微生物一無所知，還是發現了這個好方法。

最後一種保存食物的方式，則是用醃製或發酵來避免微生物生長。常見的作法如在食物中添加鹽或醋，也可藉由食物本身含有的酒精、醋或乳酸來發酵，如啤酒、酒等含酒精的飲料。韓國人每餐必備的泡菜也是這類食物，通常是用包心菜、蘿蔔、小黃瓜加鹽水來醃製。其他如亞洲牧人用母馬的乳汁、玻里尼西亞人用芋頭和麵包果來發酵，堪察加人伊田米族（Itenm'i）也會做發酵魚。

最後，要貯藏餘糧也可先轉化為非食物的東西，之後在青黃不接的季節再換回食物。現代經濟的農夫就是把作物或宰殺後的牲畜出售，然後把賺來的錢存入銀行，最後再用錢到超市換成其他食物。又如新幾內亞高地的養豬戶會用甘藷來餵豬，幾年後，再把豬宰殺來吃。這種作法也等於把多餘的甘藷儲存在豬隻體內，而達到儲存食物的目的。

飲食多樣化

傳統社群面臨季節性食物短缺的問題時，除了貯存食物，就是飲食多樣化，即使是平常不屑吃的東西也得吃。我曾在第六章以雷尼爾島的居民為例，他們把可吃的野生植物分成兩類：一類是平常吃的，另一類則是在龍捲風破壞園圃之後，沒東西可吃，不得不將就吃的。但雷尼爾島民平常吃的東西大多來自自己的園圃，對野生植物的分類並不精細。由於南非昆族是狩獵—採集族群，自己並不種植作物，因此對野生植物的分類相當精細。他們為兩百種以上的野生植物命名，認為其中的一百零五種是可以食用的，然後再依照喜好的程度分成六類以上。

昆族最喜歡的植物是產量豐盛、到處可見、不管哪個月都有、容易採集、可口又有營養者。照這些條件看來，曼傑提樹堅果因符合上述每一個特點，在昆族食物排行榜可榮登第一名。昆族所消耗的植物卡路里中將近一半都來自這種堅果，可與之匹敵的只有肉類。如果某種植物產量稀少、只在某幾個地方或某些月份才有、難吃、不好消化或不營養，則比較不受族人青睞。昆族搬遷到新營地時，會先採集當地的曼傑提樹堅果和其他十三種比較喜歡的植物，直到它們在那一帶被採集光了。接著，昆族就必須退而求其次，接受沒那麼好的食物。每年九月和十月因炎熱乾燥，食物變得稀少，昆族甚至連多纖維、不好吃的根部都得挖出來下肚。約有十種會分泌樹脂的樹由於不好消化，昆族很少食用。昆族最討厭的食物一年約莫只吃幾次，如會引發噁心和幻覺的水果，以及吃了有毒葉子死掉的牛。如果你以為第一世界的人永遠可享用最好的食物，那就錯了。在第二次世界大戰期間，因食物短缺，很多歐洲人也吃一些平常不吃的東西。例如我的英國友人告訴我，他們就曾吃過奶油鼠肉。

在昆族活動範圍東邊四、五百公里內，有一名叫葛文比東加（Gwembe Tonga）的農夫社群。這個農夫社群是昆族人口密度的一百倍。若作物欠收，由於農夫人口眾多，便會對當地野生植物環境造成很大的壓力，農夫也得像昆族，退而求其次，吃一些平常不吃的東西。這些東加農夫會吃當地的二十一種植物，但昆族甚至認為那是無法入口的食物。其中一種是刺槐，雖然產量豐富，如果昆族要採集，每年應可採集幾噸之多，但因豆莢有毒，昆族人就放棄了。但東加農夫在面臨饑荒之時，還是會採集這些豆莢，浸泡、煮熟、濾乾以去除毒素，然後再吃下肚。

另外，如新不列顛島的高隆人，其主食來自自家園圃種的芋頭和豬肉。但在每年十月到翌年一月的旱季是「*taim bilong hanggiri*（屬於飢餓的時節）」，園圃裡幾乎種不出東西。這時，高隆人只好到森林狩獵，捕捉小動物，採集昆蟲、蝸牛和野生植物來吃。其中一種植物是有毒的野生核果，必須浸泡數日才能將毒素過濾出來。他們還會把一種野生棕櫚樹的樹幹火烤來吃。高隆人平時可不會吃這種給豬吃的東西。

人口的聚集與分散

除了食物貯藏與飲食的多樣化，傳統社群還會以人口遷移和聚散的方式，來因應可預期的食物短缺。在食物來源稀少且集中在少數幾個地區時，人們就會採行聚集的生活型態。如果食物盛產，到處都有，人們就會分散到各地。

例如大家都知道阿爾卑斯山的農夫冬天會待在山谷中的農舍，春夏則會把牛羊趕到新草長出來的地方和已經融雪的山坡。其他社群，尤其是狩獵—採集族群也採行這種季節性聚居和分散的生活型態，如澳洲原住民、伊努特人、西北太平洋岸印第安人、大盆地休休尼族、昆族和非洲的匹格米族。人口在食物短缺的季節聚集在一起，常舉辦各種群體社交儀式，如年度祭典、跳舞、成人禮或洽談婚事。下面就以休休尼族和昆族來做解說。

美國西部大盆地的休休尼族住在四季極為分明的沙漠地區，夏日高溫、乾燥（白天氣溫可達攝氏三十二度至三十八度），冬日則非常寒冷（日夜溫度皆在攝氏零度以下），而且雨量少（每年二百五十四毫米以下），大多數皆是冬天飄下的冰雪。在食物短缺的冬天，能吃的皆是以前貯存下來的松果和牧豆粉。秋天，休休尼族會聚集在松樹叢，將大量松果採取、儲存起來。冬天，二到十個有親緣關係的家庭會聚集在有水可供取用的營地。春天，氣候和暖，植物欣欣向榮，動物又活躍起來，營地裡的大團體又分散成多個核心家庭，分別去高處和低地覓食。夏日，食物的來源多，休休尼族餐桌上的菜餚也變得豐盛，包括蚱蜢、蒼蠅幼蟲等昆蟲，還有兔子、齧齒類動物、爬蟲類等小動物，加上野鹿、山羊、羚羊、大角鹿、野牛和魚。夏末，他們會在松樹叢聚集，然後一起過冬。南非沙漠因為水源和食物來源不穩定，在那裡生活的昆族也採行季節性的聚散。他們會在旱季集中在少數幾個水坑附近聚居，等多雨的季節來臨，則又分散到三百零八個有水的地方。

對危險的反應

我們已討論過傳統社群可能面臨的危險及其因應之道。最後，我們再來比較實際的危險程度與我們的反應（例如我們有多擔心，如何預防）。也許有人會天真地以為我們完全理性，也具備知識，因此我們對各種危險的反應應該與實際的危險程度（每年實際造成的傷亡人數）成正比。我將以五個理由來戳破這種有關危險的天真想法。

首先，每年因某種危險而死亡或受傷的人數要比我們預期的來得少，因為我們已知這種危險，會小心防範，以減少風險。如果我們非常理性，對於危險程度要有一個比較正確的估量，應該包括那些因疏於防範而死亡的人數，但這樣的人數實在難以計數。拿本章前面討論過的兩個例子來說，傳統社群的人很少餓死，這是因為他們已採取各種對策來降低餓死的風險。每年昆族人喪生在獅口下的少之又少，並不是獅子不危險，反之，昆族人因認為獅子極危險，所以有許多小心防範的對策，例如天黑之後就不離開營地、經常注意四周有何風吹草動、白天外出隨時當心有無獅子出沒的蹤跡、常常大聲說話、女人離開營地必定成群結隊，以及特別留心老邁、受了傷或落單的獅子等。

第二，我們願意為了某些目標不惜置身於險境。如果獅子霸佔獵物，準備飽食一頓，為了奪回獵物，昆族人還是會冒險把獅子趕走。大多數的人不會為了好玩而衝進失火的房子，但是如果自己的小孩被困在火場，則會奮不顧身地衝進去。很多美國人、歐洲人和日本人為了是否興建核能發電廠而頭痛不已。由於日本福島核電廠事故震驚全球，也就讓人更害怕核能帶來的危險。反之，如為了減少煤、石油和天然氣的使用，改善全球暖化的問題，核電廠提供的清淨能源還是可以考慮的。

第三，人們常錯估風險，特別是西方世界的人。這也是心理學家深入研究的一個課題。如果你問美國人，今日生活的危險為何，他們可能會先提到恐怖份子、空難、核電廠事故，但這三者過去四十年來在美國每年奪走的人命遠遠少於車禍、酒精和香菸。如果以每年實際致死人數來評估各種風險（每小時奪走的人命），顯然一般美國人高估了核電廠事故的危險（美國大學生和女性心目中的頭號危險），也誇大基因改造技術、新的化學科技和噴霧罐帶來的危險。但美國則低估了酒精、汽車、香菸、外科手術、家電和食物防腐劑帶來的危險。我們會如上述偏見，因為特別擔心我們無法掌控的事件，而且這樣的事件可能造成大量死傷，或是我們對那種情況陌生，難以正確評估其危險性。反之，由於某些危險為我們所熟悉，讓我們以為那是自己可以控制的，即使有人死亡也是個案，不會導致大量傷亡，因而低估了這樣的危險，如開車、喝酒、抽菸或是站在踏板梯的上面。我們認為自己可以掌握情況所以願意做這樣的事。雖然我們知道有人因此喪生，但那是別人，如果我們夠小心就不會發生不幸。正如史塔（Chauncey Starr）所言：「我們不願別人對自己做的事，自己倒是做得不亦樂乎。」

第四，有些人不但願意接受危險，還特別熱愛冒險。例如有人為了追求刺激去玩跳傘、高空彈跳、參加賽車或是賭博。根據保險公司的統計資料，男人比女人更愛冒險，最喜歡冒險的年紀是在二十幾歲時，年紀愈大，就愈保守。最近，我去非洲維多利亞瀑布一遊。寬達一千七百公尺的尚比西河（Zambezi River）筆直下落一百零八公尺，再從曲折的峽谷流入一個叫做沸騰鍋（Boiling Pot）的河灣。瀑布怒吼，有如萬馬奔騰，岩壁漆黑，峽谷水氣氤氳，下方河水滾滾，那裡就像是地獄的入口。在沸騰鍋上方，有一座橋，讓人可以通過尚比亞和辛巴威的邊境。遊客可從橋上一躍而下玩高空彈跳，在嘈雜的瀑布聲中，縱身至漆黑、水氣瀰漫的峽谷。我看著眼前的奇景，不敢走上橋去。即使有人告訴我，我得從橋上跳下才能救我的妻兒，我也不敢。後來，我兒子的同學來此與我們會合。這個二十二歲的年輕人腳踝綁著繩索，頭朝下，就這樣跳下去。他肯花錢追求這種刺激。如果我必須獻上全部的家產才能免除一跳，我也願意。但我後來想起自己大學時在英國鄉間洞穴的冒險，才恍然大悟自己也曾是天不怕地不怕的年輕人。

最後，有些社群對危險的接受度比較高，有些則比較保守。不只是第一世界的社群有這樣的差異，美洲印第安部落和新幾內亞部落也是。舉一個最近的例子：被派往伊拉克前線的美軍要比法國或德國士兵更勇於冒險。有人猜測這樣的差異可能來自法國和德國歷經兩次世界大戰的衝擊，喪生者多達將近七百萬人，不少士兵死於冒險的軍事行動。此外，現代美國社會是以外來移民為基礎，這些移民比較願意從舊大陸到新世界闖蕩，因而也比較有冒險精神。

總而言之，所有的人類社群都會面臨危險，只是因不同的居住環境和生活型態而承受不同種類的危險。我害怕被車子撞到或是從梯子頂端摔下來，我的新幾內亞友人則擔心鱷魚、龍捲風和敵人來襲，昆族則怕獅子和乾旱。每個社群也都有自己一套因應危險的方法，但西方社會的人對危險的考量與認識顯然不夠清楚。我們對基因改造技術、噴霧罐憂心忡忡，卻認為抽菸或騎車不帶安全帽沒什麼。傳統社群是否會和我們一樣錯估生活中的危險則仍待研究。由於西方社會的人對危險的認識大都來自電視等媒體，容易被聳動的報導影響，如罕見的或死傷慘重的事故，是否因此而容易錯估危險？反之，傳統社群對危險的了解都是來自親身經驗或親友的描述，是否因為這樣對危險的評估比較準確？我們對危險的想法是否可以學著實際一點？

第五部

宗教信仰、語言和健康

第九章　電鰻與宗教的演進

有關宗教的問題

「最初，所有的人都在叢林裡，圍繞著一棵巨大鐵木樹居住，說同一種語言。有一個男人因為睪丸遭到寄生蟲感染，腫大得很厲害，只能坐在鐵木樹的枝子上，讓巨大的睪丸垂到地上。叢林裡的動物在好奇心的驅使下，前來嗅聞他的睪丸。這些動物就被獵人射殺了。由於獵物很多，人人得以大塊朵頤。

有一天，一個壞人喜歡上一個美麗的女人，為了橫刀奪愛，殺了那女人的丈夫。死者的親戚於是追殺那個壞人，最後那個壞人及其親友就爬上那棵鐵木樹，以求活命。死者的親戚猛拉樹的一端垂下的藤蔓，要把壞人及其親友拉下來。

結果，藤蔓斷了，樹在巨大的反彈力作用下把壞人和他的親友拋到四面八方。他們最後分別落在非常遙遠的地方，再也找不到彼此。經過一段時間之後，他們說的語言就愈來愈不同。這就是為什麼世界各地的人都說不一樣的語言，不能了解彼此，獵人也不再輕而易舉就能抓到獵物來吃。」

這個故事流傳在新幾內亞北部的一個部落。這樣的故事就是所謂的「起源神話」，和聖經創世紀中講述的伊甸園與巴別塔有異曲同功之妙。儘管我們發現這個在新幾內亞流傳的神話和猶太教、基督教有些相似之處，但新幾內亞傳統社群和其他傳統小型社群一樣，沒有教堂、牧師和聖書。令人不解的是，部落信仰體系與猶太教、基督教差異如此之大，為何起源神話卻如此相像？

所有已知人類社會都有「宗教」或類似的信仰。這代表宗教能滿足某種人類共同的需求，至少根源於人類天性的某一部分。即使如此，到底是什麼樣的需求或是天性的哪一部分？我們要如何定義「宗教」？就這些問題和其他相關問題，學者已辯論了好幾個世紀。如果一個信仰體系要建構成宗教，是否必然要相信神或是某種超自然的力量？除此之外，是否還必須包括別的？從人類演化史來看，宗教是什麼時候出現的？人類與黑猩猩本來有著共同的祖先，大約在六百萬年前分家。不管宗教是為何物，黑猩猩應該沒有宗教信仰，但四萬年前的克羅馬儂人與尼安德塔人是否已有宗教信仰？宗教的發展是否有不同的歷史階段？例如像基督教或佛教代表比較近代的宗教，而部落信仰體系則屬早期的宗教？我們常把宗教與人類高貴的一面相連，而非邪惡的一面，然而為什麼宗教有時還是會要人去殺人或自殺？

由於本書企圖剖析人類社會的各個層面，從小型或原始社會，到人口稠密或現代社會，上述與宗教相關的問題因而特別引人深思。不只是現代社會有宗教信仰，原始社群也有。今日世界的主要宗教大約出現在三千年前到一千四百年前，那時的社會比較小而且傳統。社會大小有別，各種宗教也有很多差異。此外，大多數的讀者都曾質疑自己的宗教信仰或問自己為什麼不信教，當然包括我自己。如果我們了解宗教對每一個人的意義都不同，或許可以找到最適合我們自己的答案。

不管是對個人或社會，宗教總需投入很多的時間和資源。例如摩門教徒必須把自己所得的十分之一奉獻給教會。據估計，霍皮印第安人每三天就有一天必須進行宗教儀式，而西藏傳統社會中四分之一的人都是喇嘛。中古世紀的歐洲人多把僅有的資源用來興建教會、大教堂，或是供養修士、修女和大批的十字軍。借用經濟學家的術語來說，由於宗教耗費的時間和資源甚鉅，必然要付出「機會成本」，也就是為了宗教而必須放棄一些有利可圖的事，如種植更多作物、建造水壩或是養更多的軍隊以進行征伐。如果宗教不能帶來真正而且巨大的好處，彌補那些失去的機會成本，沒有信仰的社會將異軍突起，征服宗教社會，進而稱霸世界。然而，我們今天的世界仍有各種宗教信仰，宗教到底帶給我們什麼樣的好處？宗教究竟有何功能？

對有宗教信仰的人來說，質問宗教的功能不但似乎沒意義，甚至可能會觸怒他們。信教的人可能會說，幾乎每一個人類社會都有宗教，那是因為上帝真的存在，宗教就像岩石無所不在，自有其功能與好處。如果你是這樣的人，請試著想像一下有一種來自仙女星系的高等生物，這種生物在宇宙中飛行的速度超過光速，能量來源包括日光、電磁幅射、熱能、風、核能以及有機或無機的化學反應。他們在幾兆的星體和行星間探訪，研究宇宙各種生命型態。有時，這些來自仙女星系的訪客也會來到地球。在我們這個星球，生命的能量來源則只有日光和有機或無機的化學反應。大約從公元前一萬一千年到公元二〇五一年九月十一日，地球皆被一種自稱為「人類」的生物主宰。人類有一些古怪的想法，例如認為宇宙中有一全知全能的神，祂就叫「上帝」。上帝會特別照顧人類，不管其他百萬兆物種。宇宙就是上帝創造的。在人類的想像中，上帝的形像和人很像，只是祂是無所不能的。由於來自仙女星系的訪客已經探訪過整個宇宙，知道宇宙是怎麼被創造出來的，而且在這個宇宙中還有許多比人類更高等的生物，因此認為人類對上帝的看法只是幻想，沒有任何證據。他們也發現人類擁有幾千種不同的宗教，每一個社群都宣稱自己的宗教才是真的，其他宗教都是虛偽的。然而，在仙女星系的訪客眼中，人類所有的宗教都虛偽不實。

但人類社群普遍都有宗教信仰，相信上帝或神明的存在。那些仙女星系的訪客了解宇宙社會學的原則，知道人類社群會投入這麼多的時間和資源在宗教，甚至不惜為了宗教受苦或自殺，必然有其原因。他們思索，宗教應該能夠帶給人類某種好處，否則不會這麼做。如果宗教功能的討論讓各位讀者不快，或許你願意退一步，想想新幾內亞部落宗教的功能，或者設法從仙女星系訪客的角度來看人類宗教。

宗教的定義

且讓我們從宗教的定義開始，看是否至少能達成一些共識。哪些是所有宗教共同的特點，包括基督教、部落宗教、希臘和羅馬的多神教？我們是否可從這些特點來指認什麼是宗教，什麼不是宗教，只是與宗教相關的現象（如魔法、愛國或生活哲學）？

表9.1列出宗教學者提出的十六種定義。第十一種和第十三種分別是涂爾幹（Émile Durkheim）和紀爾茲（Clifford Geertz）提出來的，也是最常被學者引用的定義。顯然，就宗教的定義而言，目前仍莫衷一是。很多定義都像律師寫的合約條文一樣佶屈聱牙。這種寫法應該是想提醒我們宗教是辯論的地雷區，要我們步步為營。

我們是否可退而求其次，像定義色情一樣來為宗教下定義說：「我無法定義色情，但是在我看到的時候，我就知道那是不是色情。」？不行，我們無法用這種方式來了解宗教。學者面對某種廣泛流傳、眾所周知的運動，也無法一致同意這是不是宗教。例如，佛教、儒家思想和神道究竟是不是宗

表9. 1 宗教定義芻議

1.人類認為宇宙間有一超人的控制力量，也就是上帝。人人都該服從上帝。
~《簡明牛津辭典》（*Concise Oxford Dictionary*）

2.任何信仰或崇拜體系，通常涉及一套倫理準則與哲學。
~《韋氏新世界字典》（*Webster's New World Dictionary*）

3.建立在某一個群體信仰或態度的社會體系，把某種物品、某人、某種看不見之物或思想視為超自然、神聖或最高真理，進而產生一套道德準則、實踐方式、價值觀、制度、傳統和儀式。~《維基百科》（*Wikipedia*）

4.從最廣義、廣泛的角度來看，宗教……包含一種信念，相信世界上有某種不可見的力量，至善就在我們心中。~詹姆斯（William James）

5.宗教是一個社會體系，參與這個體系者皆立誓相信某種超自然的力量。
~丹尼特（Daniel Dennett）

6.一種可控制自然和人類、超乎人類的力量。~弗萊澤（Sir James Frazer）

7.一組象徵形式，講述人類存在的終極情況。~貝拉（Robert Bellah）

8.一個信仰和實踐的系統，與社會的終極關懷有關。
~雷沙與沃格特（William Lessa and Evon Vogt）

9.深信世界有一種超自然的力量，並相信這股力量可以助人或害人。我認為這種信念就是全世界宗教的核心因素……因此，我將把宗教定義為「人類與超自然力量兩者互動展現出來的文化型式」。~史匹洛（Melford Spiro）

10.從跨文化的角度來看，宗教的共同要素就是相信這世上有一至高無上的神。這神是看不見的力量加上一組象徵，以引導個人或團體將宗教和諧融入自己的生活中，並發心要達成這種和諧。~艾倫斯（William Irons）

11.宗教是與神聖的事務相關、統一的信仰和實踐系統，將某些事挑出來，視為禁忌。與宗教有關的信仰和實踐統合成一個道德團體，也就是教會。
~涂爾幹

12.簡而言之，宗教是某個團體全心全意相信在這世界上有一超自然媒介。此超自然媒介主宰人類的存在焦慮，如死亡或欺騙。~亞特蘭（Scott Atran）

13.宗教是一個象徵系統，藉由某種存在觀念的建立，予人真實感，進而使人具有恆久的心境和動機。~紀爾茲

14.宗教是一種社會制度，也是人類文化的重要機制，藉由神話的創造與傳播鼓勵人行善、互助，並促進社會群體的互助合作。~薛莫（Michael Shermer）

15.我們可將宗教定義為在不同社會演化出來的一組信仰、實踐和制度，用以了解與解讀個人生活的層面與境遇（如以經驗或工具的觀點來看，則無法理解或控制）。人也賦予這組信仰、實踐和制度重大意義，藉由相關行動和事件去感知某種超自然的力量，知道人在宇宙中的地位和價值，自己的命運以及與他人的關係都有了意義。~帕森斯（Talcott Parsons）

16.宗教是被壓迫者的嘆息、殘酷世界的心肝、空虛社會的靈魂。宗教是人民的鴉片。~馬克思（Karl Marx）

教，宗教學者辯論已久。目前大家傾向把佛教視為宗教，雖然一、二十年前有人把儒家思想當作是宗教，現在則大都認為這是一種生活方式或世俗哲學。

其實，我們也可從為宗教下定義遭遇到的困難中得到一些啟發。宗教不是把幾個不同的因素湊在一起就可以下定義。由於宗教、社會以及宗教演進階段等差異，那些因素在某些宗教非常明顯，在另一些宗教則非常隱微或是完全看不到。宗教暗含的現象，有些則不一定和宗教相關。這就是為什麼佛教雖已名列四大宗教，依然有人不認為佛教是一種宗教，而只是一種生活哲學。構成宗教的要素大抵可分為五個：相信超自然的力量；宗教是一種群體現象，宗教信仰者會結合成一個群體；信仰者的行為必須服從宗教的一些規則（也就是道德），而且必須拿出確切的證明，表示自己的發心投入；信仰者相信超自然的力量可藉由禱告等引發，介入世俗生活。當然，並非具備這五個要素就可成為宗教，也不是缺乏某個或多個要素，就不是宗教。

我第一次在加州大學教授文化地理學的時候，就以相信超自然的力量做為宗教定義的基礎。我說：「宗教是一種信念，相信超自然力量的存在。至於這種超自然力量，雖不是我們的感官可以探知的，卻可用來解釋我們所感知到的一些事情。」這種定義有兩個好處：一，相信超自然力量的確是宗教最普遍的特點；二，宗教的源起和早期功能都涉及對事物的解釋。大多數宗教都相信神明、鬼魂等媒介的存在，我們以「超自然的力量」名之，因為鬼神並不存在於我們可感知的自然世界之中。很多宗教更進一步提出，除了世俗世界，還有一個平行的超自然世界，如天堂、地獄或來生。我們在死亡之後，就會被送到那個超自然世界。有些人對超自然力量深信不疑，甚至強調他們看過、聽過或可以感覺到鬼神的存在。

但我很快就發現，這樣的定義還不夠。相信超自然的力量不只是宗教的特點，其他非宗教現象也有這樣的特點，如神仙、鬼怪、小精靈或是幽浮裡的外星人。為什麼相信神明就是宗教，相信神仙則不一定是宗教？（提示：相信神仙的人不會在每個禮拜的某一天聚會或舉行某種儀式，不會認為自己是相信神仙團體的成員，有別於其他不相信神仙的人，也不會為了捍衛自己對神仙的信念，不惜犧牲自己的性命。）反之，有些運動被視為宗教，參與運動的人卻不相信超自然的力量。不少猶太人（包括拉比）、唯一神教派和日本人是不可知論者，其他人仍認為他們有宗教信仰。此外，釋迦牟尼不以神明自居，認為自己只是為人指出一條開悟之道。

我的定義有一大缺點，也就是少了宗教的第二個要素：宗教是人們的群體運動，這些人擁有相同的信念。如果一個人相信上帝或神明的存在，每個安息日都獨自待在房間向上帝或神明禱告，讀一本自己寫的書而且從不給別人看，這麼一個人並不能算是信教者，比較像是離群索居的隱士或厭世者。

宗教的第三個特點是，追隨者常必須做出重大的奉獻或痛苦的犧牲，讓其他信眾相信他們是發心投入。信仰者的奉獻可能是時間：每天挪出五次時間面向麥加祈禱、每個禮拜天都上教會或花時間記憶複雜的儀式、禱詞或聖歌（而且可能必須使用另一種語言）、年輕時花兩年的時間傳教、加入十字軍東征的行列、自費前往麥加或其他聖地朝聖等。奉獻也可能是將金錢或財產捐給教會，或是將有價值的家畜獻祭（例如以自己養的羔羊獻給上帝，而不是抓來的野生動物）。犧牲也可能是放棄肉體的享受，如齋戒、砍下一小截指頭、行割禮、割掉鼻子、舌頭或陰莖等讓血流出來。這些作法主要是為了讓其他信眾相信自己的真心信仰，如有必要，甚至不惜犧牲生命。否則如果一個人只是高喊「我是基督徒」，可能是為了個人利益說謊（如有些囚犯宣稱自己是基督徒，希望獲得假釋）或是為了保命。雖然我認為第二和第三個特點（即群體運動和重大犧牲）是宗教的重要特質，但只具備這樣的特點仍不足以被稱為宗教。有些參與群體運動的人有著共同的信念，也要求追隨者犧牲，仍不是宗教，例如愛國運動。

宗教的第四個特點，就是信眾行為必須依照神明或其他超自然力量的指示。這樣的行為規則可稱之為律法、道德準則、禁忌或義務。雖然所有的宗教都有這樣的行為規則，但行為規則不只來自宗教，也可能是與宗教無關的國家政府法規等，即使是無神論者也有一套行為規範必須遵守。

最後，很多宗教都告訴信眾，超自然的力量不只會賞善罰惡，信眾也可藉由禱告、奉獻或犧牲求助於這樣的力量。

因此，世界上的宗教（包括傳統社群的宗教）主要有五個特點，有的特點比較明顯，有的則比較隱微。我們也許可利用這些特點來了解宗教和其他相關現象的差異。雖然愛國精神和民族自尊從某些層面來看和宗教相似，都涉及群眾，也要求追隨者犧牲或展現發心投入的精神，也有儀式或慶祝典禮（如美國人的獨立紀念日、感恩節和陣亡將士紀念日）。然而愛國精神和民族自尊並不會教人相信超自然的力量。有些球迷也像宗教信眾會組成團體，為支持的球隊加油（如波士頓紅襪隊），與其他球隊（如紐約洋基隊）的支持者有別，但都與超自然力量不相干，也不會要求球迷做出重大奉獻、拿出歸屬的證據，也不會立下許多道德準則要球迷遵守。至於馬克思主義、社會主義等政治運動雖然也吸引很多追隨者（就像宗教），追隨者也願意為了這樣的理想犧牲生命，也必須遵守道德準則，然而與超自然力量無關。魔法、巫術、迷信或水巫術（利用有魔法的探杖探測地下水源）雖然都涉及超自然力量，但是我們不能用這些現象來定義宗教信眾的行為：相信黑貓是妖魔鬼怪的人不會每個禮拜天聚會，並強調自己有別於其他不信者。也許佛教、儒家思想和神道比較難界定究竟是宗教或是人生哲學。

宗教的功能與電鰻

宗教幾乎是所有人類社群普遍皆有的現象，但我們卻絲毫無法在動物身上觀察到類似的現象。儘管如此，我們還是可以探索宗教的起源，就像我們研究其他人類獨具的特質，如藝術和口語。六百萬年前，我們的猿類祖先還沒有宗教，但是到了五千年前，人類社會出現最初的書寫紀錄，那時已有宗教。在這中間的五百九十九萬五千年間，宗教是如何形成的？在動物及人類祖先出現的宗教原型為何？是何時出現的？原因為何？

大約從一百五十年前，宗教學者開始用科學方式來研究宗教，最常見的研究架構就是所謂的功能研究法。那些學者問道：宗教有哪些功能？他們發現個人和社會常為宗教付出很大的代價，如禁欲獨身、放棄生育、建造巨大的金字塔、殺害有價值的家畜做為獻祭，有時甚至不惜犧牲自己和兒女的生命，以及經常花長時間不斷地唸誦同一段文字。宗教必定有其功能與好處，才會讓人願意做出這樣的犧牲。宗教能為人類解決什麼樣的問題？如果用功能取向來看宗教，宗教是為了達成某些功能、解決某些問題，例如維持社會秩序、安慰焦慮的人們，以及教導人民服從等。

然而，後來也有一些學者從演化心理學的角度來研究宗教。他們反對上述的說法，論道宗教並非有什麼特別的目的，或是為了解決某些問題而產生的。宗教不是某個酋長有一天心血來潮想出來的點子，認為宗教是個好理由，藉以說服臣民為其建造金字塔。宗教也不是某個狩獵—採集族群的人為了安慰族人設想出來的：如族人失去心愛的人，沮喪消沉，不能出去打獵，於是編造一個關於來生的故事以安慰族人，給他們新的希望。宗教也許是我們祖先某種能力的副產品。起先，沒有人可以預見這種能力會帶來什麼，然而經過一段時間之後還是漸漸發展出新的功能。

對我這樣的演化生物學家而言，上述兩種探究宗教起源的研究方法並沒有矛盾，反而可視為宗教發展的兩個階段。生物演化本身也可分為兩階段：首先，個體之間的變異是由基本的突變和重組而來；第二，天擇和性擇使得有利於生存、繁殖的遺傳性狀，得以傳給下一代。亦即在不同的個體之間，有些功能表現比較好，也比較能解決生存問題。就功能的問題而言（如在酷寒的天候下生存），並不是動物想到自己需要比較厚的毛皮就能解決，寒冷的天候也不會激發突變，使動物長出豐厚的毛皮。反之，某種東西（以生物演化而論則是分子遺傳機制）創造出另一種特徵（如毛皮多寡），而某些生存情況或環境問題（如寒冷）使某些動物具有某種有用的功能。因此，基因突變與重組促成生物多樣化，而天擇與性擇則透過功能來篩選原始材料。

也有演化心理學家主張宗教是人類大腦特徵的副產品，起初並不是為了建造金字塔或安慰悲傷的親戚生成的。對演化生物學家來說，這種假設很合理，不會讓人意外。演化史本來就充滿為了某種功能而出現的副產品與突變，經過一番發展，演變出不同的功能出來。例如，創造論者常以電鰻來推翻演化論。他們指出，電鰻會產生六百伏特的電流以電擊獵物，因此電鰻不可能是由普通、不會發電的鰻魚經過天擇篩選而出現的物種，因為電鰻在演化成能發出低伏特電流的階段，無法將獵物電暈，因此沒有任何益處。其實，鰻魚會變成帶有六百伏特的強烈電流，是功能演變的結果，其電流本來是用於偵測周圍獵物與環境變化，將獵物電暈則是副產品。

很多魚類的皮膚都有能感知環境電場的感覺器官。這些電場可能來自洋流、不同鹽濃度的水流相混合，或來自動物皮膚收縮產生的電流。如果一種魚類具有對電流敏感的感覺器官，可利用這些感覺器官達成兩種功能：一是偵測獵物，另一則是在水中通行，特別是水質混濁不清，或在夜間眼睛看不到的時候。由於海水導電性佳，獵物就很容易在電流偵測之下現形。環境電場的偵測因為不需要特別分化出來的電流產生器官，也許可視為被動的電流偵測。

但有些魚類更進一步產生低伏特電場，而不只可以偵測另一個物體的電場，也可依自身的需要調整電場。於是，至少有六種魚演化出可產生電流的器官。大多數的發電器官都來自會產生電流的肌肉細胞膜，但有一種魚類則是從神經發展出發電器官。有關魚類的主動電流偵測，第一個找到證據的是動物學家李斯曼（Hans Lissmann）。李斯曼利用食物回饋法來制約會產生電流的魚類。他利用會導電的金屬碟，以及相同形狀、不會導電的塑膠碟或玻璃碟來做對照實驗。我在劍橋大學做研究時，李斯曼的實驗室就在附近的一棟大樓內。李斯曼的友人告訴我一個有趣的故事：李斯曼發現每個工作日的黃昏，在實驗室內有一種會產生電流的魚類總是顯得特別興奮。李斯曼最後才發現，原來實驗室裡的女性技術員在回家前總會到屏風後梳理頭髮，那條魚必然是偵測到她梳頭髮產生的電場。

能發出低伏特電流的魚利用自己的發電器官和皮膚上的電流偵測器，使偵測獵物和在水中通行的效能更高。這種魚也會利用彼此發出的電流達成第三個功能，也就是互相溝通。這些魚不但可利用不同電脈衝類型來取得訊息，或辨識其他魚類的種類、性別、大小等，也可利用這種電脈衝對同種魚類發送訊息，如：「這是我的地盤，你滾吧。」或是「我是泰山，你是阿珍，我們來交配吧。」

魚類也會發出電流達成第四種功能，也就是捕殺鰷魚之類的小獵物。發出的電流愈大，就可捕殺更大的獵物，因此一條長達一百八十公分的電鰻甚至可發出六百伏特的電，電量落到河中的馬。（我的博士論文就是研究電鰻，因此我對這段演化史印象特別深刻。當時，我全部的心神都放在電流產生的分子學上，第一次做實驗竟直接用手去抓電鰻，果然被電個正著。）會發出高伏特電流的魚也會利用電流達成其他兩種功能：一是對攻擊者放電以自我防衛；另一則是用「電魚」的方式來捕捉獵物，和一些漁夫利用發電器來捕捉魚類的道理相同。

創造論者認為，在演化的過渡階段發出低伏特電流的器官因為沒有實際功用，對生存沒有幫助，因此電鰻的高伏特電流不可能是經由天擇發展出來的。因此，他們認為，以六百伏特的電流捕殺獵物並非發電器官的原始功能，而是以其他功能為主的器官發展出來的副產品。然而，我們已知電鰻的發電器官具有六種功能，而不會發電的魚類也能藉由被動的電流偵測捕獲獵物和在水中通行。會發出低伏特電流的魚類更能有效率地達成上述的兩項功能，也能利用電流進行溝通；能發出高伏特電流的魚類不但能電暈獵物、利用電流自我防衛，也能利用電流聚集魚群然後捕獲。接下來，我們會看到人類宗教的功能有七個，而非像電鰻一樣只有六個。

因果關係的推論

宗教可能是人類哪種特質的副產品？有人認為或許是人類為了生存和防範危險，為了明瞭事情的因果關係，大腦推想原因、作用和企圖的功能日益複雜，宗教就是由此而生的副產品。當然，動物也有大腦，能夠推想其他動物的企圖。例如，倉鴞能在黑暗之中偵測到老鼠來了。這種貓頭鷹能聽見老鼠的腳步聲、推算老鼠的方向和速度，然後斷定老鼠是否會以同樣的方向、速度繼續前進，然後算準時機，撲個正著。儘管如此，動物並沒有可與人類媲美的推理能力，就連人類的近親也望塵莫及。例如，非洲長尾黑頜猴的主要掠食者是在地面上活動的巨蟒。長尾黑頜猴一看到巨蟒，就會發出一種特別的叫聲警告同伴，要牠們趕快跳到樹上保命。然而，即使是最聰明的猴子看到巨蟒在草地上留下的痕跡，也無法聯想到巨蟒可能會在附近出沒。反之，人類則擁有高超的推理能力，天擇使我們的大腦得以從眾多的訊息找到蛛絲馬跡，我們也能用語言正確傳達訊息。

例如，我們會推測別人的行為。我們了解別人和我們一樣具有意圖，而每一個人的意圖都不相同。因此，我們每天花費很大的腦力想了解別人，從別人表現出來的徵兆（如臉部表情、語氣、言語、行為等）來推測他們下一步可能會怎麼做，或是如何影響他人，讓他們照我們的意願去做。我們也會推測動物會怎麼做。像昆族獵人接近獵物屍體時，如果屍體旁有獅子，他們會觀察獅子的肚子和行為，看牠們是不是已經吃飽，因為要趕跑吃飽的獅子很容易。若是飢腸轆轆的獅子，還是少惹為妙。我們也會預測自己行事的後果。我們已經注意到自己的行動會帶來什麼樣的結果，如果我們相信怎麼做會成功，就會依照那個方式去做。我們大腦能發現這樣的因果關係，這就是人類物種特出的一個重要原因。這也就是為何在一萬二千年前，在農業、金屬或書寫系統尚未出現，人類仍過著狩獵—採集生活之時，人類早已遍布各大洲，除了南極，從北極到赤道都有人類的蹤跡。

我們一直設法解釋事情的因果關係。有些傳統解釋對原因預測正確，後來才得到科學證實。有些雖然預測正確，所持原因卻是錯的，如因為禁忌而避免吃某些魚類，而不了解那些魚類含有化學毒物。有些解釋則預測失準，如狩獵—採集族群把河流、太陽和月亮視為超自然的力量，甚至一些不會動的物體也是，如花、山巒或岩石。我們今天已懂得分辨超自然和自然現象，但傳統社群不會做這樣的區分，而且自己想出一套因果關係來解釋自己觀察到的現象。例如，天神每日駕馭馬車載著太陽橫越天空。他們沒有天文學知識，因此不知道太陽其實是不會動的恆星。他們並非愚蠢，那只是他們對自然事物的邏輯推論。

因此，我們在尋求因果關係的解釋時常會過度推論，認為植物和無生物也有超自然的力量，當作神明來敬拜。此外，我們也會用因果關係來看自己的行為。如農夫檢討今年收成不佳，究竟與往年有何不同，或是有個高隆族獵人跌到森林裡的一個岩坑，其他人懷疑他是否做了什麼才會有這樣的結果。農夫也好、獵人也好，都像其他傳統社群會絞盡腦汁找尋原因。他們提出的解釋有些是正確的，有些則是沒有科學根據的禁忌。例如安地斯農夫會把農地分成八塊到二十二塊（見第八章），即使對原因不甚了解，還是這麼做。有些傳統社群會向雨神祈禱。高隆族獵人在岩坑附近捕獵蝙蝠則會刻意噤聲，不會叫喊蝙蝠的名字。我們現在已知，將田地分散是有科學根據的，可使作物產量不致於少到會讓人餓死的地步。至於向雨神祈禱，或是禁止叫喊蝙蝠的名字則只是迷信。然而，傳統社群的農夫和獵人仍無法分辨科學和迷信。

另一個常促使人尋找因果關係的就是疾病。如果某人病了，這個人和他的親友就會找尋疾病的原因，就像碰到其他重要事件一樣。生病是不是病人做了什麼（如從某個水源飲水）、疏忽了什麼（沒在飯前洗手或是向神明祈福），或者別人做了什麼（對病人打噴嚏或是對病人施展巫術）？第一世界的居民即使生活在醫學昌明的年代，也像傳統社群的人會找尋疾病的原因。我們相信不潔的水源和飯前沒洗手很可能會致病，但飯前沒向神明祈福則不是疾病之因。如果你得了胃癌，有人告訴你那是因為你身上的某個基因變異造成的，這樣的答案並不會令你滿意，而不再感到無助、絕望。也許，你的胃癌源於飲食習慣。如果醫生的治療失效，我們會尋求其他治療方式，傳統社群也一樣。有些傳統療法有效，可能原因有好幾個：大多數的疾病都會自行痊癒；很多傳統植物療法具有藥效；巫醫的做法得以去除病人的恐懼或是具有安慰劑的效果；只要指出病因，不管正確與否，都能使病人採取行動，因此病人覺得好多了，免除等待的痛苦；如果病人死了，族人可能會認為病人觸犯了某種禁忌或是巫師施法所致，應該把那個巫師揪出來、殺掉。

至於現代科學仍無法予人滿意答案的問題，我們依然設法找尋解釋。例如，大多數宗教都有神義論的問題。這也是《舊約》〈約伯記〉的主題：如果神是良善、全能的，為什麼會讓這世間發生邪惡的事？傳統社群的人，就連在地上看到一根斷裂的樹枝都可能滔滔不絕談上一個小時，看到一個遵守社會規範的好人受傷、被擊垮或是遭到殺害，自然也會探究事發原因：這人是否觸犯了什麼禁忌？這是惡靈作祟，還是神明發怒了？如果有一個人在一個小時前還好端端的，可以呼吸、活動，身體也還是暖的，突然無法呼吸、全身冰冷，像石頭一樣一動也不動，其他人不免推測這究竟是怎麼一回事：這人是否靈魂出竅，變成一隻鳥，活在別的地方？你或許會認為，這只是在找尋「意義」，而非尋求解釋，只有科學能給我們合理的解釋，因此我們是從宗教找尋意義。然而，過去每一個人和今天大多數的人都希望能發現事物的意義。

總之，我們現在所謂的宗教也許是大腦尋求因果解釋及做出預測的副產品。長久以來，人們對自然與超自然、宗教和現實生活沒有一個清楚的區分。至於宗教在人類演化的過程中究竟出現於何時，據我猜測，這應該是漸進的，出現在我們大腦功能趨於複雜之時。一萬五千年前，克羅馬儂人已經會縫製衣服、發明新工具、也在拉斯科（Lascaux）、阿爾塔米拉（Altamira）與蕭維（Chauvet）的洞穴岩壁上留下許多栩栩如生、色彩鮮豔的動物和人物圖像。現代遊客藉著燭火的光欣賞這些壁畫，內心無不充滿宗教的敬畏之情（圖25）。不管史前畫家真正的意圖是不是要讓我們心生感動，他們的大腦必然已有信仰的功能。至於尼安德塔人，他們會用赭石做為顏料來做裝飾，或許也會埋葬死者。看來，從現代智人行為史來看，至少在六萬年前，我們的祖先已有宗教信仰。

超自然信仰

所有的宗教都有其特有的超自然信仰，亦即一個宗教的信仰者堅持某些信念為真，儘管這樣的信念與我們的認知衝突，無法以我們對自然世界的經驗來證實，而且在其他不信奉該宗教的人看來似乎難以置信。下頁表9.2就列出這樣的例子，但這只是一些，諸如此類的信仰多到無可計數。宗教的這個特點使信仰者與現代世俗者成為涇渭分明的兩群。在現代世俗者的眼中，實在無可想像有人竟會有這樣的信念。如果是兩種不同的宗教，則各有各的超自然信仰，一方全心全意相信的，在另一方看來則極其荒誕。然而，為什麼所有的宗教都有這樣的超自然信仰？

有人認為，超自然信仰只是無知的迷信，和非宗教的超自然信念類似，代表人類大腦欺騙自己，乃至於願意相信任何事物。我們都認為非宗教的超自然信念很容易戳破。很多歐洲人認為看到黑貓會碰上倒楣事，但黑貓很常見。如果你在黑貓經常出沒的地方仔細觀察，進行統計學上的卡方檢驗（chi-square test，即檢驗兩個名目變數之間是否有相互關聯性的關係），很快就會發現黑貓會帶來不幸的機率大概不到千分之一的機會。有些新幾內亞低地人相信聽到一種叫做紅胸鼠鶇（*Crateroscelis murina*）的小鳥發出美妙的哨音，代表最近有人死亡。但這種鳥在新幾內亞低地森林很常見，如果他們的信念為真，當地的人大概不到幾天就死光了，但我在新幾內亞的友人還是深信不疑，跟歐洲人認為

表9.2 超自然信仰的實例

1.有一個猴神翻一個筋斗就可跑到幾千公里外。（印度教）
2.如果你花四天的時間獨立待在一個地方，不吃不喝，並砍下左手的一截指頭，就可得到神靈之助。（烏鴉印第安人）
3.一個女人沒受精而懷孕，生下一個嬰兒。嬰兒長大成人，死後軀體升上天堂。（天主教）
4.巫師拿了錢，接受別人的請託，和全村子的人坐在一間幽暗的屋子裡。所有的村民都閉上眼睛。巫師這時則潛入海底，請求帶來不幸的海神息怒。（伊努特人）
5.要判斷一個被指控犯了通姦罪的人是否有罪，可把毒飼料強行塞給雞吃。如果雞沒死，表示那人無罪。（阿贊德人〔Azande〕）
6.在戰場上，為宗教犧牲生命的人死後將上天堂，有許多美麗的處女相伴。（伊斯蘭教）
7.一五三一年，在墨西哥北邊的山丘上，聖母馬利亞在一個信奉天主的印第安人面前顯靈，用阿茲特克的納瓦特爾語（Nahuatl）跟他說話，使他在草木不生的沙漠摘下玫瑰。（墨西哥天主教）
8.一八二三年九月二十一日，在紐約州西北靠近曼徹斯特村的一個山丘上，天使摩羅乃向一個名叫約瑟．斯密（Joseph Smith）的人顯靈，要他把一本寫在金頁片上的經文翻譯出來。約瑟．斯密翻譯的經典就是《摩門經》。（摩門教）
9.神把中東的一塊沙漠賜給自己最喜愛的一群人，讓他們做為永遠的家。（猶太教）
10.一八八〇年代的一個日蝕之日，上帝在一個名叫瓦渥卡（Wovoka）的派尤特印第安人（Paiute Indian）面前顯靈，告訴他如果印第安人舉辦一個叫「鬼舞」的儀式，兩年內成群的野牛將覆蓋原野，白人則就此滅絕。

黑貓會帶來不好的兆頭一樣。

另一種與宗教無關的迷信就是水巫術，即利用魔法探杖探測地下水源。至今仍有人願意為這種巫術花錢。四百多年前在歐洲已有這種巫術，也有人說在基督降生之前就有了。占卜者走到有人欲開挖水井之地，從叉狀樹枝的旋轉判斷地下水源的位置（圖46）。控制實驗證實利用水巫術占卜者成功的機率和胡亂猜測沒什麼不同，即使聽他們的意見開挖下去，恐怕只是白費功夫，但是地主仍然願意付大筆錢請他們指引開挖水井的位置。會有人相信水巫術是因為我們只記得成功的事例，忘了有很多人失敗。即使證據薄弱，只有極少數的人親眼看到水巫術成功占卜水源，還是予人深刻的印象，以為水巫術很靈驗。這種想法很自然。反之，利用對照實驗與科學研究來區分隨機與非隨機發生的現象則違反本能和自然，因此不是傳統社群採用的方式。

或許，宗教迷信只是證明人類容易上當，就像相信看見黑貓會帶來噩運等與宗教無關的迷信。然而，宗教也充滿種種在世俗人看來無可置信的信念，而信徒甚至願意為這樣的信念犧牲、奉獻。信徒的行動不只像歐洲人躲避黑貓那麼簡單，再怎麼苦、花再多的時間，他們都願意承受。這顯示宗教迷信不只是人類理性思維偶然出現的副產品，而具有更深的意義。然而，那究竟是什麼樣的意義？

最近，某些宗教學者提出的解釋是，相信宗教迷信代表信徒對宗教的發心投入。所有歷史悠久的人類團體都有辨識成員的問題，不知某一個人是否真正屬於自己的團體，可以信賴，如虔誠的天主教徒、愛國的日本人、紅襪隊的球迷（如我本人）。一個人愈投入某一個團體，就愈能辨識同一團體的成員，不會受到假成員的欺騙。如果有一個人帶紅襪隊的旗幟進場，你以為他是紅襪隊的球迷，然而在洋基隊擊出全壘打的時候，那個人卻情不自禁地歡呼。他的舉動讓你有受到侮辱之感，但不會威脅到你的生命。但是如果你是在前線作戰的士兵，在你身旁的同袍卻在敵人進擊時，用槍對著你，你就可能喪命。你以為他是與你共生死的袍澤，其實他是敵方派來的。

這也就是為什麼皈依宗教必須做出很大的犧牲，以展現自己的真誠：包括投入時間和資源，以及忍受種種苦痛等。如此擁抱與一般人認知相左、不理性的信仰才能證明自己是信徒。如果你宣稱你信仰的教派創始人是其父母自然懷孕生下來的，任何人都相信你的說法，但如此一來，你就不能證明自己對該信仰的真誠。然而，如果你堅持教派創始人是其母「無沾成孕」，即以處女之身生下來的孩子，儘管這和常識與理性相悖，但你依然深信不疑，同一教派的人就會相信你是堅持信仰、真心誠意的，也是可以信賴的人。

不管如何，並非任何信念都可做為宗教的超自然信仰。艾特藍（Scott Atran）和波耶（Pascal Boyer）曾分別指出，真正的宗教迷信全世界加起來並不多。波耶論道，沒有任何一個宗教做如此宣示：「世界上只有一個上帝！祂是全能的，但祂只存在於每個禮拜三。」反之，人類相信的宗教超自然信仰都和人類、動物或其他自然界的東西相像，差別只在超自然能力。宗教裡的神高瞻遠矚、長生不死、強大壯碩、健步如飛，能預知未來，也能變換身形、能穿過牆壁等。從某些角度來看，神明和鬼的舉手投足都很像人。舊約聖經裡的神會大發雷霆，而希臘的天神和女神會嫉妒、喜好飲宴作樂，也享受魚水之歡。他們的能力凌駕在人類之上，那樣的超能力有如人類自身對能力的幻想。他們能做到我們想要做的任何事情。我的確也幻想過用雷電消滅壞人，或許很多人也有這樣的幻想，但我無法想像神只有禮拜三才存在。在很多宗教的教義中，神就是正義的力量，懲罰世間的惡人。這不足為奇，但沒有任何一個宗教宣稱其神只有禮拜三才存在。因此，雖然宗教的超自然信仰是非理性的，但從情感上來看其實可以說得通，而且可予人慰藉。儘管宗教有很多無法用理智分析的信念，還是很多人願意相信。

宗教的解釋功能

在人類社會發展的長流中，宗教的功能也在不斷地變化。在原始的功能中，已有兩種功能在西方社會式微。反之，還有幾種現代出現的主要功能仍存在於小型狩獵—採集族群和農業社群中。有四種功能以前比較不明顯或不存在，之後變得非常重要，但現在已經式微。宗教功能的演進與很多生物結構功能的變化很像（如魚的發電器官），社會組織形式的演進也是一樣。

我將在本章列舉不同學者提出的宗教功能。這些功能共有七個，最後再來討論宗教是否會被人類社會淘汰或者將繼續存在，如果是後者，有哪些功能得以延續。我將從這些功能在社會演進史中出現的順序來討論，始自早期人類史中最顯著的功能，最後提到的功能則是以前看不到，最近或現在才變得重要。

宗教最初的功能就是解釋。史前時代的傳統社群儘管沒有預知能力，無法分辨科學與超自然或宗教信念，但就所見的萬事萬物還是有一套解釋，其中的一些解釋則成為宗教。例如，新幾內亞社群對鳥類行為就有很多解釋。有些解釋在鳥類學家看來是合理、正確的（如鳥叫的功能），還有一些解釋則是屬於超自然的信念，不被鳥類學家接受（如某些鳥類的歌聲是人死後變成鳥唱出來的）。部落社群或舊約創世紀講述的起源神話常都是為了解釋事物的存在，如宇宙、人和各種語言。古希臘人對很多自然現象有正確的科學解釋，但卻認為天神是日出、日落、潮汐、風和雨等自然現象背後的推手，則是錯的。今天，大多數的美國人仍相信創造論，也就是以神為「第一因」，祂是宇宙及其定律的創造者，藉以解釋宇宙的存在，所有物種，包括人類，也都是神創造出來的。今天，絕大多數的世俗人士仍將宇宙的起源與其定律歸因於上帝，但宇宙自形成之後，即自行運作，不受任何神聖力量的干擾。

在現代西方社會，宗教的原始解釋角色漸漸為科學取代。正如我們所知，宇宙的起源是大霹靂及物理定律的運作。現代語言的多樣性也不再利用原始神話來解釋，如巴別塔或者如新幾內亞人所言，是鐵木樹的枝條被折斷，把人甩到四面八方造成的。正如第十章的討論，語言的多樣性必須從語言變遷的歷史過程來看。如今，有天文學家為我們解釋日出、日落和潮汐等現象；氣象學家為我們說明風和雨的現象；行為生物學家解釋鳥的鳴唱；至於動植物物種的源起，包括人類，就讓演化生物學家來解釋。

對很多現代科學家而言，宗教解釋最後的堡壘就是第一因：至於宇宙存在的目的為何，科學似乎沒什麼可說。我還記得，一九五五年我在哈佛學院當新鮮人的時候曾上過神學大師田立克（Paul Tillich）的課。他對我們提出這麼一個問題：「為什麼這個世界會存在，而不是虛空，什麼也沒有？」一班上主修科學的人沒有一個人能回答田立克這個問題。不過如果田立克無法回答，就拿上帝做為答案，恐怕也不能使人信服。其實，直到現在科學家仍在努力研究田立克的問題，希望能提出合理的答案。

消除焦慮

宗教的下一個功能在早期社群也許是最強大的，亦即在我們面對無法控制的問題和危險時，為我們排除焦慮。如果人能做的一切都已經做了，接下來就只能利用祈禱、儀式、捐獻給神明、求神問卜、嚴守禁忌或是求助於法術。儘管這些方式沒有科學根據，無法帶來令人滿意的結果，我們因為相信自己還能做點什麼，不用到完全放棄的地步，因此保有一絲希望，不會那麼焦慮，而能夠繼續努力。

人類學家沙西斯（Richard Sosis）與漢渥克（W. Penn Handwerker）曾在二〇〇六年黎巴嫩戰爭期間針對以色列婦女進行研究，檢視宗教對苦難人民的幫助。在那次戰爭中，黎巴嫩真主黨（Hizbollah）每日對北以色列加利利地區及山城茨法特（Tzfat）一帶發射數十枚喀秋莎火箭炮。儘管在火箭炮來襲的前一刻茨法特會以警報聲通知居民趕快躲到防空洞，但居民無法保護自己的房屋。居民無從預測火箭炮何時會來襲，也無法阻止，但根據沙西斯與漢渥克對當地婦女的訪問調查，約有三分之二的婦女每天會唸誦讚美詩以撫平心中的不安。人類學家問她們為什麼要這麼做，很多婦女都說覺得自己不做點什麼不行。雖然唸誦讚美詩無法使火箭炮轉向，至少可使她們覺得自己還能採取行動，不致於茫然不知所措。（這些婦女儘管不知道為什麼唸誦讚美詩可避免房子被炮彈摧毀，但她們還是抱持這樣的信念。）有些同社區的婦女沒有唸誦讚美詩，相較之下，她們心理的調適就比較差，不但難以入眠，而且心神不寧、易怒、焦慮、緊張、沮喪。因此，唸誦讚美詩的婦女的確獲得好處，比較不會因為極度焦慮而做出愚蠢的事。所有的人都會面對不可預期、不可控制的危險，如果無法控制焦慮、輕率行事，問題只會愈來愈多。

在早期的宗教社群，宗教撫慰焦慮的功能達到頂點，但後來由於國家政府的興起、暴力等危險減少、在饑荒之時國家會分配預先貯藏的食物以免人民餓死，加上近兩個世紀科學與科技的進展，這個功能漸漸不若以前重要。其實，傳統社群的人並非全然無助，反之，他們會運用觀察與經驗來克服困難，不會只是聽天由命。例如，新幾內亞等傳統社群的農夫能辨識幾十種的甘藷或其他作物，知道在什麼地方種植最好，也知道如何除草、施肥、護根、排水和灌溉。昆族等部族的獵人會仔細研究、判斷動物留下的足跡，預估獵物的數目、距離、速度和方向，也會藉由觀察其他動物的行為做為捕獵的線索。漁夫和水手如果沒有羅盤等工具，依然能依據太陽、星辰、風、海流、投射在雲層的光線、海鳥及海洋生物的發光特性等來判斷方位。所有的族群都會防衛自己的地盤，留心敵人的攻擊，與其他部族結盟或計畫奇襲、先發制人。

但對傳統社群而言，上述作法都有限制，還有很多地方是他們無法掌握的。作物產量可能受到很多因素的影響，包括無可預期的乾旱、雨水、冰雹、風暴、酷寒和病蟲害。此外，動物的行動很難預測。由於傳統醫學知識有限，大多數的疾病都難以控制。就像前面提到以色列婦女，她們無法控制炮彈的方向，只能唸誦讚美詩，傳統社群也一樣，儘管盡了全力，很多時候仍無能為力。如果什麼也不做，則很容易陷入焦慮、覺得無助，容易出錯。這也就是為何他們會相信禱告、儀式、占卜、法術、禁忌、迷信和巫師。其實，今天的現代人也差不多。相信這些超自然力量有效，人就比較不會那麼焦慮，會比較平靜，也較能專注。

舉例來說，人類學家馬林諾斯基曾針對新幾內亞附近的托洛布蘭島島民進行研究。他發現島民在兩種地點使用不同的方法捕魚。如果是在平靜的瀉湖捕魚，只要把毒藥倒在湖裡，等待死魚浮起來，就可滿載而歸。若是去外海捕魚，那就得划獨木舟乘風破浪，然後撒網捕魚。在瀉湖捕魚既安全又容易，而且保證有一定的漁獲量，到外海捕魚則很危險，禍福難料，如果撒網的時機和地方都對，就能豐收，要是運氣不好，可能什麼都沒捕到。因此，儘管托洛布蘭島島民在出海之前根據過去經驗已有萬全的準備，還是會舉行祈福儀式。但在瀉湖捕魚就不必舉行任何儀式，不必擔心無可預期的變化。

另一個例子是昆族獵人。他們似乎都是胸有成竹的狩獵高手。昆族小男孩打從會走路開始就喜歡用小小的弓箭玩耍，待成長到青少年，就會跟父親一起去打獵。晚上，他們圍著營火，一再講述之前狩獵的故事，聽彼此說最近在什麼地方看見什麼樣的動物，並計畫第二天的行動。在狩獵的時候，他們眼觀四方、耳聽八方，從動物和鳥類的行為找尋線索，也仔細研究動物經過的路徑，推測其行蹤。我們也許會想像這些沙漠中的狩獵高手不需要倚重法術。儘管如此，昆族獵人每天早上出發之前，仍會為了當天能否有斬獲而焦慮，因此總是會舉行盛大的儀式。

有些昆族獵人則會利用占卜來預測獵物可能會出現在哪個方位。他們用羚牛皮割出五、六個圓形的皮，直徑約五至八公分，分正反面，而且為每一塊命名。每一個獵人都有一套皮革做的占卜圓盤。占卜方式如下：把所有的皮革圓盤都疊在一起，最大的一塊放在最上面，置於左手掌心。接著用莊嚴肅穆的語氣大聲提問，再把手中的皮革圓盤甩在鋪在地上的衣服。這時，巫師就可根據皮革圓盤是否重疊，正面朝上或反面朝上等來判斷結果，例如一號到四號圓盤皆正面朝下則代表這日將大有斬獲。

當然，這些圓盤無法告訴昆族獵人他們本來就不知道的事情。不管圓盤占卜出現什麼樣的結果，由於昆族獵人對動物行為非常了解，其狩獵計畫成功的機率還是很大。儘管這種占卜就像羅夏墨漬測驗（Rorschach test，視受測者對墨漬等不具意義的圖樣的反應，來分析其性格的測驗），結果可能使昆族獵人大為興奮，然而這種儀式主要在幫助獵人就行進方向的選擇達成共識，以免因意見分歧、發生爭吵，而影響到狩獵行動。

對今天的人來說，由於科學昌明、知識普及，比較不必依賴禱告、儀式或法術，但這世間仍有許多事情是我們無法控制、無能為力的，即使科學與科技也無法保證成功。這時，我們一樣也只能禱告、向神明獻祭或舉行求神儀式，如搭船祈求安全返航、為大豐收和打勝仗祝禱，或是祈求身體康復。如果醫師無法預測病人預後如何，特別是他們已經承認自己已束手無策，這時病人和家屬很可能會禱告，求助於上帝或神明。

還有兩個例子可說明儀式或禱告與未知的關聯。喜歡賭博的人，為了贏錢，常會在擲骰子之前來一套個人儀式，但是下棋的人則不會來這一套。這是因為賭博的輸贏和機運有關，但下棋與機運無關：如果你下錯了棋，完全是你自己的錯，沒有藉口，因為你不能預知對手要怎麼走。同樣地，新墨西哥西部的人如果想要鑽一口井，汲取地下水，常會求助於會水巫術的人，請其占卜地上水源的位置。該地區地形複雜，地下水的深度和水量都難以預估，即使專業的地理學家都不能正確預測。但在德州的鍋柄鎮（Panhandle），地下水位一律在地底下三十八公尺深之處，農夫只要鑽到那個深度，就可挖到地下水，不需要去找會用水巫術占卜的人。也就是說，新墨西哥的農夫和賭徒都必須面對未知，所以必須求助於儀式，正如必須出海捕魚的托洛布蘭島漁夫和昆族獵人。至於德州鍋柄鎮的居民和下棋的人，則像在托洛布蘭島瀉湖捕魚的漁夫，由於成敗操在自己手中，就用不著儀式。

總而言之，宗教（以及非宗教）儀式能在我們面對不安和危險時，幫助我們克服焦慮。相較於現代西方社會生活的安逸、平和，傳統社群的生活可說危險重重，充滿不安，因此宗教去除焦慮的功能特別重要。

予人慰藉

接下來，我們再來探討宗教的另一個功能。過去一萬年來，這個功能對人類愈來愈重要，也就是在人生遭遇不幸之時，予人慰藉、希望和意義，特別是想到自己的死亡或面臨親愛的人離開人世。有些哺乳類動物似乎會對同伴之死顯露哀傷。最顯著的例子就是大象。然而，在所有的動物當中，只有人類了解自己有一天終將死亡。人類由於擁有自我意識和更好的推理能力，因此能從同伴之死推論自己也會面臨死亡的命運。根據考古學的發現，幾乎所有人類社群都了解死亡的意義，不會將同伴屍體草率丟棄，而會將之安葬、火化、包裹或人工防腐以長久保存。

人類看到原本還能走動、說話、自我防衛的同伴，變成冰冷的屍體一動也不動，不能發出聲音，只能任人處置，必然會覺得恐懼。想像自己變成那樣子也十分令人驚懼。大多數的宗教常藉由否認死亡的事實以安慰還活著的人，如假設人死之後還有來生，或是人死之後，雖然身體已經沒了，靈魂依舊去一個超自然的地方，也就是天堂或極樂世界。靈魂也可以幻化成小鳥或另一個人，重新在地球上生存。宗教所說的來生，不只是否認死亡，而是讓人對死後的世界抱著希望，像是永生不死或是與已逝的親人重逢、從此無拘無束、可享受瓊漿玉液，或是有美麗的處女相伴。

除了想到自己免不了一死的痛苦，人世還有很多痛苦需要宗教的慰藉。其一就是對痛苦的解釋：人不是白白受苦，痛苦並非沒有意義的隨機事件，而是有更深層的意義，例如考驗你是否值得有更美好的來生，或是為了你犯下的錯給予懲罰。此外，災禍之所以降臨到你的頭上，可能是壞人造成的，你該請巫師把那個人找出來殺掉。宗教也可能向你保證，你在這個世上所受的苦，都將從來生得到補償。沒錯，你受了很大的折磨，但不要害怕，在你死後，你將得到獎賞。再者，你在人世受到的痛苦非但能從快樂的來生得到補償，加害於你的人，也將在死亡之後得到懲罰。儘管今生今世，你看到敵人遭受報應能得到復仇的滿足，但他們在死後被打入煉獄，永遠擺脫不了酷刑的折磨，你不只得以復仇，這才能讓你得到終極的滿足。地獄因而具有雙重功能：殲滅你今生無法殺死的敵人，讓你得到慰藉，另一方面也使你心甘情願遵守宗教的道德規範——如果你做壞事，就該下地獄。來生的假設也解決了神義論的矛盾（即全能、慈悲的神為何容許世上充滿苦難和罪惡？），要你不要為今世的痛苦難過，果報不爽，死亡無法使舊債一筆勾銷，來生還是要還的。

宗教這種慰藉的功能必然在人類演化史的早期已經出現，亦即在人了解自己終將一死，質疑人世間為何充滿痛苦之時。狩獵－採集族群相信人在死亡之後會變成鬼魂。在拒斥現世的宗教（world-rejecting religion）興起之後，宗教的撫慰功能更形重要。有些宗教不只強調人死後有來生，甚至認為來生要比現世更重要而長久，今生主要的目標就是得到救贖，以進入一個更好的來生。很多宗教都有這種拒斥現世的特點，如基督教、伊斯蘭教和佛教，另外如柏拉圖的世俗（非宗教）哲學也是。有些宗教人士十分信服這種信念，甚至排拒世俗生活。有些修士或修女儘管會出來講道，生活起居則脫離世俗世界。有些修道會更完全遺世獨立，如西多會（Cistercian order）的里沃修道院（Rievaulx）和噴泉修道院（Fountains Abbey）。約克郡的哲服修道院（Jerveaulx Abbey）因遠離城鎮，在廢棄之後免於被劫掠或再利用，因此成為英國保存最完善的古蹟。有些愛爾蘭修士因極度拒斥現世，而在不宜人居的冰島隱居。

比起小型社群，大型、複雜的社群比較會拒斥現世，強調救贖與來生。這樣的趨勢至少有三個原因。首先，從人人平等的小型社群演變成大型複雜的社群，社會分成許多層級，也變得不平等。國王、貴族、菁英、富人和地位崇高的氏族高高在上，而在社會底層的是眾多窮苦的農民和工人。如果每一個人都過得跟你一樣苦，就沒有什麼不公平，也不必寄望於來生。然而如果社會貧富、階級差別很大，眼看著一些人不事生產即可享受榮華富貴，你不由得會去尋求解釋與安慰——這正是宗教可以給你的。

其次，考古研究和人類學的證據顯示，狩獵－採集族群定居下來成為農夫，組成更大的社群，生活的確變得更困苦。轉型到農業生活之後，人們每日工作時數變多，營養變差，易罹患傳染病，身體耗損更嚴重，平均壽命也縮短了。從工業革命時代開始，生活於都市的工人階級，工作時間更長，衛生、健康條件更加惡化，生活樂趣也更少了。最後，複雜、擁擠的社群需要正式的道德規範、賞善罰惡，但也更突顯神義論的問題：如果別人可以違法犯紀、加害於你，為何你要遵守法律、做善事？

從上述三個原因可以了解為何宗教的慰藉功能在人口愈稠密、愈近代的社會愈顯著：這是因為社會生活帶給我們的痛苦日甚，使我們渴求這樣的慰藉。這個功能也可解釋為何苦難會使人趨近宗教，而且比較窮苦的社會階層、地區和國家也比有錢人或富裕的國家更容易受到宗教的吸引。今天，在全世界國家中，認為宗教對其生活的重要性高達八〇%至九九%者，其國內生產毛額（GDP）大都在一萬美元以下，GDP在三萬美元以上者，認為宗教對其生活的重要性只有一七%至四三%。即使是在美國，貧窮地區的教會似乎比富有地區來得多，上教會的人也比較多。在美國社會中，最虔誠、最激進的基督教支派大抵存在於最邊緣化、地位低下的階層中。

儘管科學抬頭，已搶走宗教的解釋角色，加上科技進步，我們面臨的不安和危險減少，然而宗教不但在現代社會得以延續，甚至更形重要。這是因為我們總是不停地追尋意義，宗教因而沒有絲毫式微的跡象。若非如此，人生就會變得沒有意義與目的、稍縱即逝，充滿無可預期的災難。儘管科學告訴我們，所謂「意義」一點意義也沒有，個體的生命只是為了傳遞基因、繁殖後代。有些無神論者認為神義論的問題根本就不存在：所謂的善良或邪惡都只是人類的定義；如果癌症或車禍奪走甲、乙的性命，丙、丁沒事，那只是隨機的噩運；這世界沒有來生；既然沒有來生，你在這個世間受的苦，也就不能在來生得到補償。你也許可以如此反駁：「我不想聽這樣的話。告訴我，那不是真的。請以科學證明人生的意義給我看。」無神論者將會這麼回覆：「這一切都是枉費功夫，算了吧，別再尋找意義，意義根本就不存在。」這就像有人問美國國防部長倫斯斐（Donald Rumsfeld），他對美軍在伊拉克殺人放火強姦搶劫的情事有何評論，倫斯斐答道：「這種事在所難免！」但我們的腦子仍渴望意義。幾百萬年的演化史告訴我們：「即使那是真的，我不喜歡這樣的說法，也不相信。如果科學不能給我意義，那我就去宗教那裡找。」因此，儘管我們已到了科技時代，宗教仍有其重要角色。雖然美國是科學與科技發展最先進的國家，但在第一世界的富國當中，也是篤信宗教之國，或許是因為美國的貧富差距要比歐洲各國來得大，這種不平等使人投向宗教、尋求慰藉。

組織與順從

宗教還有四種功能——標準化的組織、使人民順從、設下對待陌生人的行為規範，以及為戰爭辯護——接下來我將逐一討論。小型社群的宗教並無這四種功能，在酋邦和國家興起之後，這些功能變得顯著，但到了現代世俗國家，這些功能又式微了。現代宗教的一個特點就是標準化的組織。大多數的現代宗教都有全職的神職人員，如神父、牧師、拉比、伊瑪目。他們從宗教組織領取薪酬或生活必需品。現代宗教也有特別的聚會之所，如教會、寺廟、會堂、清真寺等。不管哪一個宗派，其教會都有標準的聖書（如聖經、托拉、可蘭經等）、儀式、藝術、音樂、建築與服飾。一個長於洛杉磯的天主教徒即使到了紐約，也能在當地的天主教堂參加禮拜日彌撒，和他在洛杉磯上天主堂沒什麼兩樣。反之，小型社群的宗教沒有這些統一的特色（如儀式、藝術、音樂、服飾），也沒有全職的神職人員、教會或聖書。儘管小型社群可能有自己的巫師，有些巫師會收取費用或禮物，但他們並非全職，也必須像隊群或部落的每一個成人一樣，以狩獵、採集或種植作物過活。

從人類社群的發展史來看，上述宗教的組織特色是為了因應人類社群的轉變。原始人類社群變得富裕、人口增多，也傾向中央集權。隊群和部落社群太小，無法生產餘糧供養全職的神職人員、稅吏、陶工、巫師等專家，人人靠著打獵、採集或下田餵養自己，自給自足。只有在社會變大、生產力提高，能生產餘糧，才能供養酋長等領導人或專家。

對那些不事生產的人，社群成員怎麼願意把糧食分給他們？且讓我們考慮下面這三個不言而喻的事實：人口稠密的大社群比較能擊敗小的社群；如果一個社群只有二十個人，就可圍著營火討論，達成共識，要是社群人口多達二千萬人，那就不可能了，需要全職的領導人和官僚；全職的領導人和官僚必須仰賴人民的供養。因此，酋長或國王得以光明正大地要社會其他階級把食物交出來，奉養他們。其實，現代民主國家也是如此。每一次選舉，選民總會提出這樣的疑問：目前這一任自當選以來領了那麼多公帑，到底做了些什麼？

為了解決這樣的問題，每一個酋邦和早期的國家社群——從古埃及和美索不達米亞到玻里尼西亞的夏威夷王國和印加帝國——都利用宗教提出這麼一套說法：酋長或領導人就是天神的親戚或化身，可代替神明與百姓溝通，滿足人民的需要，例如在旱災降下甘霖或保證人民可以豐收。酋長或國王也可組織農民，使其投身公共建設，如建造馬路、灌溉系統和倉庫，使人人都能得到好處。反之，農民則必須餵養領導人、祭司和稅吏。領導人也會在特定的寺廟舉行特定的宗教儀式，將宗教教義灌輸給人民，讓臣民服從。由人民供養的軍隊也須服從酋長或國王。首領領導軍隊攻佔鄰近土地，如此開疆拓土也有利於人民。此外，軍隊能帶給首領兩大好處：有野心的年輕貴族加入抵禦鄰國的行列，就沒有心力推翻首領；其次，如人民叛變，就可派兵鎮壓。神權主義國家逐漸演變成帝國，如巴比倫或羅馬，也就擁有更多的食物資源和勞力可供利用，宗教的建築裝飾也變得縟麗。這就是為何馬克思說，

宗教是人民的鴉片，也是階級壓迫的工具。（參表9.1）

當然在近代猶太教和基督教盛行的世界，這樣的趨勢已有反轉的傾向，宗教不再是為國家利用的工具。政治人物和上流階級已改用其他手段來說服人民。但在一些國家仍看得到政教融合，如伊斯蘭國家、以色列、日本和義大利，就連美國也在鈔票上印「我們信奉上帝」，每次國會開會必由牧師帶領祈禱宣誓，而且每一任總統（不管民主黨或共和黨）在演講結尾總會加上一句：「上帝保佑美國」。

對待陌生人的行為規範

另一個宗教特點在國家社群之中扮演相當重要的角色，但在小型社群則看不到這一特點，亦即設下對待陌生人的行為規範。世界上所有的宗教都教我們明辨是非，也為我們立下行為規範，然而宗教與道德的關聯似乎很薄弱，特別是對陌生人的行為，如我在新幾內亞所見。在此情況之下，社會責任主要視關係而定。一個隊群或部落約莫只有十來個人，頂多是幾百人，人人彼此相識，也知道任兩個成員之間的關係。每一個人對不同的親戚有不同的責任，如姻親、自己氏族的人，或是同住在一個村子，但屬於不同氏族。

你根據這樣的關係來決定是否可直呼其名、能否結婚，或是與他們共同分享食物和房舍。如果你和另一個部落的人打鬥，與你們倆有關聯或認識你們的人則會把你們拉開。在這樣的社群之中，陌生人並不會構成問題，因為你們的社群根本沒有陌生人，你不認識的人必然來自敵對部落。如果你在森林中發現一張陌生的臉孔，必然會想殺了他或逃走。如按照現代社會的習俗說聲哈囉或跟他閒聊，等於是不要命了。

因此，到了七千五百年前，部落社會演變成酋邦，成員多達幾千人，就有問題了。由於酋邦人數眾多，不可能彼此都叫得出名字而且互有關聯。酋邦和國家在崛起之初，由於部落行為規則已無法適用，因此不夠穩固，容易動亂不安。如果你在酋邦見到一個陌生人，根據部落行為規則，和那人打了起來，最後雙方親友都會加入戰鬥，萬一有人不幸喪生，其親友必然會尋仇報復，整個社會因陷入長期血鬥而面臨崩解。要如何避免這樣的悲劇？如果根據社會規範，不管遇見熟識的人或陌生人都必須友善相待，就可避免永無止盡的衝突與打鬥。但這樣的規範必須由政治首領（酋長或國王）及官員來執行。政治首領宣布，這種規範是天神制定的，以使之變成正式的道德規範。人民從小就學習遵守這些規範，知道不守規範的人會遭到嚴厲的懲罰（因此攻擊另一個人等於是冒犯天神）。對猶太教徒和基督徒而言，最顯著的例子就是聖經中的十誡。

在近代世俗化的社會裡，這種道德行為規範已經超過宗教的範疇。對無神論者和信仰虔誠的人來說，不可殺人與其說擔心上帝發怒，不如說是怕因此違法。從酋邦的形成到世俗國家的興起，源於宗教的行為規範使人得以在大型社群中和陌生人和平相處，宗教也教導人民必須服從政治領袖，宗教等於是社會秩序的支柱。如伏爾泰所言：「如果上帝真的不存在，也得假造一個出來。」宗教的角色可能是正面或負面，視每一個人的觀點而定，有人認為宗教可促進社會和諧，有人則認為宗教是當權者壓迫人民的工具。

發動戰爭的理由

另一個新的問題只出現在酋邦和國家，隊群和部落則無。由於部落的行為準則主要根據血緣或婚姻關係，部落的人殺害沒有關係的陌生人不會陷入道德困境。一旦國家以宗教為由要求沒有關係的人民和平相處，禁止殺人，又如何勸說人民奮勇殺敵？其實，只要發生戰爭，國家總會要求人民殲滅其他國家的人、掠奪他們的財物。如果一個國家花了十八年的時間教誨一個孩子，對他說：「汝不可殺人」，有一天突然改口告訴他：「在下列情況下，你該殺人」，如此一來，士兵將無所適從，而且可能會殺錯人（如殺害自己的同胞）。

這時，就是宗教發揮新功能的時候，不管在近代或遠古皆然。十誡的原則只運用在同一個酋邦或國家之內的同胞身上。大多數的宗教都宣稱唯獨自己握有絕對的真理，其他宗教都是錯的。無論在過去或現在，很多人民都被國家和宗教洗腦，必須消滅信其他宗教的人。高貴的愛國主義也有黑暗面，亦即為了上帝和國家殺人。目前，宗教狂熱份子也是秉持著這種邪惡的傳統奪走許多寶貴的性命，還以聖徒自居。

舊約聖經處處可見以色列人如何殘酷對待異教徒。例如，申命記二十章第十節至十八節解釋為何以以色列人要對敵人趕盡殺絕：如果你臨近一座城，城裡的民眾不肯與你和好，你就要圍困這城，用刀殺盡這城的男丁，把婦女、孩子、牲畜和城裡的財物取為自己的掠物，而且你要照神的吩咐把赫人、迦南人等都滅絕淨盡，凡有氣息者，連一個都不可留存。約書亞記也描述約書亞如何依照神的指示，殲滅惡貫滿盈的迦南部族，而成為最偉大的英雄。但這無異於種族屠殺。猶太法典《塔木德》分析了兩個原則間的衝突，一是「汝不可殺人（亦即不可殺害同樣信仰上帝之人）」，另一則是「汝該殺戮（殺害信奉其他神的異教徒）」。根據某些《塔木德》評論者的說法，如果一個以色列人蓄意殺害另一個以色列人，那就是犯了謀殺罪，然而如果他殺害的是非以色列人，那就是無罪。如果一個以色列人對一群人丟石頭，那群人有九個是以色列人，一個是異教徒，儘管其中一個以色列人死了，丟石頭的那個人還是無罪，因為他的目標應該是那個異教徒。

對異教徒趕盡殺絕的描寫在舊約比較多，在新約則比較少，因為新約已轉向放諸四海皆準的道德原則——至少理論上是如此。但就事實而言，史上最大規模的種族屠殺還是來自歐洲、信仰基督教的殖民者對非歐洲人的殺戮。他們也是以聖經為依據，包括舊約與新約，認為這麼做是奉行上帝的旨意。

有趣的是，在新幾內亞，如果一個部落和另一個部落交戰，從來不曾以宗教為由。我在新幾內亞的朋友很多人都向我描述他們對鄰近部落發動的種族屠殺行動。但沒有一絲一毫的動機來自宗教，或為上帝或其他崇高的理想犧牲。反之，伴隨國家政權興起，基於宗教的意識型態則灌輸人民必須服從神立的統治者的命令，對同胞必須遵守像十誡的道德誡律，但對敵人或異教徒則應趕盡殺絕，甚至不惜犧牲自己的生命。這也就是為什麼宗教狂熱社群如此危險：只要有一小撮人，願意為了宗教獻身（例如在二〇〇一年九月十一日發動恐怖攻擊的那十九個蓋達組織成員），就可造成敵人傷亡慘重（如在九一一事件喪生的二千九百九十六名美國人）。近一千五百年，狂熱的基督徒和伊斯蘭教徒不知造成多少人死亡。他們對異教徒毫不留情，如不願改宗，就加以奴役或殺害。二十世紀，在宗教之外，歐洲國家還摻雜了世俗的理由殺害數百萬非歐洲國家人民，然而還是有一些社群對宗教的狂熱迄今未嘗稍減。

發心投入的證據

宗教有幾個特色仍讓世俗人士大惑不解，尤以不理性的超自然信仰為其中之最。每一個宗教都有這樣的信仰，信徒深信不疑，但其他宗教的信徒則不以為然。宗教常鼓吹信徒做出自殘或自殺式的行為，這樣的行為恐怕令人望而生懼。此外，宗教常宣揚一套道德標準，說這套標準放諸四海皆準，但又說這套標準不適用在某些人的身上，因此那些人是可以殺害的。這種矛盾無異於偽善。這些矛盾令人困惑，我們要如何解釋？

首先，我們必須了解，宗教的信徒必須拿出證據，表明自己是發心投入的真信徒。信徒花很多時間一起生活，互相依靠，而且必須提防其他宗教信徒或世俗人士對他們的敵意。因此，信徒自身的安全、幸福與生命就看自己是否能辨識真正的同修，除了相信同修，也必須讓同修相信你。你們要拿出什麼樣的證據才能讓人信服？

為了取信於人，這樣的證據必須是顯而易見而無法造假的，以免被人欺騙或利用。這就是為什麼發心投入某一宗教總要付出很大的代價，包括：花很多時間投入儀式、禱告、唱詩歌、朝聖；奉獻很多的資源，如金錢、禮物和祭拜的牲禮；公然擁護一般人難以置信的信念，即使被揶揄或謾罵也不以為意；以及公開展示自己為了發願投入該宗教所做的犧牲，如自殘的傷口、生殖器的切割或切下一截指頭。如果你看到某人畢生都這樣投入，那人就值得相信。畢竟發願不是空口說白話，像是：「相信我，我是你的同修。我戴著跟你們一樣的帽子。（那帽子可能是昨天才買的便宜貨，明天就可以丟棄。）」同樣地，演化生物學家發現，有些動物訊號儘管在演化上必須付出昂貴的代價，那是為了取信於異性，以利交配，如雄孔雀的尾巴。雌孔雀看到雄孔雀那大而豔麗的尾巴，相信該雄孔雀就是理想的交配伴侶，牠們生下的下一代將擁有更好的基因，會長得更好。如果雄孔雀的尾巴很小而且不起眼，要如何讓雌性相信牠們基因卓越？

我們還可從美國公社的發展來看宗教如何促使群體合作、發願投入。美國一直有人進行公社生活的實驗，也就是志同道合的一群人一起居住。有些公社是宗教性組織，由同修組成，還有一些則是非宗教性的。很多非宗教性公社成立於六〇年代和七〇年代。所有的公社都曾遭受到多方壓力，包括財務、現實生活、社會和性等，也必須提防成員受到外面世界的引誘而脫離公社。大多數的公社都在創辦人有生之年解散了。例如，我有一個友人在六〇年代與幾個人在北加州一個偏遠、寧靜而美麗的地區，共同創辦了一個公社。由於隔離、無聊和社會壓力等原因，其他創辦人一一離開了，最後只剩下我朋友。雖然她現在仍住在那裡，但只剩下她一個人，公社已不復存在。

沙西斯曾比較創立於十九世紀和二十世紀初的幾百個宗教和美國世俗公社的發展，發現那些宗教組織與公社幾乎都解散了，主要是因為信徒不再相信那樣的信仰，有時則是自然災害造成的，或是領導人過世，以及無法抵禦外人的敵意等。碩果僅存的只有哈特教派（Hutterites）。在沙西斯進行研究之時，仍有二十個哈特教派信徒組成的社區。但和宗教公社相較，世俗公社解散的機率還是要高上四倍。顯然，宗教意識型態比較能說服成員發心投入，不會輕易背離團體，團體共有的財產也比較不會遭到濫用。幾十年來，以色列的公社奇布茲有些是共同生活、嚴守戒律的宗教團體（如安息日一律不工作），有些則是世俗團體。雖然世俗奇布茲的數目較多，宗教奇布茲的經營則更成功。

如何衡量宗教的成敗

我們也可採取演化生物學韋爾森（David Sloan Wilson）的研究來解決宗教矛盾。韋爾森發現宗教可用來定義人類團體，不同的團體常擁有不同的宗教思想。如果要衡量一個宗教成敗，最直截了當的方式就是計數信徒的數目。為什麼在今日世界，天主教徒多達十億以上，猶太教徒也有一千四百萬人之多，卻沒有人信奉阿爾比摩尼教派（Albigensian Manichaeans，源於三世紀的波斯，一種將基督教與伊朗馬茲達教義混合而成的哲學體系，強調光與暗、善與惡將永遠敵對、競爭）？

韋爾森接著闡述宗教信徒人數的增減取決於幾個條件。如果信徒生養的兒女數目眾多，子女也都能成為虔誠的信徒，或是讓其他宗教或本來不信教的人信仰自己的宗教，信徒的數目就會增加。如信徒逐漸死亡，沒有新信徒加入，或是信徒改信其他宗教，信徒的數目就會減少。你或許會說：「當然，這是顯而易見的。就算我知道這點，如何能了解為什麼天主教徒的數目遠遠超過猶太教徒？」我們可藉由韋爾森提出的架構，檢視宗教信仰與實踐對信徒人數增減的影響。有些結果顯而易見，有些則比較幽微，但我們可以發現，各種宗教會利用不同的實踐策略來獲致成功。

例如，美國夏克教派（Shaker，一譯震顫教）儘管宣揚平等和禁欲，要求信徒獨身，因此不能利用信徒生兒育女的方式來增加信徒數目，但在十九世紀還是風行一時。數十年來，夏克教派的成功都是靠吸引其他宗教的人改信。反之，猶太教並不要求信徒去拉其他宗教的人，使之改信，還是延續了好幾千年。由於基督教和伊斯蘭教信徒努力拉攏其他宗教的信徒，無怪乎他們的信徒數目遠超過猶太教徒。至於猶太教歷久不墜，可能基於下列原因：信徒生育力高；儘管曾遭迫害，但死亡率低；注重教育以獲得好的就業機會；互相幫助；改信其他宗教者少。而摩尼教派的消失則與其教義有關。阿爾比摩尼教派雖然沒要求信徒獨身，也沒阻止信徒去拉攏其他宗教的人，但其教義與天主教主流相左，致使天主教徒對阿爾比摩尼教徒發動聖戰，將之全部殲滅。

我們還可利用韋爾森的架構來解開西方宗教史的一個大問題：早期基督教在公元一世紀原先只是

一個只有十二個人的小宗派，與之競爭的還是許許多多的猶太教宗派，其教徒如何在短短三百年內激增為三千萬人以上，成為羅馬帝國最大的宗教？基督教在羅馬帝國晚期已發展出相當鮮明的特色，包括：教徒致力傳教，把其他宗教的人拉攏過來（與主流猶太教不同）；鼓勵信徒生育；給女人機會；信徒的死亡率低，以及強調寬恕。雖然馬太福音說：「有人打你的右臉，連左臉也轉過來由他打。」但基督教的寬恕並不是這麼簡單，而是一個視情況而定、複雜的反應體系。研究人員從模擬實驗發現，在某些情況之下，原諒別人對你造成的傷害，很可能對你的未來有好處。

另一個可以探討的例子是摩門教的成功。近兩個世紀，摩門教的發展最為迅速。非摩門教徒常懷疑其起源之說，也就是表9.2所列：摩門教是由約瑟．斯密創立，一八二三年九月二十一日，在紐約州西北靠近曼徹斯特村的一個山丘上，天使摩羅乃向他顯靈，要他把一本寫在金頁片上的經文翻譯出來，這本經典就是《摩門經》。非摩門教徒也質疑見證此一神蹟的十一個人（考德利〔Oliver Cowdery〕、惠特默〔Christian Whitmer〕、佩吉〔Hiram Page〕等人）是否真看到那些金頁片。因此，非摩門教徒不由得好奇：摩門教的起源實在令人難以置信，為何仍能吸引那麼多的信徒？

根據韋爾森的研究，一個宗教能夠成功吸引眾多信徒，與其宣揚的教義是否為真無關，而是那樣的教義與宗教實踐能否激發信徒投入、生育下一代、拉攏其他宗教的人或不信教的人，以及是否能建構一個功能健全的社群。韋爾森論道：「即使是虛假的信仰也能不斷地適應，只要這種信仰激發出來的行為在真實世界具有適應的價值……光是基於事實的知識，無法激發這樣的行為。有時，儘管一個象徵的信仰體系已脫離現實，還是擁有廣大的信眾。」

以摩門教為例，它的教義和實踐對其信徒人口的增加大有幫助。摩門教徒通常有很多子女。他們組成一個關係緊密、互相扶持的社會，人人能過著滿意的生活，也有工作的誘因。摩門教也很愛傳教：年輕摩門教徒必須自願休學，並自費花兩年時間在國內或國外傳教。教徒每年除了繳交聯邦稅和地方稅，收入的十分之一都必須奉獻給教會。這樣付出使得每一個摩門教徒都對自己的信仰非常認真。至於天使向約瑟．斯密顯靈的神蹟以及那十一個見證人，這種陳述和聖經中有關神蹟的描述，除了其中相隔一、二千年，又有什麼不同？

至於很多宗教的偽善，一面宣揚高尚的道德原則，另一面又鼓動信徒殺害異教徒，對此韋爾森有什麼樣的說法？韋爾森認為，一個宗教的成功（或用演化生物學的術語來說，也就是其「適應性」）是相對的，只能透過比較來看。一個宗教的確可利用殺害異教徒，或強迫其改信來增加信徒的數目。韋爾森說：「每次我和別人談論宗教，就會聽到別人忿忿不平地說，有人藉著上帝之名幹了哪些壞事。那些大抵是一個宗教團體對其他宗教團體的迫害。面對這樣的證據，我如何能說宗教有其適應性？其實，如果你從相對的角度來看，那就很清楚。我必須強調，我們可從演化的觀點來解釋某種行為，用不著道德寬宥。」

宗教功能的遞變

最後，我們再回到最初的問題，即關於宗教的功能與定義。我們現在已經了解為何宗教難以定義：因為宗教功能就像魚的發電器官，會不斷地演化。其實，宗教功能的變化甚至比魚的發電器官來得大。魚的發電器官只有六種功能，宗教則有七種功能（左圖9.1）。在這七種功能當中，其中有四種在宗教的某一個發展階段並不存在，在另一階段雖可見五種功能，但這些功能已經式微。有兩種功能在

圖9.1 宗教功能隨著時間遞變

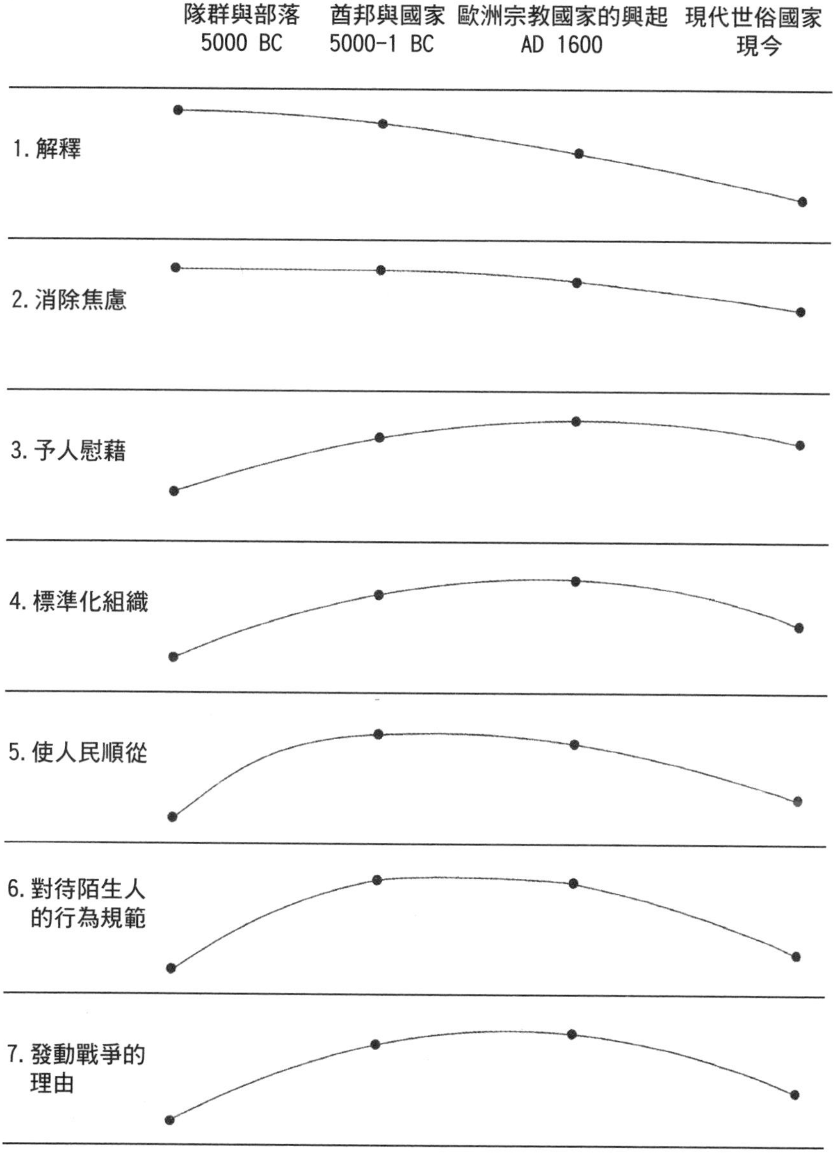

公元前五萬年的遠古達到頂點，但近一千年已經衰退，也就是解釋（第一種），以及面對不可控制的危險透過宗教儀式來消除焦慮（第二種）。其他五種功能在早期尚未存在（第三、四、六、七）或是不明顯（第五種），在酋邦和國家興起之初（第五、六、七）或在歐洲宗教國家興起之時（第三、第四）才登峰造極，之後則走下坡。

鑑於宗教功能遞變複雜，因此要比魚的發電器官難以定義，至少發電器官皆可偵測環境電場，然而沒有單一的特徵可用來形容所有的宗教。或許我可以在表9.1的宗教定義芻議再加上我自己的定義：「我們可藉由宗教來分辨不同的人類社群團體。一個社群團體的宗教具有某一組特色，這些特色可能與其他社群團體的宗教重疊（一到三個），但不盡相同。重疊的特色如解釋、消除焦慮以及予人慰藉。到了酋邦與國家興起之初，宗教則出現標準化的組織，當權者也利用宗教使臣民順服，要人民對信仰同一宗教的陌生人友好，也會以宗教之名來發動戰爭征服信奉異教的國家。」雖然這樣的定義冗長、曲折，至少合乎事實。

至於宗教的未來，那就得看三十年後的世界變得如何。如果全世界的生活水準都提高了，圖9.1列出的七個宗教功能，第一以及第四至第七將會繼續衰頹，但第二和第三個功能很可能還在。我們將繼續從宗教去追尋生存和死亡的意義，儘管從科學的觀點來看，這樣的意義似乎一點也不重要。即使科學能提供正確的意義，而宗教給我們的意義虛幻不實，很多人還是寧可選擇宗教。反之，如果全世界陷入貧窮，經濟和生活水準低下，動蕩不安，宗教所有的功能都將再度興起（包括解釋的功能）。究竟結果如何，到了我們的下一代將會分曉。

第十章 七嘴八舌

多語現象

我曾和二十個新幾內亞高地人在森林營地待了一個禮拜。某個晚上，我們圍著營火閒聊，說的是當地的幾種語言，加上托克皮欽語和摩圖語（Motu）這兩種通用語。如果新幾內亞不同的部落聚在一起，也會像這樣用好幾種語言交談。新幾內亞語言分很多種，如果我在高地行走或開車，大約每前進一、二十公里，就會聽到一種新的語言。我先前待在低地的時候，有位新幾內亞友人告訴我，他住的村子方圓只有幾公里，卻有五種不同的語言。兒時，他在村子裡跟同伴玩耍，也就學會了他們的語言。上學之後，他又學了三種語言。在營地那晚，我因為好奇，繞著營火走一圈，請每一個人說出他會說的語言。

在那二十個新幾內亞人中，每一個人最少會說五種語言，有人甚至會說八到十二種語言，最厲害的則會說十五種語言。新幾內亞人的英語是在學校上英文課學到的，其他語言則是從社交中學到的，而非從語言教科書學習。你或許會以為新幾內亞那麼多語言只是方言。其實不然，當地每一種語言都完全不同，無法互相溝通，有些是像華語那樣的聲調語言，也就是依聲調的相異而表達出不同的語義，有些則是非聲調語言，就像英語，可利用聲調來傳達情緒，但不會影響意義，甚至屬於不同的語族。

反之，土生土長的美國人多半只會一種語言。受過高等教育的歐洲人通常會二、三種語言或更多種，除了母語，其他語言都是在學校學的。新幾內亞人和現代美國人或歐洲人的語言差異，顯示小型社群與現代國家社群不同的語言特點——這樣的差異在未來的幾十年內將會愈來愈明顯。人類傳統社群和現代新幾內亞人一樣，每一種語言的使用者都很少，現代國家社群語言的使用者人數則十分龐大。或許人類傳統社群人口當中很多會兩種語言以上，第二種語言是從社交生活中學習的，起自兒童時期，而非在學校課堂上學的。

很可惜，目前世界上的語言正急速消失。在人類史上，語言消失的速率沒有任何一個時期像今天這樣。照目前的趨勢發展下去，到二一〇〇年，自數萬年前傳下來的語言將有九五％會消失。到時候，目前有半數的語言將會失傳，剩下來的大多數只有還活著的老年人會說，只有少數的語言因代代相傳還能留存下來。現在，每九天就有一種語言消失，研究瀕危語言的語言學家寥寥無幾，很多語言還沒來得及描述、記錄，就已經消失。因此，語言學家就像研究瀕危物種的生物學家，一樣在和時間賽跑。我們的可口可樂文明不斷傳播到地球各個偏遠的角落，很多生物物種漸漸滅絕。很多人都對這樣的現象憂心而提出討論，然而很少人關注語言消失的問題，以及語言與原住民文化存續的關係。每一種語言都是獨特的，語言是思想和言語的工具、文學的載體，也提供獨一無二的世界觀。語言失傳，文化遺產也跟著喪失，這就是我們即將面臨的悲劇。

為什麼今日語言消失的速度如此之快？這要緊嗎？目前語言五花八門的現象對世界整體而言是好是壞，對面臨自己語言瀕危的傳統社群而言，又有什麼樣的影響？我說，語言的失傳是人類社會的悲劇，很多讀者也許不同意。你也許認為語言的分歧、社群之間無法溝通，不但是內戰的導火線，也會阻礙教育，這個世界語言少一點，也可省下不少麻煩，而且語言的多樣性已是昨日世界的特徵，我們應該慶幸現在語言變少了。你或許會說，語言大幅減少，就像部落戰爭、殺嬰事件、棄養老年人、讓人餓死等事例減少，都是好事。

但對每一個人而言，學習多種語言是否有好處，或者有害無益？要學習、通曉一種語言必然得花費很多時間和精力，我們該用這些時間和氣力去學習其他有用的技能？我對傳統社群使用多種語言的現象感到好奇，不知這種多語文化對社群和個人有何價值，我想諸位讀者也很想知道答案。不知諸位讀完本章之後，是否會想讓你的孩子學習兩種語言，或者認為全世界最好統一只說英語就好了？

全世界的語言總數

在我們探討上述的大問題之前，先來研究一下今日世界到底有多少語言、這些語言是如何發展出來的，以及在哪些地區使用。在現代世界仍被使用的語言總數約有七千種。很多讀者恐怕沒想到世界上的語言如此之多。大多數的人只能說出幾十種語言的名稱，因此絕大多數的語言對我們來說都很陌生。大多數的語言都沒有文字，說這些語言的人住在原始部落，而且人數很少。例如，在俄國以西的歐洲，語言總數不到一百種，但在非洲大陸和印度各有一千種以上的語言。非洲的奈及利亞有五百二十七種語言，而喀麥隆有二百八十六種語言。即使是面積不到一萬五千平方公里的太平洋島國萬那杜（Vanuatu），也有一百一十種語言。世界上語言最多樣的地區是新幾內亞。儘管新幾內亞的面積只比德州大一點，卻有多達一千種語言。

在全世界七千種語言中，前九大語言每一種的使用者皆在一億人以上，總計佔全世界人口的三分之一以上。使用人數最多者無疑是華語，接下來依序是西班牙語、英語、阿拉伯語、印度語、孟加拉語、俄語和日語。如果我們把主要語言定義為在使用人數排行榜的前七十名，也就是百分之一最常用的語言，使用這些語言的人口幾乎佔全世界人口的八〇%。

看來，大多數語言的使用人數都很少。如果我們把全世界將近七億的人口除了七千（語言總數），每一種語言平均約有一百萬人使用。然而，由於前九大語言已囊括三分之一以上的人口，這樣的平均值沒有意義。我們必須找出語言使用人數的中位數，也就是把所有的語言分成相等的兩部分，其中一半的使用者比中位數小，而另一半比中位數大。我們將發現，全世界有半數的語言使用者只有幾千人，很多甚至只有六十人到二百人。

討論了語言的數目以及語言使用者的人數之後，我們不得不面對這麼一個問題：一種獨特的語言和方言的差別在哪裡？以相鄰的兩個社群而言，如果用各自的語言互相溝通，雙方可理解的程度可能是一〇〇%、九二%、七五%、四二%或是零（完全無法溝通）。一般而言，語言與方言之間可以相互了解的程度約是七〇%。如果相鄰的兩個社群互相溝通，可了解彼此話語的七成，照上面的定義來看，可能是說同一種語言的不同方言。如果相互了解的程度少於七成，則雙方說的是不同的語言。

即使這樣的定義十分簡單，而且是我們任意選擇的，實際應用起來仍會碰到很多問題。例如，有八個相鄰的村落ABCDEFGH，每一個村落也許都了解左右相鄰兩個村落說的方言，但在此方言鏈兩端的A村落和H村落，就難以理解彼此的話語。另一個問題是，兩個相鄰社群語言使用的不對等：A社群的人大致可以了解B社群的人在說什麼，但B社群的人卻聽不懂A社群說的話。例如曾有會說葡萄牙語的友人告訴我，他們聽得懂別人說西班牙語，但會說西班牙語的友人卻告訴我，他們聽不懂葡萄牙語。

以純語言學來區別語言和方言有兩種問題。比較大的問題是，這樣的區別不只涉及語言的差異，還必須考慮政治與族裔的不同。例如，語言學家常說一個笑話：「有軍隊做後盾的方言就是語言。」一雖然說西班牙語和義大利語的人了解彼此話語的程度不到七〇%，應被視為不同的語言而非方言，我的西班牙友人和義大利友人卻告訴我們，他們可以互相溝通，如果能先稍稍練習一下，又更好了。不管語言學家怎麼說，每一個人還是認為西班牙語和義大利語為兩種截然不同的語言，因為說這兩種語言的人，一千多年來皆有自己的軍隊、政府和學校系統。

反之，很多歐洲語言雖然因地區之隔而大有不同，不同地區的人因此無法溝通，然其國家、政府還是強調這些只是方言。例如，我有朋友住在北德，就完全聽不懂巴伐利亞地區的人說的話。北義的友人也是，他們到了西西里，聽當地人說話就像到外國一樣言語不通。但是他們的國家政府仍然堅持，既然在同一國，這些只是不同地區的方言，不管方言之間是否能夠溝通。

六十年前，歐洲國家之內的地區差異更大。之後，因為電視的問世與人口的遷徙，方言造成的隔閡才慢慢瓦解。例如一九五〇年，父母帶我和姊姊蘇珊去英國葛蘭森丘（Grantham-Hills）訪友。那裡是在東英吉利亞一個叫貝克爾斯（Beccles）的小鎮上。我父母和朋友聊得起勁，我和姊姊則無聊得發慌，於是走到外頭蹓躂，欣賞這個迷人的古鎮。我們在大街小巷間穿梭，不知轉了幾個彎，突然發現迷路了。我們在街上看到一個人，於是問他回葛蘭森丘要怎麼走。那男人顯然聽不懂我們的美國口音，就算我們講得很慢，一個字、一個字地說，他也不知道我們在說什麼。但他看得出來我們兩姊弟迷路了，也抓到關鍵字「葛蘭森丘」。他講了一大堆，我和蘇珊連一個字都聽不懂，不相信他說的是英語。我們跟著他比的方向前進，走了一段路終於看到一棟比較熟悉的房子，再過去就是朋友家了。近幾十年，由於電視的普及，英國各個地區的方言，包括貝克爾斯方言，最後幾乎都被標準英語同化了。

如果我們不考慮政治和軍事因素，以相互理解度七〇％這樣嚴格的定義來區分語言和方言，就像我們為新幾內亞的語言和方言下定義，那麼有一些義大利「方言」其實可以算是語言。如果義大利方言經過重新定義，變成語言之後，義大利的語言多樣性是否可與新幾內亞媲美？其實，還差得遠呢。如果新幾內亞每一種語言平均有四千個使用者，每一種義大利「方言」也有相同數量的使用者，義大利將有一萬種語言。各種義大利方言的擁護者也許可稱他們的方言為語言，但再怎麼算，也只有幾十種，沒有人可說義大利有一萬種不同的語言。以語言多樣性而言，義大利還是遠比不上新幾內亞。

語言的演變

我們為什麼不是說同一種語言？為什麼世界上的語言多達七千種？打從幾萬年前開始，由於傳統社群與鄰近社群經常接觸，如通婚或貿易，語言會互相借用，也會模仿彼此的行為，語言的差異很可能漸漸消失。但事實不然，語言的差異、分歧依然存在。

四十歲以上的人應該都會注意到在近一、二年間語言已經有了變化，有些字詞已經沒有人用，有些字是新創造出來的，還有一些字的發音和過去不同。例如，一九六一年我曾在德國住過一段時間，後來再去德國，對一些新字感到很陌生，年輕德國友人於是為我解釋。像「*Händi*」（手機）這個字則在一九六一年尚未出現，而我使用的舊式德語有些已經沒有人說了，如「*jener/jene*」（意為「那個／那些」）。儘管如此，我和年輕德國朋友還是能互相溝通。同樣地，四十歲以下的美國人也許不知道

「ballyhoo（吹牛）」這個字眼，但現在年輕人常掛在嘴上的「to Google」與Googling，在我小時候，這個字根本不存在。

源於同一語言社群、地理位置獨立的兩個社群，其方言各自經過幾百年的發展，最後可能會出現溝通困難。雖然美式英語與英式英語的差別不大，魁北克的法語與法國都會區的法語兩者的音調與辭彙就有相當大的差異，而南非荷蘭語與荷蘭的荷蘭語差距更大。兩個方言社群各自發展二千年後，儘管有些相似之處，最後可能完全無法溝通，如源於拉丁文的法語、西班牙語和羅馬尼亞語，或是源於原始日耳曼語的英語、德語及其他日耳曼語。經過一萬年的演變後，語言差異之大可能讓大多數的語言學家認為，它們分屬沒有任何關聯的語族。

因此，不同社群的人使用的字彙和發音，經過一段時間之後會有變化，語言之間的差異於是愈來愈大。問題是，原本獨立、隔離的社群跨越語言的藩籬、互相接觸之後，語言為何不會融合？以現代的德國和波蘭為例，有些波蘭村莊離德國村莊很近，但村民依然說波蘭語或德語，而不說混雜德語和波蘭語的語言。為什麼？

人類語言的基本功能就是社群認同：一旦你開口對別人說話，與你同一社群的人立刻知道你是「自己人」，然而混雜語無法滿足這樣的功能。這或許是混雜語最主要的缺點。例如戰時的間諜只要穿上敵軍的制服，就可偽裝成敵軍，然而一開口說話，就可能會被識破。和你說同樣語言的人和你是同一國的：他們把你當作同胞，會支持你，至少不會立刻懷疑你，然而你要是說起話來怪腔怪調或是說另一種語言，很可能被當成是危險的陌生人。因此，我們可利用語言立即辨識朋友和陌生人。你可以想像下次你去烏茲別克，你站在陌生的街道，突然聽到後方傳來家鄉話的口音，是不是會覺得驚喜？對古老的傳統社群而言，這種敵我之分尤其重要，這種分辨甚至攸關生死（參看第一章）。如果你要與某個社群接觸，進入他們的地盤，至少要會講他們的語言，他們才會對你友善。如果你在兩國的邊境講混雜語，雖然兩邊的人能大致了解你在說什麼，但不會把你看成是「自己人」，你也不能指望任何一邊會歡迎你、保護你。這或許就是為什麼世界上的語言社群傾向分裂，各自擁有自己的語言，而非全世界都講同一種語言或屬於同一個方言鏈。

語言多樣性的地理條件

語言在世界上的分布極不平均：約有半數的語言集中在全世界地表面積的一〇%。語言多樣性最小的就是在全世界面積最大的三個國家：俄國、加拿大與中國，各自擁有一千七百萬平方公里、九百九十萬平方公里和九百五十萬平方公里的土地，但本土語言各只有一百種、八十種和三百種左右。但就語言多樣性最大的國家，新幾內亞和萬那杜，雖然面積各只有七十八萬平方公里和一萬四千平方公里，本土語言卻多達一千種和一百一十種。這意謂在俄國、加拿大與中國，每十七萬平方公里、十二萬六千平方公里和三萬一千平方公里才有一種語言，但在新幾內亞和萬那杜，每七百七十平方公里和一百零八平方公里就有一種語言。為什麼世界各地區語言多樣性有如此大的差異？

語言學家認為語言多樣性的因素主要有三：生態環境、社會經濟和歷史因素。語言多樣性——即每平方公里的語言數目——可能有許多因素，而且互有關聯。因此，我們不得不採用統計學的方法，如複迴歸分析（multiple regression analysis），檢視哪些因素是確實會影響語言多樣性的主要因素，哪些只是連帶因素。例如，有人發現勞斯萊斯汽車與其車主的平均壽命有相關性：勞斯萊斯車主平均壽命比開其他汽車的人來得長。這不是勞斯萊斯汽車能延年益壽，而是勞斯萊斯車主一般而言比較富有，可自費取得更好的醫療，使他們活得比較久。

生態環境有四個因素與語言多樣性關係緊密，也就是緯度、氣候的變異性、生物產能，以及當地的生態多樣性。首先，語言多樣性從赤道到兩極會逐漸變小。如果其他條件相同，熱帶地區的語言將比高緯度地區來得多。第二，在任一緯度之下，氣候變異性愈大，語言多樣性則愈小。氣候變異性指的是一年內的四季變化或是從一年到下一年的氣候變化，前者通常是有規則的變化，後者則是無可預期的。例如，在終年潮濕的熱帶雨林，語言多樣性較大，而在四年分明的熱帶草原，語言多樣性則比較小。（四季的變化至少也算是部分原因，在四季比較不分明的熱帶地區語言多樣性比較大，而在四季分明的高緯度地區，語言多樣性則比較小。）第三，在生物產能高的環境之下，語言多樣性較高，如雨林區的語言多樣性就比沙漠區來得大（沙漠區等生物產能不高的環境季節變異性也比較大）。最後，生態多樣性顯著的地區，語言多樣性也比較大，如高山地區的語言多樣性就比平地地區來得大。

上述四點只是生態環境與語言多樣性的關聯性，而非解釋。造成語言多樣性增大的原因可能是人口數目、人口的移動與經濟策略。首先，一個語言社群的人口眾多，如多達五千人，語言就比較能延續下去，若是只有五十人，使用者逐漸凋零或是放棄這樣的語言，語言就很可能會消失。因此，生物產能低的地區，由於能餵養的人口有限，語言就比較少，否則就需要比較大的土地面積。在北極或沙漠地區，要讓一個社群生存下去，必須要有二、三萬平方公里的土地，然而如果在生物產量高的地區則只需要幾百平方公里的土地。其次，一個地區每季或每年氣候愈恆常，一個語言社群就可安然定居下來，過著自給自足的生活，不必定時遷徙或是和其他社群交易生活必需品。最後，生態多樣性豐富的地區就能餵養很多不同的語言社群，各社群根據當地生態特色採行最適合自己的生計。例如，牧人在山上討生活，漁夫在低地的河流捕魚，各在不同的高度和棲地營生。

因此，我們可從生態因素了解為何新幾內亞雖小，語言數量卻比俄國、加拿大或中國等大國多五到十倍。新幾內亞位於赤道地區，氣候的變化很小，土地潮濕、肥沃而且富有生產力。新幾內亞人不會隨著季節而遷徙，生活所需光靠一小塊土地就夠了，必須交易之物只有鹽，以及製作工具的石材或是貝殼和羽毛之類的奢侈品。新幾內亞地形崎嶇、生態環境多變，除了有高達五千公尺的山脈、河流、湖泊、海岸線、草原，還有森林。有人可能會質疑，中國和加拿大的山更高、更廣，為何語言數目這麼少。但新幾內亞處於熱帶地區，即使在海拔二千四百公尺以上的山區，終年都能耕種，人口密度高；反之，在中國和加拿大高海拔地區，氣候酷寒，人口密度低（如西藏）或是杳無人煙。

除了上述生態因素，還有社會經濟和歷史因素。狩獵—採集語言社群雖然人口數目少，但其生活、活動範圍較農業語言社群來得大。如澳洲原住民完全以狩獵—採集為生，每一種語言涵蓋的土地面積平均是三萬一千平方公里，而鄰近的新幾內亞多是農夫，每一種語言涵蓋的土地面積大約只有七百七十平方公里。我曾在印尼巴布亞省進行研究，發現住在那裡的幾乎都是農夫（中央高地）和狩獵—採集族群（湖泊平原區），各約有二十四種語言。狩獵—採集族群的語言每一種平均只有三百八十八個使用者，而農夫使用的語言每一種平均有一萬八千二百四十一個使用者。會有這樣的差異，主要是因為狩獵—採集族群能採集的野生植物有限，生產力低，人口稀少，而農夫社群得以利用土地資源，從園圃和果園種出大量可以食用的植物，養活大量的人口。即使生活在完全相同的環境之下，狩獵—採集族群的人口密度只有農夫社群的十分之一到百分之一。

至於和語言多樣性有關的社會經濟因素則是政治組織。人類社群從隊群發展到國家，組織的複雜度愈高，語言多樣性則愈小。像美國這樣龐大的國家，只有一種語言，也就是英語。過去，全世界只有以狩獵—採集做為生計的隊群或部落時，語言已有好幾千種，人口卻只有今日美國人口的三十分之一。五百年前，住在現今美國土地上的是美洲原住民，他們過著隊群、部落或酋邦生活，語言也有好幾百種，直到今天，已被英語取而代之，我們已聽不到那些語言。我們已在序曲討論過這樣的事實：一個社群人口愈多，其政治組織的複雜度就愈高。如果一個社群只有幾十個人，所有的人都可坐下來談，以做出決策，不需要領導人，但是一個社群要是有幾百萬人，就需要領導人和官僚。國家的語言擴張，是以被征服或被納入的族群的語言為犧牲。語言擴張不只是有利於一國的管理和統一，被統治的個人也會自動採用該國語言，以獲取經濟和社會機會。

還有一個影響語言多樣性的因素，也就是歷史。語言多樣性可能隨著歷史發展而變小。世界各地區已被所謂的「語言壓路機」（language steamrollers）不斷掃過多次。語言壓路機是指某一個社群挾其人口、食物或科技的優勢進行擴張，征服鄰近社群，將當地的人驅逐、殺害或使他們改說自己的語言。史上有不少這種語言壓路機的例子，我們最熟悉的如強大的國家征服非國家社群。近幾百年的例子如下：歐洲勢力的擴張，取代了美洲原住民的語言；英國征服澳洲，使英語得以取代澳洲原住民的語言；俄羅斯在烏拉山脈和太平洋地區的擴張致使西伯利亞原住民的語言消失。根據史料，古代也有不少帝國發動語言壓路機去攻佔其他地區，如羅馬帝國在地中海盆地和西歐的擴張消滅了義大利中西部的伊特魯里亞語（Etruscan）、大陸凱爾特語（Celtic）等語言。馬雅文明和印加帝國的擴張，也使南美安地斯高原的魁楚亞語（Quechua）和艾馬拉語（Aymara）消失。

非語言學家比較不熟悉的是史前時代的語言擴張。根據語言學與考古發現，史前時代的農夫也會佔據狩獵－採集族群。如班圖農夫和南島農夫的擴張，分別取代狩獵－採集族群在亞赤道帶非洲和亞洲南島地區使用的語言。即使狩獵－採集族群也會因為科技改良而有能力征服其他狩獵－採集族群，如一千年前伊努特人利用狗拉雪橇和皮筏往東擴張，跨越加拿大極圈地區。

我們可從歷史上的語言擴張發現，有些地區因為地理障礙少，因此多次被語言壓路機壓過，該地區語言多樣性因此變得很小。經過一段時間之後，入侵的語言分化為幾種方言，最後再演變成語言，然而所有的語言仍關係緊密。如在一千年前伊努特人擴張之時，來自阿拉斯加的東伊努特人與格陵蘭人雙方言語仍能互通，是屬同一種語言的方言。這種現象是發生在語言擴張的早期階段。至於二千年前，羅馬帝國擴張之後，同屬義大利語族的法語、西班牙語與羅馬尼亞語等雖然相似，但已無法溝通，這種現象則是在語言擴張的中、晚期。幾百種語言和班圖語的關係亦然。六千年前南島語族的擴張也是，但又屬於更晚期。至今，南島語族已衍生出一千多種語言，可分八個支系。這些語言之間的相似處很明顯，足證彼此關係緊密。

語言學家尼克爾斯（Johanna Nichols）稱容易被語言壓路機壓過的地區為「語言擴張區」，與之相對的則稱之為語言「殘留區」或「庇護區」：如地形險峻的高山地區或偏遠之地，其他國家等外人難以攻佔之地，當地的語言社群得以存活，語言也隨之保留下來。像高加索山區有三種獨特的語族因此得以延續；在澳洲原住民的二十七種語族中二十六種都在澳洲北部；加州印第安人約有八十種語言分屬六至二十二個語族；新幾內亞一千種左右的語言則可分為數十個語族。

因此，我們現在得以更了解為什麼新幾內亞的語言和語族數目高居世界之冠。除了先前提到的生態因素——氣候變異性小、採定居生活型態、生物產能高得以推升人口密度、生態多樣性大使人可採用不同的謀生方式——還有經濟社會和歷史因素。新幾內亞傳統社群未曾發展成國家政府，因此沒被國家發動的語言壓路機壓過，得以保持語言多樣性。再者，新幾內亞有很多叢山峻嶺，高地農夫的語言擴張（即所謂的跨新幾內亞語系〔Trans-New Guinea language phylum〕也難以消除其他語系。

傳統社群的多語使用

我們已知為何全世界的語言從傳統社群演變至今已多達七千種，也了解狩獵－採集族群與小型農夫社群語言雖多，但每一種語言的使用者很少，無法與現代國家社群相比。至於雙語與多語的使用呢？如果與現代國家社群相較，傳統社群使用雙語的現象是否更為普遍？雙語（或多語）和單語其實要比語言和方言更難定義清楚。如果除了母語，你的第二語言也說得很流利，就可算會雙語嗎？如果你的第二語言說得不好，也能算會雙語嗎？要是有一種語言你只會閱讀而不會說（如我們在學校學的拉丁文和古典希臘文），這樣的語言也算嗎？如果你不會說，但是可以聽得懂，也算會那種語言嗎？在美國移民家庭出生的孩子通常可以了解父母的母語，但不會說，新幾內亞人對語言的分辨也很清楚，有些是他們會說，也聽得懂的，有的則是只會聽，不會說。由於雙語的定義莫衷一是，我們難以取得全世界的雙語使用頻率比較資料。

儘管如此，我們也不必灰心，而忽略這個主題。關於雙語的使用還是有很多軼事或傳聞可供參考。大多數土生土長的美國人，如父母只會說英語，顯然他們覺得只要會英語就夠了，不必學習外語。大多數美國移民都會學習英語，而大多數只會說英語的美國人其配偶也只會說英語。至於歐洲，大多數的國家雖然只有一種官方語言，很多土生土長的歐洲人及其父母在學齡前也只學習這種語言。然而，歐洲國家與美國相比，不但面積小，經濟、政治和文化也難以獨立，因此大多數受過高等教育的歐洲人在學校都會學習外語，而且都可說得很流利。例如北歐很多百貨公司的店員外套都會別上幾個國家的國旗胸章，代表他們會說的外國語，以協助外國顧客。儘管如此，在歐洲多語的學習與使用也是二十世紀中葉才有的現象，主要是因為歐洲居民教育程度的提升、二次大戰之後經濟與政治的融合，加上英語媒體的推波助瀾。在此之前，歐洲各國還是以單語為主，這是因為國家語言社群龐大，語言使用者通常多達好幾百萬人，而且各國都傾向政府、教育、商業、軍事或娛樂都使用唯一的官方語言。如下面即將討論的，國家也有可能在自己語言擴張之時，致使其他語言消失。

反之，傳統小型社群經常使用多種語言，語言也容易傳播。原因很簡單。傳統語言社群都很小（人數約莫只有幾千人或更少）而且生活區域不大，相鄰的幾個社群通常都講不同的語言，因此他們必須經常與說不同語言的人打交道，以進行交易、協調結盟、取得資源或是通婚，因而必須說兩種或多種語言。他們通常從兒時就開始學習第二種語言或更多語言，有的是在家裡學的，有的則是從社交生活中學到的，而非透過正式學習。就我個人的經驗，新幾內亞鄉下的傳統社群往往通曉五種以上的語言。下面再以澳洲和熱帶南美的原住民為例來補充說明。

澳洲原住民總計有二百五十個語言團體，皆以採獵—採集維生，平均每一種語言有一千個使用者。根據可靠的研究，大多數過著傳統生活的澳洲原住民至少會說兩種語言，大多數都會說好幾種語言。其中一項研究是由人類學家薩頓（Peter Sutton）在約克角半島（Cape York Peninsula）的奇威爾岬（Cape Keerweer）進行的。當地有六百八十三人，可分成二十一個氏族，每一氏族平均為三十三人，語言形式各有不同。他們的語言共有五種，加上七種方言，每一種方言平均有五十三個使用者，每一種語言則有一百四十個使用者。該地的原住民至少會五種不同的語言或方言，一個原因是每一個語言社群非常小，另一個原因則是因為配偶來自不同的語言社群。六〇%以上的夫妻說不同的語言，另外一六%雖然說的是不同的方言，但屬於同一種語言，只有二四%說的是同一種方言。

由於在奇威爾岬有很多社群的成員說不同的語言，他們的談話通常是以多語進行。例如，你去到那裡，可用某種語言或主人的語言說話，不久換回自己的語言，而主人則用自己的語言，如果還有其他賓客在場，你也可用他們的語言對他們說話，看你要對哪一個人說，就使用那人的語言。你也可以藉由語言的轉換來表達下面的意思：「我們沒有不和」、「雖然我們吵架，但我希望雙方平靜下來」、「我為人和善有禮」或「我用這種態度跟你說話，是想侮辱你」。古代的採獵－採集族群也常用多種語言溝通，就像今天的新幾內亞傳統社群。一般而言，語言社群小，配偶常來自不同的語言社群，也常必須與其他語言社群的人來往、交談。

索倫森（Arthur Sorensen）與傑克森（Jean Jackson）則是在亞馬遜盆地西北部哥倫比亞和巴西邊境的佛佩斯河（Vaupes River）一帶進行調查研究。那裡約有一萬個印第安人，他們共有二十一種語言，分屬四個語族。這些印第安人都在熱帶雨林的河流旁以務農、捕魚或狩獵維生，文化也很類似。佛佩斯河附近的印第安人和奇威爾岬的澳洲原住民一樣，配偶常來自不同的語言社群，但不同語言社群的通婚比率更高。在傑克森研究的一千對夫妻當中，只有一對或許來自同一個語言社群。那裡的女孩出嫁後，即和丈夫住在一起。因此，夫家的妯娌通常來自不同的語言社群。傑克森發現有一戶人家的三個妯娌就來自三個語言社群，她們生下的孩子除了從小就學習父親和母親的語言，也學習姑姑的語言。因此這戶人家的人都會四種語言，甚至從客人那裡學習新的語言。

然而，佛佩斯河的印第安人只有在熟稔一種語言的字彙和發音之後，才會開口說。他們會小心翼翼地把所有語言說得標準，不會混雜在一起。他們告訴索倫森，他們通常必須花一、兩年的時間才能把新的語言說得流利，非常注重語言的正確性，如在說話時夾雜其他語言則是很丟臉的事。

由上述例子可見，多語在古代人類社群是很稀鬆平常的，至於單語或是學校的外語課程則是現代國家社群才有的現象。當然，這只是基於傳統小型語言社群歸納出來的結論。在某些語言多樣性很小的地區、高緯度或阿拉斯加東部，傳統小型社群仍可能只有一種語言。如果我們要有系統地進行研究調查，必須先為多語的現象或能力立下一個標準、明確的定義。

雙語的好處

接下來，我們再來探討：多語或雙語使用比只會一種語言相比，究竟有益，還是有害？學習外語不只能豐富你的人生，最近科學家還發現有不少令人驚奇的好處。我將先討論雙語學習對個人的影響，後面再來討論雙語學習對整個社會是好是壞。

在現代工業化國家，雙語常引發辯論，特別是美國。二百五十年來，一直有很多移民湧入美國，而且大多數移民的母語皆不是英語。在美國經常有人表示，雙語學習是有害的，特別是移民的孩子，他們不擅長用英語溝通，在以英語為主的美國文化中可說相當不利，所以他們最好放棄父母的語言，只學英語就好了。不只土生土長的美國人很多抱持這樣的觀點，第一代移民父母也是。像我自己的祖父母和我的岳父母，為了讓下一代只學英語，儘可能不在孩子面前說他們的母語，也就是意第緒語和波蘭語。有些美國人基於對外國事務的恐懼與懷疑，對學習外語有疑慮，而不願自己小孩學外語的美國和移民則是擔心小孩同時接觸兩種語言，可能會有混淆的問題，如果只學一種語言應該比較快能學會，語言學習效率高。的確，如果一個小孩學習兩種語言，就得學兩套發音規則、兩套字彙和兩套文法，如果與學習一種語言的小孩投入一樣的時間，每一種語言的學習時間則必須減半。因此有人擔心學習雙語的小孩最後兩種語言都學不好，不如先把一種語言學好。

其實，在一九六〇年代之前，美國、愛爾蘭和威爾斯已針對學習雙語的兒童進行研究，發現這些孩子的語言學習明顯比不上只學一種語言的兒童，不但學習遲鈍，能運用的字彙也都比較少。然而這些研究的解讀因受到其他變因的影響，因此大有問題。特別是在美國，雙語常讓人聯想到貧窮。只會說英語的美國兒童一般來自比較富裕的社區，上比較好的學校，父母教育程度比較高、收入較好，英語字彙也比較多。因此，語言學習會受到社會經濟因素的影響，不能斷定雙語學習本身會造成兒童語言學習能力低下。

晚近，美國、加拿大與歐洲進行雙語學習方面的研究即控制其他變因，研究中的雙語兒童與單語兒童都上同樣的學校、父母社經地位也都差不多。結果發現，雙語兒童與單語兒童通過語言習得里程碑的年齡都差不多（也就是在多大的時候會說出第一個字、第一個句子，或已經會五十個字彙）。根據研究，不論雙語兒童或單語兒童，長大成人之後兩者的字彙量與字詞提取速率也都幾乎一樣，只是單語兒童的英語字彙似乎比雙語兒童要多一〇％。如果我們說：「單語兒童的字彙量比雙語兒童多，前者會三千三百個字彙，而後者只會三千個字彙」，這樣的結論是不對的。其實，雙語兒童的字彙要比單語兒童多出很多，總計有六千個字彙，包括三千個英語字彙與三千個中文字彙，單語兒童則只會三千三百個英語字彙，完全不會中文字彙。

到目前為止，我們還無法從研究得知雙語者與單語者的認知能力差異。我們無法斷言單語者或雙語者誰比較聰明或思考更為敏捷。儘管如此，某些差異還是存在，如單語者的字詞提取速率和說出事物名稱的能力比較強（這是因為他們不像雙語者，不必從不同語言的名稱中撿選）。在這些差異當中，至今認知科學家發現，雙語者的腦部執行能力要比單語者優越。

為了了解腦部執行功能，你可想像你正在過馬路。我們經常接受各種感官訊息的轟炸，包括視覺、聽覺、嗅覺、觸覺、味覺，種種想法也不時浮上心頭。你站在人行道上，除了看到五顏六色的招牌、頭頂上的白雲，也能聽到別人的說話聲、鳥叫的聲音和市囂之聲，感覺到自己的腳踏在人行道上的感覺、手臂的擺動，也想到今天早上吃早餐的時候太太跟你說的話。如果你還沒過馬路，就會比較注意到別人的話語、招牌，或是一直想著太太早上說的話。但是在你過馬路的時候，就必須注意號誌變化、左右來車，小心翼翼地從人行道走下來，準備跨越馬路。此時，你必須抑制九九％的感官輸入和想法，只注意與過馬路有關的一％。這就是腦部的執行功能，也就是所謂的認知控制。神經學家認為在腦部負責執行功能的部位就在前額葉的皮質區。因為腦部的執行功能，你才能對某些訊息特別專注，專心解決問題，從龐大的文字和訊息中提取你所需要的訊息。因此，腦部執行控制是非常重要的功能。兒童腦部執行能力發展的黃金時期則是在零歲到五歲階段。

單語者聽到一個字詞，只需與僅有的字詞庫比較，找出那個字詞。但雙語者首先必須把腦中的兩個字詞庫分開，聽到一個字詞的時候必須立刻判定出自哪個字詞庫，然後依據該字詞庫的規則來解讀那個字詞的意思。例如會西班牙語和義大利語的都知道「burro」這個字，但此字在西班牙語中意為

「驢子」，在義大利語中則為「奶油」。每一個雙語者在說話的時候，都必須依據對話當時使用的語言來決定使用哪一種語言的字彙。說多種語言的人，就像前述北歐百貨公司的店員，每幾分鐘就得依據語言的不同來轉換語言規則。

談到多語者的腦部執行控制，我就想到自己的經驗。我於一九七九年到印尼進行調查研究時開始學印尼語。在此之前，我已在德國、祕魯和巴布亞新幾內亞各待過一段時間，因此會講德語、西班牙語、托克皮欽語，當然還有我的母語英語。這些語言我都分得一清二楚，絕不會混淆。我也學了俄語。由於我不曾在俄國待過，因此沒有長時間說俄語的經驗。我和我的印尼朋友開始交談後不久，我就發現我要用印尼語說某一個字，不知怎麼卻用俄語說了。印尼語和俄語完全不同，我到底是怎麼回事？我說英語、德語、西班牙語或托克皮欽語則分得一清二楚，完全沒有這樣的問題。我在印尼待了一段時日之後，終於可以把俄語控制好，不會在說印尼語的時候跑出俄語。

總之，雙語或多語人士經常不知不覺地運用執行控制能力。他們在說話、思考或聽別人說話時，都必須鍛練自己的執行控制能力。我們都知道熟能生巧的道理，不管是運動、藝術演出或做某件事的能力都是如此。問題是，雙語者增進的是哪些技能？雙語者是否只是語言轉換的技能比較好？雙語使用是否真有好處？

最近研究人員設計了一套測驗，以比較雙語者與單語者的問題解決能力。他們研究的對象從三歲大的兒童到八十歲的老人都有。結論是，在所有人當中，雙語者只有在解決某一類問題時表現得比較強。例如，研究人員給兒童看一系列的圖片，上面是一隻小白兔或一艘船，顏色不是紅的就是藍的，有時圖片上還有一顆金星，有時則無。研究人員指示：如果看到金星，兒童就必須記得按照顏色來分類，如果沒有金星，那就照圖案來分類。如果規則不變，單語者和雙語者的表現都一樣好，然而若是規則生變，單語者的表現則不如雙語者。

在另一項研究中，兒童坐在電腦螢幕前，如螢幕左邊突然出現紅色方塊，則按鍵盤左邊那個紅鍵，要是螢幕右邊突然出現藍色方塊，則按鍵盤右邊的藍鍵（亦即紅色都是在左邊，藍色都是在右邊）。在此規則之下，雙語和單語兒童的表現都一樣好。但是如果藍色方塊換成在螢幕左邊出現，規則有所變動之後，雙語兒童的表現則比單語兒童好。

科學家一開始認為，雙語者在這類涉及規則變化與訊息混淆的測驗表現的優勢只能運用在語言方面。然而，後來發現這樣的優勢也能運用在非語言方面，如空間、顏色和數量（如前述的兩個例子）。但這並不能證明雙語者不管做什麼都勝過單語者：其實，只要規則不變或沒有會產生混淆的線索，兩者的表現一樣好。只是人生規則變化無常，而且時常出現誤導訊息。如果雙語者在上述測驗的優良表現也可運用在複雜而充滿變化的真實生活，對雙語者來說將是很大的優勢。

最近也有研究人員以嬰兒為對象進行有趣的比較試驗。你或許會覺得測試嬰兒的「雙語能力」是無稽之談，因為嬰兒還不會說話，如何說他們是雙語或單語寶寶。再說，嬰兒也無法依照研究人員的指示進行卡片分類或按鍵盤。其實，嬰兒早在會開口說話之前，已有分辨不同語音的能力，例如他們可以分辨一種語言當中的母音和子音，不管那語言是不是他們的母語。但從出生到一歲的階段，他們沉浸在母語的環境中，漸漸失去分辨非母語語音的能力，對母語的辨識則更加敏銳。例如英語字音中的兩個流音「l」和「r」是不同的，日語則沒有這種分別。這也就是為什麼日本人說英語發音常會出現問題，像「lots of luck」聽起來像是「rots of ruck」。反之，日語的母音有長短音之分，英語則無。然而，日本嬰兒還是能區分「l」和「r」，而英語國家的嬰兒也能分辨長母音和短母音，但過了一歲之後，這樣的分辨就沒有意義了。

最近還是有人對所謂的「雙語嬰兒」進行研究，也就是父母的母語不同，但打從嬰兒出生那天開始，父母就決定用自己的母語跟寶寶說話，讓寶寶在雙語的環境下成長，而非只聽到一種語言。即使雙語嬰兒還不會說話，其執行功能是否比單語嬰兒優越，比較能因應規則變化和訊息混淆？如果嬰兒還不會說話，我們又要如何評估他們的腦部執行能力？

科學家柯瓦克斯（Ágnes Kovács）和梅勒（Jacques Mehler）曾在義大利的第里雅斯特（Trieste）針對七個月大的單語嬰兒和雙語嬰兒進行一項創新的比較研究。雙語嬰兒接觸到的語言除了義大利語，還有斯洛維尼亞語、西班牙語、英語、阿拉伯語、丹麥語、法語或俄語（亦即他們聽到的一種語言來自母親，另一種則來自父親）。這些嬰兒接受訓練和制約後，如果做對了，電腦螢幕的左邊就會冒出一個可愛的布偶以做為獎勵。嬰兒轉頭看那布偶，總是露出高興的樣子。研究人員會對那些嬰兒說一個沒有意義、含三個音節的字，結構如AAB、ABA或ABB（例如：*lo-lo-vu*、*lo-vu-lo*、*lo-vu-vu*），但其中一組出現的時候（如*lo-lo-vu*），布偶才會出現在螢幕上。經過六次試驗之後，不管單語嬰兒或雙語嬰兒聽到「*lo-lo-vu*」都會轉向螢幕左邊，期待布偶的出現。接下來，實驗者改變規則，使布偶從螢幕右邊冒出來，也把會使布偶冒出的那個字改成「*lo-vu-lo*」。雙語嬰兒在六次試驗之內就知道規則改變，做出正確反應，但單語嬰兒即使做了十次，還是按照以前的規則反應，在聽到「*lo-lo-vu*」的時候看電腦螢幕左邊。

語言學習與阿茲海默症

我們可從上面的研究結果推測，雙語者不只是會區分「*lo-lo-vu*」和「*lo-vu-lo*」，在今日這個規則萬變的混亂世界應比單語者具有某些優勢。然而，在各位讀者下決定用不同語言對幼小的孩子或孫子說話之前，也許該去尋找進一步的證據，證明雙語的確有其益處。但科學家的確已證實雙語的學習與使用，對延緩阿茲海默症等老年失智症有幫助。由於每一個人都會老，各位大概會對這樣的發現更感興趣。

阿茲海默症是最常見的一種老年失智症，七十五歲以上的老人約有五%罹患此症，八十五歲以上者更多達一七%。阿茲海默症最初的症狀是健忘和短期記憶力減退。此一疾病是不可逆的，而且沒有藥物可以治癒。從確診之日算起，患者約還有五年到十年的壽命。阿茲海默症與腦部的損害有關，死後屍體解剖或在生前接受腦部掃瞄造影就可發現腦部萎縮以及某種蛋白質的沉積。不論藥物治療或疫苗注射都無法治療這樣的疾病。科學家發現，積極用腦而且注重身體鍛練的人得失智症的機率較低。這樣的人可能教育程度比較高、工作難度高、有著活躍的社交生活、注重休閒，而且常做運動。人在開始老化之時，腦中有一種名為乙型澱粉樣蛋白的蛋白質斑塊會在神經細胞的外部堆積。這段潛伏期很長，從開始堆積到出現症狀可能長達二十年。我們不禁好奇：如果保持心智和身體的靈活度是否有助於保護腦部，比較不會那麼快出現阿茲海默症？常動腦是不是能避免蛋白質斑塊的累積，或者這樣的人具有預防阿茲海默症的基因優勢？由於身體和心靈的鍛練或許可避免像阿茲海默症的退化性疾病，因此有人常鼓勵老年人多打橋牌、玩數獨或具挑戰性的線上遊戲。

曾有科學家在加拿大多倫多一家診所以四百個病人為研究對象。病人大都已七十幾歲，經醫師診斷罹患阿茲海默症等失智症。研究發現，雙語病人發病的年齡比單語病人晚四、五歲。由於加拿大人平均壽命為七十九歲，在七十幾歲時晚四、五年發病等於罹患阿茲海默症的機率得以減少四七%。雙語與單語兩組病人職業地位相當，但雙語病人的平均教育程度略低。另一個令人好奇的發現是，腦部造影顯示儘管雙語病人與單語病人腦部萎縮的程度相同，但雙語病人認知能力的受損程度要比單語病人來得少。顯然，雙語可為腦部萎縮者帶來一些保護效果。

一個人可能在遺傳（基因）因素的影響下接受更好的教育，社交生活也比較活躍，所以比較不會那麼早出現阿茲海默症。但一個人使用雙語與基因無關，可能是在幼年階段或是在阿茲海默症病灶發展之前的幾十年決定的，通常是因為在雙語社會中成長，或者父母是來自異國的移民，因此說不同的語言。由於雙語者比較不會出現阿茲海默症，可見雙語的學習與使用有助於預防阿茲海默症。

雙語者究竟為什麼會有這樣的效果？簡而言之，就是「用進廢退」。大多數身體系統如果多使用，功能就會變得更好，不用的話，功能便會退化。這就是為什麼運動員和藝術家必須不斷地練習。因此，科學家和醫師一直鼓勵阿茲海默症病人多動腦，如打橋牌、玩數獨或線上遊戲。但是一個人就算對橋牌和數獨再入迷，也無法一天到晚都在做這樣的事。雙語者則不同，他們在清醒的時時刻刻都必須進行語言的練習與轉換。例如，不管說話、思考或解讀聽到的話語，他們的大腦必須決定要使用語言A，還是語言B的規則。

然而，還有一些問題目前還沒有答案。如果多學一種語言可得到某種程度的保護，多學兩種是否可得到更多的保護？如果是的話，腦部可得到的保護和語言的數目呈現什麼樣的關係？例如，如果雙語的使用可使阿茲海默症發病時間晚四年，會說五種語言的人，如新幾內亞人、澳洲原住民、佛佩斯河的印第安人或是北歐百貨公司的店員，如果母語不算，那就還會四種語言，如此一來是不是可使阿茲海默症發病時間晚十六年（4×4＝16），是不是甚至可能晚五十年（因為除母語之外多會四種語言難度很高，必須投入的時間不只是四倍）？如果我們不是雙語寶寶這樣的幸運兒，你直到十四歲上了中學才學習第二種語言，你能得到的好處是否和從一出生就接觸雙語的人一樣？想必讀者和我一樣，對答案很感興趣，相信語言學家也是，為人父母者也很想知道。

消失中的語言

世界上的七千種語言形形色色，就像萬花筒的圖案多得令人眼花撩亂。例如，有一天我在太平洋的布干維爾島（Bougainville）進行鳥類研究。我深入叢林，來到羅塔克斯村（Rotokas）附近。村民當我的嚮導，用羅塔克斯語告訴我當地鳥類的名字。我們走著走著，他突然停下腳步，說道：「寇皮皮（Kópipi!）」我從來沒聽過那麼動聽的鳥鳴聲——那鳥的聲音清脆明亮，以兩個音或三個音為一句，音調漸漸升高，聽起來就像舒伯特的樂曲那樣抒情、悅耳。寇皮皮的特徵是長腳、短翼，在此之前西方鳥類學家還不認識這種鳥。

我們邊走邊聊，我漸漸了解布干維爾島山上的「寇皮皮之歌」和當地人說的羅塔克斯語。我的嚮導告訴我每一種鳥的名字，除了「寇皮皮」，還有「庫魯皮」（*kurupi*）、「佛庫皮」（*vokupi*）、「寇皮考」（*kopikau*）、「寇洛洛」（*kororo*）、「凱拉佛」（*keravo*）、「庫魯埃」（*kurue*）、「維夸伊」（*vikuroi*）……我發現只有四個子音出現在這些鳥名之中，也就是「k」「p」「r」和

「v」。後來，我才知道羅塔克斯語只有六個子音，是世界上子音最少的語言，相形之下，英語有二十四個子音，土耳其有一種已經失傳的語言烏比克語（Ubykh）則約有八十個子音。儘管羅塔克斯人只有幾個基本音，還是在新幾內亞東邊、太平洋西南一個小島上的熱帶高山雨林創造出豐富的語彙，溝通起來清晰無礙。

但這種像音樂般動聽的語言已漸漸在布干維爾島和這個世界消失。布干維爾島只有康乃狄克州的四分之三大，島上原來有十八種語言，羅塔克斯語只是其中之一。根據最近一次的估計，說羅塔克斯語的只有四千三百二十人，而且人數漸減。等到這種語言消失，一個長達三萬年的人類溝通與文化發展實驗就此結束。這不只是羅塔克斯語的悲劇，也是大多數語言的宿命。現在語言學家才開始認真估計世界語言消失的速率，並辯論該怎麼做才好。照現今語言消失的速率繼續下去，到了二一〇〇年，今天全世界大多數的語言不是已經消失，就是成了瀕絕的語言，只有還存活的老人會說，沒有任何小孩從父母那裡學習這樣的語言，等到那些老人過世，就沒有人會了。

當然，語言的滅絕並不是近七十年才出現的現象。我們不但可從古代史料得知，也可從語言與人口的分布推論，語言在好幾千年之前已開始消失。我們也可從羅馬時代作者留下的作品、古代碑文和羅馬帝國鑄造的錢幣知道，拉丁文逐漸取代以前在法國和西班牙說的凱爾特語，也取代了義大利境內的伊特魯里亞語、翁布里亞語（Umbrian）、奧斯坎語（Oscan）、法利希語（Faliscan）等。我們也可從保留到現今的古代文本，得知幾千年前在肥沃月彎使用的語文有蘇美語（Sumerian）、胡利安語（Hurrian）和赫梯語（Hittite）等，但這些語言現在已經消失。九千年前，印歐語族開始往西歐擴展，除了庇里牛斯山區的巴斯克語（Basque），歐洲其他原始語言都消失了。由此類推，非洲匹格米族、菲律賓和印尼的狩獵—採集族群、遠古日本人說的語言，已分別被班圖語、南島語言和現代日語取代。必然還有更多的語言悄悄地在這個世界上消失，沒留下一絲痕跡。

儘管我們已有許多過去語言滅絕的證據，現代語言的滅絕有一點和過去大不相同，也就是消失的速率。近一萬年來，很多語言消失了，至今只剩七千種，但再過一百年，我們將只剩只幾百種語言。現在語言會急遽消失主要是受到全球化和國家政府的影響。

以阿拉斯加的二十種伊努特和印第安原住民的語言為例。本來在阿拉斯加南岸還有幾百個印第安人說伊雅克語（Eyak），到了一九八二年只剩兩個人會，也就是瓊斯（Marie Smith Jones）和她的姊姊布羅金（Sophie Borodkin）（圖47），她們的孩子只會說英語。一九九二年，八十歲的布羅金過世，二○○八年高齡九十三的瓊斯也走了，從此伊雅克語就成為絕響。阿拉斯加的原住民語言還有十七種瀕絕，沒有任何孩子會說。雖然老人仍會說那些語言，但是最後恐怕還是和伊雅克語一樣，老人凋零，語言也就跟著失傳。那些語言現在只有幾百個人會說。目前阿拉斯加原住民語言只有兩種還在流傳，一種是西伯利亞優皮克語（Siberian Yupik），約有一千人會說，另一種則是中央優皮克語（Central Yupik），總計還有一萬人會說。

如果你翻看語言學論文，查看語言現在的使用情況，會發現這樣的語句重複出現：「最後一個會說烏比克語的人，哈西歐斯曼（Haci Osman）的埃森（Tevfik Esen）一九九二年十月死於伊斯坦堡。一百年前，在黑海東部的高加索山谷仍有五萬人會說烏比克語。」「加州南部的印第安人庫培諾語（Cupeño）……只有九個人會說（當地社群人口數為一百五十人）……全部超過五十歲……這種語言即將消失。」「以前在智利和阿根廷南部流傳的雅曼納語（Yamana）……至今只有三個女人會說（皆在智利）。她們嫁給西班牙人，孩子都說西班牙語……這種語言目前在阿根廷已失傳。」

全世界語言瀕危的程度不一，處境最危險的是澳洲原住民的語言，那裡本來有二百五十種語言，每一種的使用者都不到五千人。今天，那些語言半數已經消失，大多數還存活的語言只剩一百個使用者，還能傳到下一代的語言則還不到二十種。到了二十一世紀末，頂多只剩幾種。美洲原住民的語言幾乎也一樣危險。北美洲印第安原住民本來有幾百種語言，三分之一已經消失，還有三分之一則只剩幾個老人會說，只有兩種語言（納瓦荷語和優皮克愛斯基摩語）仍可在地方電台聽到。這顯然是今日大眾傳播媒體的一大問題。在中美洲和南美洲的印第安原住民本來有一千種左右的語言，瓜拉尼語（Guarani）是唯一仍有未來的，因為這種語言和西班牙語同是巴拉圭的國語。至於非洲的數百種原住民語言，由於每一種各還有幾萬到幾百萬使用者，當地的小型定居農夫社群仍致力於語言的傳襲，因此目前還不到瀕危的地步。

語言是如何消失的？

語言是如何滅絕的？就像殺人一樣，凶手可能往被害者的頭部猛力一擊，使人當場斃命，或是慢慢地把人勒死，也可能是長期遭到忽視造成的，要消滅一種語言也有許多不同的手段。最直接的一種就是把會說那種語言的人全數殺死。例如，美國加州的雅希族（Yahi，圖29）本來還有四百人左右，住在拉森山（Lassen）附近。一八五三年到一八七〇年間加州淘金熱使得歐洲人紛紛來到這裡。雅希族幾乎全數慘遭殺害，伊席（Ishi）和家人逃到山上才得以保住一命。最後他的家人也死了，只剩他一人，直到一九一一年才重返文明之地，但雅希族的語言已經失傳。又如十九世紀初英國殖民者踏上塔斯馬尼亞（Tasmania），將大多數塔斯馬尼亞人殺害或囚禁，還祭出賞金，每殺害或抓到一個塔斯馬尼亞成人可獲五英鎊，小孩則是二英鎊。塔斯馬尼亞的原住民語言因此全數滅絕。另外，疫病肆虐等非暴力因素也會造成類似的結果。如北美大平原本有數千名曼丹印第安人（Mandan），一七五〇到一八三七年間當地爆發霍亂和天花，奪走許多人命，到了一九九二年，只剩六個老人會說流利的曼丹語。

使一種語言斷根除了殺害說這種語言的人，下一個直接的手段就是禁止說這種語言，違反規定者一律懲罰。如果你想知道，為什麼北美印第安人的語言不是已滅絕，就是瀕絕，請看看美國政府過去採取的語言策略。幾個世紀以來，政府堅持印第安人需要教化，並學習英語，才能從野蠻人變成文明人。因此，印第安人的下一代被送到寄宿學校，只能說英語，說印第安語言則會遭到體罰和羞辱。一八八五年至一八八八年任聯邦印第安事務局局長的亞特金斯（J. D. C. Atkins）解釋道：「教印第安人說方言（即印第安語言）不但對他們沒有用處，對他們的教育和文明反而有害。因此，只要在聯邦政府的管轄之下，任何印第安人的學校都不許說方言……我們的語言（英語）對白人和黑人而言已經夠好了，對紅人應該也一樣。大家都相信，學習野蠻的方言肯定會對印第安小孩造成傷害。印第安人要邁向文明，第一步就是棄絕愚蠢的習俗並學習英語。」

一八七九年，日本用武力吞併琉球國，使琉球國滅亡，設置沖繩縣，宣揚「一個國家、一個民族、一種語言」的政策。琉球兒童從此必須說官方規定的日語，不能再說琉球方言。同樣地，一九一〇年日本帝國將大韓帝國併入版圖，也就是所謂的「日韓併合」。在這段時間，日本禁止韓國學校說韓語，只能說日語。一九三九年蘇聯合併波羅的海國家，也禁止當地的學校教導愛沙尼亞語、拉脫維亞語和立陶宛語，只能說俄語，但當地人民仍在家中講母語，直到一九九一年獨立之後，母語才又變成國語。凱爾特語言除了布列塔尼語（Breton）在歐陸全數滅絕，仍有五百萬左右的法國居民說這種語言。然而，由於法國政府規定中小學不得使用布列塔尼語，目前能說布列塔尼語的人已愈來愈少。

但大多數語言的失傳就像羅塔克斯語在不知不覺之間消失了。一個地區採行定居型態的原始部落不再交戰，在政府的統一管轄之下過著和平的生活，居民會四處遷徙，通婚的例子也變多了。這時，年輕人為尋求工作機會往往遷居到城市，放棄部落語言，跟城裡大多數的人說一樣的語言。來自不同語言社群的夫妻增多，也只能用大多數人使用的語言互相溝通，也教下一代這樣的語言。即使孩子仍學習父親或母親的母語，到了學校也必須跟大家說一樣的語言。即使是留在村落裡的人，為了社會地位、權力、商業利益以及與外界溝通，也必須學會說大多數人的語言。加上工作、報紙、收音機和電視也一面倒地採用大多數人說的語言，因此少數原住民的語言便會漸漸被遺忘，最後就消失了。

會說少數語言的年輕人通常會說雙語，但是他們的子女只會說多數人使用的語言。少數語言失傳的原因有二：一是父母希望子女學習多數人使用的語言，放棄部落語言，好讓子女有更好的就學和工作機會；另一則是子女不想學父母的語言，只想學多數人使用的語言，方便看電視、求學，以及和玩伴溝通。我就曾在美國看到這樣的例子：不少來自波蘭、韓國、衣索匹亞、墨西哥等國的移民家庭小孩只學英語，不學父母的語言。最後，少數族裔的語言只有老一輩的人會說，等他們全數凋零，語言就失傳了。但在語言末日來臨之前，文法通常已經出現變化，很多規則不見了，字彙也為人遺忘，甚至融入了一些外來的字詞與文法特徵。

在世界現存的七千種語言中，有些瀕危程度比其他語言要來得高。語言是否得以延續的一個關鍵是：父母是否把語言傳給下一代。如果不傳下來，那種語言就很可能會消失。語言能代代相傳的因素包括：語言使用者人數龐大；某一族群當中有相當高的人口比例都講那種語言；政府指定該語言為官方語言（國語）或區域語言；語言使用者對語言的態度，以及移民仍然使用原來的語言（如移居至西伯利亞的俄國人、遷至錫金的尼泊爾人，以及湧入巴布亞省的印尼人）。

在所有的語言當中，未來最穩固的就是各主權國家的官方語言。目前，全世界的主權國家共有一百九十二個，但大多數都以英語、西班牙語、阿拉伯語、葡萄牙語或法語為官方語言，只有大約七十個國家選擇其他語言。即使我們把區域語言也算進去，如印度憲法明列二十二種語言為區域官方語言。總計，目前全世界最多有幾百種區域語言得到官方的認可與保護。或許，我們也可把使用者達一百萬人以上的語言列為安全語言，不管該語言是不是官方語言，但這麼一來也只有二百種左右，而且很多都與官方語言重複。有些語言雖然使用者少，但因為受到政府保護而無瀕絕之虞，如法羅群島（Faroe Islands，丹麥海外自治領地）五萬個居民說的法羅語，以及冰島的官方語言冰島語（使用人數約三十萬）。反之，有些語言雖然使用者達一百萬人以上，卻幾乎沒受到政府的支持或保護，因此將來也有失傳的危險，如墨西哥的納瓦特爾語（Nahuatl，使用人數超過一百四十萬）和安地斯山地區的魁楚亞語（Quechua，使用人數約九百萬）。另外，即使一種語言得到國家的支持並不保證能延續下去，例如愛爾蘭語在愛爾蘭漸漸式微而英語日益流行。儘管愛爾蘭政府大力支持愛爾蘭語，學校也用愛爾蘭語來教導學生，愛爾蘭語還是不敵英語。語言學家預估，如按照目前的語言趨勢繼續發展，到了二十一世紀結束，現在的七千種語言很可能絕大多數都會消失或瀕絕，只剩幾百種語言。

世界上的語言愈少愈好？

大規模語言滅絕已是無可避免的事實。很多人心中都有這樣的疑問：這又有什麼了不起的？語言少一點又有什麼壞處？語言多達好幾千種會阻礙溝通、增加紛爭，那才不好吧？因此不少人主張語言應該減少。英國國家廣播電台（BBC）有一回在節目中捍衛瀕絕語言的價值。節目結束後，許多聽眾朋友紛紛表示意見。其中幾則如下：

「這節目的論調實在是傷感得一塌糊塗！語言會面臨死亡，那是因為使用該語言的社會無法傳遞智識、文化、社會動力，因此活力喪失、無法繼續演變。」

「太荒謬了吧！語言的目的是溝通，如果沒有人說，那就沒有存在的必要了。你倒不如去學克林貢語❶。」

「只有語言學家認為世界上這七千種語言有用處。不同語言會造成人與人之間的隔閡、分裂，只有語言相同才能達成四海一家的理想。因此，世界上的語言愈少愈好。」

「人類需要團結，這才是我們努力的方向，而非分成許許多多無法溝通的小部落。如果這個世界有五種語言又有什麼好處？我們大可把這些語言全部記錄下來保存，能學的就學，之後交給歷史就可以。一個世界、所有的人都使用同一種語言、有共同的目標，這樣的世界大同難道不好嗎？」

「在現存的七千種語言中，六千九百九十種都是多餘的。因此，語言消失就算了。」

上述在BBC論壇上贊同世界大多數的語言應該消失的人所持理由主要有二。一是「為了互相溝通，我們需要一種共同的語言。」當然，這點沒錯。不同社群的人要相互溝通，必然需要某種共通語言。但是，這並不表示少數人說的語言（弱勢語言）應該消失。要達到溝通的目的，少數族裔只要學會多數人使用的語言，具有雙語的能力就可以了。例如，丹麥在全世界富國排行榜中名列第七，會說丹麥語的人就是為數五百萬的丹麥人。幾乎每一個丹麥人都會說流利的英語和其他歐語，以和歐洲各國做生意。丹麥人很富有，而且因為能說丹麥語而快樂。如果他們要學英語，變成雙語人士，那是他們的事。同樣地，如果納瓦荷印第安人要學納瓦荷語和英語，也是他們自己的事。他們根本不會要求其他美國人來學納瓦荷語，也不想這麼做。

另一個理由是認為語言不同、無法溝通會造成內戰和種族紛爭，也就是說今天很多國家會陷入內戰，四分五裂都是語言不同引發的。不管今天語言的價值為何，若是大多數的語言遭到滅絕，我們將付出代價。如果我們想要停止殺戮，扼殺語言等於是反其道而行。如果庫德族人不說自己的語言❷，

【譯注】

❶ 克林貢語：Klingon，《星艦迷航記》裡外星人說的語言。這種語言是由美國加州大學柏克萊分校語言學博士馬克歐克蘭（Marc Okrand）發明的。他以「受詞-動詞-主詞」為基本句型，配上六類名詞字尾和十類動詞字尾，再加上一類動詞字首，發明出完整的克林貢語。

❷ 庫德語和波斯語類似，屬於伊朗分支的印歐語系，與閃族語系的阿拉伯語完全不同。

改說土耳其語或阿拉伯語，斯里蘭卡的泰米爾族（Tamil）願意說錫蘭語（Sinhalese），魁北克人不說法語，美國的拉丁裔不說西班牙語，都改說英語，如此一來世界會變得更和平嗎？

聽起來似乎有理，然而單語烏托邦是不存在的：語言差異並非族群紛爭最重要的理由。人只要有偏見，就會以任何差異為藉口來討厭其他的人，包括宗教、政治、族裔、服裝等。第二次世界大戰之後，信奉東正教的塞爾維亞人和蒙特內哥羅人、前南斯拉夫信奉天主教的克羅埃西亞人，和信奉回教的波士尼亞人，儘管彼此都說塞克語（Serbo-Croat）卻互相殘殺，釀成歐洲最慘烈的屠殺事件。自第二次世界大戰之後，非洲最可怕的種族屠殺發生在盧安達。一九九四年，胡圖人（Hutu）屠殺將近一萬名圖西人（Tutsi），和大多數的特瓦族（Twa）——這三個族群都是說盧安達語。二次大戰以來，世界上最慘絕人寰的殺戮則是發生在柬埔寨。說高棉語的柬埔寨人在獨裁者波爾布特（Pol Pot）的命令之下，屠殺一樣說高棉語的柬埔寨人。另外，史達林為了整肅異己，更槍斃了幾千萬同樣說俄語的同胞。

如果你認為為了促進和平，少數人該放棄自己的語言，採用強勢語言，請問你是否也認為少數人該為了和平放棄自己的宗教、族裔和政治觀點？你若是相信人人可有自己的宗教信仰、族裔和政治觀點，這些都是不可剝奪的人權，唯獨語言不是，請問你要如何對庫德族人或講法語的加拿大人解釋？史達林、波爾布特、盧安達和前南斯拉夫，以及不可勝數的實例已經告訴我們，語言統一絕非和平的保障。

在這世界上，每一個人的語言、宗教、族裔和政治觀點都不盡相同，只有互相容忍才能和平相處。儘管過去已有許多戰爭因宗教而起，目前在世界上仍有許多國家的人民可信仰不同的宗教，並生活在和平、和諧的社會之中，如美國、德國、印尼等。同樣地，對語言容忍度高的國家也比較能夠接納說不同語言的人。例如，荷蘭有兩種語言（荷蘭語與弗里西語〔Frisian〕），紐西蘭也有兩種語言（英語、毛利語），芬蘭有三種語言（芬蘭語、瑞典語、拉普語〔Lapp〕），瑞士有四種語言（德語、法語、義大利語和羅曼什語〔Romansh〕），尚比亞有四十三種語言，衣索比亞有八十五種語言，坦尚尼亞有一百二十八種語言，喀麥隆則有二百八十六種語言。有一次我去尚比亞拜訪當地一所中學，教室裡有個學生問我：「請問您在美國屬於哪一族的人？」接著，每個學生臉上都掛著微笑告訴我，他們屬於哪一個部落、說什麼語言。那個班級人數不多，卻有七種語言，沒有人為自己的語言感到羞恥或恐懼，更沒有任何一個人有殺人的意圖。

為什麼要保存語言？

我們已經知道，保存語言沒有什麼無可避免的傷害或麻煩，只是使用雙語的人必須多下一些功夫。他們可以自行決定要不要這麼做。然而，保留語言的多樣性是否真有好處？我們何不保留世界的前五大語言就好了，亦即華語、西班牙語、英語、阿拉伯語和印度語？在英語讀者大聲叫好之前，且讓我們更進一步思索：如果弱勢語言該被強勢語言所取代，全世界所有的人何不乾脆使用世界第一大語言華語，讓英語消失？保存英語有什麼用？原因很多，以下將舉出最重要的三個理由。

首先，我已在本章前面論述過，如果會說兩種或更多種的語言，顯然比較具有認知優勢。儘管你懷疑使用雙語是否真的有預防阿茲海默症的功效，但是就像本國語字彙數量龐大的人通常要比字彙少的人，人生可以變得更豐富一樣，多學會一種語言也是如此。不同的語言具有不同的優勢，例如你要表示某種事或某種感覺，用某種語言似乎特別容易。雖然薩丕爾—沃夫假設（Sapir-Whorf hypothesis）引發許多爭議，如果這樣的假設是對的，也就是人類的思考模式會受到使用語言的影響，如果轉換到另一種語言，看世界的角度和思考方式都將不同。因此，一種少數人使用的語言消失，不只是原來使用者失去了他們的語言，多數人也少了一種選擇。

其次，語言是人類心靈最複雜的產物。每一種語言的聲音、結構、思考模式都不同。語言如果失傳，失去的不只是語言本身，還包括利用這種語言表現的文學、文化和知識。不同的語言有不同的數字系統、記憶方式和空間定位系統。例如，如果用威爾斯語或華語數數，就比用英語來得容易。傳統社群以自己的語言為當地數百種草木蟲魚鳥獸命名，如果語言消失，這些百科全書式的人種生物學知識也跟著消失了。如果英語消失了，只剩華語，試想哈姆雷特那句名言：「要活下去，還是死了算了，這的確是個問題。」若只有中文翻譯，沒有原文（To be or not to be, that is the question.），對英語讀者而言將是多大的損失！每一個部落也都有自己的口述文學，失去這些寶貴的文學資產一樣令人痛心。

然而，你或許還是會想：「說什麼語言自由、獨特的文化資產、不同的思考模式，這些都是空話。對現代世界而言，要緊的事還很多，語言消失不過是芝麻蒜皮的小事。我們先解決重大的社會經濟問題再說，別浪費時間去擔心美國原住民語言會失傳。」

好吧，那我們就來想想美國原住民的社會和經濟問題。這些人可說是美國社會中命運最悲慘的一群人。一個族群的語言和文化瓦解，不但覺得抬不起頭來，無法互相扶助，也漸漸衍生出很多社會、經濟問題。長久以來，一直有人告訴他們，他們的語言和文化都沒有價值，他們也相信了。他們陷入貧困、病痛、酗酒或吸毒，對國家的社福體系和醫療系統都造成沉重的負擔。相形之下，其他移民族裔則珍視自己的文化和語言，努力向上，對國家經濟則有很大的貢獻。在美國原住民中，能保存自己文化和語言的部落也比較有經濟能力，不必仰賴社會救濟。以徹羅基印第安人（Cherokee）為例，精通徹羅基語和英語者與只會英語的徹羅基人相較，前者教育程度較高，容易找到工作，薪水也更高。通曉部落語言、注重部落文化的澳洲原住民與文化失根的原住民相比，前者比較沒有吸毒的問題。

因此，幫美國原住民找回他們的語言和文化根源，要比社福救濟來得有效率，也能減輕國家的經濟負擔。這才是長期的解決之道，社福救濟只是救急。同樣地，使各個語言社群以自己的語言為傲，相互容忍、合作，就可媲美瑞士、坦尚尼亞等國，不會為內戰所苦。

此外，語言認同不只是少數族裔命脈之所繫，對整個國家也很重要。例如在第二次世界大戰的早期，納粹軍隊勢如破竹，希特勒已攻佔奧地利、捷克、波蘭、挪威、丹麥、荷蘭、比利時和盧森堡，義大利、日本和蘇聯已和希特勒結盟或簽訂協定，美國決定中立，法國已快抵擋不了德軍。這時，英國的處境可說非常危險。英國政府有人提議，英國也該趕快和希特勒達成協議，不要做無謂的抵抗。

在此緊要關頭，邱吉爾於一九四〇年五月十三日和六月四日赴國會說明。他字字鏗鏘、撼動人心，可說是二十世紀最精采、也最令人難忘的英語演說。他說：「我沒有別的，只有熱血、辛勞、眼淚和汗水可以奉獻給大家……若問我們的政策是什麼？我的回答是：我們將盡全力，盡上帝賦予我們的全部力量去作戰，不論是在陸上、海上或空中作戰。我們將對人類史上最黑暗、可悲的罪惡宣戰……我們絕不豎起白旗，志在必得，我們將戰到最後一刻。我們將在法國作戰、在海上和大洋中作戰。我們在空中作戰將愈戰愈勇，愈戰信心愈強；我們將不惜任何代價保衛本土；我們將在海灘上作戰；我們將在敵人登陸地點作戰；我們將在田野和街頭作戰，我們將在山區作戰；我們決不投降！」

我們現在已知，英國的確從未投降，也沒與希特勒達成協議，而是繼續奮戰，一年後才與蘇聯和美國結盟，五年後擊敗希特勒。但這樣的結果並非命定。假設當時歐洲比較少人說的語言會被大多數人說的語言所取代，那麼到了一九四〇年，英國和其他西歐國家應該都採用了西歐最多人說的語言，也就是德語。果真如此，邱吉爾在一九四〇年六月在國會的演說是用德語，而非英語，結果又會如何？

邱吉爾的演說並非無法翻譯，翻譯成德語一樣鏗鏘有力（"*Anbieten kann ich nur Blut, Müh, Schweiss, und Träne*...."）。我要強調的重點是，英語代表英國所要努力捍衛的一切。說英語意謂這個島國承襲一千年來的文化、歷史、民主和島嶼認同。喬叟、莎士比亞、丁尼生等英國文學瑰寶都是他們的財產。說英語意謂他們與德國等歐陸國家有不同的政治理想。在一九四〇年六月，說英語代表他們還有值得全力奮戰的目標，也願意為這樣的目標犧牲。我懷疑如果在那個節骨眼，英國人已改說德語，會不會努力抵禦希特勒。語言認同絕不是雞毛蒜皮的事。丹麥人為他們的語言感到驕傲，說丹麥語讓他們心生喜悅，語言也是一些少數移民族裔奮鬥的動機，英國更因語言而打敗希特勒，免於被奴役的命運。

我們要如何保護語言？

如果我們終於能達成共識，了解語言多樣性有益無害，如何阻止語言多樣性消失的趨勢？或者語言不斷消失背後似乎有很大的推力，所有的弱勢語言將全數死亡，只剩最多人說的幾種，面對這種情況，我們根本無能為力？

不是的。我們還有努力的餘地。首先，語言學家可以比現在做的要來得積極。大多數的語言學家並未把研究消失中的語言視為最重要的任務。直到最近，語言學家才開始注意語言不斷消失的問題。說來諷刺，語言是他們研究的目標，沒有語言，他們還能研究什麼，怎可對語言的消失無動於衷？政府和社會也該支持更多的語言學家搶救瀕絕語言。語言學家應該趕快把快消失的語言錄音下來，儘管會說那種語言的最後一個耆老已逝，後代子孫仍可從錄音了解、學習祖先留下來的語言。如英國的康瓦耳語（Cornish）和阿拉斯加的伊雅克語。希伯來語在現代的復振就是語言復活的最佳例證，目前以希伯來語為日常用語的人已多達五百萬人。

其次，政府該以政策和經費來支持弱勢語言，如荷蘭政府對弗里西語的支持（在荷蘭約有五％的人口說這種語言），以及紐西蘭政府對毛利語的保護與鼓勵（在紐西蘭說毛利語的人口還不到總人口的二％）。美國聯邦政府二百多年來一直壓制原住民語言，直到一九九〇年才通過法案，鼓勵原住民使用自己的語言，也撥了一點經費（每年約二百萬美元）給學者進行美國原住民語言研究。然而，如要拯救瀕絕語言，政府還有很長的路要走。在美國，瀕臨絕種的動植物得到的關注遠超過語言。政府光是撥給一種鳥類研究（如加州禿鷹〔*Gymnogyps californianus*〕）的經費就超過一百多種瀕絕原住民語言的補助經費總和。由於我是鳥類研究學家，我當然贊成政府把錢花在那些禿鷹上，我不願見到研究禿鷹的經費挪出一部分給伊雅克語言研究計畫。我之所以這麼說，是為了突顯政府的政策沒有輕重緩急之分。如果我們重視瀕臨絕種的鳥類，為什麼不能同樣看重即將消失的語言？畢竟人類語言的重要性應該不會輸給鳥類。

第三，許多弱勢語言的使用者可以挺身而出，捍衛自己的語言，如英國的威爾斯人、加拿大說法語的魁北克人和美國原住民族群就是這麼做。他們都是自己語言的保管人，也只有他們能把自己的語言傳給下一代和同一社群的人，並呼籲政府支持他們。

可想而知，弱勢語言終究難敵強勢語言，弱勢語言的保護將非常吃力。我們這些強勢語言的使用者和政府官員儘管不能積極促進弱勢語言，至少可保持中立，不去打壓弱勢語言。這麼做不只是為了自己，也是為了使用弱勢語言的人：我們希望留給下一代的是一個富足而且健全的環境，而非陷於貧窮、積弱不振的悲慘世界。

第十一章 健康四宗罪：鹽、糖、油、懶

一九六四年，我開始在新幾內亞進行調查研究時，大多數新幾內亞人都在村子裡過著傳統生活，吃自己種植的食物，飲食皆低鹽、低糖。新幾內亞高地人的主食是根莖作物（甘藷、芋頭、山藥），這類食物提供高地人所需熱量的九成，至於低地人的主食則是蘇鐵樹幹的木髓。有一點錢的人則會買比較昂貴的食物，像餅乾、魚罐頭和一點鹽或糖。

我一踏上新幾內亞，最讓我印象深刻的就是當地人的體格精實、靈活，每一個都像西方健身房的教練。如果他們沒背負東西，可在陡峭的山路健步如飛，即使扛著重物也能和我走得一樣快，甚至可走上一整天。我記得看過一個瘦小的女人，體重應該不到四十五公斤，卻背著一袋三十公斤左右的米，把米袋的帶子掛在額頭上，就這樣跋山涉水。在那個年代，我在新幾內亞未曾看過一個胖子。

非傳染性疾病

新幾內亞的醫院紀錄和病人的病歷至少證實了當地人體格強健。今日第一世界居民的最大殺手，即糖尿病、高血壓、中風、心肌梗塞、動脈粥狀硬化、心血管疾病、癌症等非傳染性疾病（Non-Communicable Diseases，NCD）在新幾內亞鄉下非常罕見。在新幾內亞看不到這些疾病並不是因為當地人平均壽命比較短，即使六十幾到八十幾歲的新幾內亞老人也極少罹患那些疾病。根據莫爾茲比

港總醫院（莫爾茲比港是首都，也是最大城）在一九六〇年代初期針對兩千位住院病人所做的一份調查資料顯示，沒有任何一位病患是罹患冠狀動脈疾病，高血壓病例則只有四個，且病人屬混合族裔，而非血統純正的新幾內亞人。

但這並不表示傳統新幾內亞社群生活在健康的烏托邦，過著無病無痛的快樂生活。至今，大多數的新幾內亞人平均壽命仍比西方人要來得短。他們常因意外事件或暴力、謀殺事件而死亡。常引發死亡的病症為腸胃道感染導致的腹瀉、呼吸道感染、瘧疾、寄生蟲病、營養不良等，也有因原始病況導致身體耗弱，再出現次發性問題則回天乏術。然而，第一世界的居民很少因上述疾病而送命。我們可以說，西方社會的居民因公共衛生進步，已脫離傳染病的威脅，也比較長壽，但西方的飲食和生活型態則帶來新的文明病。

但從一九六四年起，第一世界居民健康的殺手已開始在新幾內亞現身，影響最常和歐洲人接觸、採用西方飲食和生活型態的一群人。今天，新幾內亞人的飲食、生活和健康問題已幾乎全面西化。目前在新幾內亞有幾萬人（或許是幾十萬人）從商、從政、擔任飛機機師或電腦工程師，上市場採買食物或去餐廳吃飯，而且很少運動。新幾內亞的城市或市鎮也常看到大胖子。全世界糖尿病盛行率最高的就是新幾內亞的汪尼蓋拉族（Wanigela），預估三七％的族人都有糖尿病——他們就是新幾內亞第一個全面西化的族群。住在都市的新幾內亞人也有一些心臟病患。我自一九九八年開始，在新幾內亞一處油田進行田野調查，發現油田雇員吃飯的食堂三餐都提供吃到飽的自助餐點，每張餐桌上都有鹽罐和糖罐。在鄉下長大、過著傳統生活的新幾內亞人由於食物來源時有欠缺，可以吃的東西很有限，現在看到食堂每天都有享用不盡的大魚大肉、蔬果、點心，每個人都拚命夾，把餐盤上的食物堆得滿滿的，然後在牛排和沙拉上灑上鹽和糖。於是，石油公司請營養師來教育員工如何吃得健康。然而，即使是營養師也很難控制口腹之欲，有些人不久也文明病上身。

西方非傳染性疾病以及與之相關的生活型態已橫掃全世界，我在新幾內亞看到的轉變只是一個例子。這種疾病和傳染病、寄生蟲病不同。傳染病通常是以細菌或病毒做為媒介，使疾病由一個人傳給下一個人，而寄生蟲病則是寄生蟲侵入人體引起的疾病。很多傳染病的傳播很快，病人一被傳染就發病，不到幾個禮拜就死亡或康復。反之，所有重要的非傳染性疾病進程緩慢，常會拖上幾年或幾十年，最後病人才得以痊癒，或是到了末期無法醫治而死亡，病人有時則會因罹患其他疾病而去世。目前重要的非傳染性疾病包括心血管疾病（心肌梗塞、中風、周邊血管疾病）、糖尿病、腎臟病和癌症（如胃癌、乳癌、肺癌等）。所有的歐洲人、美國人和日本人當中幾乎有九成以上都會死於上述慢性非傳染性疾病，然而低收入國家的居民大多數死於傳染病。

但是，非傳染性疾病極少出現在傳統小型社群。儘管根據古代典籍的紀錄，這類病症還是存在，但是直到最近幾百年，非傳染性疾病才開始在西方變得普遍。這類疾病在現代四種人口中特別常見。一種是最近突然暴富的國家，其居民大多數開始享受西方的生活型態，如沙烏地阿拉伯和其他阿拉伯產油國，還有幾個新富的島國，如諾魯和模里西斯。全世界糖尿病盛行率達一五％以上的八個國家，不是阿拉伯產油國就是富有的島國。第二種人口則是移民至第一世界的開發中國家人民。他們突然改變原來儉約的生活習慣，採行西方生活型態，因此得到非傳染性疾病的機率要比留在國內的同胞來得高，也高於在第一世界定居已久的居民（例如移民到英國、美國、模里西斯的中國人和印度人，以及移民到以色列的葉門人和衣索比亞人）。第三種人口則是在發展中國家從鄉村移居到城市的人，如巴布亞新幾內亞、中國以及許多非洲國家的人民。他們在城市定居之後，所需食物都從商店購買，不再自己栽種，而且吃得比以前多。最後一種人口則是居住在原地的某些非歐洲族裔，沒移居到國外，由於採行西方生活型態，很多都得了糖尿病或其他非傳染性疾病，如美國的皮馬印第安人（Pima）和新幾內亞的汪尼蓋拉族，很多澳洲原住民也是。

這四種人口等於四組自然實驗，不管原因為何，原來過著傳統生活型態的人，只要採用西方生活型態，就會得到那些非傳染性文明病。但我們如果不進一步分析，則無法從這些自然實驗得知，西方生活型態的哪一點會觸發這類疾病的盛行。西方生活型態的特點如下：體力活動少、攝食高熱量飲食、體重增加或肥胖、抽菸、常喝酒、攝取過多的鹽等。西方飲食則纖維少、糖分高（攝取過多的單醣，特別是果糖）、富含飽和脂肪和反式脂肪。如果一個族群西化，改採西方的生活型態，上述的變化大多會同時發生，而難以斷定究竟是哪個因素引發非傳染性疾病的盛行。有些疾病的成因比較明確，如抽煙可能會導致肺癌，攝取過多的鹽可能會引起高血壓和中風。但就其他疾病，如糖尿病和心血管疾病，我們仍不知道哪些危險因子是最相關的。

我們對這個領域的了解主要是根據伊頓（S. Boyd Eaton）、康納（Melvin Konner）與蕭斯塔克（Marjorie Shostak）對舊石器時代飲食（Paleolithic diet）進行的先驅研究。舊時代時代飲食是指採行狩獵—採集生活型態的古代祖先，和現代的狩獵—採集族群的飲食方式。伊頓等人探討人類祖先與現代西方族群最容易罹患什麼樣的疾病及其差異。他們認為我們身體的基因組合比較適合採用舊石器時代的飲食方式，與現代的飲食和生活型態不合，因此產生許許多多的文明病。如果我們相信這樣的假設，採用舊石器時代的飲食方式，亦即少吃精緻、加工食物和碳水化合物，增加蛋白質、新鮮蔬果和堅果的攝取，就可減少得到文明病的風險。伊頓等人的報告與專書請參看本章的延伸閱讀部分。

由此可見，我們的確可從傳統社群的生活型態學到實用的一課，以避免隨著西方生活型態而來的文明病。大抵而言，傳統社群極少得到先前討論的非傳染性疾病。但我不是建議從此以後完全採行傳統社群的生活型態、推翻政府、殺害異族、殺嬰、進行宗教戰爭，而且定期面臨餓死的威脅。我們的目標是學習傳統社群生活的一些特點，以避免文明病。至於哪些特點是我們該學習的，尚待更進一步的研究，但我們首先可以學習他們少攝取鹽分，而非推翻政府。全世界已有千萬人注意到健康的危險因子，並儘量避免。在本章接下來的部分，我將詳細探討兩種非傳染性疾病：一是攝取過多鹽分的後果，另一則是糖尿病。

鹽的攝取

雖然很多化學物質都可被歸類為「鹽類」，但對一般人而言，鹽只有一種，也就是氯化鈉，也就是我們調味用的鹽。我們攝取的鹽常超過所需，也因此生病。在現代社會，每張餐桌上都有鹽罐。超市裡賣的鹽價格便宜，要買多少，就有多少。現代人主要的健康問題之一就是排除體內多餘的鹽分，鹽分可隨著尿液和汗水排出體外。全世界的人每日平均攝取的鹽約為九至十二公克，通常攝取的範圍在六到二十公克之間（亞洲人鹽的攝取量要比其他地區的人來得多）。

在遠古，鹽不是來自鹽罐，而是必須從環境中萃取。請想像沒有鹽罐的古早世界。那時，人類的問題是如何取得鹽，而非去除多餘的鹽。這是因為大多數植物所含的鈉都很少，而動物的細胞外液需要高濃度的鈉離子，才能維持體液平衡及其他生理功能。因此，肉食性動物只要吃草食性動物，就可得到充足的鈉。草食性動物由於只吃植物，因此會有鈉不足的問題。這也就是為何鹿和羚羊會去鹽沼地舐食岩鹽，獅子和老虎不會。狩獵─採集族群吃很多肉，如伊努特人和桑族，因此鹽的攝取已經足夠。雖然獵物血液和細胞外液富含的鈉大都在宰殺和烹煮的過程流失，狩獵─採集族群每日攝取的鹽只有一、兩克，但這樣夠了。有些以植物為主食的傳統狩獵─採集族群和農夫，雖然吃的肉很少，但因住在海邊或靠近內陸的鹽沼地，因此也能攝取充分的鹽。如所羅門群島的勞族（Lau）因住在海邊，用海水煮食，每日攝取的鹽約十公克。另外以游牧為生的伊朗卡西凱族（Qashqa'i）因住在鹽鹼地附近，鹽也不虞缺乏。

然而，根據人類學家對數十個狩獵─採集族群和農夫社群的調查研究，這些族群每日平均鹽的攝取量都不到三公克。最少的是巴西的雅諾馬莫印第安人，由於他們的主食是香蕉，含鈉很少，每日從身體排出的鹽分只有五十毫克，約是一般美國人排出鹽分的二百分之一。根據《消費者報告》（*Consumer Reports*）的分析，一個大麥克漢堡含有一．五公克的鹽（一千五百毫克），相當於雅諾馬莫印第安人一個月攝取的鹽分。一罐雞湯含有二．八公克的鹽，則是雅諾馬莫印第安人將近兩個月吃下的鹽。我住在洛杉磯，我家附近有一間中國餐館，他們的兩面黃（炒麵）套餐所含的鹽約是雅諾馬莫印第安人一年又三天吃下的鹽：十八．四公克。

因此傳統社群的人會想吃鹽，而且費盡心力去取得鹽（我們也想吃鹽：如果你一整天只吃新鮮、沒處理過、沒加鹽的食物，最後在食物上灑上一點鹽，就會覺得美味極了）。與我一起工作的新幾內亞東部高地人吃的東西九成是低鈉甘藷。他們告訴我，幾百年前，在歐洲人來到這裡、用鹽和他們交易之前，他們必須費盡千辛萬苦才能得到鹽。他們先撿拾某些植物的葉子，焚燒成灰，使之溶解在水中，最後讓水蒸發，才能得到一丁點苦澀的鹽。新幾內亞西部高地谷地有兩個天然鹽沼池，達更族則在這裡製鹽。他們把多孔的香蕉樹幹放入鹽沼池中浸泡，然後拿出來，在陽光下曬乾，接著燒成灰、潑水，揉成一塊鹽餅，供自己食用或交易。這樣費工也只能獲得一點點不純而且苦澀的鹽，難怪在西式食堂吃飯的新幾內亞人會拿起餐桌上的鹽罐猛倒，每餐吃牛排或沙拉都要加鹽。

國家政府興起之後，利用煎鍋製鹽、開採鹽礦或鹽沼地等大量生產，鹽於是變得隨處可得（今天仍是）。鹽除了用來調味，中國人在五千年前已經知道用鹽來保存食物，歐洲人也常食用鹽漬鱈魚和鯡魚，鹽後來因此成為全世界最常交易，也是最常必須課稅的商品。羅馬士兵領到的薪餉是鹽，因此薪資的英文「salary」，並非來自拉丁文「金錢」或「錢幣」的字根，而是源於拉丁文的「鹽」（sal）。有國家為了鹽的爭奪而開戰，鹽稅也曾引發革命，而甘地為了抵制英國殖民政府壟斷食鹽生產、任意抬高鹽稅和鹽價，於是號召印度人花了一個月的時間走到海邊，以海水煮鹽、自製食鹽。

由於人類身體長久以來已適應低鹽飲食，今日鹽的攝取不節制則會成為健康危險因子，使人罹患現代非傳染性疾病。鹽攝取過多則會使血壓升高。高血壓又是引發心血管疾病、中風、鬱血性心衰竭、冠心病、心肌梗塞的主要危險因子，也和第二型糖尿病和腎臟病有關。由於鹽的攝取會使血壓升高、動脈硬化、使血小板聚集，以及造成左心室肥大，因此對心臟血管造成很大的負擔。此外，高血壓也會使中風和胃癌的風險升高。最後，鹽攝取過量也會使人口渴，因此喝下過多熱量高的含糖飲料，間接造成肥胖。

鹽與血壓

我們先來快速了解一下血壓和高血壓。醫師幫你量血壓的時候，會把壓脈帶套上你的手臂，然後將空氣打入充氣囊中，用聽診器聽，再緩緩放氣，最後告訴你：「你的血壓是一二〇／八〇。」血壓的測量單位是毫米水銀柱。十八世紀海爾斯（Stephen Hales）將汞柱插入馬的頸動脈，利用湧進的血液推升水銀柱的高度來測量血壓，直到二十世紀初由於得以明確定義脈搏音與收縮壓及舒張壓之間的關係，才有現在非侵入性的水銀血壓計。每次體循環的動脈血壓皆會有變化：血室收縮，血液從心室流入動脈時對動脈的壓力最高，此即收縮壓；血室舒張，動脈血管彈性回縮，血液仍慢慢往前流，但血壓下降，這時的壓力就是舒張壓。因此，血壓的第一個數字代表收縮壓，第二個數字則是舒張壓。我們的姿勢、活動、焦慮程度都會影響血壓，因此測量血壓最好平躺、保持平靜。美國人的平均血壓為一二〇／八〇。血壓的正常值很廣，正常血壓和血壓升高的劃分並無明確界線。然而，血壓愈高愈可能死於心肌梗塞、中風、腎衰竭或主動脈破裂。通常血壓測量值高於一四〇／九〇就算高血壓，但有些血壓值低的病人仍可能在五十歲時死於中風，而有些九十歲以上的老人儘管血壓高於一四〇／九〇，但身體健康大致良好。

你的血壓會在短時間內因為焦慮或劇烈運動而升高。至於長期的血壓升高則和其他因素有關，特別是鹽的攝取和年紀漸長。二千多年前，中國古代醫書《黃帝內經・素問》已指出：「是故多食鹹，則脈凝泣而變色。」（五臟生成篇第十）也就是吃太鹹，則血脈凝塞不暢，顏面色澤會發生變化。最近有科學家以人類的近親黑猩猩為研究對象，餵食普瑞納猴子飼料，每日攝取的鹽約為六至十二公克（和現代人西式飲食差不多），血壓正常（一二〇／五〇），然而黑猩猩年紀愈大，則血壓愈高（吃西式飲食的現代人也是如此）。然而，如果給黑猩猩高鹽的飲食，使其每日攝取的鹽多達二十五公克，經過一年七個月，血壓則上升到一五五／六〇，從人類的標準來看已達高血壓，至少收縮壓非常高。

對人類來說，顯然鹽的攝取會影響血壓。鹽與血壓國際研究計畫（INTERSALT）曾在一九八〇年代針對全世界五十二個族群的人，就鹽的攝取量與血壓展開大規模的調查研究。全世界攝取鹽最少的是上面提到的巴西雅諾馬莫印第安人。他們的血壓也最低，只有九六／六一。再來則是巴西的興古印第安人（一〇〇／六二）和亞沙洛河谷（Asaro Valley）的巴布亞新幾內亞高地人（一〇八／六三）。上述三個族群和其他採傳統生活模式的數十個族群鹽的攝取量都偏低，即使到了年老，血壓也沒有升高，不像美國人等西方社會的人血壓隨著年紀變大而增高。

全世界血壓最高的族群則是日本人。由於日本的致命中風率很高，又有「中風之地」的稱號（中風是日本人的第一大死因，日本人中風的機率比美國人高五倍）。日本人的中風和高血壓以及吃得太鹹有關。日本高血壓發病率最高的地方在秋田縣。秋田縣的米很有名，農夫常配鹹菜、鹹魚和過鹹的味噌湯。調查研究中的三百位日本成年人中，沒有一人每日鹽的攝取量少於五公克（約相當於雅諾馬莫人三個月吃的鹽），秋田人平均每日攝取的鹽為二十七公克，吃得最鹹的人甚至高達六十一公克——如果在超市買一罐七百三十公克的鹽，只要十二天就吃光了。秋田人一日攝取的鹽可供雅諾馬莫人吃上三年三個月。五十歲的秋田人平均血壓為一五一／九三，因此大多數的人都有高血壓。無怪乎，秋田人中風死亡的機率要比全日本人平均高出兩倍以上。秋田縣有些農村九九％的人都活不到七十歲。

研究結果顯示，食鹽攝取量極多或極少對血壓有重大影響：吃的鹽極少則血壓很低，吃最多鹽的族群血壓很高。然而，大多數的人都不像雅諾馬莫人或秋田縣農夫那麼極端。然而，我們想要了解在兩端之間的族群攝取鹽量的變化對血壓的影響則不是那麼容易。就鹽與血壓國際研究計畫所調查的五十二個族群來說，其中的四十八個族群（除了雅諾馬莫人等四個低鹽族群）攝取的鹽每日都在六到十四公克之間。同一族群內的個人鹽攝取量與血壓常有很大的差異，因此只看平均值則看不出這樣的差異。鹽攝取量的測量極其困難，除非把受試者關在醫院新陳代謝科病房一個禮拜，測量食物和尿液所含的鹽分才能得到正確數值。叢林裡的雅諾馬莫印第安人不可能這樣，想要過正常生活的都市人也不可能。因此，鹽攝取量的估量一般是收集受試者在二十四小時內排出的尿液，但這樣的數值每天都不一樣，如果受試者在某一天吃了大麥克或是喝下一罐雞湯，當日尿液中的鹽分就會特別高。

儘管有這麼多不確定的因素，我認為我們似乎可從很多自然實驗和操縱性實驗得知，在正常範圍之內鹽攝取量的改變對血壓的影響。自然實驗包括地區差異、遷徙和個人差異。如在紐芬蘭和所羅門群島，住在海岸附近的人與住在內陸的人相較，前者鹽攝取量較多，而對一樣是住在鄉下的奈及利亞人來說，住在鹽湖附近的要比遠離鹽湖的人吃較多的鹽，而攝取鹽量多的社群平均血壓也比較高。原本住在鄉下的肯亞人或中國人遷居到城市之後，鹽攝取量通常也會增加，血壓也跟著上升。日本從南到北鹽的攝取量逐漸增多，上述位於北方的秋田縣居民鹽的攝取量幾乎是南方人的兩倍。鹽的攝取量也與高血壓及中風死亡的機率成正比。就單一城市來看，崎阜縣高山市裡的居民愛吃鹹的人也比較容易得高血壓或因中風死亡。

至於操縱性實驗，吃低鹽飲食（比一般略低）三十天的美國人，和吃高鹽飲食（比一般略高）十日的新幾內亞人，以及吃七天低鹽或高鹽飲食的中國人，這三群受試者的血壓都會隨著鹽的攝取量升降。另外，研究人員曾在荷蘭海格市郊以四百七十六位嬰兒進行實驗（大多數都吸母乳），然後給予含鹽的副食品。

在長達六個月的時間內，接受實驗的嬰兒被隨機分成兩組，其中一組飲食中的鹽分比另一組多二．六倍。結果發現，副食品含鹽分較多的那組，血壓比含鹽較少的那組的嬰兒來得高。在實驗終止後，嬰兒可自行選擇自己想吃的東西。經過十五年的追蹤，研究人員發現儘管當初的實驗只進行半年，攝取鹽分的影響仍在。當初副食品含鹽較多的寶寶，似乎已被鹽制約，在成長的過程中喜歡吃鹹，成長為青少年之後，比較嗜鹹，血壓也比較高。反之，副食品含鹽較少的寶寶長大後比較不嗜鹹，血壓也比較低。

全世界攝取鹽分最多的四個國家是中國、芬蘭、日本和葡萄牙，其政府公共衛生部門已努力了數年到數十年，設法改善人民的血壓並降低中風致死率。例如芬蘭政府已宣導了二十年，要人民減少鹽的攝取量，以降低血壓，結果中風和冠心病致死率分別降低七五％和八〇％，芬蘭人民平均壽命因此得以延長五至六年。

高血壓的成因

為了深入探討高血壓，我們必須先了解下面問題：除了鹽的攝取還有哪些因素會引起高血壓？為什麼有些人嗜鹹卻不會有出現高血壓？為什麼有些人的血壓就是會比其他人高？高血壓病人中有五％的確是因荷爾蒙失調或服用口服避孕藥引起的，但對其他九五％的病人而言，高血壓的成因和發病機轉無法確知，臨床上稱之為「本態性高血壓（essential hypertension）」。

我們可比較血緣關係近或遠的人的血壓，來看基因在本態性高血壓扮演的角色。在同一家人當中，同卵雙胞胎的基因完全相同，血壓也很相近。然而，如果是異卵雙胞胎、一般兄弟姊妹、父或母及其親生子女，他們的基因只有一半相同，因此血壓的近似程度不如同卵雙胞胎。若是養子女與養父母及其親生子女因無血緣關係，儘管生活在相同的環境之下，血壓近似程度又更低了。（用統計學和相關係數來說，同卵雙胞胎的血壓相關係數是〇．六三，異卵雙胞胎或父母與其親生子女的血壓相關係數為〇．二五，而養子女與其養父母的血壓相關係數為〇．〇五。如果同卵雙胞胎的相關係數為一，代表其血壓幾乎百分之百由基因決定，不管你做什麼都無法影響血壓。）顯然，基因對血壓有很大的影響，但是環境也是一個重要因素，這也就是為什麼同卵雙胞胎的血壓只是近似，不是完全相同。

我們可比較高血壓與一種比較簡單的遺傳性疾病泰薩二氏症（Tay-Sachs disease），以了解遺傳的影響。泰薩二氏症又稱為家族性黑矇癡呆症，是單一基因的缺陷造成的。每一個泰薩二氏症患者不管生活型態或環境為何，都有相同的基因缺陷，而且必然會死於此症。反之，與高血壓有關的基因有很多個，每一個對血壓都有些許影響。因此，每一個高血壓病人身上的高血壓致病基因組合並不相同。此外，即使是因為基因的緣故特別容易罹患高血壓，是否會出現症狀主要還是看其生活型態。所以高血壓相關基因複雜，並非罕見的基因疾病，因此不是遺傳學家偏好的研究目標。高血壓就像糖尿病和潰瘍，是由不同源的成因顯現出來的一組症狀，關係到環境與基因的交互作用。

研究人員藉由多個群體發病率的比較研究，發現很多環境或生活型態因子都會促成高血壓。這些群體的生活情況都不相同。研究人員發現高血壓除了與鹽的攝取量有關，其他重要的危險因子包括肥胖、運動太少、酗酒、吃下太多飽和脂肪，以及鈣的攝取量低。如果高血壓病人修正自己的生活型態，減少上述危險因子，通常可以使血壓降低。我們都聽過醫師這麼說：少鹽、減壓、減少膽固醇、飽和脂肪和酒精的攝取量、減重、戒菸和經常運動。這些都是降低血壓的好方法。

因此，鹽和血壓的關聯究竟為何？鹽的攝取量增加會引發什樣的生理機制，導致血壓上升？然而，雖然很多人都會因嗜鹹而血壓升高，有些人卻不會如此，為什麼？這些問題大抵和身體細胞外液的量有關。如果正常人增加鹽的攝取量，多餘的鹽就會通過腎臟進入尿液。然而，如果有人腎功能不佳，難以排出多餘的鹽，累積在體內的鹽就會讓人覺得口渴、想喝水，如此便會導致血量增加。同時，心臟也得更賣力把血液打出去，讓血壓升高，腎臟才能在加壓之下排出多餘的鹽和水分，最後達成新的恆定狀態，鹽和水分的攝取量等於排出量，但身體內部也貯存了更多的鹽和水分，血壓也隨之升高。

為何有些人鹽的攝取量增加，血壓會升高，而大多數人卻不會？說穿了，就是大多數的人儘管每天吃的鹽多於六公克，血壓還是能保持正常。因此，並非每一個人吃了比較多的鹽都會有高血壓的問題。有些人只要多吃一點鹽，血壓就會受到影響，醫師稱之為「對鹽敏感（salt-sensitive）」。以對鹽敏感的人而言，有高血壓的人數差不多是血壓正常者的兩倍。然而，大多數因血壓升高而死亡的人並非高血壓患者（即血壓高於一四〇／九〇），而是血壓略高的正常人。這是因為血壓正常者的總數遠大於高血壓患者，因此儘管高血壓患者個人的死亡風險比較高，仍不及人數龐大的血壓正常患者。

至於高血壓患者與血壓正常者的生理差異，研究結果證實最大的差別在於高血壓患者的腎功能。如果患有高血壓老鼠接受來自正常老鼠的腎臟，或者正常人捐贈腎臟給高血壓嚴重的人，接受腎臟移植者血壓就會下降。反之，如捐贈者有高血壓，接受腎臟移植者的血壓便會升高。

其他證據也指出，腎功能缺陷就是高血壓的源頭，因為與血壓相關的基因大多數涉及腎臟處理鈉的蛋白質因子（請記住鹽就是氯化鈉）。腎臟排除鈉分兩個階段：一、腎元開端的腎小球將含有鹽分的血漿過濾後送到腎小管；二、過濾出來的鈉部分會因再吸收而回到血液中，沒被再吸收的部分則送到腎小管後，再經腎盂、輸尿管、膀胱、尿道，最後經由小便排出體外。這兩個階段如有任何障礙都會導致高血壓：老人血壓會變高，是因為腎小球過濾功能變差，而高血壓患者則因腎小管吸收過多的鈉，致使血壓升高。因此，不管鈉的過濾變少或是再吸收的鈉增多都會使體內儲存更多的鈉和水分，血壓便會升高。

醫師通常把再吸收的鈉增多所引發的高血壓視為是一種「缺陷」，例如醫師會說：「高血壓患者的腎臟在鈉的排除方面有基因缺陷。」由於我是演化生物學家，每每聽到有人以「缺陷」來描述某種在人類社群相當普遍而似乎有害的特質時，我心中的警鈴便會響起。如果某種基因會阻礙生存，則不可能會代代相傳下去，除非其淨效應有利於生存和繁殖。醫學已經證實，某些看起來似乎有害的基因其實經過仔細衡量後，發現好處多於缺點。例如，鐮狀細胞基因突變會導致貧血，貧血顯然有害人體。但是，這樣的基因卻有利於對抗瘧疾，因此在瘧疾肆虐的非洲和地中海地區，這種基因突變的淨效應是有利的。我們已知，對現代社會的人來說，腎臟留存的鹽分過高會導致高血壓甚至死亡，然而為什麼人類腎臟會有這樣的表現？在什麼樣的情況下腎臟留存較多的鹽會對人類有好處？

答案很簡單。翻看人類歷史來看，直到最近鹽大量生產，每張餐桌上都有鹽罐之前，傳統人類社群能得到的鹽很少，因此腎臟具有留存鹽分的功能，就不致於因為流汗或腹瀉脫水致使體內的鈉離子過低，進而有利於生存。只有在鹽取得容易、攝取過多的情況之下，腎臟留存過多的鹽分才會變成缺點，甚至使人致命。這也就是為什麼直到近代高血壓的盛行率突然飆高，全世界許多社群都有高血壓的問題。傳統社群過去能取得的鹽很有限，現在超市則有堆積如山的鹽，於是容易吃得過鹹。這也是演化的一大諷刺吧：幾萬年前，某些人類祖先在非洲草原順利適應鹽分缺乏的問題，今日他們在洛杉磯的子孫卻是鹽攝取過量死亡的高危險群。

來自飲食的鹽

現在，你該相信少吃點鹽有益健康，但是你能做到什麼樣的程度？我以前總以為我已經吃很少鹽了，因為我從來不會在我吃的東西上灑鹽。雖然我不曾計算過我吃下多少鹽或排出多少鹽，我卻天真地以為我吃的鹽真的很少。我現在才知道，如果我實際測量攝取的鹽，應該遠超過雅諾馬莫人，甚至比一般喜歡在食物上灑鹽的美國人沒減少多少。

原因在於來自飲食的鹽分並非我們所能控制。在北美和歐洲，我們攝取的鹽中只有一二％是我們自己加的，不管是在家烹煮時加的或是在餐桌上才加的。因此，我自以為鹽吃的很少，其實只是這部分比較少。還有一二％的鹽來自新鮮食物本身。剩下的七五％都隱藏在食物當中，可能是在食物加工的過程中加進去的，或是餐廳廚師加的。因此，美國人和歐洲人（包括我）不知道自己每天到底吃下多少鹽，除非把二十四小時內排出的尿液收集起來檢驗、分析。光是吃飯的時候不在食物上灑鹽所減少的鹽其實很有限，你還必須注意自己選購的食品和餐廳點的東西含鹽量是多是少。

加工食品所含鹽分要比加工前多出很多。例如與新鮮、不加鹽的清蒸鮭魚相比，製成罐頭的鮭魚每磅的鹽要多五倍，店裡賣的煙燻鮭魚每磅所含的鹽更是多出十二倍。我們在連鎖速食店買外帶吉事堡和薯條，每一份即含有三公克的鹽（約當一日所需鹽分的三分之一），要比未加鹽的煎牛排和炸薯條多上十三倍。有些加工食品鹽的含量特別高，如鹽醃牛肉罐頭、乳酪和烤花生。讓我意想不到的是，美國和英國膳食中的鹽竟然最多來自穀類——麵包和其他烘烤食品以及早餐吃的穀物碎片——我們通常不覺得這類食物是鹹的。

為什麼食品加工廠要加這麼多的鹽？一個原因是，這樣可讓便宜、沒有味道的食物變得好吃一點。另一個原因則是食物中的鹽可讓肉品中的結合水（在食品中以氫鍵結合在食品的成分，如蛋白質或碳水化合物上的水分）重量增加，最後成品因此可增加二〇%的重量。以一磅的肉而言，如加了鹽，原來的肉只需八三%，其他就由結合水來補足一磅。第三個原因是，鹽是使人口渴的重要因素。你吃下愈多鹽，就會喝愈多水，但是很多美國人和歐洲人都喜歡喝飲料或瓶裝水。賣你高鹽點心和加工食物的廠商通常也賣飲料或水。最後，一般大眾漸漸變得愛吃鹹，不鹹就吃不下去。

但在東亞和南亞，大多數發展中國家不只加工食品和餐廳食物含鹽量高，自己在煮東西的時候也喜歡加鹽。在中國，一般人攝取的鹽七二%來自烹煮時加進食物的，另外有八%來自醬油。在日本，攝取的鹽主要來自醬油（二〇%）、味噌湯（一〇%）、鹽漬蔬菜和水果（一〇%）、新鮮的魚和鹹魚（一〇%），以及在餐廳、在自家餐桌和外帶食物上加的鹽（一〇%）。這也就是為何很多亞洲國家的人每日鹽的攝取量都超過十二公克。在開發中國家，除了在烹煮食物的時候會加鹽，醬料、調味料中有鹽，醃漬食物也會用鹽。

現代社會的人為了嗜鹹付出巨大的健康代價，不但容易罹患高血壓、中風等與鹽有關的疾病，也得為這些疾病付出高昂的醫療費用，甚至可能因此失去工作能力。有些國家因而立下長遠的目標，幫助國民減少鹽的攝取量。但是這些國家很快就了解，如果食品加工業不減少在食物中添加的鹽，再怎麼努力也沒有成果。食品加工業者減少的鹽，每一、兩年約只減少一〇%到二〇%，讓人難以察覺。英國、日本、芬蘭和葡萄牙已在減鹽運動上努力了二十年到四十年，使人民減少鹽的攝取量，不但降低了全國醫療費用，也改善了全體人民的健康。

我們這些工業國家的人民是否只能任由食品加工業者操弄，以致攝取過多的鹽，除非政府提出有效的減鹽運動？其實，除了避免在食物上灑鹽，你可以控制自己的飲食，也就是多吃生鮮食物，如低脂乳酪、全穀物、雞肉和鮮魚（脂肪含量高的魚也可）、蔬菜油、核果。此外，你也可少吃加工過的食品，並儘量不吃紅肉、糖果、含糖飲料、奶油、膽固醇和飽和脂肪。這也稱為得舒飲食法（DASH diet），全名是「對抗高血壓膳食法（Dietary Approaches to Stop Hypertension）」，如此一來就能使血壓降低。

你也許會想：「我才不要吃難吃的低脂飲食。為了盡情享受美食，我寧可少活十年。我希望活在人世的七十年都能吃美食、喝美酒，不要靠沒什麼味道的餅乾和水活到八十歲。」其實，得舒飲食就是地中海飲食的修正版。地中海飲食指義大利、西班牙、希臘、法國等地中海沿岸南歐各國的飲食風格，以蔬菜水果、魚類、五穀雜糧、豆類和橄欖油為主的飲食風格，雖然脂肪含量達三八%，然而有一半來自對人體有益的單元不飽和脂肪。他們不是只吃餅乾、喝水，也擁有西方文明流傳下來的偉大廚藝。像義大利人每天總會花好幾個小時享受匹薩、麵包、乳酪、橄欖油等，卻是西方世界當中最窕窈的族群，而我們美國人的腰圍則是西方世界中最粗的。三分之一的美國人有肥胖的問題，還有三分之一則過重。其實，只要吃對食物，也能享受美食、擁有健康。

糖尿病

西式飲食含糖量高，食物中碳水化合物是糖尿病的危險因子，就像吃太多鹽容易導致高血壓。我的雙胞胎兒子還沒養成健康飲食習慣之前，我和我太太如果帶他們去超市，就像踏入「甜食陷阱」。在早餐食物中，我兒子不是選「肉桂麥片」，就是五顏六色的「香果圈」。根據這些早餐脆片包裝盒上的標示，其碳水化合物各佔八五%和八九%，其中一半都是糖。很多小孩愛吃的「忍者龜乳酪通心粉」中的碳水化合物也高達八一%。零食「水果熊軟糖」（九二%是碳水化合物，沒有蛋白質）和「葛拉漢小熊巧克力香草夾心餅乾」（碳水化合物佔七一%）的成分也包括玉米糖漿和糖。

小孩愛吃的這些食物幾乎都沒有纖維質。從人類演化史來看，以前的人類已適應低碳水化合物的食物（碳水化合物佔一五%到五五%），然而小孩愛吃的這些食物所含的糖和碳水化合物卻高達七一%至九五%，而且蛋白質和纖維質都很少。上面提到的那幾個廠牌的食物並非比較特別，其實現在很多食物和零食都是這樣。一七〇〇年左右，在英國與其殖民地美國每人每年吃下的糖約一．八公斤，到了今天每人每年吃下的糖已達六十八公斤。今日美國人口中有四分之一每人每年吃的糖更超過九十公斤。研究人員曾針對美國的八年級生進行調查，發現這些青少年的飲食中四〇%都是糖和碳水化合物。目前有這麼多碳水化合物含量高的食物不斷誘惑小孩和他們的父母，就像上述提到的超市食品，難怪糖尿病這種最常見的碳水化合物代謝疾病已成現代社會的重要死因。現代人因為喜歡吃糖很多人都有蛀牙，南非的昆族人卻很少有人蛀牙。一九七〇年代的蘇格蘭人非常喜歡吃糕餅和糖果，有人告訴我，有些蘇格蘭人才十幾歲就因為蛀牙牙齒幾乎全部掉光。

糖尿病會對身體造成種種破壞主要是血中糖分過高。如果血液中的糖分太高就會經由腎臟排放到尿中，形成糖尿。糖尿病的英文是「diabetes mellitus」，「diabetes」源於希臘文，是指「多尿」，而「mellitus」來自拉丁文，意思是「蜂蜜」，因此「diabetes mellitus」指尿多而帶有甜味。糖尿病不會傳染，也不會讓人很快死亡，很少像愛滋病那樣躍上頭條新聞。然而糖尿病在全世界的盛行率極高，奪走的人命遠超過愛滋病。糖尿病會使患者的生命品質愈來愈差，這是因為身體所有的細胞會受到血液中糖分的影響，幾乎每一個器官都會受到傷害。糖尿病最主要的併發症是失明，其次是因足部潰瘍而必須截肢，第三是腎衰竭。此外，糖尿病也是中風、心肌梗塞、周邊血管疾病、神經退化病變等主要的危險因子。美國糖尿病醫療費用總花費已超過二千四百億美元，約佔總醫療費用的一五%。英國糖尿病研究先驅歐克禮醫師（Wilfrid Oakley）曾言：「人或許是自己命運的舵手，卻是自己血糖的受害人。」

到二〇一〇年為止，據估計全世界的糖尿病患者約有三億人。這個數目可能是低估了，因為還有不少病人已罹患糖尿病但還沒診斷出來，特別是在開發中國家。糖尿病的成長率每年約為二．二%，幾乎是世界人口成長率的兩倍。如果世界人口按照目前的成長率繼續增加、老年人愈來愈多，從鄉村遷居至都市的人也增多（很多都市人的生活型態都是久坐不動，容易得糖尿病），預計到了二〇三〇年糖尿病人口將多達五億人，糖尿病也將成為世界第一大疾病，也是最重大的公共衛生問題。由於糖尿病其他危險因子也不斷增加（尤其是生活富裕和肥胖），糖尿病的前景恐怕更加黯淡，到了二〇三〇年糖尿病人口恐怕不只五億人。目前糖尿病已開始在第三世界盛行，特別是在印度和中國這兩個人口最多的國家。以前糖尿病大抵是富有的歐洲人和美國人才會得到的疾病，但是到二〇一〇年糖尿病的發展已來到了兩個里程碑：全世界半數以上的糖尿病人口都在亞洲；全世界糖尿病人口最多的國家目前是在印度和中國。

糖尿病的類型

我們吃下葡萄糖（或是含葡萄糖的碳水化合物），身體會出現什麼樣的反應？葡萄糖被腸子吸收之後，血中的糖分會升高，胰臟在此刺激之下便會分泌胰島素。胰島素的作用在於使肝臟減少葡萄糖的釋放量，而肌肉和脂肪細胞收到胰島素的信號，就會把血糖轉換成脂肪，或以肝醣的型式儲存起來，血糖濃度就會降低，同時身體也能利用肝醣和脂肪提供的能量。其他營養物質如胺基酸等也能促使胰島素分泌，而胰島素除了促使組織對血糖的吸收與利用，也會阻礙脂肪分解，造成血脂升高，脂肪囤積。

但人體內的葡萄糖代謝過程有很多環節可能出錯，導致血糖過高。糖尿病可粗略分為兩種類型，即第二型糖尿病或非胰島素依賴型糖尿病（也叫做成人糖尿病）與第一型糖尿病或胰島素依賴型糖尿病（也叫做幼年型或青少年糖尿病），前者很普遍，後者則比較少見。第一型糖尿病是一種自體免疫疾病，病人身上的抗體破壞胰島細胞，使之無法分泌胰島素。這種類型的糖尿病病患通常很瘦，必須每日注射胰島素。這樣的病人很多都具有一些特定的ＨＬＡ（人類白血球組織抗原）等位基因，會把胰島細胞當作外來入侵者進而啟動攻擊，使身體無法製造胰島素。反之，第二型糖尿病則是組織對胰島素阻抗，雖然身體仍會分泌胰島素，但細胞卻無法適當地使用，使過多的糖分在血液中積聚。如果胰臟分泌更多的胰島素，就能克服細胞對胰島素的阻抗，使血糖下降到正常的範圍，但胰臟最後還是會不堪負荷，無法分泌足夠的胰島素，克服細胞阻抗，血糖於是上升，最後發展成糖尿病。第二型糖尿病患者通常比較肥胖，早期仍可透過飲食控制、運動、減重來控制症狀，不必服藥或注射胰島素。

然而，第一型與第二型糖尿病的分辨可能不是那麼容易，因為罹患第二型糖尿病的青少年愈來愈多，而第一型糖尿病患者可能到成年之後才出現症狀。即使第二型糖尿病也有很多不同的基因表現，因此症狀不一。但本章的討論以第二型糖尿病為主（此類病人為第一型的十倍），以下簡稱糖尿病。

基因、環境與糖尿病

早在二千多年前，印度醫師已注意到有些病人的尿像蜂蜜一樣甜甜的，推斷是受到不當飲食的影響，而且認為這種病症會代代相傳。今日醫師已印證這樣的洞見，指出糖尿病會受到遺傳（基因）和環境因素的影響，也許打從胚胎時期開始、在母體子宮內已種下病根。如果你的一等親（父母或兄弟姊妹）是糖尿病患者，那麼你得到糖尿病的機率會比一等親無糖尿病患者的人高出十倍。這就是遺傳可能引發糖尿病的證據。然而糖尿病和高血壓一樣，並非簡單的遺傳性疾病（如鐮狀細胞貧血症），不是某一個相同的基因出現突變就會出現病症。科學家已發現與糖尿病有關的基因可能有好幾十個（在此是指第二型糖尿病，和第一型糖尿病的致病基因不同）。

糖尿病除了和遺傳有關，也與環境和生活型態脫不了干係。即使你因為遺傳的緣故而容易罹患糖尿病，也不一定會發病。糖尿病發病機率隨著年紀增加而變大，如果你的一等親是糖尿病患或母親有糖尿病，你也比較容易得病，這些都是你無法改變的，但是糖尿病還有很多致病因素是你可以控制的，包括體重過重、不運動、食物熱量過高，或吃下太多的糖和脂肪。大多數糖尿病病人（請容我再強調一次，即大多數第二型糖尿病患）如能減少這些危險因子，就可減輕症狀。例如肥胖者罹患糖尿病的機率會比體重正常者高出五到十倍。因此，如果糖尿病患者注意飲食、多運動、減重也能重拾健康，就像有糖尿病基因者也能透過上述方式來避免得病。

我們可透過許多不同型式的自然實驗來看西方生活型態與非傳染性疾病的關係，包括本章一開始提到的例子，特別是環境因素對糖尿病的影響。其中之一就是糖尿病的盛行率會隨著採用西方生活型態的人增多，與人口變得富裕而升高。我們可從日本地區的研究圖表發現，經濟程度愈高，罹患糖尿病的人口就愈多。這是因為愈有錢、吃得愈多就愈容易出現糖尿病的症狀。如果出現饑荒，糖尿病及其症狀就會減少甚至消失。例如巴黎在一八七〇年至一八七一年間遭到普魯士軍隊的包圍，由於糧食配給嚴格，糖尿病病人的症狀反而得以改善。澳洲原住民族群如放棄西方生活型態，回復勞動、打獵的傳統生活型態，糖尿病的症狀就能獲得逆轉。有一個族群因此在七個禮拜之內平均瘦了八公斤（請別忘了，肥胖就是糖尿病最主要的危險因子）。瑞典人的飲食本來很不健康（七〇%的熱量來自糖、人造奶油、乳製品、酒精、油和穀物），採行三個月的地中海飲食之後，糖尿病症狀少了，腰圍也縮小了。

另一種自然實驗則剛好相反，原本採用簡約生活型態者移民到富裕地區，食物都來自超市，攝取熱量增加又少運動，結果很多人都罹患糖尿病。例如一九四九年到一九五〇年，以色列在葉門政府的允許下發動飛毯行動（Operation Magic Carpet），把葉門境內的猶太人迅速接回以色列。那些猶太人本來生活簡樸，過著像中古時期般的生活，幾乎沒有人得糖尿病，但在以色列生活了二十年後，已有一三%得了糖尿病。類似例子包括了衣索比亞的猶太人移居到以色列、墨西哥人和日本人移民到美國、玻里尼西亞人遷居至紐西蘭、中國人移居至模里西斯和新加坡，以及印度人遷至模里西斯、新加坡、斐濟、南非、美國和英國等。

開發中國家最近也變得富裕，和採行西方生活型態，因此得糖尿病的人也愈來愈多。目前，糖尿病盛行率最高的地方是阿拉伯八個產油國和新富的島國（合計超過一五%）。拉丁美洲和加勒比海國家目前的糖尿病盛行率也在五%以上。東亞和南亞國家除了最貧窮的五個國家（一．六%），糖尿病盛行率也大於四%。開發中國家糖尿病盛行率飆高是最近才出現的現象：印度在一九五九年盛行率只有一%，現在卻高達八%。反之，大多數撒哈拉沙漠以南的非洲國家因為貧窮，糖尿病盛行率仍在五%以下。

上述只是各國平均數值，無法反映內部的巨大差異。全世界的都市居民運動量都比較少，超市的食物堆積如山，應有盡有，肥胖和糖尿病的病例也更多。糖尿病在都市的盛行率遠大於鄉村，例如前述，居住在新幾內亞首都的汪尼蓋拉族，三七%的族人都有糖尿病，住在都市的澳洲原住民有幾個族群三三%的人都有糖尿病。然而，採行傳統狩獵—採集生活模式的新幾內亞人和澳洲人幾乎沒有人得糖尿病。這可說是非常鮮明的對比。

可見，西方生活型態會使人容易得到糖尿病。但是西方生活型態有很多特點，到底哪些容易引發糖尿病？看來，最有可能的三個因素是肥胖、久坐不動和家族病史。除了家族病史，前兩者其實是可以改善的。其他因素包括出生時的體重，這也是我們無法控制的。至於肥胖則和飲食息息相關，肥胖者如採用地中海式飲食，減少糖、飽和脂肪、膽固醇和三酸甘油脂的攝取，則能減少罹患糖尿病的風險。不運動也比較容易發胖，其他如抽菸、發炎、酗酒等則屬獨立因素。總之，第二型糖尿病雖與遺傳有關，也可能與胎兒在母體子宮內的生活環境有關，但最後往往因生活型態不良才顯現症狀。

皮馬印第安人與諾魯人

就環境因素對糖尿病的影響而言，全世界糖尿病盛行率最高的兩個族群——皮馬印第安人與諾魯人——就是活生生的悲劇。

皮馬印第安人已在亞歷桑納南部沙漠存活了二千年以上，主要以精細的灌溉系統施行農業，有時也打獵和採集植物來吃。由於每年雨量變化大，每五年便會出現一次乾旱，作物欠收，皮馬人只好完全靠野生動植物果腹，尤其是長耳大野兔和牧豆。他們喜歡吃的野生植物都含有豐富的纖維質、低脂，而且緩慢將葡萄糖釋放到循環系統，所以是理想的抗糖尿病飲食。皮馬人就這樣緩緩度過時間長河，隔好幾年才出現一次糧荒，但也熬得過去。直到十九世紀末，白人把他們的灌溉水源引走了，皮馬人因作物無法生長，很多人都餓死了。今天，仍存活的皮馬人都去商店買東西吃。二十世紀初造訪皮馬印第安人村落的人說，那裡的人都很瘦，幾乎沒有人罹患糖尿病。但自一九六〇年代開始，很多皮馬人都變成大胖子，有些人體重超過一百三十六公斤。以體重與身高的關係結果來看，今天有半數的皮馬人體重甚至超過美國人的第九十百分位。皮馬婦女平均每天吃下三千一百六十大卡的食物（超出美國人平均攝取熱量五〇％），其中有四〇％是脂肪。至今，皮馬人在醫學文獻上已成全世界糖尿病盛行率最高的族群。三十五歲以上的皮馬人一半患有糖尿病，而五十五歲到六十四歲的皮馬人更有七〇％罹患糖尿病，很多人因此失明、截肢或腎衰竭。

第二個例子是諾魯島民。諾魯島是熱帶太平洋上的一個小島國，史前時代已有密克羅尼西亞人在此殖民。諾魯在一八八八年被德國吞併，第一次世界大戰之後，成為國際聯盟託管地，由澳洲、紐西蘭與英國共同管治，一九六八年才獲得獨立，成為全世界最小的共和國。諾魯人因遺傳基因的緣故，加上幾乎只吃白米和肉類，蔬果極少，因此不幸成為全世界糖尿病最盛行之國。如我們所知，傳染病流行的時候，感染源會增加，等被感染的人死亡或獲得免疫，便會漸漸消失。然而，像糖尿病這樣的遺傳疾病會因環境危險因素升高而開始流行，等到易致病糖尿病遺傳患者陸續死亡（因為糖尿病存活者不會獲得免疫），潛在的高致病患者人數下降，這類疾病才慢慢式微。

諾魯人的傳統生活是以農業和漁業為主，常因乾旱和土壤貧瘠而欠收。最早踏上諾魯島的歐洲人發現諾魯人身材都圓滾滾的，因為當地人認為胖才是美，因此會鼓勵女孩吃胖一點。一九〇六年，有人發現諾魯島的惡土之下埋藏寶貴的磷酸鹽礦，是肥料的重要成分。一九二二年，採礦公司開始付給島民採礦的權利金，全島因磷酸鹽礦而致富，並躋身全世界最富有的國家。自從一九二七年起，島民每天吃下的糖多達〇．五公斤。由於諾魯島民不喜歡當礦工，採礦公司只好從其他地區引進勞工。

在第二次世界大戰期間，諾魯被日本佔領，除了被迫當苦工，配給食物每天只有二百公克左右的南瓜。日本人還把大多數的諾魯人送到楚克島（Truk），半數的人就在那裡餓死。倖存的人在戰後回到諾魯後，重新收取採礦權利金，幾乎完全放棄農業，所需食物皆在超市購買，他們常買大量的白米、肉品和糖，把推車堆得滿滿的，卡路里攝取量是建議值的兩倍。他們漸漸習慣久坐不動，出門都開車（儘管這個島很小，半徑只有二．四公里）。一九六八年獨立之後，光靠收取採礦權利金，人均年所得竄升到二萬三千美元，諾魯人因此成為全世界最富有的國家。今天，他們已成太平洋島民中最肥胖者，血壓平均值也最高，平均體重比相同身高的澳洲人多五〇％。

儘管在諾魯殖民的歐洲醫師知道如何辨識、診斷糖尿病，直到一九二五年才發現第一個糖尿病患，第二個病例則是在一九三四年發現的。一九五四年之後，糖尿病的病例急遽增加，成為非意外死亡最常見的死因。二十歲以上的諾魯人有三分之一患有糖尿病，超過五十五歲者有三分之二得病，少數得以活到七十歲的人都罹患糖尿病。過去十年，諾魯的糖尿病盛行率已下降，然而並非環境危險因子的減少（當地人一樣肥胖而且習慣久坐不動），而是最容易因遺傳基因而出現糖尿病的人漸漸死亡。如果這樣的解讀無誤，在我看來，諾魯也是人類族群當中最快出現遺傳變化的例子：在不到四十年的時間內，所有人口身上已出現某種明顯的基因特質。

印度的糖尿病

下頁表11.1比較糖尿病在全世界各國的盛行率，顯然各國之間有很大的差異，最低的如蒙古和盧安達只有一．六％，沙烏地阿拉伯為一九％，諾魯則高達三一％。但表11.1也顯示各國之內生活型態不同造成的差異：至少在開發中國家、富裕、過著西方生活或生活在都市的居民當中，糖尿病的盛行率特別高。反之，貧窮、居住在鄉下、過著傳統生活的居民則較少得到糖尿病。

印度境內的都市與鄉村地區即有非常明顯的差異。❶二〇一〇年糖尿病在印度的盛行率為八％。

【原注】

❶在此特別感謝印度馬德拉斯糖尿病研究基金會（Madras Diabetes Research Foundation）莫翰教授（V. Mohan）提供的資料。

表11.1　第二型糖尿病在世界各地的盛行率

人口	盛行率（%）
歐洲與中東白種人	
西歐41國	6（2~10）
澳洲、加拿大、紐西蘭、美國	8（5~10）
非常貧窮的阿拉伯國家（葉門）	3
貧窮的阿拉伯國家（約旦、敘利亞）	10
6個富有的阿拉伯國家	16（13~19）
過傳統生活的葉門猶太人	~0
過西化生活的葉門猶太人	13
非洲人	
坦尚尼亞鄉村地區	1
盧安達	2
南非都市	8
美國的非裔美國人	13
亞洲印度人	
印度都市地區（1938-1959）	~1
今日印度鄉村地區	0.7
新加坡都會區	17
模里西斯都市地區	17
喀拉拉邦都市地區	20
斐濟都市地區	22
中國人	
中國鄉下地區	~0
香港都會區	9
新加坡都會區	10
台灣都市地區	12
模里西斯都市地區	13

太平洋島民	
諾魯（1952）	0
諾魯（2002）	41
諾魯（2010）	31
巴布亞新幾內亞傳統部落	~0
巴布亞新幾內亞過都市生活的汪尼蓋拉族	37
澳洲原住民	
傳統部落生活	~0
西式生活	25~35
美洲原住民	
智利馬普切族（Mapuche）	1
皮馬印第安人	50

然而，在幾十年前印度卻沒有幾個糖尿病患。根據一九三八年至一九五九年的調查研究，即使是在像加爾各答和孟買這樣的大城市糖尿病的盛行率也只有一％或更低，直到一九八〇年代，糖尿病患才開始增多，起先增加的速率緩慢，目前已出現爆炸性成長，到今天印度的糖尿病患已超過四千萬人，成為糖尿病第一大國。糖尿病會在印度如此盛行，原因和其他各國差不多：除了都市化、生活水準提升，不管富人或窮人都愛高熱量的甜食與高脂的速食；另外，勞動工作變少、服務業大增，活動量變少；還有，兒童愛看電視、喜歡打電腦和電動遊樂器，因此長時間坐著不動。儘管我們不知印度人花多少時間看電視，但根據澳洲一項研究，在其他危險因子，如腰圍、抽菸、喝酒和飲食都在控制之下，如果每天坐著看一個小時的電視，心血管致死的風險會增加一八％（這與糖尿病有關）。但我們已知看電視時間愈長，常免不了上述危險因子，因此實際風險會比預估的一八％來得大。

雖然糖尿病在印度全國的盛行率平均為八％，不同社群的盛行率卻大不相同。如住在鄉下的印度人因不肥胖、多勞動，盛行率只有〇．七％。相形之下都市地區居民很多都有肥胖的問題、久坐不動，如在印度喀拉拉邦西南部繁華的埃納古納姆地區（Ernakulam）糖尿病盛行率則高達二〇％。全世界糖尿病盛行率第二高的地方則是印度洋上的模里西斯（二四％），移民至本島的印度人生活水準已接近西方人，因此要比印度境內的糖尿病盛行率更高。

印度人會罹患糖尿病和西方人一樣，與生活型態的一些因素有關，然而其他因素雖使印度人糖尿病患增多，卻使西方社會的糖尿病患減少。不管印度或西方，糖尿病皆與肥胖、高血壓和久坐不動的生活型態有關。但歐洲和美國的糖尿病專家卻發現，受過教育、富裕、住在都市的印度人要比住在鄉下、沒受過教育、貧窮的印度人容易罹患糖尿病，其他如中國、孟加拉和馬來西亞等發展中國家也是，在西方則恰恰相反。二〇〇四年，糖尿病在印度都市地區的盛行率平均為一六％，在鄉下地區則只有三％，西方的趨勢則相反。這是因為西方社會採行西化生活型態已久，在印度則才開始不久。整體而言，西方社會要比印度社會來得富裕，在西方即使是貧窮的鄉下人也有錢買速食，因此容易得到糖尿病。此外，受過教育的西方人雖然可買大量的速食，也有很多人是久坐不動的上班族，但他們知道速食食品不健康，也了解運動的重要。然而在印度受過教育的人中還沒有這樣的了悟，都市居民將近有四分之一甚至未曾聽過糖尿病。

然而，不管在西方或是在印度，糖尿病都是因為血糖逐漸升高造成的，臨床結果也差不多。但就其他因素而言，如生活型態或基因，因為印度和西方有很大的差異，印度人的糖尿病表現型態和西方人有所不同。西方人一般認為第二型糖尿病是到成人階段才會發病，特別是到了五十歲以上的年紀，但印度人糖尿病症狀出現的時間要比西方人早一、二十年，近十年甚至已有不少印度年輕人得了糖尿病。許多青春期後期的年輕人已出現成人型糖尿病（第二型的非胰島素依賴型糖尿病），而非所謂的青少年糖尿病（即第一型糖尿病或胰島素依賴型糖尿病）。雖然對印度人或西方人來說，肥胖都是糖尿病的危險因子，但在印度及其他亞洲國家，儘管很多人還不到嚴重肥胖的地步就得了糖尿病。此外，印度和西方糖尿病患的症狀表現也有一些差異：印度人比較少出現失明或腎衰竭，但很多人年紀輕輕就出現冠心病。

雖然印度窮人和富人相比，比較少患有糖尿病，由於速食的風行，印度首都新德里貧民窟的窮人得糖尿病的人也愈來愈多。馬德拉斯糖尿病研究基金會的桑狄普醫師（S. Sandeep）、甘納桑（A. Ganesan）與莫翰教授將印度糖尿病的現況歸結如下：「糖尿病在印度不只是富人病，連中等收入的人和貧民也會得病。這個問題愈來愈嚴重。研究顯示，得了糖尿病的窮人因較難獲得妥善醫療，比較容易出現棘手的併發症。」

糖尿病基因有何好處？

糖尿病基因在演化領域一直是個弔詭的謎團。為什麼這樣一種耗弱疾病會普遍出現於眾多人口族群中？依照物競天擇，體衰的人理當自然淘汰，不易將基因傳給下一代。

常用於其他遺傳疾病的兩種解釋——「頻發突變」與「沒能顯現天擇造成的演化後果」——都無法圓滿解釋糖尿病。就第一種解釋來說，如果糖尿病像肌肉萎縮症一樣，盛行率僅只萬分之一，那麼糖尿病基因的盛行可以解釋成是頻發突變所致；也就是說，帶有突變基因的新生兒的出生率與帶有此突變基因的年長者的死亡率相同。但在西方社會，糖尿病遺傳基因出現頻率竟然會從三％到五〇％

不等。

就第二種解釋來看，遺傳學普遍認為糖尿病盛行率以老年人為主，他們早已過了生育年齡，似乎無干於不利帶病基因的代代相傳。但是這種說法有誤，理由有二。儘管歐洲的糖尿病以第二型較普遍，也就是五十歲過後才發病。但在諾魯、印度與非歐地區，糖尿病多出現在二、三十歲育齡婦女懷孕期，為母體與嬰兒帶來嚴重威脅。以日本為例，研究發現學齡兒童糖尿病盛行率，第二型糖尿病已超過第一型，儘管第一型曾經是名正言順的「青少年型糖尿病」。再者，第六章曾討論過，在第一次世界大戰之前的傳統社會，老年人的地位不像現在的第一世界般低落，因為在傳統社群，祖父母輩對於供應食物、社會地位，與增進其子女、孫兒輩的存活率等具有重大貢獻。事實上，他們沒有一個是真的已過了生育年齡，在基因的汰擇薪傳上無關緊要。

因此，以糖尿病病因機轉而言，過速發展的西化生活方式，遠勝過生物遺傳基因因素。不過可以確定的是，糖尿病遺傳基因曾多次通過天擇，代代相傳下來，這點可從第二型糖尿病患者身上出現許多致病的遺傳異常獲得明證。為何糖尿病遺傳基因曾經有助人類的綿延，今日卻成為大麻煩？

荷爾蒙胰島素能將進入腸胃的多餘食物轉化為脂肪儲存，以備不時之需，釋出可用能量。三十年前，遺傳學家尼爾（James Neel）依此提出「節儉基因型（thrifty genotype）」學說，解釋人類如何有效將攝取的糖分轉化成脂肪。某些人只可能攝取少許食物，便有一觸即發的反應，一點點血糖升高便帶動胰島素分泌。這樣一來，多出來的糖分便可以完善儲存，不會因為血糖濃度過高而從尿中溢出，造成無效浪費。一旦能夠獲取豐富食物，食物便能很快有效轉化為脂肪儲存，體重因此迅速上升，萬一遇到饑荒更能保命（圖26）。在豐年與荒年無法預期的時代，帶有這種遺傳基因乃優勢體質。然而，到了超市林立、食物無缺的年代，高熱量食物外加少運動，優勢基因於是搖身一變，變成引發糖尿病與肥胖的殺手（圖27）。如今人人五穀飽食、四體不勤，節儉基因怎不變成凶神惡煞？人們變胖了，再也沒人擔心荒年會把肥肉燒光。我們的胰臟日以繼夜不停分泌胰島素，直到有一天無法焚膏繼晷，肌肉與脂肪細胞產生轉化阻抗，於是我們得了糖尿病。借用柯斯勒（Arthur Koestler）與齊邁特（Paul Zimmet）的說法，從第一世界流傳到第三世界的糖尿病，是一種「可樂殖民」。

第一世界的居民難以想像，從前食物在豐盛與匱乏之間的波動有多劇烈。人類演化長期以來，都要掌握能夠狼吞虎嚥一逝而過的機會。有些部落至今還在過這種生活。我在新幾內亞的田野調查，就領教過這種飽撐與飢荒不定的日子。記得有一回，我雇用十來個壯丁，幫我背負很重的裝備，從某個懸崖走一整天到下個營地。我們在天黑前及時趕到營地，大家飢腸轆轆等待跟另一隊的人會合，沒想到他們走錯路。我又累又餓又氣，那些腳夫竟然還能一派輕鬆地說：「無所謂啦，沒東西吃，不過空著五臟廟睡一晚，趕明兒就把它補回來。」反之，有一次我們抓到一頭大野豬，我的新幾內亞朋友連續幾天吃到撐，我被他們的食量嚇壞了，他們的腸子彷彿通到無底洞，後來果然有人腸胃炎鬧到難以收拾。

以上幾則奇聞，說明人類在演化的長河中如何適應不規則的豐收與荒年鐘擺。第八章我曾總結傳統生活經常出現飢餓的若干原因：即使天天外出狩獵，有時滿載而歸，有時則空手而回；突發的惡劣天氣；儘管可預知盛產的季節為何，隔年還是可能會出現無可預期的天候異常；大多數傳統社群都無法儲存餘糧，直到國家政府出現，才能管理大範圍的食物，包括糧食的儲存、運輸和交換。我們可從下頁表11.2收錄的奇聞了解，如食物過於豐盛，傳統社群只能暴飲暴食。

表11.2 暴飲暴食的例子

艾弗列特（Daniel Everett）《別睡，這裡有蛇！》（*Don't Sleep, There Are Snakes*）第76至77頁：「南美皮拉哈印第安人以食為樂，只要村子有食物，他們無不吃個精光。但是誤過一兩餐不吃，甚至一整天沒進食，也不打緊。我看過有人連跳三天舞，中間只簡單吃點東西。皮拉哈人第一次進城，都很驚訝西方人吃東西的習慣，特別是一日早午晚三頓餐這碼事。離開村莊的第一餐，他們會狼吞虎嚥，吞下大量的蛋白質跟澱粉食物。第二餐也同樣盡情猛吃，但第三餐就感到挫折。他們滿臉懷疑，通常會問道，我們還要吃嗎？他們有食必盡的習慣，一到城市就行不通。一趟三到六個禮拜的文明城市之旅，一個四、五十公斤的皮拉哈人可以胖十三公斤，肚腩與大腿多出一圈肥肉。」
霍姆伯格著作《長弓的游牧民族》（*Nomads of the Long Bow*）第89頁：「玻利維亞西里奧諾人遇到盛宴，食量其大無比。四個人一餐就把整頭近三十公斤的野豬啃得精光。一個人如果坐下來不停地吃，二十四小時能吃掉十三公斤的肉。我曾親眼目睹，兩個土著大白天吃掉六隻蜘蛛猴，每隻五到七公斤，到了夜裡還喊肚子餓。」
西普里安尼（Lidio Cipriani）著作《安達曼島民》（*The Andaman Islanders*）第54頁：「安達曼島上的昂吉人（Onges）有淨身的習俗。狩獵之後，族人必然狂歡大啖，直到整個部落都是豬油的味道，讓人噁心反胃。他們也會在身體塗上油彩以驅除惡靈，然後跳到印度洋洗澡、滌淨。幾天的吃喝狂歡和淨身過後，土著會回復原來的飲食習慣，也就是吃生鮮或簡單烹煮過的蔬果。一九五二到一九五四年間，昂吉人辦過三次狂歡宴，我有幸參加過一回豬肉與蜂蜜的盛宴，目睹他們不吃掉所有食物不罷休。人人彷彿要比賽脹破肚皮。直到大家精疲力竭幾乎動不了，才跳進水裡洗盡油脂。
同上一本，第117頁：「潮水退下，島嶼沿岸的暗礁滿是沙丁魚，昂吉人搭上手工打造的獨木舟，一潭划過一潭捕魚，沙丁魚多到滿出船身。水裡滿滿都是魚，土著撈都撈不完，直到沒辦法帶回家才罷手。我沒見過其他地方，有比這更大規模的捕獵。 安達曼的沙丁魚比一般所見還大，一條可以重達半公斤。男女老少無不興奮打撈，徒手伸入密集的魚群，身上魚腥味幾天都散不去。那段豐收期，家家戶戶只做打撈、烹煮、飽食這件事，直到一口都吃不下，剩下的就簡單用木頭煙燻。忙過幾天，下一批魚群又出現，他們再度狂吃。

從上述飢餓與飽足不定時交替的例子來看，節儉基因當然能夠發揮正面功能。在食物過剩時期，節儉基因有助於儲存脂肪，當饑饉到來，又能減緩燃燒卡路里，讓人得以安然度過險境。但今天西方人都恐懼肥胖，紛紛求助減肥診所，看在老祖宗的眼裡，實在荒謬。節儉基因曾經助人熬過飢荒，如今卻是糖尿病的幫凶。同樣地，我們喜歡甜食與油脂，一如對鹽的貪求，口腹之欲容易滿足，於是漸漸步上糖尿病與高血壓的不歸路。以前糖、油、鹽都得來不易，反而能讓人吃到有價值的礦物質與微量元素。如同高血壓，糖尿病也是演化的反諷：幾萬年前，我們的老祖宗在非洲大草原熬過饑饉倖存下來，如今子孫卻因營養過剩，飽受死於糖尿病的威脅。

飢餓與飽足交替的傳統生活型態，讓節儉基因具備了展現有利於天擇競爭的優勢。但到了豐衣足食的現代社會，節儉基因反而使所有的人容易罹患糖尿病。然而，為何皮馬印第安人與諾魯人的糖尿病盛行率不尋常地高，甚至是全世界數一數二？我想，這正是因為這兩個族群身上的節儉基因出奇地強。皮馬人跟其他美洲原住民一樣，長年飽受週期性饑荒之苦。十九世紀末白人殖民者從水源上游截斷他們的灌溉用水，從此作物不生。在此嚴酷的考驗下，能存活下來的皮馬人比其他美洲原住民更能適應嚴苛的飢餓，他們儲存脂肪的能力也變得超強。諾魯人在「可樂殖民」時代來臨之前，曾與飢餓展開兩次生死之鬥。首先，他們就像其他太平洋島民，常駕著獨木舟在各個小島之間討生活，在船上一待就是好幾個禮拜，如沒東西吃只得餓死在船上，只有最胖的、最善於儲存脂肪的人才能存活下來。這就是為何在我們的刻板印象中，太平洋島民很多都是胖子。其次，在第二次世界大戰期間，諾魯人比其他太平洋島民遭遇更嚴重的饑荒，餓死者無數，他們體內的糖尿病敏感基因因此變得特別強。戰後，拜磷酸鹽礦之賜，島民得以收取採礦權利金，人人成了暴發戶，食物堆積如山，島民好逸惡勞，最後變成超級胖子國。

目前已有三組人種學證據與兩組動物模式支持尼爾的節儉基因學說。非糖尿病患者的諾魯人、皮馬印第安人、非裔美國人與澳洲原住民，血中的餐後胰島素濃度（對吃下醣類的反應）要比歐洲人高好幾倍。新幾內亞人、澳洲原住民、肯亞馬賽族（Maasai）以及某些還固守傳統生活型態的原住民，其血糖值遠比美國白人來得低。如給予充分食物，太平洋島民、美洲原住民、澳洲原住民則會比歐洲人更容易出現肥胖問題：先是變胖，然後得糖尿病。從動物實驗得知，帶有易得糖尿病基因的老鼠，比正常、沒帶基因的老鼠更能忍受飢餓而存活下去。生活在蠻荒沙漠的以色列沙鼠也很能忍耐飢餓，一旦養在實驗室吃「西方老鼠飲食」，過著養尊處優的生活，不久血中胰島素濃度便上升了，組織出現胰島素抗性，變得肥胖，最後出現糖尿病。但這一切都是可逆的，只要限制沙鼠的飲食，就會回復正常。因此，我們可從容易罹患糖尿病的實驗室老鼠與以色列沙鼠這兩種動物模式了解節儉基因的好處：這種基因會為「採行傳統生活型態的老鼠」調節胰島素分泌，使之熬過惡劣的生存環境，一旦老鼠改採「超市生活型態」，時時大飽口腹之欲，就必須為這樣的基因付出巨大代價。

為什麼歐洲人較少得糖尿病？

糖尿病學專家發現，皮馬人與諾魯人的糖尿病盛行率特別高，歐洲人的糖尿病比例則明顯偏低。然而，就近幾十年的公衛資料來看，其他採行西方生活型態的族群糖尿病的盛行率都明顯偏高，皮馬人和諾魯人只是當中的「佼佼者」，有些澳洲原住民和新幾內亞族群糖尿病的盛行率也高得驚人。根據大規模的非歐人口族群糖尿病盛行率統計，採行「西式飲食」的族群糖尿病盛行率都超過一一％，有的甚至高達一五％，如美洲原住民、北非人、撒哈拉沙漠以南的非洲黑人、中東人、印度人、東亞人、新幾內亞人、澳洲原住民、密克羅尼西亞人、玻里尼西亞人。相形之下，歐洲人以及澳洲、加拿大、紐西蘭和美國等的海外歐裔人口糖尿病盛行率則偏低，在全部四十一個國家之中，盛行率從百分二％到一〇％不等，平均只有六％（表11.1）。

這樣的數據著實讓人吃驚，歐洲人與在海外的歐裔人口可說是全世界最富有而衣食不虞的一群，也是所謂「西式生活」的開山祖師。慵懶、肥胖、逛超級市場買菜的風氣從歐洲開始，美國白人接著發揚光大，其他國家近來才迎頭趕上。我們要如何解釋這種弔詭？為何得糖尿病的歐洲人未增反降？

我曾徵詢這方面的專家，他們回答我，可能是歐洲長久以來較少受饑荒困擾，因此也少受節儉基因影響。根據史載，在中世紀和文藝復興時期乃至更早，歐洲曾經發生大規模饑饉，節儉基因在那些年代必然通過天擇留傳下來，正如在其他飽受饑饉之苦的地區。不過，文藝復興之後，週期性的大規模饑饉不復見。一六五〇年至一九〇〇年間，僅有偶發的饑荒，比如十七世紀末的英國與荷蘭，以及十九世紀末的南法與南義。歐洲大饑饉的結束可歸功於四個因素：政府快速有效地運用非災區餘糧賑災；食糧運輸海陸雙向並進；一四九二年哥倫布發現新大陸後，歐洲航海家陸續從新世界引進新品種農作物（如馬鈴薯與玉米）；以及發展雨育農業，以免作物欠收的範圍太大，無法從遠地運送食物過來解決糧荒。

唯一的例外就是發生於一八四〇年代的愛爾蘭馬鈴薯荒。我們也可以從上述四個因素的前三項，找到失敗的原因。愛爾蘭靠馬鈴薯單一農作當主食，在歐洲很少見，一旦染病難以替代。愛爾蘭是個海島，統治者是另一個海島上的英國政府，這也是歐洲特例，英國政府因此背上賑災無力、反應遲緩的罪名。

思考歐洲飲食史，我有一些感想。在幾百年前現代醫學發展之前，歐洲也曾像現在的諾魯，一度因為豐足的飲食而出現較多的糖尿病患，之後大多數帶有節儉基因的糖尿病患則被天擇淘汰，因此糖尿病在今日的歐洲盛行率低。這種基因淘汰在歐洲可能進行了幾百年之久，糖尿病孕婦生下的嬰兒容易死亡，成年糖尿病患比正常人短命，此外糖尿病家族的下一代也常因為缺乏照顧而早夭。歐洲早期的糖尿病史因年代淵遠，缺乏研究資料，因此不像當代醫學研究諾魯人等現代族群那樣明確。現代族群因突然得到大量源源不斷的食物，而脫離饑荒的威脅──諾魯在十年內從窮鄉僻壤成為最有錢的國家，而葉門的猶太人甚至在一個月內從儉約轉為豐足。當代糖尿病專家因而親眼目睹糖尿病盛行率突攀高峰、急遽增加二〇％至五〇％。不過，這種現象來得快去得也快，正如我們可從觀察諾魯人得知，只需要一、二個世代，帶有節儉基因的人就會遭到天擇淘汰。相形之下，歐洲的豐衣足食則是歷經數百年才形成。從十五世紀到十八世紀，糖尿病在歐洲的盛行率應該以令人無法察覺的速率緩慢增加，只是缺乏糖尿病學專家的實證紀錄。皮馬人、諾魯人、汪尼蓋拉族、受過教育、住在都市的印度人以及靠石油致富的阿拉伯人，這些族群可能只要有一代改變生活型態，便走過歐洲幾百年的糖尿病興衰史。

在隱晦的歐洲糖尿病流行病史中，作曲家巴哈（生於一六八五年，卒於一七五〇年）很可能就是其中的一個病例。巴哈的病歷因年代久遠、紀錄簡略，已不可考，死因也不明，我們僅可從他的肖像來推測（圖28）。他滿臉橫肉，雙手圓滾肥白，加上晚年為視力大衰所苦，手稿越來越零亂，一方面是因視力不良，也可能是末梢神經病變導致的──這些徵象都顯示他有糖尿病。在巴哈的時代，德國已有糖尿病的記載，命名為「*honigsüsse Harnruhr*」，意思就是「蜜尿症」。

非傳染性疾病的未來

本章討論的只是成長最快的兩種非傳染性疾病與西方生活型態的關係，即高血壓與第二型糖尿病。其他重要的非傳染性疾病雖然一語帶過，但讀者可參看伊頓、康納與蕭斯塔克的研究報告。他們對冠心病等心臟疾病、動脈硬化症、周邊血管疾病、腎臟病、痛風及很多癌症（包括肺癌、胃癌、乳癌和攝護腺癌）都有深入的論述。本章討論的西方生活型態危險因子，也僅限於鹽、糖及高熱量食物的攝取、肥胖與久坐不動。其他重要危險因子我只能稍稍帶過，如抽菸、喝酒、膽固醇、三酸甘油脂、飽和脂肪和反式脂肪。

我們已經看到非傳染性疾病已成西方社會的主要死因。我們並非可以無憂無慮地過著健康快樂的生活，直到七十八歲到八十一歲（西方長壽老人的平均年齡）才突然罹患非傳染性疾病而命歸西天。早在非傳染性疾病奪走我們性命之前的幾十年間，這種疾病已慢慢侵蝕我們的身體，使生活品質日走下坡。但非傳染性疾病卻不曾危害傳統社群，為什麼？傳統社群是否有值得我們學習之處，讓我們免於落到非傳染性疾病的魔爪？當然，我們不是要和他們一樣過著傳統、原始的部落生活。傳統社群的生活有很多層面令人慘不忍睹，如暴力的惡性循環、經常面臨饑荒之苦，以及因傳染病而活不長。我們必須從傳統生活型態找尋線索，檢視哪些特點可幫助我們對抗非傳染性疾病。有些作法顯而易見，如經常運動以及減少糖的攝取量，還有一些則仍待進一步的研究與討論（如每日膳食最好含有多少脂肪）。

但照目前非傳染性疾病的趨勢來看，似乎凶多吉少。像皮馬印第安人和諾魯人的糖尿病盛行率都已達頂點。現在，我們最擔心的是生活水準快速提升、人口稠密的國家。富有的阿拉伯產油國、北非都可能是下一個糖尿病受害國，然而還是比不上印度和中國。其他人口稠密國家此時已飽受糖尿病威脅，包括孟加拉、巴西、埃及、印尼、伊朗、墨西哥、巴基斯坦、菲律賓、俄國、南非和土耳其。即使是人口比較少的國家也有不少糖尿病病例，如拉丁美洲與東南亞各國。在人口未及十億的撒哈拉以南非洲地區，則才剛開始接受非傳染性疾病的洗禮。我們不禁要為這樣的前景感到悲觀。

但是，我們未必是對抗非傳染性疾病的輸家。我們的生活型態是自己選擇的，因此完全在自己的掌握之中。分子生物學研究或許可幫我們找出某些致病基因的相關危險因子，讓我們得以防範。然而，社會大眾用不著等待這樣的研究結果，也不必期待治療非傳染性疾病的神藥或是低卡洋芋片上市，我們可從改變自我做起，降低罹病風險，像是戒菸、經常運動、限制熱量的攝取、少喝酒、少吃鹽、太鹹的食物和糖、少喝飲料、避免飽和脂肪和反式脂肪、少吃加工食品、奶油和紅肉、多吃含纖維質高的食物、水果、蔬菜、鈣和複合式碳水化合物。另一個簡單的改變就是吃慢一點。你愈狼吞虎嚥，就會吃下愈多東西，因此會變胖。吃得太快則身體組織沒有時間釋放會抑制食欲的荷爾蒙。義大利人健康窈窕，不只是因為飲食成分組成，也因為他們常邊吃邊聊天，一頓飯吃很久。這些改變就能使全世界數十億人口免於步上皮馬印第安人和諾魯人的後塵。

這些建議可說是老生常談，毋庸贅述。但我們不要忘了一個重要事實：我們已經知道如何著手，因此事在人為。我們應該心存希望，切莫沮喪。高血壓、糖尿病等二十世紀殺手之所以會奪走我們的性命，正是因為我們自己耽溺於口腹之欲，等於自願送死。

尾聲　在另一個機場

從叢林到四〇五號國道

我在新幾內亞進行田野調查的時候，多半和新幾內亞人待在叢林中的營地。幾個月後回國，我走進巴布亞新幾內亞的莫爾茲比港機場準備登機（即本書序曲敘述的地方），但是還沒有回到現代工業世界的感覺。從新幾內亞回到洛杉磯，在這段漫長的飛行中，我總是忙著整理田野調查筆記，回想叢林生活的點點滴滴，我的心還遺留在新幾內亞。飛機終於在洛杉磯降落。我到行李提領區拿行李，與家人在機場入境大廳會合。我們上了車，走四〇五號國道回家。我發現書桌上的郵件已堆積如山。這時，我才真的有回家的感覺，但我心中百感交集。

首先，能平安無事回到太太和孩子的身邊，我當然很高興，也鬆了一口氣。美國是我的家園、我的國家。我在這裡出生、長大。我在美國的一些老朋友已跟我認識六、七十年了。我們有共同的過去、文化，而且興趣相投。雖然我會說多種語言，但英語是我的母語，也是我最能運用自如的語言。我對美國人的了解勝過我對新幾內亞人的認識。再者，美國的確是個生活的好地方。我不必擔心沒東西吃，可以過得舒服、愜意，沒有安全的顧慮，我們的平均壽命幾乎是新幾內亞傳統社群的兩倍長。我可以在此盡情享受西方音樂，發揮我的寫作長才，在大學教授地理學。就生活享受與生涯發展而言，美國要比新幾內亞好多了。基於這些原因，我選擇在美國定居。雖然我也很喜歡新幾內亞和新幾內亞人，但我未曾想過搬到那裡。

但是當我離開洛杉磯機場，坐著車在四〇五號國道上奔馳，一種完全不同的情緒隨即湧現。從高速公路放眼望去是平直的柏油路、櫛比鱗次的大樓和汽車。陣陣車聲在我耳邊轟隆作響，聖塔摩尼卡山在機場北方十六公里處，在塵霧中若隱若現。反之，新幾內亞的空氣極其清新純淨，叢林林木茂密，交織著各種色調的綠，幾百種鳥兒在你耳邊鳴唱。回到美國，我自動把我的感官靈敏度調低，也把心緒變得遲鈍些，直到一年後再度踏上新幾內亞，才能再調回來。當然，我們不能只比較新幾內亞叢林和美國四〇五號國道，就斷定傳統世界和工業世界有哪些差異。如果我在新幾內亞待幾個月，從莫爾茲比港（全世界最危險的城市）機場回到美國，不是返回洛杉磯的家，而是待在我們在蒙大拿苦根谷（Bitterroot Valley）的避暑小屋，眺望大陸分水嶺頂峰的白雪，那大自然的美還是能讓我的心悸動不已。然而，我還是不得不回到洛杉磯的家，只能把新幾內亞叢林或苦根谷當作旅行的地點。但為了洛杉磯的便利生活，我還是必須付出很大的代價。

回到美國過著都市生活，我差不多一天到晚都在趕時間，行程一個接著一個，壓力很大。只要想到這些，我就心跳加速、血壓上升。在新幾內亞叢林，完全沒有時間壓力，也沒有什麼待辦行程。如果沒有下雨，我通常會在太陽升起之前走出帳篷，聽夜鳥唱完最後一首歌和晨鳥的第一首歌。假使下雨，我就坐在帳篷裡面等雨停——天曉得雨什麼時候才會停。鄰村的新幾內亞人可能昨天跟我約好，他今天會來教我用當地語言說出鳥的名字。但是他沒有手錶，不能告訴我他什麼時候回來，也許改天才會來。在洛杉磯，我每天的行程都排得滿滿的。我口袋裡的小日誌告訴我，每天、每一個小時我該做什麼，有的行程排在幾個月後、一年以後，甚至是更遠的未來。每天，我有回不完的電子郵件和電話，必須先把一大堆事情分類，按照輕重緩急來處理。

回到洛杉磯後，我漸漸不再像在新幾內亞那樣提高警覺。像是淋浴，我用不著緊閉雙唇，以免不潔的水進入嘴裡。我不再那麼常洗手，也不用特別留心我放在營地裡的盤子和湯匙是否洗乾淨了，或是有沒有人碰過。我不再皮膚發癢就如臨大敵，擔心演變成熱帶潰瘍。我也不必每個禮拜定時服用抗瘧疾藥丸，而且隨身帶三小瓶不同種類的抗生素。（這些預防措施非常重要，遺漏任何一項都可能會帶來致命的後果。）我也不再肚子有一點疼痛就害怕會得盲腸炎，畢竟我人在叢林深處，如果得了急症必然無法及時趕到醫院。

從新幾內亞叢林回到洛杉磯，我的社交環境也出現很大的變化：較少直接與人頻頻互動。在新幾內亞的叢林，只要我醒著，幾乎旁邊就會有幾個新幾內亞人，我們會一起坐在營地聊天或是在山間小徑尋找鳥類的蹤跡。我們講話的時候，總會全神貫注地看著對方，沒有人會一邊說話，一邊滑手機看簡訊或查看電子郵件。如果我們在營地聊天，總會講好幾種語言，視待在營地的人是誰而定。即使我不會說他們的語言，至少我得知道如何用不同的語言說出鳥的名字。反之，西方社會的人面對面和他人說話的時間沒那麼長。據統計，一般美國人待在螢幕前的時間每天高達八小時（包括電腦、電視或手機等手持電子通訊產品）。即使我們與他人互動，多半也是間接的，例如透過電子郵件、電話、簡訊，連寫信的人都漸漸減少。我在美國接觸的人大都只會一種語言，也就是英語：我在一個禮拜裡能跟人用另一種語言聊個幾小時已算幸運了。當然，這些差異並不代表我渴望新幾內亞那種直接、密集、全神貫注、多語的社交環境：新幾內亞人說來和美國人一樣，有令人欣喜的一面，也有讓人沮喪的地方。

過去五十年，我不斷在美國和新幾內亞之間來來回回，我已經能夠面對不得不妥協的現實，也找到內心的平靜。儘管我九三%的時間都待在美國，偶爾也到其他工業國家，只有七%的時間待在新幾內亞，但我的心幾乎一直還留在新幾內亞。即使我人已回到美國，也無法把新幾內亞拋在腦後。在新幾內亞的日子就像眼前出現一個色彩繽紛的世界，相形之下，其他地方都黯淡無光。

現代世界的優點

本章其他部分大抵討論傳統社群值得現代世界借鏡之處，但我得先在此提醒諸位讀者：切勿把傳統生活想得太浪漫、美好，現代世界也有很大的優點。西方社會的居民不可能集體放下鋼鐵鑄造的工具、清潔衛生的環境、物質享受與國家帶來的和平，回去過傳統狩獵—採集的生活型態。反之，原來過著狩獵—採集生活的人和小型農夫社群不斷走進現代世界，過著西式生活。他們會這麼做，無可厚非，主要是受到現代生活便利的吸引，可擁有豐富的物質，得以過著更舒服的生活；有接受正式教育和工作的機會；有良好的健康環境，醫藥發達，生病時能到醫院接受醫師的診治，個人有安全感，較少受到來自他人或環境的威脅；食物無短缺之虞；能活得更久；兒女也比較不會早夭（如法玉族的子女有三分之二在長大成人之前已經夭亡）。當然，並非每一個傳統村落都已經轉型，搬到城市，過著現代生活，而且能夠享受上述現代社會的優點。但是，的確有些傳統社群的人和大多數的村落居民已經成為現代社會的一員，還有很多村民也渴望如此。

例如，阿卡匹格米族的女人在接受惠立特（Bonnie Hewlett）的訪談時提到，她們基於下列理由放棄森林裡的傳統狩獵—採集生活型態，選擇在村莊定居，以務農為生：主要是為了生活物資，如鹽、胡椒、橄欖油、陶罐、鍋子、大砍刀、床、燈籠，此外也為了獲得品質良好的衣服、鞋子，並且能過著比較健康的生活，也能有機會送孩子上學。再者，從田野取得可食的植物要比在森林裡採集容易，用槍枝獵殺動物也比用網子捕獵來得安全、迅速，可避免被動物踢到、咬傷或抓傷。根據希爾與赫塔多對亞契印第安人的訪談，他們放棄森林裡的生活遷至保留地定居的理由是為了取得獵槍、收音機、新衣服，讓自己和孩子得到溫飽、過著健康的生活，不但自己能活得比較久，孩子也比較能順利長大成人，不致於小小年紀就夭亡。我的新幾內亞友人則認為下列西方物資尤其珍貴，如火柴、鐵斧、衣服、柔軟的床墊和雨傘（別忘了新幾內亞年雨量可高達一二七〇〇毫米以上）。新幾內亞人也珍視一些非物質層面的益處，如醫療、兒童教育和部落戰爭的終結。北加州最後一個雅希印第安人伊席獨自一人在深山過著狩獵—採集生活，直到五十歲左右才到舊金山過活。起初，在歐洲人發明的東西之中，最讓他愛不釋手的是火柴和黏膠，過了一段時間之後，他也喜歡房屋、家具、馬桶、自來水、電燈、瓦斯爐和火車。莎賓·庫魯格的姊姊茱蒂絲告別住在新幾內亞叢林中的家人，回德國一年，超市貨架上各種品牌的巧克力讓她看得眼花撩亂。

對活在危險、不安之下的傳統社群而言，西方生活型態有許多明顯、具體的優點。在我的新幾內亞友人當中，受過教育、居住在村莊的人則指出西方生活型態中有一些比較沒那麼顯而易見的優點，如容易取得訊息、可接觸形形色色的人，女人在美國能享有的權利也遠勝過新幾內亞。我有一個新幾內亞朋友就告訴我，她對美國最羨慕的一點就是可以不管別人，我行我素。在新幾內亞，你很難脫離緊密的社交網絡，幾乎無時不刻都必須與親友接觸，不得不為別人著想，因此受到的限制很大。這位朋友希望能享有獨處的自由、可以一個人行走、有自己的隱私、能隨心所欲地表達自己的意見、能與人公開辯論、能抱持和傳統不同的看法、不受同儕壓力的影響，以及不必一舉一動都受到別人的審視，而且必須聽人說長道短。這意謂你可以獨自一人坐在咖啡館看報紙，不用擔心認識的人隨時過來打擾。美國人重視個人自由，這點的確比傳統社群來得先進，也毋需像新幾內亞人那樣把自己所得拿出來和親友分享。

傳統世界的優點

現在，我們再來聽聽不同的意見。對曾經在傳統社群和西方社會生活的人來說，傳統社群的價值有哪些，西方社會又欠缺什麼？

傳統社群的生活有個常見而重要的特色，亦即人際關係緊密、長遠。對傳統社群而言，孤獨從來就不是一個問題。他們從出生到老死都在同一個地方，親友和兒時同伴總是圍繞在身邊。在比較小的傳統社群之中（頂多只有幾百人的部落或隊群），彼此都熟識，沒有任何一個人是陌生人。女孩婚後，雖然與丈夫同住，必須離開家人、親友，但夫家通常不遠，可以經常回娘家。

反之，在人口稠密的工業社會，孤獨一直是個問題。很多美國人和歐洲人都住在擁擠的大城市，周遭常常都是陌生人，因此常有孤單之感。西方社會的人常遷徙到遠方，自己的子女或朋友也可能跑到十萬八千里外定居。西方人每天碰到的人幾乎都互不相識，未來也一樣陌生。西方社會的子女長大成人之後，大都會離開父母，一人過著獨立的生活或是與配偶另組家庭。我有一個美國友人大半時間都待在非洲，他曾對我說：「非洲人物質生活窮苦，社交／精神生活卻很豐富。反之，美國人物質生活豐富，社交／精神生活卻很貧乏。」此外，我們也常聽到有人抱怨西方生活忙碌、行程多、壓力大，反之傳統社群的生活則比較悠閒，競爭壓力小。但我必須強調，傳統生活有些特點其實在現代工業社會也看得到，例如在工業社會的鄉下地區，人人互相熟識，人情味濃厚，一生都在出生地打轉。

上述都只是概括的印象，接著我將引述一些深刻的個人經驗。敘述者皆是美國商人或傳教士的孩子，他們童年在新幾內亞、菲律賓、肯亞等地度過，到了青少年時期才搬到美國。

「美國男孩很有男子氣慨，講起話來裝出一副很屌的樣子，喜歡欺負別人。個性柔弱的孩子在美國會很吃虧。」

「我在新幾內亞和當地的孩子一起長大，到了美國之後，我覺得美國與新幾內亞最大的不同是，小孩一回到家，就關上房門，打電玩，直到第二天上學，才會走出家門。我們在新幾內亞的時候，一天到晚都在戶外和其他小孩一起玩耍。」

「非洲小孩老是跟人在一起。我們只有在睡覺的時候，才會待在屋裡。我們走進任何人的家，都會受到歡迎。但，美國小孩常不和其他小孩來往。現在因為流行打電玩，小孩宅在家裡的時間更長了。在我長大的地方，只能看電視，沒有電玩。」

「在菲律賓，所有的小孩都稱呼大人『叔叔』或『阿姨』。在我們住的村子，我們可自由進出任何人的家。晚餐時間，不管我們在哪一個人的家裡玩，都可留下來吃飯。」

「美國小孩的社交能力不如新幾內亞小孩。在新幾內亞，我常面露微笑，跟看到的每一個人說哈囉，然後開始聊天，但美國小孩經過別人身邊，不會打招呼，也不會主動聊天，看到人皆視若無睹。

我看到他們，我會微笑，說聲哈囉，但他們從來不會主動這麼做。」

「美國人的娛樂是被動式的，他們不知道如何主動尋找快樂。」

「在非洲，你若是想要什麼東西，總會自己想辦法，最後總是能夠解決。但在美國，不管你要什麼，幾乎都是直接買現成的，你不知道自己要怎麼做。」

「美國孩子不像新幾內亞小孩那樣有創造力，因為所有東西都已經有現成的商品（圖17、18）。在新幾內亞，如果你看到飛機，想要一架模型飛機，你會去找木頭和棍子來做，然後用做好的飛機玩，讓飛機俯衝，並模仿轟隆隆的引擎聲。我跟我弟弟就用自己做的飛機玩，而且模仿飛行的種種細節。但美國小孩只會去店裡買玩具飛機，玩的方式也沒多大創意。」

「在非洲，我們樂於分享。例如，有一天我在學校撿到一條輪胎內胎的紅色橡膠條。這種膠條可以做彈弓，因此非常珍貴。我把我的橡膠條分給其他孩子使用，讓他們也能做彈弓。但在美國，如果你有任何珍貴的東西，你總會佔為己有，不想跟別人分享。再說，美國小孩也不知道內胎的膠條可以做什麼。」

「我從新幾內亞回到美國之後，最難適應的一點就是沒有自由。新幾內亞的孩子總是過得自由自在。我住在新幾內亞的時候很愛爬樹，現在還是很喜歡，因此我和哥哥回到加州之後，我們做的第一件事就是爬樹，還蓋了間樹屋。左鄰右舍都認為我們是怪人，因為他們不准小孩爬樹。美國的規定和法令多如牛毛，由於怕被告，小孩只好放棄很多探險的機會。美國人用圍牆把游泳池圍起來，以免招惹一些令人討厭的干擾。在新幾內亞，很少人家裡有游泳池，我們常去河裡玩，但河邊並沒有『禁止跳水』的警告牌。如果我沒準備好，怎麼會冒然跳下？美國人認為該負責任的人並非行為者，而是地主或建造房子的人。如果出了事，總是怪別人，不會認為是自己的問題。我在新幾內亞成長時，可自由自在地在大自然中探險，用各種新奇的點子玩遊戲，難免需要冒險，但會小心因應，不像一般美國小孩討厭冒險。我覺得這樣的成長歷程非常豐富，是美國人無法想像的。」

「在美國最令人挫折的地方，就是工作壓力老是如影隨形跟著你。即使你在下午休息一下喝杯咖啡，也會有罪惡感，因為你可能因為休息而錯失賺錢的機會。然而，如果你時時刻刻都努力賺錢，不敢休息一下喝杯咖啡，你賺得多，花得也多，也存不了多少錢，因此你只能更努力工作。美國人已無法在工作、娛樂或放鬆之間取得平衡。在新幾內亞，一到中午，大家都關店休息，一直到傍晚才會再開門營業。美國人就不可能這麼做。」

「我發現在美國與我同輩的人很多都不把道德當一回事，這教我非常驚愕。在美國這樣多元化的社會，每一個人對是非黑白的看法都不盡相同，但在新幾內亞，至少大家的文化價值觀比較接近，相信某些真理確實存在。」

「這裡的美國小孩都很重視物質，或許一般的美國人都是這樣。記得上次回到加州，電視廣告拚命推銷最新流行的東西，讓人覺得不買就會後悔。誰知道六個月後又有哪些新產品？」

「在美國，每一個人都活在自己的小世界，猶如把自己關在一個密閉的盒子裡。我認識的非洲年輕人都對世界其他地方非常好奇，也很了解地理。我們常玩的一個遊戲包括考問彼此不同國家的地理位置、各國領袖或運動明星的名字。當然，他們知道肯亞足球冠軍和長跑選手的名字，但是對美國、英國、德國和巴西等國的運動巨星也瞭如指掌。他們知道獨行俠、（NBA傳奇球員）威爾特·張伯倫和拳王阿里，常常問我美國的生活如何。我剛來美國的時候，我想很多人會問我，非洲的生活如何，但我不久就發現美國人只關心自己每天的生活會受到什麼影響，對其他的一切都漠不關心。他們對世界其他地區的生活型態、習俗和事件都沒什麼興趣，因此我就不再講非洲的事。很多美國人都擁有很多東西，但對世界其他地區的了解都很貧乏。他們似乎只要待在自己的小天地，就心滿意足，安於選擇性的無知。」

我們能學到什麼？

自現代智人在六萬至十萬年前間現身以來，我們的基因、文化和行為無不受到世界過去的影響。我們可從考古紀錄推測，生活型態與科技的轉變過去猶如冰河移動般緩慢，直到一萬一千年前農業在肥沃月彎發端之後，則有日新月異的快速變化。世界上歷史最悠久的國家政府大約在五千四百年前出現在肥沃月彎。這意謂今天每一個人的祖先在一萬一千年前都活在昨日世界，還有不少人的祖先直到最近仍是如此。像新幾內亞大部分人口稠密的地區，直到近幾代才開始與外面世界直接接觸。在新幾內亞和亞馬遜仍有少數社群至今未與外界直接接觸，也還沒有國家政府。

當然，今日世界仍可看到昨日世界留下的影子，即使是人口最稠密的現代工業社會也是。在人口稀少的西方世界鄉下地區仍可看到傳統社群的一些特點。儘管如此，傳統世界還是與現代社會有很大的差異。傳統世界的人渾然不覺他們已進行了長達數千年的人類社會自然實驗。我們雖然無法在控制條件之下重複這樣的實驗，但還是可以從過去發生的事上學到一些東西。

我們能從昨日世界得到的收穫之一就是感激現代社會帶來的科技、文明與便利，而非只是一味地批評。幾乎大多數的人都可擺脫長期戰爭的折磨，而且已極少聽到殺嬰或是拋棄老年人的慘劇。我們了解為何小型社群必須做這些殘忍的事或是身陷其中。所幸，由於國家政府的治理，我們不再陷入戰爭報復的惡性循環，能過著定居的生活型態，而且有餘糧可照顧幼兒和老人，不必把他們拋棄或殺害。現在也不再有把寡婦勒斃，讓其尾隨亡夫而去的作法。傳統社群還有其他殘酷、不人道的習俗則不是環境或生存迫使他們必須這麼做，而是文化使然。

然而，昨日世界仍有其他特點深深吸引現代讀者。例如別在食物上撒鹽，就是我們很容易做到的，儘管現代社會很多人都有吃太鹹的習慣，無鹽不歡，為了身體健康，我們最好學習傳統社群少吃點鹽。傳統社群還有一些地方值得我們學習，然而因為社會大環境的關係，或許個人很難採用，例如我們就很難像新幾內亞人那樣養育孩子，只能跟現代社會的其他父母一樣養育子女。

儘管如此，在其他方面，我們的社會還是能採取共同行動，學習傳統社群的優點。要向昨日世界學習，不只牽涉到個人，也關乎社會全體的決定。哪些是我們可以做到的呢？

首先，飲食和吃東西的習慣就是個人可以做得到的。像傳統新幾內亞社群無人死於中風、糖尿病或心肌梗塞，不是很令人羨慕嗎？學習他們並不是指我們得完全過著和他們一樣的生活，陷入永無休止的部落戰爭，或是吃的東西九成都是甘藷。只要你努力養成下面三種習慣，你依然可以享受世界美食，過著平靜、免於疾病的生活：運動；慢食，以及和朋友、家人一起用餐，邊吃邊聊，不要常常狼吞虎嚥；選擇有益健康的食物，像是新鮮水果、蔬菜、低脂肉品、魚、核果、穀物等，並仔細看食品包裝上的成分說明，避免高鹽、單醣或含有反式脂肪的食物。社會群體（選民、政府和食品廠商）也可採行更自然、健康的食物處理程序，讓社會大眾不必為食品安全和健康傷腦筋，如芬蘭等國已在這方面努力。

另一件我們自己可以做的事，就是讓孩子學習雙語或多語。很多傳統社群的孩子都會說兩種或更多語言，美國人當然也可這麼做，只是他們誤以為雙語學習會為孩子帶來語言困擾，將語言混淆，而不願這麼做。我們現在已經知道，雙語學習不但不會阻礙孩子的語言學習，孩子終其一生都能受益，有助於他們的思考，也能豐富他們的人生。很多美國夫妻能說不同的語言，可各自用不同的語言跟孩子說話，讓孩子從出生開始，就在雙語的環境下長大。移民父母也可用自己的母語跟孩子說話，讓他們學習英語以外的語言，畢竟孩子上學或與其他孩子玩耍都是說英語，因此很快就能學會英語。通常長大之後才開始學外語都很辛苦，要花幾千個小時學習文法、背字彙、聽錄音帶，最後還是不免有口音，而且說得結結巴巴。如果你從小就能從父母那裡學習外語，在雙語的環境下長大，你的外語就能說得自然流利而且沒有口音，這實在是我們為人父母或祖父母必須好好考慮的事。

除了多語使用，傳統社群教養子女的方法還有許多地方值得我們參考。所有打算生兒育女的夫妻都可好好想想，是否在孩子出生之後的一段時間隨時想要吃奶都能得到滿足，讓孩子晚一點斷奶，增加成人與幼兒的肌膚接觸，夫妻和孩子一起睡（使用硬一點的床墊，或是把嬰兒床搬到父母臥房，這些都可和小兒科醫師討論），帶寶寶出門時，讓寶寶直立，而且面向前方，多找一些親友幫忙照顧寶寶，孩子一哭泣就立刻趕到身邊照顧，避免體罰，給孩子探險的自由（在適當監視之下），讓孩子和不同年齡的小孩一起玩耍（這對年紀小或年紀大的孩子都是很寶貴的經驗），以及幫孩子想出有創意的遊戲，而非只是讓他們打電玩或玩廠商製造的「益智玩具」。你或許會覺得大環境不改，在原來的社會之下，難以採行這些作法。例如左鄰右舍的孩子都在打電玩，只有你們家的孩子在家不准玩，結果你們家的孩子老是想待在朋友家。儘管如此，還是值得好好考慮是否該學習傳統社群的教養之道，畢竟他們扶養的孩子表現得獨立自主、有安全感而且成熟穩重，留給訪客非常深刻的印象。

此外，我們也可學習新幾內亞傳統社群的危機意識。我的新幾內亞朋友知道在叢林中不可在死掉的大樹底下睡覺，即使在地上看到一根樹枝也提心吊膽。儘管他們就算在死掉的大樹底下睡幾十個晚上依舊活得好端端的，不知有多少次在地上看過掉落的樹枝也平安無事，但他們知道，如果他們粗心大意，總有一天會大禍臨頭。對大多數的西方人來說，生活中最大的危險不是死掉的樹、掉落在地上的樹枝，但也不是恐怖份子、核子反應爐、墜機等，而是日常生活一些微不足道的小事。根據意外傷害的研究，我們必須謹慎提防的是車輛（包括自己開車和別人開車）和酒精（自己喝酒或別人喝酒），上了年紀之後上下樓更必須小心翼翼，也要注意別在浴室摔倒。每一個人的生活型態各有不同，因此必須提防各種危險。

宗教則是個人的另一個選擇。很多人會在生命的各個時期評估自己的宗教信仰。我們必須記住，宗教信仰的選擇要比其他形而上理念來得寬廣、複雜。走筆至此，我不禁想到我的三個老朋友所做的決定：一個畢生信仰唯一神教派，教會一直是她生命的核心；另一個則終其一生是猶太教徒，他的信仰以及他和以色列的關係則是他自我認同的核心；第三個是德國人，生於天主教家庭，他住的那一區大都是天主教徒，在年屆四十之齡，才改信基督教。在上述三個例子當中，他們決定繼續信仰原來的宗教，或是改信另一種宗教取決於宗教的角色。在他們生命不同的時期，宗教扮演的角色或強或弱，各有不同，正如幾千年來各種宗教在人類社會的發展各有起伏。宗教的角色包括有關物質世界的終極問題是否能提供令人滿意的解釋、能否幫助人面對焦慮和挫折、了解自己或自己所愛的人為何會死亡、解釋人世間為何會有這麼多的痛苦、做為行為道德原則的依據、服從或反叛權威、讓人對抱持同一信念的團體有歸屬感等。對經歷過宗教困惑的人來說，可以想想宗教對不同社群的意義，並誠實地面對自我，想想宗教對自己有無任何特別的意義。

至於我們可向傳統社群學習的優點，先前已提到減少鹽的攝食。這雖是個人可以達成的，但也需要政府和食品製造商的合作，減少在加工的過程中加入太多鹽，以免讓消費者不知不覺吃下過多的鹽。同樣地，個人也可藉由多運動和攝取健康的飲食來減少罹患糖尿病的風險，但政府也可加強宣導，規定公立學校餐廳不得提供太多會令人發胖的食物。至於社會該如何促進多語的學習與使用，對抗語言滅絕，有些政府（如瑞士）已致力於促進語言多樣性，其他政府（如美國）本來還努力消滅原住民的語言，直到最近才轉而鼓勵。儘管如此，仍有一些政府（如法國布列塔尼地區）仍反對保留原住民的語言。

老人的地位也有待個人與社會共同努力才能提升。愈來愈多老年人以新方法證明自己老而有用，可為正在工作的成年子女減輕負擔，他們可為自己的孫子女提供一對一的高品質照顧。我們這些年紀在三十歲到六十歲之間為人父母者，也許開始自問要追求什麼樣的生活品質，以及在我們老了之後，我們的孩子將會如何對待我們。但我們不要忘了，我們的孩子正在觀察我們如何對待自己年老的父母：等到我們垂垂老矣、需要被人照顧之時，我們的孩子將會被親眼所見的例子影響。社會可讓老人的生活過得更豐富，反之，老人也可對社會有貢獻，因此不一定要強制老人到了某一個年紀非得退休不可。如果老人仍有能力，身體健康良好，並渴望繼續工作，就不該強迫他們退休。近幾十年來，美國不再堅持強制退休的政策。大眾一開始還憂心，失去工作能力的老人將對工作戀棧，但這種現象並未出現，社會反而得以保有一群最有經驗的人。但目前仍有許多歐洲國家要求雇員到了六十歲至六十五歲就要退休，不管他們的生產力是否仍處於巔峰。

像慢食或是讓孩子從出生之後就在雙語的環境下長大，都是我們個人可以做到的事，其他改變則必須靠社會整體的努力，如紛爭的解決，我們除了可採納傳統社群調解的優點，還可以加上現代國家司法制度追求的正義。我在書中討論到的兩個機制是修復式正義和調解。這兩者都不是解決爭端的萬靈丹，只在某一些情況下得以發揮作用，而且需要透過司法制度來執行。如果你認為這些作法是有價值的，就可幫忙促進、宣導，讓法院得以採用。此外，下次你被捲入爭端之時，也可參考新幾內亞人的方式，透過非正式的調解、情感釋放與修復關係來解決。

本書大多數讀者所屬的社群只能代表人類文化的一個小小切面。但這些文化社群就是今日世界的主宰，高人一等，主要原因如下：從農業發端以來，他們即成功馴養了許多野生動植物，進而在科技、政治、軍事各方面拔得頭籌。儘管現代工業社會具有這些優勢，在兒女教養、對待老年人、解決爭端、避免非傳染性疾病，或其他社會問題方面並不見得做得比較好。為了解決上述問題，數千個傳統社群已發展出許許多多不同的作法。我曾與新幾內亞傳統社群一起生活，他們改變了我的人生觀，也豐富了我的人生。我衷心希望各位讀者和我們的社會也能從傳統社群的生活經驗學習，去蕪存菁，以過著精采、富足的人生。

式皆已運用，而且得到類似的結果，我們就對這樣的結果比較有信心。例如，我們已從現代科學觀察了解部落戰爭（如第三章黑德與布洛克胡伊瑟對丹尼族戰爭的描述），也有口述重建的結果（如韋斯納與圖姆的口述歷史研究），加上像莎賓．庫格勒在法玉族部落那樣的見聞，以及考古學證據（如挖掘出來的盔甲和被戰斧劈成兩半的頭顱）。若是這四種方式所得的結果不同，我們就得好好想想為什麼會這樣：也許研究中的社群已隨著時間而有了轉變，或是因為與外界接觸而失去原貌。

（延伸閱讀請自459頁翻起）

起生活。庫格勒一家人也是最先與法玉族接觸的外人。庫格勒家的次女莎賓從七歲到十七歲都在法玉族的村落成長。那時，除了庫格勒一家，沒有其他外來的人。後來莎賓回到歐洲生活、受教育，二○○五年將她與法玉族生活的所見所聞出版成書。

莎賓的書沒有圖表、假設的驗證，也沒簡要論及人類學次領域現在的發展，但讀了她的書的人對法玉族的生活都有生動活鮮的印象，像是箭嗖嗖地穿過空中、危險、意外和死亡。由於莎賓的兒時玩伴都是法玉族兒童，她等於是半個法玉族人，她的書可說是一個法玉族人的自傳，只是她擁有法玉族人和歐洲人的雙重觀點。莎賓注意到法玉族人的一些特質，如時間感、物質生活的艱困，以及法玉族人的心理等（像有些事情法玉族人認為理所當然，因此用不著掛在嘴上）。莎賓回到歐洲的觀察與體驗同樣值得一提（如與陌生人接觸、馬路比虎口驚險等）。也許有一天，科學家會再度造訪法玉族，並描述他們看到的法玉社群，但他們所見將與庫格勒一家在一九七九年的見聞大相逕庭。沒有任何一個科學家能複製莎賓的經驗，也無法像她一樣那樣描述自己的成長歷程——畢竟她的思考與感覺幾乎和傳統法玉族人無異。

最後一個了解傳統社群的方式就是考古學。如要了解沒有書寫系統或未曾與識字的觀察者接觸的遠古社群，這也是唯一的資料來源。考古學家藉由挖掘遺址與放射性碳年代測定，以重建幾萬年前的文化。優點是不會受現代接觸的影響，即使該文化的人已全部死絕也能得知過去的生活。缺點是某些細節，如每日生活、族人姓名、動機、話語等已完全消失。考古學家也難以從遺址留下來的物品為當時的社會情境下結論。例如，考古學家很難從墳墓挖出來的物品和墳墓大小推論社會地位的不平等或貧富不均。現代的人種學家必須透過田野調查研究直接觀察，才能得到定論。

因此，藉由考古學來了解傳統社群也有其優缺點。如果上述四種方代之前的生活或事件。反之，恩加族的人很喜歡聚在一起「講古」，聽眾會評論或更正敘述者的錯誤，即使是位高權重者也不能為了一己之利扭曲歷史。

了解傳統社群的第三個方式和口述歷史的目標相同，也就是企圖了解傳統社群在現代科學家踏入之前的原貌。雖然科學家通常是接觸某些傳統社群的第一人，如一九三八年石油大亨亞奇博德帶領探險隊，執行紐約自然歷史博物館與荷蘭殖民政府共同合作的探勘計畫，因而發現巴里恩谷地的丹尼族。通常，政府巡邏兵、商人以及身兼傳教任務的語言學家等在這些科學家之後才進入傳統社群。新世界、非洲、澳洲、太平洋群島等地的傳統社群很多都是這樣自一四九二年開始逐一被發現，直到二十世紀初期。之後，現代人類學家才進入這些地方進行田野調查。然而，由於資源有限與環境險惡，新幾內亞和亞馬遜盆地部落直到一九三〇年代科學家才進入這些地方。這些傳統社群與西方科學家接觸之後，其部落文化已有了改變。

儘管如此，我們仍可從第一批沒有科學訓練背景的訪客留下的描述來了解傳統社群。這樣的描述最大的缺點就是沒有系統、沒有量化資料，為非嚴謹的部落文化研究，因此參考價值必須打折扣。然而，他們提供的資料往往是「原汁原味」，沒經過修正。這是最大的好處。另一個比較沒那麼明顯的優點是，這屬於第一手觀察，沒經過訓練的訪客往往會描述讓自己驚異的一切，願意討論當地社群的種種面向。如果是懷抱某個研究目的的科學家就可能忽略很多東西。

莎賓・庫格勒描述新幾內亞法玉族的《森林之子》（*Dschungelkind*）一書就是很好的例子。一九七九年，我第一次踏上印尼屬新幾內亞之時，直升機駕駛告訴我，他不久前才遇到一群法玉族人，他們認識一對來自德國的傳教士夫妻克勞斯與桃樂絲・庫格勒。克勞斯與桃樂絲在法玉族人的邀請下，帶著三個年幼的孩子和法玉族人一

圖姆（Akii Tumu）合作，共同研究恩加族的口述歷史。恩加族是巴布亞新幾內亞高地最大的語言族群。雖然恩加族在一九三〇年代由於與歐洲人接觸，開始有了書寫歷史，但在新幾內亞，唯獨恩加族透過歷史傳統記錄自己的歷史事件，與神話完全不同，而且回溯到八到十代以前（二百五十年至四百年）。在一九八五年與一九九八年間，韋斯納與圖姆訪問了一百一十個恩加族部落裡的老人。他們也從不同氏族、部落所述來查證那些老人說的是否正確，如對戰爭的描述或敵對雙方後代遷徙的情況，也參考鄰近族群的說法是否一致，並查核他們對一些生活層面的描述，如在祭典中交換豬隻、土地使用及農業生產所提供的訊息。他們也查證口述歷史中影響所有新幾內亞高地人（包括恩加族）的兩個事件。一是在十七世紀長島附近發生的火山大爆發，東部高地因此蒙上一層火山灰。根據恩加族及其他高地人的口述歷史，火山爆發帶來一段「黑暗時期」，有好幾天太陽都被火山灰遮蔽，因此暗無天日。另一個事件就是馬鈴薯的引進，致使高地農業與社群出現轉變，時間約在二百五十年前至四百年前。韋斯納與圖姆透過這樣不斷的交叉查證與日期比對，終於可以重建恩加族過去八代在歐洲人尚未來到新幾內亞高地之時的社群樣貌，包括族群離散、人口成長、人口規模、環境、農業生計、作物栽種、貿易、領導、社會組織、戰爭、遷徙、儀典發展與信仰等。

然而，這種口述重建的方法只能運用於一些少數傳統社群，或許只有少數幾個社群適用，因為很多或大多數的社群並沒有可追溯到數代之前的詳細口述知識。是否能夠口述重建牽涉到的因素如社會組織、第一手經驗的比重、敘述者是何人、敘述內容以及聆聽者的參與程度等。例如，身兼傳教任務的語言學家埃佛瑞特發現，巴西皮拉哈印第安人拒絕討論任何非自己親眼所見的事，因此對埃佛瑞特說的耶穌生平不以為然。他們質疑：「你是否親眼見過？如果不是，如何能相信這種事？」同樣地，自一九六〇年代起針對昆族進行的很多研究也無法重建昆族幾觸的對象同樣是狩獵—採集族群。到了近代，只有在其他一些地區，如澳洲、極圈地帶和北美西部，第一批非科學家的西方探險家接觸的狩獵—採集族群仍活在狩獵—採集的世界中。這些事實引發激烈的辯論：現代研究對過去的社群有何影響？現代的狩獵—採集族群與過去的狩獵—採集族群有何差異？有些學者的看法相當極端。如人類學家柯納所言，如果我們今天可把一群西方人丟在非洲大草原，讓他們赤身裸體且不給他們任何工具，使他們過著與世隔絕的生活，不到兩代，這些人可能全部死絕或者獨立發展成具有狩獵—採集族群特徵的群體。但我們至少應該了解現代傳統社群並非遠古的樣本。

至於基恩的其他告誡，他告訴我們，不管在任何一個時間點，任何一個學門，總有比較適合系統研究與經費補助的研究領域，其他領域難免會遭到忽視。例如，直到最近，很少人類學家針對傳統社群的兒童或老人進行研究。很多研究機構不鼓勵研究人員「實地調查」或記錄他們發現的一切，不管什麼研究都沒有比出版專書以及在重要期刊發表報告來得重要。在任何一個時間點，某種詮釋和現象都比較容易受到重視，其他則被棄如敝屣。如著名的人類學家米德（Margaret Mead）對太平洋島民性行為的描述即引發很多學者激辯，是否該以當時人類學學派主流的思想來詮釋。還有很多人主張傳統社群並不好戰，如果他們喜歡作戰，那是與歐洲人接觸的後遺症。就算他們真的好戰，也不該描述他們的戰爭，才算「政治正確」。

傳統社群的第二個資料來源就是藉由訪問仍存活於人世、不識字的耄耋，利用口述的方式探詢其歷史，重新建構幾代以前的生活史，以了解現代傳統社群最近的變化。當然，這種方法也有問題，研究人員也必須熟稔這方面的技術（尤其是凡西納〔Jan Vansina〕的先驅研究），再三查核，以確保取得資料的可靠性。

例如，美國人類學家韋斯納（Polly Wiessner）與恩加族的藝術家

Keen）在研究澳洲原住民的專書論及這樣的困難：「訓練有素的專業人類學家由於趕不上殖民／後殖民的發展軌跡，因此會在詮釋上遭遇困難，並且受到範例的限制。儘管如此，他們的研究領域還是完整而有系統。」

基恩的告誡指出文化人類學的兩難，有如海森堡的測不準原理。根據這個原理，任何實體的測量免不了會擾亂所研究的系統，因此無法準確測量。（特別是粒子物理學，根據測不準原理，我們無法同時測量一個粒子的位置及其速度。）為了了解文化人類學的難題，讓我們且以二十世紀初的澳洲原住民人類學研究為例。雖然早在十九世紀，也就是現代人類學研究興起之前，已有研究人員描述澳洲的人種學。歐洲人在一六一六年已踏上澳洲，並在一七八八年建立第一個聚落。雖然來自印尼的馬卡桑族漁民（Macassan）在歐洲人踏上澳洲的幾百年前已定期來到澳洲北部，其他來自印尼的南島族群則在幾千年前也曾將丁格犬（*Canis lupus dingo*）等動物和技術引進澳洲。

現代澳洲原住民社群已和前歐洲或前馬卡桑族的時代有了根本的改變。由於大多數的原住民不是被歐洲人或馬卡桑族引進的疾病滅絕，就是臣服於歐澳國家政府，不再施行傳統的林火管理，甚至被逐出自己的土地，也因歐洲人引進的貓、狐狸、牛隻及南島人引進的丁格犬，本土原生動植物受到重大衝擊，那些原住民便無法靠捕獵原生動物生存下去。同樣地，喀拉哈里沙漠的昆族常被視為狩獵—採集族群的最佳範例，始自一九六〇年代即有人類學家對昆族進行詳細研究，本書亦經常引用這方面的資料。如今，昆族已經放棄傳統用骨頭製造箭矢，而改用金屬，不再互相襲擊，最近也開始與班圖牧人交易。班圖牧人幾乎在二千年前已來到南非，長久下來必然會使昆族人受到影響。

幾乎二十世紀所有對狩獵—採集族群的研究都發現這些族群實際上已和食物生產者（農夫或牧人）接觸，或者很可能這麼做。在一萬一千年之前，所有的人類社群都是狩獵—採集族群，因此狩獵—採集族群接

Geography of Thought: How Asians and Westerners Think Differently . . . and Why (New York: Free Press, 2003)。Nisbett在本書第43頁討論狩獵—採集族群、傳統農業社群與工業社群的認知差異。Joseph Henrich 等人編著的*Foundations of Human Sociality: Economic Experiments and Ethnographic Evidence from Fifteen Small-Scale Societies* (Oxford: Oxford University Press, 2004)也討論了傳統社群與工業社群對公平、互惠與追求私人利益有何不同的觀點。

就一個社群的作法如何為另一個社群借鏡而言，詳細個案研究請參看Elizabeth Watson著*Living Terraces in Ethiopia: Konso Landscape, Culture, and Development* (Woodbridge, UK: James Currey, 2009)。

傳統社群資料來源

我已在序曲簡要指出有關傳統社群資料的四個來源及其優缺點。以下謹提供更深入的討論以供有興趣的讀者（特別是學者）參考。

最顯而易見的一個方式就是派訓練有素的社會學家或生物學家前往傳統社群，造訪當地的人或在當地住一段時間，以進行調查研究。這也是本書最主要的資料來源。前往研究的科學家可能分屬不同的學門，如人類學、生物學、環境科學、經濟學、人種學、遺傳學、歷史學、語言學、醫學、政治學、心理學和社會學等，之後再發表或出版其研究論文或專書。這些科學家通常在研究之初會提出某個問題或假設，也會收集很多量化資料做成圖表。這種研究途徑已經發展了好幾個世紀，不管是針對人類社群的研究，或是研究細菌、分子、岩石或銀河系，這都是收集可靠資料最好的方式。

這種研究方式主要會遭遇到兩種困難。因此，我們在詮釋結論時必須注意這樣的困難，並考慮到其他資料來源。澳洲人類學家基恩（Ian

Sharpe, 2003)；Timothy Earle著Bronze Age Economics: *The Beginnings of Political Economies* (Boulder, CO: Westview, 2002)；Timothy Earle編著*Chiefdoms: Power, Economy, and Ideology* (Cambridge: Cambridge University Press, 1991)；Marvin Harris著*Cultural Materialism: The Struggle for a Science of Culture* (New York: Random House, 1979)；Marshall Sahlins著*Culture and Practical Reason* (Chicago: University of Chicago Press, 1976)；Clifford Geertz著 *The Interpretation of Cultures* (New York: Basic Books, 1973)；Michel Foucault著*The Archaeology of Knowledge* (New York: Pantheon Books, 1972)；Marshall Sahlins著*Stone Age Economics* (Chicago: Aldine, 1972)；Marvin Harris著*The Rise of Anthropological Theory: A History of Theories of Culture* (New York: Crowell, 1968)；Claude Levi-Strauss著*Structural Anthropology* (New York: Doubleday, 1963)；Julian Steward著*Theory of Culture Change* (Urbana: University of Illinois Press, 1955)以及Alfred Kroeber著*The Nature of Culture* (Chicago: University of Chicago Press, 1952)。

Kim Hill 等人發表的 “Co-residence patterns in hunter-gatherer societies show unique human social structure,” *Science* 331: 1286–1289 (2011)則分析目前的三十二個以採集為生的隊群中人與人之間的關係。

後面提到現代傳統社群田野調查資料詮釋的困難，引用了Ian Keen所著*Aboriginal Economy and Society: Australia at the Threshold of Colonisation* (South Melbourne: Oxford University Press, 2004)一書的第15頁。

至於口述歷史的研究，可參看下面二書：Jan Vansina著 *Oral Tradition: a Study in Historical Methodology* (London: Routledge and Kegan Paul, 1965) 與*Oral Tradition as History* (London: James Currey, 1985)。如果讀者對本書未論及的社會變異有興趣，可參看Richard Nisbett著*The*

內瑞拉的雅諾馬莫族：Napoleon Chagnon著*Yanomamo*第五版 (New York: Wadsworth, 1997)以及 Allen Johnson 與Timothy Earle合著的 *The Evolution of Human Societies*一書參考書目。

序曲〈機場一隅〉參考書目

Gavin Souter著*New Guinea: The Last Unknown* (Sydney: Angus and Robertson, 1964) 一書描述新幾內亞早期開發史，以巴布亞新幾內獨立的幾十年前作結。至於澳洲人與新幾內亞高地族群的第一次接觸請參看網頁上的參考書目（第一章）。

從傳統社群的標準來看，西方社會顯現出WEIRD（怪異）的特質（即西方〔western〕、受過教育〔educated〕、來自工業國家〔industrialized〕、富有〔rich〕，以及生活在民主社會〔domocratic〕這幾個特徵的英文首字母湊起來的組合），此觀點請參看Joseph Henrich、Steven Heine與Ara Norenzayan 共同發表的文章"Most people are not WEIRD," *Nature* 466: 29 (2010)及"The Weirdest people in the world?," *Behavioral and Brain Sciences* 33: 61–135 (2010)。

我曾在《槍炮、病菌與鋼鐵》一書(New York: Norton, 1997)第十四章討論人類社群從隊群發展到國家的過程。然而Allen Johnson 與Timothy Earle合著的 *The Evolution of Human Societies*對人類社群的轉變的描述與分類則更加精細。有關人類社群的分類，可參看以下Elman Service的兩本經典之作： *Primitive Social Organization* (New York: Random House, 1962) 及 *Origins of the State and Civilization* (New York: Norton, 1975)。

如果要了解人類社群的差異，除了本書，還可參看其他經典之作，如John Bodley著 *The Power of Scale: A Global History Approach* (London:

research traditions," Vicki Cummings 等人編著*Oxford Handbook of the Archaeology and Anthropology of Hunter-Gatherers* (Oxford: Oxford University Press, in press)，此書參考書目附註解。肯亞圖爾卡納族：參看Allen Johnson 與Timothy Earle合著的 *The Evolution of Human Societies*一書。

北美洲。佛羅里達的卡魯薩人： Randolph Widmer著*The Evolution of the Calusa: A Nonagricultural Chiefdom on the Southwest Florida Coast* (Tuscaloosa: University of Alabama Press, 1988)。加州丘馬什人：Lynn Gamble著*The Chumash World at European Contact: Power, Trade, and Feasting among Complex Hunter-Gatherers* (Berkeley: University of California Press, 2008)。加州丘馬什島： Douglas Kennett著*The Island Chumash: Behavioral Ecology of a Maritime Society* (Berkeley: University of California Press, 2005)。阿拉斯加西北的伊努皮亞特人：Ernest Burch Jr.著*The World System of the Inupiaq Eskimos: Alliance and Conflict* (Lincoln: University of Nebraska Press, 2005)。阿拉斯加北坡伊努特人、大盆地的休休尼族及西北海岸區的印第安人：參看Allen Johnson 與Timothy Earle合著的 *The Evolution of Human Societies*一書參考書目。

南美洲。巴拉圭的亞契族： Kim Hill 與A. Magdalena Hurtado合著*Ache Life History: The Ecology and Demography of a Foraging People* (New York: Aldine de Gruyter, 1996)。祕魯馬奇根加族：參看Allen Johnson 與Timothy Earle合著的 *The Evolution of Human Societies*一書參考書目。巴西皮哈拉族：Daniel Everett著*Don't Sleep, There Are Snakes: Life and Language in the Amazonian Jungle* (New York: Pantagon, 2008)。玻利維亞西里奧諾族：Allan Holmberg著 *Nomads of the Long Bow: The Siriono of Eastern Bolivia* (Garden City, NY: Natural History Press, 1969)。巴西與委

children's foraging: juvenile dependency, social arrangements and mobility among hunter-gatherers," *Current Anthropology* 36: 688–700 (1995), "Hadza women's time allocation, off spring provisioning and the evolution of post-menopausal lifespans," *Current Anthropology* 38: 551–577 (1997) 以及 "Hunting and nuclear families: some lessons from the Hadza about men's work," *Current Anthropology* 42: 681–709 (2001)。西南非的昆族：Nancy Howell著*Demography of the Dobe !Kung*, 2nd ed. (New York: Aldine de Gruiter, 2000) 及 *Life Histories of the !Kung: Food, Fatness, and Well-being over the Life-span* (Berkeley: University of California Press, 2010)；Richard Lee著*The !Kung San: Men, Women, and Work in a Foraging Society* (Cambridge: Cambridge University Press, 1979)；Lorna Marshall著*The !Kung of Nyae Nyae* (Cambridge, MA: Harvard University Press, 1976)；Marjorie Shostak著*Nisa: The Life and Words of a !Kung Woman* (Cambridge, MA: Harvard University Press, 1981)；Elizabeth Marshall Thomas編著*The Harmless People* (New York: Vintage Books, 1989)。蘇丹的努爾人：E. E. Evans-Pritchard著*The Nuer of the Sudan: A Description of the Modes of Livelihood and Political Institutions of a Nilotic People* (Oxford: Oxford University Press, 1940)。中非的匹格米族（包括十五個以上非洲森林採集族群構成的語族）：Colin Turnbull著*The Forest People* (New York: Touchstone, 1962)。穆布堤族：Luigi Luca Cavalli-Sforza編著 *African Pygmies* (Orlando: Academic Press, 1986)；Barry Hewlett著*Intimate Fathers: The Nature and Context of Aka Pygmy Paternal Infant Care* (Ann Arbor: University of Michigan Press, 1991)以及Bonnie Hewlett著*Listen, Here Is a Story: Ethnographic Life Narratives from Aka and Ngandu Women of the Congo Basin* (New York: Oxford University Press, 2012)。阿卡匹格米族：Barry Hewlett 與 Jason Fancher的報告，見 "Central Africa hunter-gatherer

*Societies*一書中的之參考書目。贊巴加馬林族：Roy Rappaport著*Pigs for the Ancestors: Ritual in the Ecology of a New Guinea People,* 2nd ed. (Long Grove, IL: Waveland Press, 1984)及Johnson與 Earle合著*The Evolution of Human Societies*一書中的之參考書目。

澳洲。參看Ian Keen著*Aboriginal Economy and Society: Australia at the Threshold of Colonisation*書中所列下列七個社群的參考書目：西北部的納日因族、安恆地區的雍古族、約克角的沙灘族、新南威爾斯內陸的尤瓦裡亞族、東南的庫耐族、西部沙漠的皮詹加加拉族和西南部的威爾族與明諾族。

歐亞大陸。菲律賓的埃塔族：參看Thomas Headland著*Why Foragers Do Not Become Farmers: A Historical Study of a Changing Ecosystem and Its Effect on a Negrito Hunter-Gatherer Group in the Philippines* (Ph.D. dissertation, University of Hawaii, 1986)；John Early 與 Thomas Headland合著*Population Dynamics of a Philippine Rain Forest People: The San Ildefonso Agta* (Gainesville: University Press of Florida, 1998)。日本愛奴族： 渡邊仁著*The Ainu Ecosystem: Environment and Group Structure* (Seattle: University of Washington Press, 1973)。孟加拉灣的安達曼島民：A. R. Radcliffe-Brown著*The Andaman Islanders* (Glencoe, IL: Free Press, 1948)；Lidio Cipriani著*The Andaman Islanders* (New York: Praeger, 1966)。阿富汗的吉爾吉斯人和西伯利亞的恩加納桑族：參看Allen Johnson 與Timothy Earle合著的 *The Evolution of Human Societies*一書參考書目。

非洲。坦尚尼亞的哈札人：Frank Marlowe著*The Hadza: Hunter-Gatherers of Tanzania* (Berkeley: University of California Press, 2010)；Kristen Hawkes、 James O'Connell與Nicholas Blurton Jones合著 "Hadza

有七個則是在北美洲。

新幾內亞。丹尼族：參看Johan Broekhuijse、Karl Heider、Robert Gardner及 Peter Matthiessen的著作。達瑞比族：參看 Roy Wagner著 *The Curse of Souw: Principles of Daribi Clan Definition and Alliance in New Guinea* (Chicago: University of Chicago Press, 1967) 以及 *Habu: The Innovation of Meaning in Daribi Religion* (Chicago: University of Chicago Press, 1972)。恩加族：Polly Wiessner與Akii Tumu合著*Historical Vines: Enga Networks of Exchange, Ritual, and Warfare in Papua New Guinea* (Washington, DC: Smithsonian Institution Press, 1998)；Allen Johnson 與 Timothy Earle合著的 *The Evolution of Human Societies*一書中的參考書目，特別是Mervyn Meggitt發表的論文與出版的專書。法玉族： Sabine Kuegler著Dschungelkind (Munchen: Droemer, 2005)。本書引用之處出自此書之德文版，英譯版本略有減縮，參看Sabine Kuegler著*Child of the Jungle* (New York: Warner Books, 2005)。Sabine Kuegler討論法玉族的書還有*Ruf des Dschungels* (Munchen: Droemer, 2006)以及*Jägerin und Gejagte* (Munchen: Droemer, 2009)。佛爾族：Ronald Berndt著*Excess and Restraint: Social Control Among a New Guinea Mountain People* (Chicago: University of Chicago Press, 1962)。希尼宏族：Angella Meinerzag著 *Being Mande: Personhood, Land, and Naming System Among the Hinihon in the Adelbert Range/Papua New Guinea* (Ph.D. dissertation, University of Heidelberg, 2007)。高隆族：Jane Goodale 著（請勿與靈長類學家Jane Goodall混淆） *To Sing with Pigs Is Human: the Concept of Person in Papua New Guinea* (Seattle: University of Washington Press, 1995)。邁魯島： Bronislaw Malinowski著*Natives of Mailu* (Adelaide: Royal Society of South Australia, 1915)。托洛布蘭島：見 Johnson與 Earle合著*The Evolution of Human*

我在新幾內亞當地遇見的人

本書內文提到許多我在新幾內亞進行鳥類觀察遇見的新幾內亞友人。這些雖然只是軼聞，但是因為有真實的臉孔，使我的描述更為具體。一般在進行這樣的描述或報導，常會附上真實姓名、細節、詳細地理位置，讓以後的人可以查證或進行訪談，以取得最新訊息。以前人類學家常這麼做，我過去也是這樣。

然而，現在的人類學家了解其個別研究對象或為其提供訊息者，或許會因自己或族人的行為和觀點廣為人知而受到傷害。這時，也很容易產生文化上的誤解。例如有一個陌生人突然進入一個新幾內亞村落，村子裡的人沒人認識這樣的人，也不了解其動機。當地人就可能遭到誤解或利用。因此，現在人類學家或社會學家已刻意使用假名取代消息來源的真實姓名，以及刻意不透露研究地區。人種研究目前皆採行這樣的作法，以免有人按圖索驥，追蹤社群資料。我的一位人類學家朋友解釋說：「如此一來才可保護消息來源，使他們免於受到騷擾或傷害。」美國人類學學會的研究倫理守則也明定：「人類學研究人員對消息來源具有倫理責任……這樣的責任比獲得新知的研究目標更為重要。」基於上述原因，本書也採行目前的人類學研究作法，述及我的新幾內亞友人之時，刻意不揭露他們的真實姓名或辨識細節。

最常引用的研究資料

我已在序曲解釋，本書將不斷以分布於世界各地的三十九個傳統社群為例，好讓讀者了解每一個社群特出之處。以下謹將這些社群依地點分類（而非章節），提供參考書目。這三十九個社群其中十個位於新幾內亞及其鄰近島嶼，七個在澳洲、五個在歐亞大陸、非洲和南美洲，還

一般比較參考書目

Allen Johnson 與Timothy Earle合著的 *The Evolution of Human Societies: From Foraging Group to Agrarian State,* 2nd ed. (Stanford: Stanford University Press, 2000)是本極佳的全世界人類社群比較研究專書。此書比較人類社群在不同組織階段的許多層面，簡要介紹了十九個社群的個案研究，也針對書中提到的每一個社群提供參考書目。此書對人類社群的分類更為精細，至於我只粗略地分為隊群、部落、酋邦和國家。Ian Keen著*Aboriginal Economy and Society: Australia at the Threshold of Colonisation* (South Melbourne: Oxford University Press, 2004)則是澳洲原住民的比較研究，一樣是不可多得的佳作。作者Keen從不同的地理條件、環境與社會組織取樣，提供了七個個案研究資料。至於針對全世界狩獵—採集族群的調查專書，可參考下面三本書：Richard Lee 與Irven DeVore共同編著的*Man the Hunter* (Chicago: Aldine, 1968)；Frances Dahlberg編*Woman the Gatherer* (New Haven: Yale University Press, 1981)；以及Richard Lee與Richard Daly共同編著的 *The Cambridge Encyclopedia of Hunters and Gatherers* (Cambridge: Cambridge University Press, 1999)。有價值的跨文化研究常必須徵詢文化人類學家的意見，這也是George Murdock領導的匹茲堡大學跨文化研究中心Cross-Cultural Cumulative Coding Center努力的一個目標。就全世界數百個前工業社群，該中心記錄了一千個以上的文化變量。表格資料請參看George Murdock著*Ethnographic Atlas* (Pittsburgh: University of Pittsburgh Press, 1967)；以及 Herbert Barry III 與Alice Schlegel合著的*Cross-Cultural Samples and Codes* (Pittsburgh: University of Pittsburgh Press, 1980)；或參看下列網址： http://www.yale.edu/hraf、http://ehrafworldcultures.yale.edu和http://ehrafarchaeology.yale.edu。

延伸閱讀

以下是精挑細選過的建議書單，以供有興趣的讀者參考。這份書單並非廣大的書目資料，只要是列出最近的出版品，其中包含眾多早期文獻的書目。此外，我也列出一些早期經典與文章，以及我在書中引用過的專書。期刊的文章標題皆以斜體列出，後面則是卷次號，然後是頁碼，最後括號中的數字則是出版年。由於此書乃為廣大讀者而寫，我並未在內文添加註腳說明引用來源，而把參考資料置入各個主題或章節之下。為了避免參考書目過多，在此僅列出全書通用及序曲的參考書目，其他章節（第1-11章及尾聲）請參看此網頁：http://www.jareddiamondbooks.com。

全書通用的參考書目

我在此列出三組參考書目或評論，尤其是對本書有實用參考價值者，以供許多社群的比較研究。我也說明我在新幾內亞進行田野調查遇見的人。本書常以全世界三十九個傳統社群舉例，在此並列出這些社群的相關參考書目。

照片來源

Plate 1: Carlo Ottaviano Casana; Plate 2: © Marka/SuperStock; Plate 3: Jacob Maentz/jacobimages.com; Plate 4: Olivier Blaise; Plate 5: Brian M. Wood; Plate 6: Romas Vysniauskas; Plate 7: Henrik Stabell; Plate 8: Bonnie Hewlett; Plate 9: © 2012 Jeff Schultz/AlaskaStock.com; Plate 10: Kim Hill; Plate 11: Toninho Muricy; Plate 12: © Art Wolfe/www.artwolfe.com; Plate 13: Photograph by Michael Clark Rockefeller. Courtesy of the Peabody Museum of Archaeology and Ethnology, Harvard University, 2006.12.178.10.; Plate 14: James Tourtellotte, U.S. Customs & Border Patrol; Plate 15: © Eye Ubiquitous/SuperStock; Plate 16: J. Miles Cary, *Knoxville News Sentinel*; Plate 17: Afonso Santos; Plate 18: Photo by Carole A. Kosakowski; Plate 19: Russell D. Greaves and Karen Kramer; Plate 20: Bonnie Hewlett; Plate 21: Brian M. Wood; Plate 22: Karen Kramer; Plate 23: Sun xinming/ImagineChina; Plate 24: Sheryl Dawson/Spot-On Marketing, courtesy of Starfish Resources, LLC.; Plate 25: Sisse Brimberg/National Geographic Stock; Plate 26: Bruno Zanzottera/Parallelozero; Plate 27: PunchStock; Plate 28: Stadtgeschichtliches Museum Leipzig; Plate 29: Courtesy of the Phoebe A. Hearst Museum of Anthropology and the Regents of the University of California. (Catalogue No. 15-5910.); Plate 30: Photo by Michael Leahy, from *First Contact* by Bob Connolly and Robin Anderson (Viking, New York, 1987) courtesy of the estate of Mrs. Jeannette Leahy; Plate 31: Photo by Michael Leahy, from *First Contact* by Bob Connolly and Robin Anderson (Viking, New York, 1987) courtesy of the estate of Mrs. Jeannette Leahy; Plate 32: Peter Hallinan; Plate 33: Blend Images/PunchStock; Plate 34: REUTERS/Yuri Maltsev; Plate 35: AP Photo/George Nikitin; Plate 36: Photograph by Karl G. Heider. Courtesy of the Peabody Museum of Archaeology and Ethnology, Harvard University. 2006.17.1.89.2; Plate 37: Taken by Masami Oki. "Material provided by Hidetsugu Aihara," donated by Peace Museum of Saitama. Courtesy of Hiroshima Peace Memorial Museum; Plate 38: Russel D. Greaves and Karen Kramer; Plate 39: Phil Ramey, Ramey Pix; Plate 40: © SuperStock; Plate 41: The Harvard Theatre Collection, Harvard University; Plate 42: USAID; Plate 43: Dr. James Garza; Plate 44: REUTERS/Kyodo News Agency; Plate 45: © Sarah M. J. Welch/*The Harvard Crimson*; Plate 46: Robert R. Leahey, State Archives of Florida, Florida memory, http://floridamemory.com/items/show/109768; Plate 47: AP Photo/Don Adams.

NEXT叢書0205

昨日世界——找回文明新命脈

作　者—賈德・戴蒙（Jared Diamond）
譯　者—廖月娟
責任編輯—祝文君（特約）、劉慧麗
美術設計—三人制創
執行企劃—楊齡媛

董事長—趙政岷
出版者—時報文化出版企業股份有限公司
10803臺北市和平西路三段二四〇號三樓
發行專線—（〇二）二三〇六—六八四二
讀者服務專線—〇八〇〇—二三一—七〇五・（〇二）二三〇四—七一〇三
讀者服務傳真—（〇二）二三〇四—六八五八
郵撥—一九三四四七二四時報文化出版公司
信箱—10899臺北華江橋郵局第99信箱

時報悅讀網—http://www.readingtimes.com.tw
電子郵件信箱—big@readingtimes.com.tw
法律顧問—理律法律事務所　陳長文律師、李念祖律師
印　刷—盈昌印刷有限公司
初版一刷—二〇一四年一月二十三日
初版七刷—二〇一九年十一月二十二日
定　價—新台幣四九九元
（缺頁或破損的書，請寄回更換）

時報文化出版公司成立於一九七五年，
並於一九九九年股票上櫃公開發行，於二〇〇八年脫離中時集團非屬旺中，
以「尊重智慧與創意的文化事業」為信念。

ISBN 978-957-13-5875-8
Printed in Taiwan

國家圖書館出版品預行編目（CIP）資料

昨日世界 / 找回文明新命脈 / 賈德.戴蒙（Jared Diamond）著；
廖月娟譯. -- 初版. -- 臺北市：時報文化，2014.01
面； 公分. --（Next叢書；205）
譯 自：The world until yesterday : what can we learn from traditional societies?
ISBN 978-957-13-5875-8（平裝）

1.社會變遷 2.社會演化 3.同化 4.巴布亞新幾內亞

541.4 102025496